Briefe von und an Ludwig Marcuse

Herausgegeben und eingeleitet von Harold von Hofe

Diogenes

40/75/W/1
ISBN 3 257 01523 2

Inhalt

Ludwig Marcuse als Verfasser und Empfänger von Briefen

In dem Jahre vor seinem Tode am 2. August 1971 unterhielt sich Ludwig Marcuse in Los Angeles mit uns über eine Ausgabe der Briefe von und an ihn. Briefe, die er in den letzten vier Jahrzehnten seines Lebens erhalten hatte, hatte er uns in drei eingeschriebenen Paketen aus Bad Wiessee zugeschickt. Sie sind mit einigen wenigen Ausnahmen bisher unveröffentlicht.* Ihm lag daran, daß gewisse Briefe gedruckt werden, überließ uns aber alles Weitere. Unter den Briefschreibern, die in diesem Band vertreten sind, schätzte er in erster Linie Alfred Döblin. Marcuse hielt Döblin und Joseph Roth für die bedeutendsten Prosaschriftsteller deutscher Sprache im zwanzigsten Jahrhundert. Unwandelbare freundschaftliche Beziehungen zu Alfred und Erne Döblin waren mit der Achtung vor dem Künstler verquickt. Während die Lektüre der Döblin-Briefe für den Biographen unerläßlich ist, stimmt, was Hermann Kesten nach Erscheinen der Briefe Döblins in der Ausgabe von Walter Muschg und Heinz Graber an Marcuse schrieb: Döblin »ist in der Tat kein klassischer Briefschreiber«.

* Marcuses Briefe vom 15. Juni 1939 und vom 13. November 1946 an Hermann Kesten wurden in *Deutsche Literatur im Exil; Briefe europäischer Autoren, 1933–1949* (Wien 1964) veröffentlicht. Joseph Roths Schreiben vom 26. August 1934 erschien in Hermann Kestens Ausgabe der *Briefe 1911–1939* (Köln 1970). Walter Muschg und Heinz Graber brachten in ihrer Ausgabe der *Briefe* (Olten 1970) die Alfred und Erne Döblins vom 22. Dezember 1949, 16. August 1951, 3. November 1953, 25. Januar 1957, 25. Mai 1957 und 23. Juli 1957. Briefe Thomas Manns an Ludwig und Sascha Marcuse vom 27. März 1942, 1. Juni 1943 und 9. Oktober 1947 erschienen im zweiten Band der Ausgabe Erika Manns, der vom 17. April 1954 im dritten Band. Einen Vorabdruck der Marcuse-Briefe an Thomas Mann vom 12. April 1937, 29. Dezember 1947 und 1. Mai 1954 und der Thomas-Mann-Briefe an Marcuse vom 9. Oktober 1947, 14. Oktober 1951 und 17. April 1954 brachte *Das Tintenfaß*, Nr. 24, hrsg. v. Daniel Keel und Gerd Haffmans (Zürich 1974).

Bei den Briefen eines eher klassischen Briefschreibers, Thomas Manns, sind die Beziehungen zwischen den Korrespondierenden kompliziert, wie man beim Lesen der Schreiben Ludwig Marcuses an Thomas Mann und vor allem der Briefe an den Herausgeber dieses Bandes – wir sprechen in erster Linie vom Jahre 1949 – ersehen kann. Marcuse stand in freundschaftlichem aber ambivalentem Verhältnis zu Thomas Mann. In den vierziger Jahren nahm Marcuse eine zuweilen oppositionelle Haltung ein. Thomas Manns Umwertung Nietzsches hatte es ihm vornehmlich angetan. Marcuses Schreiben vom 29. Dezember 1947 »Auf die Zusendung des mit einer Widmung versehenen Sonderdrucks *Nietzsches Philosophie im Lichte unserer Erfahrung*« ist eine nuancierte aber augenfällige Ablehnung. (Max Brods vergleichbare Verwerfung der Philosophie Nietzsches störte Marcuse weniger.) Der Briefwechsel mit Erika Mann ist von Bedeutung für Marcuses Verhältnis zur Familie Mann überhaupt. Die Erbitterung, die sich in den Schreiben des Jahres 1949 widerspiegelt, wurde – zum Teil – durch Mißverständnisse ausgelöst. Klaus Mann nahm sich am 21. Mai 1949 in Cannes das Leben. Am 27. Mai veröffentlichte Marcuse *Trauer um Klaus Mann* im ›Aufbau‹. »In Amerika schrieb er [Klaus Mann] den Schlüsselroman *Mephisto*, dessen zentrale Figur Gustav Gründgens ist, mit dem seine Schwester Erika verheiratet war.« So stand es im ›Aufbau‹, aber der Satz war nicht von Marcuse; es war eine redaktionelle Vorbemerkung. Das Mißverständnis wurde beseitigt. Beruhte Erika Manns weitere Unzufriedenheit auf Mißdeutungen? Auch nur zum Teil, denn Erika Mann spürte Frostigkeit. Und bei dem Wort »Literat« schwang für sie Abschätziges mit. Marcuse meinte im Grunde, daß es für Klaus Mann nichts gab als Literatur: »Er war der homo literatus. Die Literatur war seine Welt ... Er hat mich vor allem als Verkörperung des Literaten fasziniert.« Die Auseinandersetzungen zwischen E. M. und Marcuse führten zu einer engen Freundschaft in den Jahren von 1949 bis zu ihrem Tode am 27. August 1969. Wir besitzen zahlreiche Briefe, die wir nicht bringen konnten.

Die herzlichen Beziehungen zu E.M. vertieften das freundschaftliche Verhältnis zu Thomas und Katja Mann. In *Mein zwanzigstes Jahrhundert. Auf dem Weg zu einer Autobiographie* (München 1960) konnte er schreiben – man vergleiche Thomas Manns Brief an Marcuse vom 27. März 1942 – »Thomas Mann spielte während des amerikanischen Exils eine Rolle, die er nie gesucht hätte: er war Kaiser aller deutschen Emigranten, ganz besonders Schutzherr des Stamms der Schriftsteller. Von ihm wurde alles erwartet, ihm wurde alles verdankt, er wurde für alles verantwortlich gemacht. Auf ihn konzentrierte sich alle Devotion, gegen ihn ging alle Rebellion.« Marcuses Rebellion schwand, die Wertschätzung des Roman- und Novellendichters blieb bestehen. Dem Essayisten stand er aber weiter kritisch gegenüber; die Nietzsche-Abhandlung lehnte er in unterschiedlichen Zusammenhängen immer wieder ab. Wie tief sich das falsche Nietzsche-Bild eingegraben hat, Nietzsche als macht-verherrlichender Verächter der Menschen, »dafür gibt es kein besseres Beispiel als die Entwicklung Thomas Manns von dem Nietzsche-Bild der *Betrachtungen eines Unpolitischen* zum Nietzsche-Bild der *Doktor Faustus*-Zeit.« Nietzsche »ist noch zu befreien von der Verwechslung mit seinen ekelhaftesten Anhängern«, schrieb Marcuse in dem Werk *Aus den Papieren eines bejahrten Philosophie-Studenten* (München 1964).
Die Briefe, die Ludwig Marcuse in den Sommermonaten des Jahres 1949 an den Herausgeber und an Stanley R. Townsend schrieb, geben die Erlebnisse, Empfindungen und Eindrücke des Emigranten wieder, der nach sechzehn Jahren deutsche Menschen in deutschem Land zum ersten Male wiedersah. Sie schildern ausführlich die »kolossale Reise«, wie Döblin sie charakterisierte, obwohl wir hier nur einen Bruchteil der über hundert Seiten bringen, die Marcuse uns damals schrieb. Aus der Zeit des Exils gibt es keine entsprechenden Briefe, die in so peinlich präziser Weise die Rückkehr eines Exulanten veranschaulichen. Ihn erschütterte nicht, was vielen Emigranten Kummer machte: »Wem kann ich die Hand geben? ... Wer von der Kollektiv-

schuld beunruhigt ist, hat mehr Hitler in sich als er ahnte.« Die weiteren hier veröffentlichten Briefe an den Herausgeber stellen einen sehr kleinen Teil seiner zahlreichen Schreiben an uns dar. Ausgewählt wurden sie auf Grund aufschlußreicher Äußerungen über Etappen seines Lebens.
In den fünfziger und sechziger Jahren stand er in regem Briefwechsel mit Hermann Kesten. Er bekannte sich zu dem Schriftsteller und dem Menschen, vertraute ihm Privates und Literarisches an, was wir hier – nach der Richtschnur Kestens, möchte man sagen – unzensuriert wiedergeben. Am 13. Februar 1966 schrieb er Marcuse nämlich über seine Ausgabe der Joseph Roth-Briefe: »Ich habe mich, nach langem Schwanken, entschlossen, alles zu drucken was da ist, ohne die geringste Zensur von mir aus zu üben. Freilich gibt es Briefe von Roth, die man aus Furcht vor *libel* nicht, oder wenigstens nicht ohne Striche bringen kann.« (*Libel* heißen in der angelsächsischen Jurisdiktion Äußerungen, die als öffentlich ehrenrührig gelten und einklagbar sind.) Mit Hermann Kesten, der im März 1973 am ›Deutschen Semester‹ der University of Southern California teilnahm, unterhielten wir uns eingehend über das Auswählen von Briefen, über das Weglassen und Streichen – und entschieden uns, nach dem Vorbild Kestens zu verfahren.
Orthographie und Interpunktion folgen den Eigentümlichkeiten der Autoren. Lediglich Werktitel wurden einheitlich kursiv, Zeitungs- und Zeitschriften-Namen in einfache Anführungszeichen gesetzt. Drei Punkte – ... – bedeuten nicht, daß wir gestrichen haben, da Marcuse des öfteren von Punkten statt Gedankenstrichen Gebrauch machte. Punkte und eckige Klammern – [...] – deuten hingegen an, daß etwas ausgelassen wurde. Es handelt sich häufig um persönlich-private Aussagen, die wir nicht bringen konnten.
Von Briefschreibern und Briefempfängern seien noch die Folgenden erwähnt. Der Briefwechsel mit Robert Neumann, einem »der besten Kenner des Literaturbetriebes«, setzte 1960 ein und ist Marcuses ungehemmter Korrespondenz mit Hermann Kesten

und Erika Mann an die Seite zu stellen. Der ›Privat-Neumann‹ und der ›Privat-Marcuse‹ – s. den Brief vom 29. Juli 1960 – nahmen im Laufe des Jahrzehnts frisch-lebendige Konturen an. Von Briefen an Gerhard Szczesny, einem der engsten Freunde Marcuses, haben wir wenige gebracht, da wenige vorhanden sind. In den sechziger Jahren waren Szczesny und Marcuse in München und Bad Wiessee immer wieder zusammen. Friedrich Luft sowie Marcel Reich-Ranicki und Marcuse schätzten sich gegenseitig; bei Friedrich Luft ließen sich leider keine Marcuse-Briefe finden. Der Briefwechsel Wolfgang Weyrauch – Marcuse ist bedeutsamer, als es dem kleinen Umfang nach den Anschein hat. Ebenso verhält es sich mit den Briefen an Richard Exner, der wiederholt über Marcuse geschrieben hat. Richard Exner gehörte zum engeren Kreis; an der University of Southern California war er Marcuses Lieblingsschüler und blieb »einer der Treusten der Treuen«. Die Briefe an Rudolf Walter Leonhardt und Dieter E. Zimmer entstanden in der Zeit, als er Mitarbeiter an der ›Zeit‹ wurde, während der Ideenaustausch mit Petra Kipphoff durch das Erscheinen des Bandes *Nachruf auf Ludwig Marcuse* (München 1969) hervorgerufen wurde. Der nicht weniger aufschlußreiche Ideenaustausch mit Rudolf Augstein wurde ausgelöst durch Rezensionen und Leserbriefe im ›Spiegel‹, die um Veröffentlichungen von Marcuse, Marcel Reich-Ranicki und Dieter E. Zimmer kreisen.

Mögen diese Briefe von und an Ludwig Marcuse dazu beitragen, ein anschauliches Bild des tiefgründigen Denkers, charakterfesten Kritikers und einzigartigen Verfassers autobiographischer Bekenntnisse zu schaffen, und ein solches Echo finden, daß wir eine weitere Folge vorlegen können.

Harold von Hofe

Briefe von und an
Ludwig Marcuse

Hendrik van Loon an L. M. New York
8. Februar 1932

Sehr geehrter Herr!
Ich las schon sehr viel Bücher in sehr vielen Sprachen; denn es gehört zu meinen Obliegenheiten. Ich muß einfach wissen, was die anderen gerade tun.
Ich selbst habe eine ganze Anzahl Bücher geschrieben. Damit kann ich manchmal meinen Lebensunterhalt bestreiten. Aber ich würde gern meine kleinen und großen Werke abtreten, wenn ich ein Werk geschrieben hätte, das nur halb so gut wäre wie Ihr *Heinrich Heine.* Ich werde es meinem Verleger vorlegen und ihn davon zu überzeugen suchen, daß es übersetzt und in Amerika veröffentlicht wird. Es wird nicht leicht sein, denn der Buchhandel ist tot, ebenso wie der Rest unseres Wirtschaftslebens. Aber ich werde alles daran setzen, denn ich habe selten so glückliche Stunden verleben können wie beim Lesen Ihres *Heinrich Heine.* Sein Problem ist das Problem von uns allen, die weder die Schlachten von Wall Street noch die von Moskau schlagen können. Und dauernd wurde ich an einen Ausspruch von Erasmus (auch eine arme Seele, die zwischen Gestern und Morgen verloren ging) erinnert, daß »er gern auf evangelische Weise *denken* aber auf katholische Art *leben* würde«.
Bitte nehmen Sie meine bescheidene Dankbarkeit an und den Ausdruck meiner ernsthaftesten Bewunderung.

Hendrik van Loon

An Klaus Mann Paris
16. X. 33

Sehr geehrter Herr Klaus Mann;
Herr Landshoff schrieb mir vor mehreren Wochen, daß Sie gern einen Artikel von mir hätten. Da ich ein halbes Jahr unten an der Küste war und erst seit 14 Tagen in Paris bin, hatte ich soviel zu

tun, daß ich nicht dazu kam. Aber ich hatte immer die Absicht, Ihnen einen Stefan George-Artikel vorzuschlagen. Jetzt lese ich im neuesten Heft Ihren Aufsatz, mit dem ich recht einverstanden bin. George ist tatsächlich die wundervoll ehrliche Bekräftigung eines großen Irrtums. Ich hätte ihn in Gegensatz gesetzt zu dem »Unpolitischen Dichter« Gerhart Hauptmann. Es wäre überhaupt sehr gut, wenn Sie einen sehr großen Schriftsteller (ich will seinen Namen nicht nennen) dazu bringen könnten, öffentlich Gerhart Hauptmann sein unwürdiges Verhalten vorzuwerfen. Diesem Brief liegt ein Beitrag für Ihr Blatt bei. Ich erwarte eine Zeile von Ihnen. Wie geht es Ihrer Schwester Erika? Falls sie in Paris ist, geben Sie ihr doch bitte meine Adresse.
Grüßen Sie Herrn Landshoff schön von mir. Ihr
Marcuse

Joseph Roth an L. M. 26. August 1934

Lieber Marcuse, hier hast Du schwarz auf weiß die Folgen Deiner Gescheitheit: In der österreichischen Presse wird Dein Artikel über Zweig breitgewalzt. Ich zitiere: Unter dem Titel:

»Ein Verräter.«

steht folgendes: »Stephan Zweig ist ein Genießer – Die emigrierten Juden haben keine Freude an Zweigs *Erasmus.* Ihr *Wortführer ist Ludwig Marcuse,* der in der letzten Nummer des Tagebuchs gegen Zweig *zu Felde zieht* – Man kann den Groll der Emigranten gegen Zweig verstehen – möglicherweise sind Marcuse und die Seinen heute bereits bereit, dem Gerücht, wonach Zweig *das Deutsch seiner Manuscripte durch einen Professor verbessern läßt,* Glauben zu schenken ... Sic transit gloria mundi.«
Ich zitiere nur ein paar Sätze. Stell Dir vor, was Du anrichtest! Was das für Zweig bedeutet, wenn das in *Österreich* erscheint, in Salzburg, dem Kleinen, gar, wo er so viel deutscharische Feinde hat! Was Du Dir selber antust. Du bist der Wortführer der emi-

grierten Juden. Auch Querido ist in dem Artikel der Deutschen genannt. Wie das den Landshoff geniert! Wie Du Dich schädigst! Dann sag' mir noch, ich sei nur eitel und ein guter Sätzebauer und ich sei es, der Schaden anrichtet. Lieber Marcuse, gib endlich zu, daß es in *dieser* Welt gescheiter ist, auf mich zu hören. In der anderen wirst Du vielleicht recht haben, wenn Gott so intransigent ist, wie Du. Es ist ja keine Schande, hier und dort dumm zu sein. Wie oft bin ich es. Du weißt es ja. Du weißt ja viel von mir. Gib doch zu, daß ich in anderen Punkten gescheiter bin!

In Deinem Artikel, den ich jetzt vor mir habe, steht ausdrücklich: »... nicht anders als das vom Irdischen abgewandte Christentum ...« – und Du schreibst mir: »Wo habe ich gesagt, das Christentum sei dem Irdischen abgewandt?« – Bist Du verrückt? Weißt Du nicht, was Du gestern geschrieben hast?

Bist Du ein Schriftsteller oder nicht? – Wenn Du mir zugestehst, daß ich »Sätze-bauen« kann und der Grammatik ergeben bin, so mußt Du doch wissen, daß Beides der *direkte* Ausdruck der Vernunft ist, vielleicht der einzige der Vernunft, in dieser Welt!

Lieber Marcuse, viel Wissen hast Du gesammelt, viel Charakter hast Du, aber Du kehrst Deine Gaben gegen die Welt und gegen Dich selbst, wie Waffen. Gar nichts hast Du davon. Ich wiederhole Dir, daß Du ein ewiger Protestant bist, wie es den ewigen Juden gibt. Du willst Dich den Gesetzen dieser Welt nicht fügen, Du bist, wie ein Gast, der sich unanständig im Hause seines Wirtes benimmt. Du hast jetzt, ohne es zu wissen, schlechte Einflüsse. Glaub' es mir. Ich fühle so was.

Daß Strauß' Operette verboten ist, nimmst Du als Beweis dafür, daß Zweig nicht in der Insel erscheinen hätte können! Und Du sagst: »sogar«. Was nutzt Dir alle Philosophie, wenn Du die einfachste Logik nicht kapierst: Strauß ist Präsident der Musikkammer. Seine Operette ist *offiziell* im Dritten Reich – ein *Buch* von Zweig ist *nicht* »offiziell«. Und da sagst Du: Wie kann Zweig in der Insel erscheinen, wenn *sogar* Strauß nicht aufgeführt wird! Ach, welche Logik!

(Überdies weiß ich, daß Strauß selbst anfing, dem Goebbels jüdisch verdächtig zu erscheinen. Er soll mit Juden eng verwandt sein.)

Nun, was ist zu tun, ich meine praktisch? Schreibst Du nun an das ›Tagebuch‹, daß ich auf Deinen Artikel antworten kann? Kann man Zweig den Angriffen der völkischen Presse ausliefern? Wehrlos? Verraten? Kann ich versuchen, Dir in einem andern Blatt zu antworten und also den Völkischen *noch* mehr Stoff liefern? Sollen wir darüber auch Gegner werden? Zweig hat Haus, Familie, Abstammung, Paß in Österreich. Soll man ihn dort verleumden lassen, ausliefern? Willst Du *selbst* abrücken von diesen Angriffen der Antisemiten? Dann mußt Du deutlich sagen, daß Du *mißverstanden* worden bist. Ich weiß nicht, was klüger ist:

a.) entweder ich verteidige Dich und Zweig zusammen gegen die Arischen.
oder:
b) Du gibst zu, daß Du zu Mißverständnissen Anlaß gegeben hast.

Mir liegt lediglich daran, daß unsere Feinde keinen Anlaß haben, zu triumphieren.

Unterschätze sie nicht. Sie sind um Alles bekümmert, was in unserm Lager vorgeht:

Nur wir selbst unterschätzen leider unser Lager.

Antworte mir – oder komm' her!

Dein alter
Joseph Roth

An Klaus Mann Var.
14. X. 34

Lieber Klaus Mann;

ich habe Ihr Buch und Ihren Artikel in der ›Sammlung‹ gelesen. Ihre prinzipielle Einstellung zu Moskau ist absolut richtig. Auch ich finde, daß Brods Formulierung vom edlen und unedlen Unglück den Kern unserer Lage trifft. Außerdem läßt sich nachweisen – und es ist mein alter Plan, dies nachzuweisen –, daß von Georg Büchner über Nietzsche bis in unsere Tage der pessimistisch-tragische Aktivismus die Haltung aller Europäer war, die im Zentrum der geistigen Problematik standen. Marx stand zum Beispiel nicht im Zentrum. Marx war die herrlichste Peripherie-Figur. Aber das führt zu weit.

Von Ihrem Buch bin ich sehr angetan. Das hat viele Gründe. Ich liebe Finnland sehr, wenn ich hier auch wegen politischer Komplikationen widerwärtige Wochen verlebt habe. Sie haben die Landschaft großartig getroffen. Auch bin ich in Ihre Mädchen sehr verliebt: in Karin mehr als in Johanna. Aus den Jungens mache ich mir weniger. Das Politische finde ich am unkonventionellsten und reinsten in der blöden, süßen Hannoveranerin.

Dagegen stört mich sehr die politische Kernszene zwischen den beiden Brüdern und der politisch-erotische Konflikt der Johanna. Ich habe eine große Sympathie dafür, daß Sie in diesen Monaten keinen Roman schreiben konnten, ohne darin gegen Hitler zu kämpfen. Aber mir scheint, daß Sie das Politische, um mich schnell auszudrücken, nicht unterbringen konnten. Ich kratzte es am liebsten weg und säuberte den schönen Liebesroman von Zutaten, die nicht zu ihm gehören. Ich nehme an, daß Ihre besondere Liebe gerade den politischen Szenen gehört. Lassen Sie sich durch diesen Brief nicht kränken. Es ist nur so meine Meinung, die Sie doch hören wollten. Und ich habe eine gute Meinung von dem Buch.

Kesten sagte mir gestern, daß er im ›Tagebuch‹ über Ihren Roman schreibt. Ich kümmere mich im Augenblick nicht allzuviel um's ›Tagebuch‹, da ich bis über beide Ohren und noch etwas tiefer in meinem Buch stecke. Aber wenn Sie den Wunsch haben, daß ich an irgendeiner Stelle Ihr Buch anzeige, so nennen Sie mir diese Stelle, und ich will es gerne für Sie und auch für Karin tun.

Wie geht es eigentlich Landshoff? Ich hoffe, daß er alles überwunden hat.

Herzlichst
Ihr Marcuse

Heinrich Mann an L. M.

Nice (A.M.)
16. Sept. 1935

Lieber Herr Doctor,
Ihr Brief hat mich erfreut, und ich danke Ihnen für die guten Wünsche. Wenn ich nun so lange standhielte, daß ich einem Wiederaufleben der Vernunft noch beiwohnen kann, würde ich inzwischen doch gelernt haben, daß gute Zeiten begrenzt sind, wie übrigens auch die erbärmlichen. Sie glauben selbst nicht, daß die Gegenwart tausend Jahre dauern wird. Dann muß wohl auf sie wieder eine Strecke Vernunft folgen. Henri Quatre hat auch nur darum Erfolg gehabt, weil infolge des Vorhergegangenen ein Aufatmen durchaus notwendig geworden war. Persönlich ist er ein mittlerer Mensch von schnellem, gesundem Geist, aber ohne Dämonie und ähnliche Herrlichkeiten: ich hoffe, daß es bei mir herauskommt. Nach ihm fiel sein menschlicher Aufbau schnell auseinander. Schon bei seinen Lebzeiten bekamen dieselben Zeitgenossen, die ihn als »groß« empfanden, ihn eigentlich satt. Auch ist einem Vertreter der Vernunft die Überzeugung, daß man vernünftig sein kann, nicht immer gegenwärtig. Alles was die Vernunft betrifft, bleibt fragwürdig, die Besten besitzen sie nur halb, und es geht mit ihr bald vorbei. Dies zur Berichtigung, wenn Sie geglaubt haben sollten, ich wäre von blinder Zuversicht.
Da die eine der Zeitschriften besetzt ist, bleiben Pariser Tageblatt und Weltbühne. Das *Prager* Tagblatt hat nur einen Auszug gebracht; vielleicht nähme es einen Artikel. Ich wäre glücklich, wenn ich Sie lesen dürfte.
Alles Gute, von uns Ihnen Beiden!

Ihr
Heinrich Mann

Heinrich Mann an L. M.

Nice (A.M.)
30. Sept. 1935

Lieber Herr Doctor,
aufrichtig danke ich Ihnen für Ihren sehr wertvollen Aufsatz. Sie geben mit großer Einfachheit und Treue Ihre Eindrücke wieder;

ich kann sehen, daß das Buch nicht mehrdeutig und verwirrend gewirkt hat. Sie empfinden es klar und grad! Was mir auch das Liebste ist.
Auch Ihre Erklärung Schopenhauers ist überaus lichtvoll. Ich glaube, daß sie beherzigt werden und Folgen haben könnte – bei veränderten Verhältnissen, wer weiß wie bald. Darüber bin ich nicht auf mystische Art belehrt, sondern denke nur: tiefer als heute geht es nicht mehr. Die Neigung des Nationalcharakters für das Unsinnige und Niederträchtige ist nahe daran, sich zu erschöpfen und festzulaufen. Dann bliebe aber nichts übrig, außer sich zu besinnen und zu lernen. Die deutschen Denker waren am Ende nur etwas verfrüht, und ihr Volk kommt noch. Auch Ihre Schilderung des lebendigen Humanismus, wie die meine, könnte noch einmal helfen – immer angenommen, daß eine Gesamtheit in so folgerichtiger Weise aufsteigt, wie sie herunterkommt.
Empfehlen Sie mich der gnädigen Frau. Wir beide grüßen Sie Beide herzlich.

Ihr
Heinrich Mann

Heinrich Mann an L. M.

Nice (A.M.)
6. Okt. 1935

Lieber Herr Doctor,
Ihr Buch ist bei mir eingetroffen: was für ein schönes Buch, wie lebendig und eindringlich! Es muß studiert werden, wenn Intellektuelle lernen wollen zu handeln. Darin begegnen sich unsere beiden Bücher. Sie wußten es früher als ich, und haben in Ihrem Artikel das Gemeinsame besonders hervorgehoben.
»Jetzt ist Krieg«, wie man 14 bis 18 glückstrahlend sagte, wenn man eine Gemeinheit begangen hatte. »'s ist leider Krieg«, sagte dagegen Claudius – wir können nur hoffen, in unserem Winkel vergessen zu werden. Das ist aber nicht, was ich Ihnen sagen wollte: sondern, neulich in Paris hörte ich von Wolfgang Hall-

garten – München, daß er beinahe Professor in Panama geworden wäre. Es war nur ein Irrtum geschehen, aber der Vermittler, ein Schweizer Hochschullehrer, glaube ich, hat ihm für die nächste Gelegenheit eine Stellung versprochen. Sie können sich gewiß durch einen Freund in Paris mit Hallgarten in Verbindung setzen. Ihr wissenschaftlicher Name wird doch wohl die Lehrtätigkeit aufwiegen. Ich wünschte sehr, daß meine Auskunft nützlich wäre.

Seien Sie mit der gnädigen Frau von uns beiden aufrichtig begrüßt.

Ihr
Heinrich Mann

Bruno Frank an L. M. Aigen bei Salzburg
31. 10. 35

Lieber Doktor Marcuse,

Ich bin ein langsamer, gründlicher Leser, darum kommt mein Dank für den Loyola zu spät. Ich habe Sie sehr bewundert. Die Materie muß furchtbar schwierig, widerspenstig sein. Sie haben sie völlig bezwungen, den Mann und die Umwelt, das Biographische und das Geistige morgenklar gegeben, die Elemente so weise abgewogen in Ihrer Vorstellung, daß man das Gefühl hat, dies könne gar nicht anders erzählt werden und man könnte es *nach*erzählen. Man könnte aber garnicht! Dabei traf Ihr Gegenstand bei mir eigentlich auf ein wenig aufnahmewilliges Sensorium; die religionsphilosophische und die religionspolitische Materie steht mir fern. Und doch war es so, als ich von Ihren intensivsten Bildern von Jerusalem, der Sorbonne, Venedig, sogar vom Sacco di Roma!, immer wieder mit Lust zum geistigen Kern zurückgelangte, mit dem mir eigentlich der Schluß-Essay als die Krone des Ganzen erscheint. Möchten Sie doch für alle die gesegnete Mühe und Treue auch durch den äußeren Erfolg belohnt werden! Es wird ja alles immer schwerer für uns. Manchmal könnte man verzweifeln, wenn man sieht, wie das Beste und

Wahrhaftigste fast ohne Echo bleibt. Ich stehe jetzt auch (nach vielen, vielen Krankheitswochen) am Beginn einer neuen größeren Arbeit und muß jeden Tag die Krähen mit ihrem Wozu-Gekrächz wegscheuchen. Selbst Feuchtwanger, der zu einem relativen Optimismus noch am meisten Grund und der auch die Anlage dazu hat, schrieb kürzlich einigermaßen trübe. Es mag freilich zum Teil auf diese ärgerliche Halsgeschichte zurückgehen, die auch mich, da sie sich bei ihm wiederholt, etwas beunruhigt. Er sollte eine Kur machen: Berg- und Waldluft. Es war eine arge Enttäuschung für Liesl und mich, als er uns hier absagte. (Und dabei waren wir auch ein *bißchen* froh, daß dies öffentliche Sprechen in Wien wegfiel. On ne sait jamais ...).
Ich wollte, wir sähen uns einmal wieder, lieber Ludwig Marcuse! Unsere Strandvormittage zu vieren sind uns in so schöner Erinnerung. Aber wann wird's werden? Ich bin froh, wieder am Schreibtisch zu sitzen, und wenn ich mich zum Wegfahren entschließe, muß ich wohl auf ein paar Monate nach London. Haben Sie selber garkeine Reisepläne?
Noch einmal: Danke für einen intensiven Genuß und Glückwünsche! Seien Sie und Ihre liebe Frau von uns Beiden auf das Allerschönste, Herzlichste gegrüßt.

Immer Ihr
Bruno Frank

Stefan Zweig an L. M.

London
8. April 1936

Lieber Herr Marcuse!
Ich hoffte Sie hier noch einmal zu sehen und so konnte ich Sie nicht um das Wichtigste fragen, nämlich um Ihre Adresse. Ich sende darum diesen Brief über Ihren Verlag, vor allem, um Ihnen zu danken für den Loyola, den ich bekommen habe. Ein ausgezeichnetes, anregendes und ungemein farbiges Buch – vielleicht im zweiten Teil zu sehr von der Farbe verlockt, denn die japanischen Kapitel lenken stark von der Hauptfigur ab, und im zwei-

ten Teil wird die Figur Loyolas weniger sichtbar als im ersten. Ich kenne ja übrigens auch das Jesuitenbuch von Fülöp-Miller und glaube richtig zu sehen, daß es im Jesuitismus ebenso wie in der Freimaurerei viel weniger »Geheimnisse« gibt, als die Phantasie der Menschen vermutet. Gerade darum ist Ihr Buch wichtig, weil es die Gestalt und die Ideen ganz auf das Logische und Natürliche zurückführt und vor allem nicht als isolierte Erscheinung behandelt, sondern als eine der Ausstrahlungen jener religiös überreizten Zeit. Ich habe sehr viel daraus gelernt und hoffentlich kann ich Ihnen in dem Castellio meinerseits etwas Neues sagen.

Von Roth habe ich nur schlimme Nachrichten. Der Vertrag ist nicht zustande gekommen und aus der Gereiztheit seiner Briefe sehe ich, wie sehr er verstört ist. Aber er gehört zu den unheilbaren Fällen, die gerade durch ihre Unheilbarkeit nicht so gefährdet sind wie andere.

Hoffentlich gehen Sie inzwischen schon an Ihre neue Arbeit. Die herzlichsten Wünsche zu dem kommenden mit dem Glückwunsch für das geleistete Buch.

Ihr
Stefan Zweig

An Thomas Mann Moskau
12. IV. (1937)

Sehr verehrter Herr Thomas Mann,

Zuerst kam Ihr Brief, dann Ihr Buch aus Wien und zuletzt ein zweites Exemplar, das mich durch seine guten Worte sehr erfreute. Ich danke Ihnen besonders herzlich für die außerordentliche Aufmerksamkeit, mit der Sie meiner Bitte entsprochen haben. Wenn Sie gestatten, werde ich das unsignierte Exemplar einer der vielen russischen Thomas Mann-Verehrerinnen schenken.

Ich las sofort mit einer großen Neugierde, einer Gier nach Neuem zum Thema Wagner, Ihren Essai, den ich früher nur in

Auszügen kennengelernt hatte; und fand, was ich erwartet hatte, ein sehr zartes Echo auf eine sehr laute Stimme und eine Fülle unvergeßlicher Prägungen. Aber dann kam eine Passage und dann noch eine, die ich mehrere Male las, weil ich so erstaunt war. Diese beiden Stellen haben mir den größten Nutzen gebracht, weil sie mich zu einer größeren Differenzierung eines Gedankens, den ich für selbstverständlich hielt, veranlaßten. Ich habe nie daran gedacht, daß man Wagners Tendenz zum »Gesamtkunstwerk« nicht als wesentliches Symptom seiner Existenz sehen kann. Sie hingegen verstehen nicht einmal, daß man Wagners Theorie ernst nehmen kann, wobei Sie das »Gesamtkunstwerk« als pure Theorie und dazu als schlimme mechanistische Denkweise abtun. Sie wissen bestimmt, daß viele Jünger zuerst die theoretischen Schriften und dann erst die Musik kennenlernten, Wagnerianer wurden aus Begeisterung für sein Welt-Bild; zum Beispiel Malvida von Meysenbug. Das Leben, die Musik und die Theorie scheinen mir unzertrennlich. Ist dies »Gesamtkunstwerk« wirklich protzige Raffgier? Ein artistisches Noch und noch, wir haben's ja danach? Die Verwischung der Grenzen zwischen den Künsten stammt aus der Romantik, aber ist schon hier vieldeutig. Wenn ich richtig sehe, ist Wagners totale Oper der tolle Versuch einer Allianz aller Künste, mit dem Ziel: ein unerträglich fades Leben zuzudecken. Was anderes ist Bayreuth? Und ist dieser verrückt-großartige Plan der ästhetischen Totalität, die keinen Platz mehr läßt für Wirkliches, nicht die Vorform des Staates, der im selben Kampf mit der Wirklichkeit steht und auch nur mit ihr fertigwerden kann durch eine Diktatur des Scheins? Ihr Abscheu vor dem »Gesamtkunstwerk« ist der Abscheu eines Künstlers, jedes Künstlers. Aber Wagner war zuerst Heiland und daneben erst Künstler; daß sein Nebenprodukt wertvoller ist als das Hauptprodukt darf diese Rangordnung nicht verschleiern.

Und nachdem ich auf diese Weise an ihren Sätzen über das »Gesamtkunstwerk« hängen geblieben war, gab es noch einmal einen sehr langen Aufenthalt in den Abschnitten über Schopenhauer.

Ich sah Wagners Schopenhauer-Liebe immer als ein kurioses Mißverständnis. Sie können Wagner zitieren – und Ihrer Attacke gegen Wagnerianer, die einen Heiligen ohne Herkunft und Verwandtschaft wollen, kann man nur mit ungemischtem Vergnügen zusehen. Auch ist Ihre Feststellung, daß Wagners »Liebe« Schopenhauers »Wille« ist, eine der aufklärendsten Entdeckungen des Aufsatzes; jedoch nicht ungefährlich. Wenn ich mich nicht irre, hat Wagners Begriff »Liebe« zwei Böden: die Bejahung *und* die Verneinung des Willens zum Leben. Aber die Interpretation der Grund-Kategorien führt immer in den Urwald; ich möchte einen schnelleren und sinnfälligeren Beweis gegen Ihre Bagatellisierung von Schopenhauers »moralisch-intellektueller« Haltung anführen: sein Leben, die authentische und klassische Interpretation seiner vieldeutigen Theorie. Schopenhauers Existenz und Wagners Existenz stehen im Verhältnis von schwarz und weiß; ob man an ihre Beziehung zum Geld oder zur Frau oder zum Staat oder zu ihrem Werk denkt. Wagner ist der Antipode Schopenhauers. Wagners Werk und Schopenhauers Werk wirken wie Gift und Gegen-Gift. Deshalb habe ich eine Art Simultan-Biographie Wagner-Schopenhauer geschrieben. Wagners Konturen werden erst ganz deutlich, wenn Schopenhauer die Folie gibt. Schopenhauer konnte mit Wagners Musik nichts anfangen; hätte er ihn kennengelernt, so hätte er gewiß den »Willen« in Person erkannt und verabscheut. Schopenhauer philosophiert gegen die Wirklichkeit des Jahrhunderts, der er unterphysische Weihe verleiht. Wagner hat Schopenhauer-Stimmungen – und wurde der blendendste und klassische Vollender dieser Wirklichkeit, zu der er die Musik machte, Sie wissen das alles – wozu schreibe ich es Ihnen? Um Ihre These von dem einen unteilbaren Wagner bis zum bitteren Ende zu führen: das »Liebesverbot«, das der Atmosphäre des »Jungen Deutschland« entstammte, und »der Parsifal« – ein einziger Wagner. Der Revolutionär und der Heros des zweiten und dritten Reichs – ein einziger Wagner. Der sehr konservative, ja reaktionäre Schopenhauer war viel fortschrittlicher als der ewige

Rebell. Und wenn ich mir erlauben darf, von Ihnen in einem Brief an Sie wie von einem Abwesenden zu sprechen, so möchte ich sagen: wieviel Abenteuer Sie auch mit Wagner gehabt haben mögen, er gehört nicht zu Ihrer Art wie Schopenhauer. Man kann die Kluft zwischen Wagner und Schopenhauer nicht weit genug aufreißen. Schopenhauer ist ein unfruchtbares Ende – und Wagner führt ins dritte Reich.

Wie soll ich diesen langen Brief rechtfertigen? Ich schiebe Ihnen die Schuld zu; denn Ihr reicher Essai ist die Veranlassung gewesen. Mit den verbindlichsten Grüßen an Sie, Ihre Gattin und die beiden Musikanten

Ihr dankbarer
Ludwig Marcuse

Darf ich Sie bitten, Klaus Mann mit einem Gruß zu sagen, daß ich sein Buch auf eine kleine Kaukasus-Reise mitnehme, um es zu lesen und es dann – in einem größeren Zusammenhang – zu besprechen?

Das unwagnerische Papier entschuldigen Sie bitte mit der unwagnerischen Hand.

An Hermann Kesten

New York
15. VI. 39

Lieber Kesten,

es war gut, mich zu einem Brief zu zwingen. Ohne diesen Zwang hätten Sie noch lange auf eine Nachricht von mir warten müssen; denn ich weiß nicht, was ich schreiben soll. Ich war grade dabei, Ihnen einen Bericht zu senden über Tollers letzte Tage, als ich die Nachricht über Roth bekam. Da gab ich es auf zu schreiben. Nun will ich Ihnen wenigstens Ihre Fragen beantworten.

Christiane ist nicht in New York, sondern in Hollywood. Am Tage von Tollers Begräbnis hatte sie ihre *Wilhelm Tell*-Premiere in Los Angeles. Es ist möglich, daß ich in der nächsten Woche in einem Wagen von Bekannten, der nach dem Westen geht, mit-

genommen werde. Sollte ich dann Christiane sprechen, so werde ich Ihnen mitteilen, was sie bezüglich des Nachlasses plant.
Vorher mische ich mich nicht ein. Und zwar aus folgendem Grunde. Nachdem Toller, völlig vereinsamt, zu Grund ging, er hatte zum Schluß vielleicht noch vier Menschen, mit denen er sich aussprechen konnte, wurde seine Trauer-Feier ein gesellschaftliches Ereignis, jeder wollte den letzten Abend mit ihm zusammengewesen sein, jeder wollte ihm die letzte gute Tat erwiesen haben, jeder benutzte die Gelegenheit, sich in den Vordergrund zu spielen. Ich habe mich darauf sofort zurückgezogen: weder geredet noch geschrieben noch mich um das, was er zurückgelassen hat, gekümmert. Es ist unmöglich hier, etwas anderes zu machen, wenn man sich nicht in den Reigen der Eitelkeiten hineinverflechten lassen will. Ich kann Ihnen also abschließend nur das Eine antworten: ich schreibe Ihnen nocheinmal, wenn ich mit Christiane darüber gesprochen habe.
Und nun noch einige nüchterne Daten über die letzten Tage. Er packte Freitag, Sonnabend und Sonntag, um nach England zu fahren. Sonnabend und Sonntag war Sascha den ganzen Tag bei ihm, um ihm beim Packen zu helfen. Sonntag gab er ihr Kritiken und Bilder von Christiane mit den Worten: »besser Ihr habt das als ein Fremder.« Sonntag abend war er bei uns bis um 11 Uhr. Wir sprachen eine Stunde über Selbstmorde. Er hatte die Tendenz, die Ursachen einzunebeln, war sehr gegen meine zu rationale Behandlung dieses Phänomens und sprach viel vom Lebenswillen und so. Um 11 Uhr abends ging er von uns weg: nicht besser und nicht schlechter als gewöhnlich. Eine Freundin von uns begleitete ihn auf seine Bitte bis ins Zimmer und gab ihm noch ein ganz leichtes Schlafmittel. Montag Vormittag um 10 Uhr schickte ich ihm, da ich vor seinem Hotel gerade vorbei mußte, einen Brief hinauf: er sollte doch zu dem Arzt, zu dem er das größte Vertrauen hätte, ganz offen reden; er hatte zuletzt vier Ärzte. Seine Sekretärin (Ilse Herzfeld) war den ganzen Montag Vormittag in seinem Zimmer. Er war, wie immer am Vormittag, sehr niedergeschlagen. Sie ging um 12 Uhr weg und kam um

1 Uhr wieder. Inzwischen war es geschehen. Wenn man sich erlauben darf, zu vermuten, was inzwischen vorgegangen ist, so möchte ich sagen: er hat angesichts der gepackten Koffer plötzlich begriffen: und was ist anders, wenn ich in England ankomme? Er hatte keinen Plan für die Tat. Er wehrte sich gegen sie bis zur letzten Minute. Er hat zweimal in der letzten Woche hier angerufen: kommt sofort her, ich darf nicht mehr allein sein. Aber der Plan war seit Jahren ihm vertraut. Ja, mehr als das. Und diesmal ist der Strick nicht gerissen.

Lieber Kesten, wir wollen nichts von Gefühlen sagen, die uns bewegen. Ich möchte Ihnen nur noch versichern, daß einer der wenigen Pläne, die er für den Sommer hatte, der war, mit Ihnen zusammenzusein.

Wenn ich nicht ein persönliches Verhältnis zu Ihnen hätte, so würde ich sagen, daß ich es Toller schuldig bin, Ihnen zu helfen, wo ich nur kann, um nach Amerika zu kommen. Mein Können ist gering. Eine uns befreundete Amerikanerin, eine sehr gute Freundin von Roth, ist in vierzehn Tagen in Paris. Ich habe ihr Ihre Adresse gegeben. Aber sagen Sie vorsichtshalber der Frau Zweig, daß man sie benachrichtigen möchte, wenn Frau Merowit in Paris ist. Sie ist übrigens auch eine enge Freundin von Koppel, dem Leiter der Alliance Book Company. Sie ist ein sehr gütiger Mensch und hat nichts weiter im Sinn als zu helfen. Ich weiß nicht, ob Sie zum Beispiel auf ein Affidavit aus sind. Das könnten Sie ihr dann ungeniert sagen. Auf alle Fälle ist es gut, daß Sie mit ihr bekannt werden, damit, wenn mal irgendetwas für Sie hier gemacht werden soll, sie weiß, für wen.

Und nun verdenken Sie es mir nicht, wenn ich nichts von mir schreibe. Die herzlichsten Grüße für Sie und Ihre liebe Frau

von Sascha und Ihrem
Marcuse

Bei T.'s Verbrennung war anwesend: niemand außer Tollers Kusine, ich, eine neugierige amerikanische journalistische Freundin.

Die Kusine fragt mich, ist es wahr, daß T. so kostbare Abschiedsgeschenke gemacht hat?
Schreiben Sie mir bitte eine Zeile; ich habe es sehr nötig.

An Hermann Kesten Hollywood
22. I. 40

Lieber Kesten,
ich antworte Ihnen auf dem schnellsten Weg. Herzlichsten Dank für Ihren lieben Brief. Glauben Sie mir wirklich, daß ich mir ständig Ihren Kopf zerbreche. Was Sie da vorschlagen, halte ich, nach meinen Erfahrungen, für völlig aussichtslos. Aber Sie werden ja Näheres von Landshoff hören, der bereits nach London zurückgefahren ist.
Dagegen versichert man mir, und zwar stammt diese Versicherung von bestinformierter Seite, daß es heute leichter ist als vor Monaten, eine Quota-Nummer zu erhalten. Ich kann verstehen, daß Sie den Wunsch haben, einmal persönlich vor Ihren amerikanischen Lesern zu erscheinen. Aber der äußere Weg kann nur im Augenblick der sein: daß Sie sich eine Quota-Nummer besorgen oder ein Visitor-Visum geben lassen. Sollten Sie mir, nachdem Sie sich *genau* erkundigt haben, mitteilen, welche Unterlagen Sie zu diesem Zweck noch brauchen, so will ich selbstverständlich Ihnen helfen, soweit das in meinen schwachen Kräften steht. Ich hoffe, daß Sie inzwischen von Landshoff gehört haben. Vielleicht weiß er Ihnen einen besseren Rat.
Von mir kann ich Ihnen nicht mehr berichten als daß ich nach alter Weise arbeite, nach alter Weise kaum etwas verdiene und nach alter Weise sehr, sehr, bescheiden lebe. Es sind hier ein paar Schriftsteller, Regisseure und Schauspieler, mit denen ich verkehre – hauptsächlich mit meiner Frau. Ich schreibe den Brief in Eile, weil ich keinen Tag vergehen lassen möchte nach der Ankunft Ihres letzten Briefes. Grüßen Sie auch Ihre liebe Frau recht herzlich von uns. Ich erwarte sehr schnell eine Antwort von Ihnen. Herzlichst auch von Sascha Ihr Marcuse

An Hendrik van Loon 31. I. 40

Sehr verehrter Hendrik van Loon,
was soll ich zu meiner Entschuldigung anführen? Erstens, zweitens, drittens – und fünftens führe ich an, daß Sie mich so verwöhnt haben mit Ihrem großartigen Eintreten für meine früheren Bücher.
Kurz und gut: in diesen Tagen trifft mein eben vollendetes Manuskript *Platon und Dionys* bei Ihnen ein. Es ist die erste Platon-Biographie, die bisher geschrieben wurde. Wenn das Manuskript Ihnen gefällt, geben Sie es bitte einem Verleger. Und wenn das Manuskript Ihnen sehr gefällt – dann schreiben Sie bitte ein Vorwort dazu. Ich weiß nämlich nur einen einzigen Mann, der imstande ist, das amerikanische Publikum einzuführen in die Welt Platons: und dieser Mann heißt Hendrik van Loon.
Ich sehe Ihrem Urteil mit Spannung entgegen. Bitte vergeben Sie mir diese Attacke auf Ihre Zeit.
Mit den besten Empfehlungen, auch von meiner Frau für Sie und Ihre Gattin

Ihr dankbarer
Marcuse

An Hermann Kesten Beverly Hills
7. I. 1941

Lieber Kesten,
ich möchte über meine letzten vier Monate nichts schreiben. Jetzt arbeite ich an einem Buch, das ich, wenn mich nicht eine Scheu zurückhalten würde, am liebsten *Kritik der unreinen Vernunft* nennen würde.
Ich hätte jetzt die Möglichkeit a) über Persönliches zu schreiben, b) über Hollywood Klatsch, c) über die vier Dimensionen meines Unglücks, d) über Politik, e) über Moral und f) über Saschas bescheidene Anfänge auf dem Gebiete der Neurologie. Über alles das würde ich auch tatsächlich sprechen, wenn Sie hier wären

– wo dann noch hinzu kommen würde: weshalb Kesten mir seit seiner Ankunft in Amerika nicht geschrieben hat. Aber ich habe seit einem halben Jahr keine Briefe mehr geschrieben. Vor einer Woche erst wieder begonnen und auch noch nicht richtig wieder gewöhnt, brieflich wirklich etwas mitzuteilen.
So nehmen Sie diese Zeilen nur als Dank für Ihr Schreiben. Ich wage es nicht recht, Ihnen ein gutes Jahr zu wünschen; aber ich wünsche Ihnen und Ihrer lieben Frau von Herzen ein besseres!
Viele Grüße von Sascha und Ihrem

Marcuse

Thomas Mann an L. M. Pacific Palisades
27. III. 42

Lieber, sehr verehrter Herr Marcuse,
Ein Brief wie der Ihre hätte sofort beantwortet werden müssen, – verzeihen Sie! Mehrmals wurde mir die dafür bestimmte Stunde genommen.
Wie sehr verstehe ich Ihre Erregung, Ihre Erbitterung! Wenn ich sie nicht unmittelbar, sondern als ein persönlich vorläufig noch Unbetroffener zu teilen habe, so ist das der reine Zufall. Aber da die inständigen Vorstellungen von uns Unbetroffenen bisher so garnichts genützt haben, – meinen Sie, daß es irgendwelchen Eindruck machen würde, wenn ich beteiligt wäre? Sie kennen die Denkungsart der Amerikaner oder doch der Behörden nicht. Wenn ich erklärte: Ich halte es nicht aus, ich will auch enemy alien sein, so würden die durchaus nicht in Tränen ausbrechen, sondern es beiläufig als den Entschluß auffassen, mit gutem Beispiel voranzugehen und es so hinstellen, als ob damit allem Jammern der Grund entzogen sei. Der berühmte Muck war während des ganzen vorigen Krieges interniert, und Toscanini muß heute, selbst wenn er der Defense zugute dirigiert, 8 Tage vorher um Reise-Erlaubnis einkommen. Es ist das Demokratie, oder man nennt es doch so. Selbst den evakuierten Japanern sagt man: Seid Ihr so loyal wie Ihr zu sein behauptet, dann schreit und

petitioniert nicht, sondern fügt euch freudig in die militärischen Notwendigkeiten und nehmt bereitwillig das Opfer auf euch, das dieses Land in höchster emergency von euch verlangen kann. This is war. – Sie kennen doch die Argumentation. Daß es eine sinnlose, von aller Logik verlassene Grausamkeit ist (aber oft hat sie nur zu guten Sinn und nur allzuviel Logik!), die deutschen und italienischen Emigranten, die vertriebenen Juden zumal, als feindliche Ausländer zu behandeln, das machen Sie den Leuten begreiflich! Vor dem Tolan-Committee habe ich gesagt: »Ich denke durchaus nicht nur an die Emigranten, ich denke an den Kampfgeist dieses Landes. Das furchtbare Beispiel Frankreichs schwebt mir vor. Eine Nation, die Gefallen findet an Siegen über die intimsten Feinde ihrer Feinde, scheint nicht in der besten psychologischen Verfassung, diese Feinde zu schlagen!« Ich weiß nicht, ob ich verstanden wurde, aber ich bin so weit gegangen, es zu sagen. Ich bin überhaupt ziemlich weit gegangen, und das Einzige, was ich an Ihrem Brief und anderen, weniger wichtigen auszusetzen habe, ist, daß Sie sich an Einen wenden, der ohnehin sein Bestes tut. Täte ich garnichts, so würde ich keine Briefe bekommen. Da ich aber etwas tue, so fordert man mich auf, viel mehr und viel Besseres zu tun. Das ist wohl menschlich. Bis an die Grenze der Unbescheidenheit und taktlosen Einmischung in die Angelegenheiten meines Gastlandes, das sich schließlich in einem Kampf auf Leben und Tod befindet, werde ich fortfahren, zu mahnen und zu warnen, das verspreche ich Ihnen. Das Schlimme ist, daß es zu spät scheint, den Militärs die Dinge aus den Händen zu nehmen. Wir strebten darauf hin, daß sie Vollmacht haben sollten, mit enemy aliens zu machen, was sie wollten, daß aber die Bestimmung, *wer* ein enemy alien ist, den Civil-Behörden vorbehalten bleiben sollte. Aber im Kriege sind Civil-Behörden sehr weich gegen Militärs, und der Präsident, der sehr wohl Bescheid weiß, hat den Sinn des Politikers für die Rangordnung der Fragen.

Ich möchte aber glauben, daß nichts so heiß gegessen werden wird, wie es jetzt gekocht wird. Wir haben so gewarnt vor dem

Erst-einmal-Durchgreifen, das viel nicht wieder gut zu Machendes anrichten kann! Trotzdem scheint es, daß erst einmal durchgegriffen werden soll – ich weiß nicht, wie weit. Aber Abschwächungen, Befreiungen, Revisionen werden gewiß kommen, wenn nicht kollektiv, so doch individuell, und wenn ich Ihnen persönlich je nützlich sein könnte, so würde das wahrhaft freuen

Ihren ergebenen
Thomas Mann

An Alfred Döblin 1943

Lieber Alfred Döblin,
vor tausend tausend Jahren lebte ein Mann, der sagte: man kann keinen ordentlichen Staat machen, wenn man nicht vorher die Dichter heraussetzt: diese unordentlichen, Unordnung stiftenden Gesellen. Der Mann muß an Sie gedacht haben, lieber Döblin.
Denn was Sie da in sechs Tagen fertiggebracht haben: vom *Wallenstein* bis zu *Bürger und Soldaten* – das ist schon eine tolle Unordnung. Das paßt nur in die Döblinsche Anthropologie, die da lautet: »Alle menschlichen Dinge sind wacklig«. Und das paßt nur in die Döblinsche Ästhetik, die da lautet: »Das Herabsinken in das ganz Begreifliche charakterisiert die Entartung des Kunstwerks«.
Und soll ich Ihnen, zur Erhöhung der Feststimmung, noch beweisen, daß Sie ein Unruhestifter ersten Ranges sind? Während Millionen Zeitgenossen nach-treten, nach-beten, nach-schreiben, nach-reimen, nach-telefonieren und nach-telegrafieren – kommen Sie in den meisten Fällen mit einem winzigen Wörtchen aus: Nein! Unter einem Gewimmel von Konformisten sind Sie ein aufrichtiger Nein-Sager. Und vielleicht weiß schon mancher, daß hinter Ihrem Nein ein schöneres Ja steckt als hinter dem Ja der Nickenden und sich Bückenden.

Lieber Döblin, es ist sehr angenehm, daß Sie da sind.
Von Herzen

Ihr
Ludwig Marcuse

Thomas Mann an Sascha M.

Pacific Palisades
1. VI. 43

Liebe gnädige Frau,
ich bin ganz gerührt und beschämt durch Ihre große Güte und Aufmerksamkeit! Mein Gott, es war ja nur ein Scherz – und doch auch wieder keiner, denn so ein Ding ging mir wirklich ab, und ich dachte nicht, daß es so bald wieder zu bekommen wäre. Nun haben Sie es buchstäblich von heut auf morgen aufgetrieben – ich nehme an, durch Zufall kam es Ihnen vor Augen, aber dann haben Sie doch mein gedacht und es mir angeschafft – ich weiß wirklich nicht, womit ich das verdient habe. Jedenfalls allerwärmsten Dank! Sie haben in der Tat dem Manne geholfen und nicht gedacht: »Sehe jeder, wo er bleibe,« sondern dazu getan, daß: »Wer steht, daß er nicht falle«.
Ihnen und Marcuse herzlichen Gruß!
Ihr ergebener

Thomas Mann

Bruno Frank an L. M.

Beverly Hills
8. Februar 1944

Mein Alter,
nein, aber so was! Wir haben uns ja den Kopf zerbrochen, wie wir's Dich und Eva wissen lassen könnten, daß wir stark Eurer gedenken [...]
Und nun ist's Dein *Fünfzigster*! Heute früh, genau 20 Minuten ist es her, beim Kaffee, erfahren wir's aus Hofe's guten, warmen Worten im ›Aufbau‹. Die diskrete Sascha sogar hatte nicht gewispert. Und gerade wir, die Historiographen der »Geburtstage in der Emigration«, sollen *daran* nicht partizipiert haben! Am Jubiläum des Liebsten, Nächsten, Besten und Verrücktesten.

(Ich hatte Dich für einen Achtundvierziger gehalten, statt zu bedenken, daß Du ja kein bürgerlicher Revolutionär, sondern ein anarchistischer Kohlhaas bist – wie *kannst* Du da 48 sein!)
Wie schreibt man aber Geburtstagsbriefe »für freie Geister«? Dafür gibt's keine Vorlage. Ihr Bestes und Wichtigstes *haben* sie ja (der Plural ist reine Verlegenheit, ich sehe keine Mehrzahl auf weitem Feld), nämlich ihre völlige innere Unabhängigkeit und geistige Redlichkeit. Das ist der Stoff, von dem sie leben.
Wir wünschen Dir – lieber Gott, wir wünschen Dir's alle Tage – daß Dir die äußeren Umstände nicht allzu sehr in die Quere kommen, daß sie nicht versuchen Dich anzutasten. Daß Du in ein bißchen Sicherheit und stützendem Behagen die ernsthaften, wichtigen Dinge aussagen kannst, die auszusprechen Du geschaffen worden bist. (Das klingt alles blöd und steif, wenn man es hinschreibt; aber Du weißt, *wie* leidenschaftlich wir's wünschen, die Liesl und ich). Sei beschützt und gesegnet, liebster Marcuse!
Aus Deinem Brief, der ja viel Reales noch unmöglich enthalten konnte, spricht eine ganz erfreuliche Stimmung. Du wirst sehen, daß sie Dich tragen wird in New York und beitragen zu äußeren Resultaten. (Ich *spüre* in allen meinen gichtischen Knochen, daß diese Reise nützlich sein wird für Dich). Laß uns nur *alles* wissen. Was Dir Gutes passiert, passiert uns.
Sascha sehen wir öfters. Sie ist ganz guter Dinge und hat sich die Sache da draußen mit viel Vernunft und Takt offenbar praktisch eingeteilt. Daß sie nach längerer Gemeinschaft mit Dir so munter und reizend ist, spricht für die Unverwüstlichkeit einer wahrhaft starken Natur.
Die Fülle unseres gesellschaftlichen Treibens hier wage ich nicht wiederzugeben. Höhepunkte sind die abendlichen Schachpartien, Tremble leise wimmernd daneben, weil er noch nicht in's Bett darf. Morgen steht uns was ganz Großes bevor: Tee beim Onkel Feuchtwanger mit den hundert Fenstern. Im übrigen grabe ich mich in mein neues Buch ein (in's ›Research‹ einstweilen noch), in der festen Überzeugung, wie jedesmal, daß ich es

überhaupt nicht schreiben kann. Kann ich es aber doch – kein Bischof *irgend* eines Bekenntnisses wird es von seiner Kanzel empfehlen. So viel steht immerhin schon fest.
Unsere Pläne sind schwimmend, wie schon seit lange. Fritzi ist noch immer nicht »her own jolly self« und wird ihre Reise wohl etwas verschieben, und wir *vermuten*, daß die Katja im März fährt. [...]
Nimm in Deine nächsten 50 Jahre unsere ganze Liebe mit.

Dein alter
Frank und Liesl

An Alma Mahler Werfel 28. XII. 44

Liebe Alma;
als Du mich gestern morgen anriefst und mir wegen meines Artikels im ›Aufbau‹ Vorwürfe machtest, konnte ich Dich zuerst überhaupt nicht verstehen. Wie kannst Du mir eigentlich das Recht strittig machen, einen der charakteristischsten Züge unserer Zeit zu zeichnen: die Vermischung von ernsten religiösen Fragen mit politisch-sozialen Interessen – und mit der Absicht, breite Massen zu unterhalten? Ich glaube, daß die wahrhaft Frommen am meisten gegen diese außerordentlich verbreitete Literatur sind – und fühle mich ganz auf ihrer Seite.
Was Du dagegen hast, begreife ich nicht recht. Alles, was Du mir am Telefon sagtest, war immer wieder nur: daß Du gegen den »Materialismus« bist. Das ist außerordentlich schön von Dir. Ich bin es auch. Und ich würde mich ganz in Harmonie mit Dir fühlen, wenn ich genau wüßte: was Du unter »Materialismus« verstehst.
Bist Du zum Beispiel gegen den naturwissenschaftlichen »Materialismus«? Dann kann ich Dich beruhigen: Die Naturwissenschaft kennt keine Materie mehr. Bist Du gegen den philosophischen »Materialismus«? Dann kann ich Dich auch beruhigen: die

Erkenntnis-Theorie hat den Substanz-Begriff durch den Funktion-Begriff ersetzt.

Oder bist Du gegen den »Praktischen Materialismus«? Da müßten wir uns zuerst verständigen, was Du darunter verstehst. Würdest Du zum Beispiel einen Menschen schon für »materialistisch« halten – nur weil er einige Häuser besitzt und einen schönen Wagen und noch ein bißchen oder zwei Bißchen mehr? Das wäre doch wirklich zu streng! Aber auf jeden Fall sollten wir beiden philosophischen Köpfe vermeiden, wissenschaftliche Ausdrücke wie »Materialismus« zum Schimpfwort zu degradieren.

Ich würde zum Beispiel den Heiligen Augustinus, den ich sehr liebe, nicht gerade einen Materialisten nennen. Trotzdem ist das letzte Kapitel des »Gottes-Staats« eins der schönsten Preislieder auf tausend irdische Dinge; und in diesen Preis bezieht der großartige Mann sogar »Philosophen und Häretiker« ein. Du siehst, die Grenze zwischen Christ und Materialist ist nicht ganz so leicht zu ziehen, wie sich das die tausend journalistischen Prediger und Nachbeter vorstellen.

Ach, Alma – es gab schon große Christen in der Welt, bis zu Kierkegaard und Nietzsche hin. Und sie waren nicht nur fromme Christen, sondern auch denkstarke Christen. Wenn man sie kennt, und wenn man sie liebt, ist man sehr empfindlich für religiöse Unterhaltung – und für die Benutzung frommer Äußerungen zu politischen und sozialen Kämpfen oder gar zu intellektuellen Spielereien.

Ich habe versucht, hier nachzuholen, was ich am Telefon nicht gesagt habe. In einem Punkte aber muß ich *mich* anklagen: es genügt wirklich nicht, was ich im ›Aufbau‹ über ein so ernstes Thema geschrieben habe.

Deshalb werde ich gründlicher zurückkommen.

Mit bestem Gruß Dein

Marcuse

Heinrich Mann an L. M.

Los Angeles
28. März 1946

Lieber Doctor Marcuse,
Ihr Glückwunsch erfreut mich. Besonders danke ich Ihrer Gattin und Ihnen, daß Sie meiner Frau gedenken. Sie hat mir an diesem Tag gefehlt wie an allen, nur daß mein inneres Gespräch mit der Gefährtin noch lebhafter war.
Ihr Aufsatz ist so ausgezeichnet wie ich es beim Anblick Ihres Namens erwartete. Eine kenntnisreiche Sympathie tut wohl; auch, daß Sie einfach über Ihren Gegenstand, nicht gegen andere schreiben.
Aus der ›Frankfurter Rundschau‹ schickt mir mein Neffe Golo einen Artikel von Stephan Hermlin. Der Arme muß den größeren Teil seiner zwei Spalten für Auseinandersetzungen verwenden, sei es mit einem Kritiker, den dieselbe Zeitung gleichfalls hatte reden lassen, oder mit der anmaßenden »inneren Emigration«, die nachträglich sich selbst entdeckt hat.
Niemand bis jetzt, dem es dortzulande recht wohl würde. Die Rückkehr nach Frankreich wäre um vieles beglückender, meint Golo.
Empfehlung, Dank und Gruß

Ihres
Heinrich Mann

Alfred Döblin an L. M.

Baden-Baden
15. 10. 46

Lieber Marcuse,
Ich lasse Dir mit gleicher Post die erste Nummer meiner Zeitschrift ›Das Goldene Tor‹ zugehen. Die 2. Nummer, die am 1. 11. herauskommt, bringt Deinen Beitrag *Die Geschichte des Heinedenkmals in Deutschland.* In der dritten Nummer bringen wir Deinen Utopieaufsatz. Also Dein Name wird in Deutschland wieder hörbar sein. Übrigens hat sich ja auch der Redakteur der Rhein-Neckar-Zeitung in Heidelberg, Emil

Belzner, sehr nach Dir erkundigt, nach Dir und nach der Sascha und mich beauftragt Euch herzlichst zu grüßen. Ich habe ihm alle möglichen, schon nicht mehr neuen Neuigkeiten von Euch gegeben. Wie geht es Euch beiden? Ihr lebt in dem schönen Los Angeles, und ich hoffe, Ihr habt alles was Ihr braucht in Hülle und Fülle. Hier ist es nicht einfach, sowohl die Ernährungs- wie die Wohnsituation läßt noch sehr zu wünschen übrig und die Kalamitäten wirken sich erst aus. Das betrifft auch das Geistige, und wer eine Zeitschrift macht, kann davon ein Lied singen. Die Senkung des allgemeinen geistigen Niveaus im Lande ist enorm. Man sucht mit der Laterne nach auch nur mittelmäßigen deutschen Autoren. Die Mentalität ist leer. Die vergangene Zeit hat grob verdummend gewirkt. Aber die Aufnahmefähigkeit bei den großen Massen ist doch da, ebenso die Schwerfälligkeit und die Widerstände bei vielen Intellektuellen.

Ich bin jetzt schon fast ein Jahr hier und die ganze Zeit habe ich allein hier gelebt. Erna hielt sich 4 Monate hier auf und dann hatte sie genug, und sie ist wieder nach Paris zurückgekehrt, wo sie bei Etienne lebt, der dort Musik studiert. Ich bin den ganzen Tag beschäftigt, dienstlich. Eben habe ich meinen neuen großen Roman *Hamlet* abgeschlossen, der jetzt hier abgeschrieben werden soll. Dieses Jahr noch erscheinen von mir hier neu gedruckt: *Wang – Lun,* ein Religionsgespräch, und eine große Erzählung *Der Oberst und der Dichter.* Meinen 4 bändigen Roman: *November 1918* will ich nachher vergeben. Man kann so viel Verleger haben, wie man wünscht. Sie zahlen auch normal, aber es ist leider noch nicht möglich, die Mark zu transferieren. Ich kann von meinem Sold nur einen Teil für meine Familie abgeben.

Lieber Marcuse, lasse Dir von Heinrich Mann die Partie meines Briefes an ihn mitteilen, in dem ich ihm meinen Plan für die Gewinnung von Werken auseinandersetzte, welche von ihm und allen Exilierten geschrieben wurden, welche zur Zeit, und vielleicht noch lange ungenutzt, vor allem auch ungenutzt für das deutschsprachige Gebiet herumliegen. Wir möchten sie aus kulturellen Gründen und angesichts des schwachen geistigen Niveaus im Lande hereinbringen und verlegen. Laß mich also wissen, was Du davon denkst und ob Du diesen Plan aktiv unterstützen möchtest. Die Sache kann Dir nie schaden, aber von Nutzen sein.

Was macht die Sascha? Es würde mich freuen bald wieder etwas von Euch zu hören. Wie geht es Liesel Frank? Grüße sie recht herzlich von mir und ich denke gerne an sie.

Willst Du mir nicht wieder bald ein Manuskript schicken? Es kann 15–20 Maschinenseiten lang sein. Willst Du mich nicht darauf aufmerksam machen, wenn Du in den großen Zeitungen oder Zeitschriften interessante literarische oder philosophische Aufsätze liest und sie mir, auch wenn sie älteren Datums sind, zuschicken. Wir brauchen gerade dieses Material für die Einheimischen. Wir wollen die Fenster hier recht weit aufmachen. Hier gibt es viel Arbeit und sehr wenig Abwechslung. Aber man hat immer etwas zu tun. Lieber Marcuse, ich hoffe nun bald von Dir zu hören und von Sascha.

Es grüßt Euch beide in alter Freundschaft Euer
Alfred Döblin

An Hermann Kesten Beverly Hills
13. XI. 46

Lieber Kesten;
ich lese gerade Ihren Romantik-Aufsatz – und habe den Wunsch, Ihnen zu schreiben, wie sehr er mir gefällt.

So erfreut's mich um so mehr, als mir gerade gestern jemand die blöde Anti-These »Romantik« – »Humanitär« in Valentins neuem Buch zeigte.

Mir scheint: Die Deutschen haben die tollste Begabung für Romantik. Ich lese gerade wieder Heideggers 20 Jahre altes Buch *Sein und Zeit.* Es ist wahrscheinlich die größte philosophische Leistung unserer Zeit und ein Verbrechen und ein Kompendium aller romantischen Möglichkeiten.

Wie geht's Ihrer lieben Frau? Dies Jahr werden wir uns kaum noch sehen. Aber ich hoffe im Nächsten.

Herzlichst
Ihr
Marcuse

Alfred Döblin an L. M. 6. 2. 1947

An Herrn
L. Marcuse

Die Nummer zwei der Zeitschrift, die Deinen *Heine*aufsatz bringt ist unterwegs, das dauert ungefähr 6 Wochen, und ich hoffe, Du bist bald im Besitz der Nummer. Dein Aufsatz *Die glückliche Gesellschaft* ist gleichfalls gedruckt, für die Märznummer. Du mußt diese Zeitschrift mit richtigen Augen lesen. Es treten Namen auf, die Du nicht kennst, man muß sie zur Kenntnis nehmen, es sind Begabungen dabei. Was sich jetzt bemerkbar macht, ist ein neuromantischer Ton. Viele Dinge sind olle Kamellen geworden, besonders wenig ziehen die proletarischen und Klassenkampf-Parolen, wenngleich diese Dinge vom Berliner ›Aufbau‹ krampfhaft propagiert werden. Du meinst, man könne mit mir nicht korrespondieren, weil ich nicht antworte. Das verstehe ich nicht, denn in der Regel antworte ich Zug um Zug, und unterhalte eine recht große Korrespondenz, wie sich von selbst versteht. Wenn es zur Charakteristik eines guten Herausgebers gehört, ausgiebig zu korrespondieren, so hätte ich die Chance, einer zu werden. Ich finde vielmehr, daß die Antworten ausbleiben oder unzulänglich sind. Um von meiner Tätigkeit außerhalb der Zeitschrift zu sprechen: Es sind von mir erschienen der Neudruck des chinesischen Romans, ein Religionsgespräch und eine große Erzählung. Ich schicke Dir alle drei in einem Paket zusammen zu. Ich bin froh, daß wenigstens diese heraus sind, vielleicht teilst Du mir gelegentlich Deine Meinung über dieses oder jenes Buch mit. Hier habe ich schon

allerhand Besprechungen bekommen. Eigentlich durchaus recht gute. Jedoch hat der Buchmarkt hier seine Besonderheiten und darüber schreibe ich Dir noch ein anderes Mal ausführlich. Die Erna befindet sich jetzt für dauernd hier, es geht recht gut, sie macht auch Nachmittags Wohltätigkeitsbesuche in französischen Krankenhäusern. Am 13. Februar, Du wirst staunen, hat unser kleiner Etienne Hochzeit in Paris, mit Natalie, einer jungen Französin aus Nizza, sehr sympathisch. Beide studieren noch, wir geben unseren Segen. Was könnte man sonst auch tun, die Beiden wollen es so, wozu hart sein. Es freut mich zu hören, daß Sascha auf ein anderes Gebiet medizinischer Art übergeht, grüße Sie recht herzlich von uns Beiden. Es ist noch immer recht schwer hier, die Hausverhältnisse und die Ernährung anlangend, jedoch nicht für uns, die wir hier im Dienst sind. Gerne hätte ich von Dir gehört, was unsere Freunde und Bekannten in Los Angeles und New York machen. Die Korrespondenz ist sehr schwierig. Willst Du mir wieder einmal einen größeren Aufsatz schicken, der sich zum Abdruck in der Zeitschrift eignet? Willst Du mir auch Leute empfehlen oder sie anregen, mir etwas zu schicken, englisch oder deutsch? Sehr würde mich eine Studie irgendwelcher lebender neuer amerikanischer Autoren interessieren. Der Musikkritiker Adorno hatte mir einen Aufsatz versprochen, willst Du ihn daran erinnern?
So, lieber Marcuse, das ist alles was ich Dir schreiben wollte für den Augenblick, setz Dich bald hin, mir etwas zu schreiben und nochmals herzliche Grüße Dir und Sascha

Alfred Döblin

Alfred Döblin an L. M. 24. 3. 1947

Lieber Marcuse,
Wie gewöhnt schreibe ich Dir gleich bzw. diktiere die Antwort. So geht es wenigstens rasch und geht es überhaupt. Ich lese mit Vergnügen, daß Du ein Buch abschließt und ich nehme an es

handelt sich um Dein Buch, von dem Du mir das Stück *Die glückliche Gesellschaft* geschickt hast, welches ja schon in der Zeitschrift hier erschienen ist. Es ist fein, daß Du dann einen, größeren und ausführlicheren Artikel, wie ich hoffe, über mich selbst vorhast. Nachdem Du ihn geschickt hast, werde ich Dir sagen wo er hingehört, bzw. kann ich helfen ihn zu lancieren. Natürlich waren wir zur Hochzeit von Etienne, endlich wieder einmal ein glückliches Paar, ganz junge fröhliche Leute, die das Leben vor sich haben und an denen man wieder jung werden konnte. Wir waren natürlich in Paris, eine Anzahl Tage. Unsere junge Schwiegertochter, die Natalie heißt, hat von einer Tante auf dem Boulevard Michel im 6. Stock eine reizende 2 Zimmerwohnung mit Küche, was ja an sich ein Vermögen ist. Verdienen tun die Beiden, da Etienne studiert und sie noch lernt (an einer Akademie für Filmkostüme) natürlich sehr wenig und wir müssen ran. Von Kesten hörte ich brieflich. Dem Jungen geht es finanziell sehr gut. Ich habe ja seinen *Oberst Kock* abgedruckt, nun das war keine Neuigkeit, aber eine anständige Arbeit. Einen Schriftsteller Walter Viktor, der nach Deutschland abgereist ist, kenne ich nicht. Ich hoffe Du kennst ihn auch nicht. Ich will ihm aber nicht zu nahe treten, er mir aber auch nicht. Daß Kantorowic zurückgereist ist kann ich verstehen. Langsam hört ja, wie ich feststelle, die Emigration in Amerika und anderswo auf. Es sind im Grunde nur ein paar Namen da, der Rest ist eingewandert oder ist der Abfall, der er schon vorher war. Das Inhaltsverzeichnis Deines Glücksbuches erwarte ich also. Du fragst nach der neuen deutschen Romantik in der Literatur und meinst, sie sieht wohl eher nach Hauptmanns *Versunkener Glocke* als nach der *Lucinde* aus. Du irrst, lieber Marcuse. Absolut nicht nach dem epigonenhaften und imitierten Zeug, nach der Plüschmöbelromantik der *Versunkenen Glocke*, beiweitem eher nach der *Lucinde*. Aber faktisch ist es etwas Eigenes und man muß Stücke davon gelesen haben um es zu präzisieren. Es ist naiv und primitiv, Dichtung. Mir fällt ein, ich habe vor Jahren in Hollywood einiges von dem kleinen Hans Reichenbach gelesen,

das schon ähnlich so klang. Es hat nichts zu tun mit Politik, nichts mit Flucht und Reaktion. Es ist unbekümmerte eigene Produktion. Wie Gras zwischen den Trümmern. Ihr wollt im Sommer 1948 herüberkommen, da ist noch lange Zeit. Aber wie die Welt bis dahin aussieht. Du willst Näheres über die Dinge hier wissen. Lies unter anderem auch die Zeitschrift, die Dir hoffentlich auch regelmäßig zugeht. Ich schicke sie Dir jedenfalls jedesmal. Die Berliner, Becher etc., sind sehr weit entfernt von hier, langweilige Leute, die seit Jahrzehnten auf dem Fleck treten. Becher hat neuerdings bessere Gedichte herausgebracht. Du kannst Dir das Verlagswesen hier nicht vorstellen, jeder Autor gibt nur begrenzte Lizenzverträge und hat ein halbes Dutzend Verleger, am besten in jeder Zone einen, aber auch in derselben Zone mehrere. Es sind eben zu wenig Köpfe, die meisten Köpfe sind gerollt. Was übrig geblieben ist sind zum größten Teil Hohlköpfe. So steht es lieber Marcuse, und so ist die gesamte Lage in ganz Europa. Ich hoffe bei Euch nicht auch.
Grüße mir erstens schön die Sascha und empfange selbst einen schönen Gruß von Deinem

Alfred Döblin

Alfred Döblin an L. M. Baden-Baden

25. 9. 1947

Lieber Marcuse!
Auch ich bin traurig, daß die Verbindung zwischen uns so schlecht klappt. Das betrifft meine Verbindung nicht nur mit Dir, sondern auch mit anderen drüben in Amerika, man schreibt, aber es kommt hüben und drüben, wie mir scheint, nicht an. Dazu kann ich aber feststellen, was die Teilnahme an der Zeitschrift ›Das goldene Tor‹ anlangt, daß es keineswegs so liegt, daß sie ältere Autoren nicht bringt oder nicht bringen will, faktisch bekommen wir nichts, und die Älteren haben scheinbar garkein Interesse daran, in Deutschland publiziert zu werden. Zum Beispiel: Ein einziges Mal hat mir Hermann Kesten eine schon

mehrfach abgedruckte Erzählung *Der Oberst Kock* gegeben, ich habe sie gebracht, ich lud ihn ein, mir etwas aus seinem neuen Roman *Nürnberger Zwillinge* zu geben, – ich erhielt nichts. Ebenso von anderen aus New York, die mir hinhaltende Bemerkungen machen oder nicht antworten. Ich denke nicht daran zu betteln, wenn die Herren nicht interessiert sind. Aber sie sind nicht interessiert, weil uns keine Dollars zur Verfügung stehen. Herrliche Idealisten, Fahnenträger der Zukunft. Gelegentlich schickt mir einer oder der andere, ich will keine Namen nennen, auch solchen Mist, daß ich ihn schleunigst wegtun muß. Zum Beispiel der Dir bekannte Günther Stern, seine von allen Erdteilen verfluchte *Moluske* oder Ehrenstein schickt Antinaziliteratur in Lyrik, – wen geht denn das noch an, ist die Zeitschrift eine Begräbnisstätte? Minderwertige Beiträge können auch in Amerika verfaulen.

Von Dir selbst las ich in der Rhein-Neckarzeitung einen großen Beitrag über Schwarzschilds Buch *Der rote Preuße*. Sehr frisch und scharf geschrieben, für eine Tageszeitung etwas zu umfangreich. Ich kenne Schwarzschilds Buch nicht, er hat aber in gewisser Hinsicht recht, wie Du wohl auch bemerkt hast, und ich möchte ungerne, was mich anlangt, in das Horn der Marxisten stoßen, das hat mir noch nie gelegen und schon jetzt garnicht, das hat seine Ursache nicht etwa oder nicht allein wegen der russischen Haltung auf den Kongressen [...], sondern es kommt auch von meinem ersten Besuch in Berlin, wo ich innerhalb dieser völlig zerstörten Stadt und wahrhaftig untergegangenen Stadt unsere Kollegen und manche Bekannte traf, die Lebensmittelkarten bekommen und folgedessen nicht den Mund aufzumachen wagen. Du würdest Dich sehr bedanken dafür, lieber Marcuse, und würdest für dieses Prinzip keinen Federstrich tun, nicht wahr? Mein Religionsgespräch schicke ich Dir sobald die neue Auflage heraus ist. Die Bücher sind hier durchaus im Augenblick vergriffen und kein Mensch hat sie gelesen, sie werden verschoben und in Kartoffel und Fett umgesetzt. Erst kommt das Fressen und dann die Lektüre. Über Baden-Baden kann ich Dir nichts schreiben, ich halte mich nur im Büro auf, sonst in der Elektrischen in der man totgedrückt wird, zuhause stellt man sich dann wieder her, um am nächsten Morgen wieder mit der Elektrischen ins Büro zu fahren. Warum guckt die Sascha den Leuten in die Augen, ich meine dienstlich oder beruflich? Wozu führt das? Sind das ausgewählte Leute? Es muß sehr spaßhaft sein. Grüße sie schönstens von mir und ich würde mich freuen, wenn sie mir auch wieder einmal in die Augen sehen würde. Du bekommst bald von mir eine kleine Broschüre *Die literarische Situation.* An der Neuauflage des Südamerikaromans wirst Du ja nicht interessiert sein. Meine Frau läßt der Sascha sagen, es wäre fein, wenn sie uns also gelegentlich etwas schicken würde. Ich schreibe am Schluß, wenn ich nocheinmal gefragt habe dazu, genau was. Herzlich grüßt Euch alle Beide in alter Freundschaft

Alfred Döblin

Es handelt sich in der Hauptsache um Trockenmilch, Reis, Gries, Zucker, ferner um Weißmehl, worum Erna die Sascha bitten möchte, falls sie auf den hervorragenden Gedanken kommt etwas zu schicken.

Thomas Mann an L. M. Pacific Palisades

9. Okt. 1947

Lieber Herr Marcuse,

Dank für Ihr hoch-originelles neues Werk mit der freundschaftlichen Zueignung! Ich habe ja keine Ahnung gehabt! Es ist eine Überraschung in jeder Beziehung! Da hat in aller Verschwiegenheit eine Zeitbombe getickt, die nun plötzlich explodiert – übrigens nicht zerstörerisch, sondern höchst auferbauend für Geist und Gemüt. Nichts Fesselnderes, oder so Fesselndes, ist mir vor Augen und Sinn gekommen seit Längerem, wie der Prozeß des Sokrates. Was würde Nietzsche dazu gesagt haben? Gefühlt haben würde er jedenfalls, in welche Gesellschaft der Geist gerät, wenn er sich konservativ gebärdet. Wahrscheinlich

doch hätte er Sie umarmt nach der Lektüre. Diese Doppel-Biographie war ein Fund und Treffer von Konzeption. Sie gewährte Ihnen die Entfaltung all Ihrer Tugenden, Ihres Wissens, Ihrer philosophischen Vielerfahrenheit, Ihres politischen Herzens. Das glückliche Werk wird Ihnen viel Achtung und Sympathie gewinnen – zu der, die Sie schon besitzen.
Wir hoffen, Sie und Ihre liebe Frau bald bei uns zu sehen.

Ihr
Thomas Mann

Klaus Mann an L. M. Amsterdam
26. XII. 1947

Lieber Ludwig Marcuse,
ich habe zu danken, erstens, für Ihren Brief vom 7. XII. und, zweitens, für die Übersendung des *Plato,* der mich vor ein paar Tagen erreichte.
Was den Beitrag zur Anthologie betrifft, so gefällt mir von den drei Titeln, die Sie vorschlagen, der letzt-genannte *(Der erste Raubritter mit der Feder)* am besten. Ist es Ihnen recht, wenn ich mich für diesen entscheide? Man könnte vielleicht noch als »subtitle«, in Klammern, »Pietro Aretino« daruntersetzen. – Die Übergänge – Anfang und Schluß – werde ich genau so machen, wie Sie es sich wünschen.
In Ihrer Doppelbiographie (die »presentation« ist übrigens schmuck und würdig: in dieser Hinsicht kann man sich auf den unangenehmen Mr. Knopf verlassen!) habe ich während der letzten Abende mit Neugier und Respekt gelesen. Alles, was mit Sokrates zu tun hat, zieht mich besonders an (er ist einer meiner großen Lieblinge) – weshalb ich mir auch seinen »Trial« gleich zuerst vornahm: ein sehr glänzendes Stück! Viel weniger vertraut war ich mit der Geschichte des Dionysus – ich habe viel aus Ihrer Darstellung gelernt. Wie ich überhaupt Ihr Buch voll von anregenden, erheiternden, nachdenklich-stimmenden Bezügen finde. Ja, es gibt wohl in der Tat nichts Neues unter der Sonne, und

das Gefühl *»things are not to go on this way any longer«* ist so alt wie unsere »race maudite«. But now things have reached a point where they a c t u a l l y *can't* go on much longer this way ... Lassen wir das.

Die Übersetzung ist gut, aber doch wieder nicht *ganz* befriedigend. Etwas steif, kommt mir vor – akademischer, gestelzter, archaischer, als Ihr an Heine-Börne-Nietzsche (und dem ›Frankfurter Tagesanzeiger‹) geschulter Stil. Außerdem neigt der sonst tüchtige und eloquente Joel Ames dazu, gewisse Wendungen – zum Beispiel, »when all is said« – mit etwas irritierender Insistenz zu wiederholen.

Wer macht die deutsche Ausgabe? Landshoff? Ich will mit ihm drüber reden.

Ich sage nichts über das Neue Jahr. My dear, when all is said – it just *can't* go on much longer ...

Ihnen und Sascha das Beste

vom alten
Klaus M.

(Auf die Zusendung des mit einer Widmung versehenen Sonderdrucks *Nietzsches Philosophie im Lichte unserer Erfahrung.)*

An Thomas Mann 29. XII. 47

Sehr verehrter, lieber Thomas Mann;

Sie haben mich in diesem Jahr so reich beschenkt. Ich danke Ihnen von Herzen. Den *Nietzsche* habe ich noch in selbiger Stunde durchgelesen, durch-gedacht. Und war wieder, wie schon während Ihrer Vorlesung, angezogen von Ihrem ehrfürchtigen Ekel. Und wenn ich mich nun mit ein paar Sätzen einmische, in Ihr lebenslanges Gespräch mit Nietzsche, so halten Sie das bitte zugute einem Enthusiasmus, dem kein Hitler die größte nachchristliche Konzeption, den Übermenschen, verekeln kann; der nur für Ihre Freunde, Nietzsche und Leverkühn, bei Ihnen ein gutes Wort einlegen möchte; und der allein, um nicht zuviel Zeit in Anspruch zu nehmen, die Gelegenheit benutzt, die hohe Meinung, welche Sie von der Syphilis haben, ein bißchen zu erschüttern. –

Sie stellen Nietzsche als einen Vollender der Aufklärung, als schönste Blüte der Humanität dar. Was wäre *dem* noch hinzuzufügen? Aber Sie fühlen sich gar nicht sehr wohl, wenn Sie sich solche Äußerungen haben entschlüpfen lassen. Sie erinnern sich dann an ganz schreckliche Vokabeln, an ganz infernalische Sätze. Sie fühlen sich in die Defense getrieben, in die Enge von imaginären Hörern und Lesern, die Ihnen, wie Sie behaupten, mit tausend Zitaten die Rede vom Humanisten Nietzsche zunichte machen könnten. Sie sehen befremdet, ja verzweifelt und peinlich geniert auf Ihre alte, größte, stolzeste Liebe. Und retten Ihre Seele, indem Sie, nachdem Sie ihn als Humanisten verehrt haben, ihn nun auch noch als »vollkommenen und rettungslosen Ästhet, den die Geschichte des Geistes kennt« mit posthumen faschistischen Geschwüren tertiären Stadiums der Kirche und den Marxisten und den Liberalisten zur Execution überlassen. Und gehen in Ihrer Nietzsche-Empörung so weit, die Griechen den Juden zu opfern – die immerhin den zähesten Irrtum, den Monotheismus, in die Welt gesetzt haben. Und ist nicht überhaupt die Zähigkeit eher ein Beweis gegen als ein Beweis für?

Darf jetzt ein dankbarer Leser Ihres Nietzsche-Vortrags und ein kleiner Bruder in Nietzsche sich herausnehmen, Ihnen beizuspringen gegen alle (einschließlich Ihr Gewissen), die Ihnen den Nietzsche nicht mehr erlauben wollen?

Ich weiß nicht besser anzufangen als mit einem tätlichen psychologischen Phänomen – ich würde es gern das polemische nennen. Er spricht, sagen wir, mit Vorliebe das Wort »Unanständigkeit« aus; es illuminiert die Borniertheit seiner Welt. Das ist die Reizung. Sie wird beantwortet mit einem tollen Preislied auf die Unanständigkeit; um zu erschrecken, um aus dem üblen Gleichgewicht zu bringen, um den Haß gegen die Gegen-Welt zu artikulieren. Hier etwa liegen, scheint mir, wenn man vom

Alltag zu den besonderen Stunden übergehen darf, die Ursprünge für Marx' Haupt-Vokabeln: »Materialismus«, »Atheismus«. Sie waren als Positive schon immer dumm, und als Schlachtrufe eine geistige Leistung erster Ordnung. Ganz ebenso ist es mit Nietzsche. Nur daß im Falle Nietzsche der negative Charakter der Vokabel noch schwerer zu durchschauen ist, weil die Phantasie eines ganz großen Dichters die Worte gefunden und mit Zauber gefüllt hat. Aber trotz ihres starken Duftes und ihrer unvergeßlichen Farben sind »die blonde Bestie«, »der Verbrecher«, »das Raubtier«, »Cesare Borgia« nichts als Negationen, Schüsse. Glauben Sie nicht, verehrter Herr Mann, daß Sie ihnen einen Inhalt geben, der ihnen nicht zukommt, wenn Sie sie als »Atrocitäten«, als »Prophetentum der barbarisch strotzenden Kraft, der Gewissensverhärtung des Bösen«, als »trunkene Botschaften von Macht, Gewalt, Grausamkeit und politischem Betrug« charakterisieren?

Sie können mich nun anhalten und sagen: dann verurteile ich eben das Vokabular; in solchem Fall ist der Schriftsteller verantwortlich für die Mißverständnisse, die er notwendigerweise hervorruft. Das können Sie sagen – und das würde dann ein schweres pädagogisches Problem aufs Tapet bringen. Worauf mir hier aber alles ankommt, ist, Sie so laut zu zitieren, daß es Ihre Aufmerksamkeit erregt: dort, wo Sie die schrille Provokation hinter dem ästhetischen Vokabular hervorziehen, dort, wo Sie Nietzsches hölderlinsche und heinesche Liebe zum Menschen bloßlegen – und wieso sollte er eigentlich nicht gegen diesen bourgeoisen Altweiber-Sozialismus sein, der uns auf den Hund gebracht hat? [...]

Wenn ich nun niederschreiben würde, was mich an Ihrem Essay ergriffen, überzeugt, belehrt hat, dann würde das Bisherige nur eine kleine Einleitung darstellen. Aber ist es nicht immer ein gutes Zeichen, wenn man das Gemeinsame für selbstverständlich hinnimmt – und sich nicht genug wundern kann über die Differenz?

Ich schließe, womit ich begonnen habe, mit einem Dank. Und

wünsche, auch im Namen von Sascha, Ihnen und Ihrer lieben Familie fürs nächste Jahr eine gute Gesundheit und viele glückliche Zufälle.

In Verehrung Ihr
Ludwig Marcuse

An Alfred Döblin 1947

Lieber Döblin,
Vorgestern habe ich Dein 62 Seiten langes Manuskript *Die literarische Situation* bekommen, gestern habe ich es in mich hineingeschlungen (nicht zu schnell, aber zu gierig), heute bin ich davon noch ein bißchen matt – und da kommt zu alledem noch gerade die Bitte, über Dich zu schreiben. Ich erfülle sie hiermit auf besondere Art: ich schreibe nicht über Dich, sondern an Dich.
Weil ich mir nicht vormachen kann, daß ich das, was Du mir ins Haus geschickt hast, objektiv beurteilen kann. Ich habe darauf enorm reagiert: mit Enthusiasmus für die alte Döblinsche Tugend des kühnen Auf-eigene-Faust; mit Erstaunen, daß Döblin, der Mutige, weder die deutsche Inlands- noch Auslands-Literatur mehr als vage zu skizzieren wagt; und mit Unbehagen über – sagen wir zunächst einmal die Metaphysik.
Ich erinnere mich gern, wie oft ich in die Hände geklatscht habe. Zum Beispiel bei dem Absatz 21. Und da sind da diese großartigen 3 Seiten über *Die Geburt der Nation aus der Eifersucht ihrer Regenten,* wo Du eine selbständige Position jenseits der konventionellen liberalen und konservativen alten Kamellen gewinnst. Soll ich Dir nun noch die ganze Liste Deiner Tugenden aufzählen. Das ist wirklich zu langweilig für Dich.
Dein gelbes Heftchen heißt *Die literarische Situation.* Du bist nach dem Krieg nach Baden-Baden gefahren, hast das Land erforscht, das Du einmal kanntest, gibst seit einem Jahr eine Zeitschrift heraus – und schreibst über *Die literarische Situation* in

Deutschland nicht viel mehr, als daß sie nicht gerade zu imponierend ist (S. 33).
S. 26: Du siehst zurück auf die deutsche Vor-dreiunddreißig-Literatur und bringst sie in die drei Fächer: feudalistisch, humanistisch und progressiv (Gläser, Brentano). Du kannst Dir gratulieren, daß Du mit diesen Kategorien keine Literatur-Geschichte zu schreiben brauchst. Du guckst zurück auf Deine literarischen Mit-Emigranten und sagst über sie das Konventionellste aus, was in der Zeit des dreizehnjährigen, mehr oder minder strikten Buchfriedens von ihr ausgesagt worden ist. Und S. 27. Weshalb nur? Weil Dich das ganze langweilt. *Die literarische Situation* interessiert Dich nicht soviel. Dich interessiert allein der Kampf gegen den verweltlichten Intellektuellen.
Und so beginnt es auch gleich. Da sind diese zwei Typen, die Du aufs Korn nimmst: »das ökonomistische und das biologische« (sic). Sie wollen aus der Geschichte herausspringen, zu einer stabilen Vollkommenheit gelangen. Du bist kein Demagoge. Du sagst nicht gerade: Sozialismus = National-Sozialismus. Aber unter der goldenen Wolke »Religion«, von der Du auf jene Type niederschaust, sind sie nicht gar zu verschieden. Denn Du nennst die Idee, die St. Simon begeisterte und die, welche Hitler begeisterte, mit demselben Namen Utopie. Wie man aber das eine Utopie nennen kann, wenn einer will, daß eine Clique die Welt beherrscht, ist rätselhaft. Ist aber nur solange rätselhaft, wie man nicht weiß, worauf Du rauswillst: »Achten wir auf den Unterschied zwischen Utopie und Religion«.
Du liebst es, Dich unter die »Progressiven« zu rechnen, gehörst aber mit dieser Schrift in Dein Schubfach »Feudalisten«. Du hast ganz ihre artificielle »Religion« (in dieser Schrift! ich würde mir nicht erlauben, zu sagen: im Leben). Einer Deiner schönsten Sätze lautet: »man wandert nicht ungestraft unter Bildern«. Das Bild, das Dir zur Strafe wurde, ist »das Kreuz«. Du gehörst zu denen, die nicht leichtherzig, die in allem Ernst Bildern zum Opfer fallen. Du sagst nicht mehr Gott, sondern Urmacht. Und sprichst dann vom Sohn der Urmacht. Ach, wie herrlich Du ge-

gen die Humanisten ziehst – und nun glaubst Du nicht an Christus, sondern an den Sohn der Urmacht.
Religion: S. 43–44 und ihre Ausprägung im Konkreten. George und Hitler. Im Namen des Kreuzes.

[Ludwig Marcuse]

Thomas Mann an L. M. Pacific Palisades
2. Jan. 1948

Lieber Herr Marcuse,
hier das »Gespräch« aus der N. Z. Z. Etwas trocken ist es ja doch am Ende, aber gut gemeint und als Buchbesprechung immerhin was Besonderes. Namentlich die Anerkennung, die Schuh zu erkennen gibt, hat mich gefreut. Es warteten nämlich schon alle Musiker auf die Blößen, die ich mir in ihrer Geheimwissenschaft geben würde.
Ich habe vergessen, Sie nach Dr. Hofes, des Germanisten, Adresse zu fragen. Sie können ihn aber auch gleich selber fragen, ob er mir nicht eine hochdeutsche Übersetzung von Hartmann von Aue's Legende *Gregorius vom Steine* verschaffen kann. Bei Reklam gibt es eine, es muß also eine in der Welt sein, und ich habe sie *nötig*.

Ihr
T. M.

An Klaus Mann [Konzept] 1948

Lieber Klaus Mann,
Erst heute! Weil ich unsagbar faul bin – wenn es nicht unmittelbar betrifft, was ich gerade arbeite.
Also eben habe ich mit mir geredet und mich daran erinnert, wie ich mir Ihr Buch gewünscht habe und mich gefreut habe, als es kam. Und da geht's nun.
Ich war für's Buch schon gewonnen, als ich das Motto gelesen

hatte. (Noch mehr gefällt mir der Gedanke in der Formulierung eines Romantikers: ich weiß nicht wie, ich weiß nicht wer. Es ist so ähnlich wie: daß eigentlich das Getue das Selbstverständliche wäre, nicht das Rätselhafte.)
Ich habe Gide nur einmal eine Stunde lang gesehen, von weitem – war es auf dem Pariser Schriftsteller-Kongreß? Er war mir vertraut! Nun ist er mir seltsam. Sie haben mit Ihrem Buch an mir den Gideschen Imperativ vollzogen.
Eine Menge habe ich gelernt, was ich nicht wußte. Eine Reihe von Gide-Sätzen scheinen mir so gut wie die besten französischen Aphorismen. Aber ich glaube nicht, daß Gide mir sein kann, was er Ihnen ist. Ich habe auch nicht recht verstanden, was er Ihnen ist.
Dieser Goethe-Komplex ist mir ganz besonders fremd. Unter nocheinmaliger Betonung, daß ich Gides Werk kaum kenne: es kommt mir vor-romantisch vor. Ich bewundere Homer und auch Goethe (wir sind doch gebildete Leute) – aber zu meinem Leben gehören sie nicht. Und von der Sehnsucht nach Marmor-Kühle weiß ich nichts. Und »la réserve« ist und bleibt, soweit ich sehen kann, ein Diplomaten-Requisit.
So ging es mir oft, wenn Sie preisend citierten, daß ich nach rechts sah und nach links nach oben und nach unten – und konnte garnicht sehen, was zu preisen war. Vielleicht aber lag das Preisenswerte in meinem blinden Fleck. Vielleicht liegt, wie (sic) sie an Gide anzieht, in meinem blinden Fleck.
Möglich aber, daß ich mich einfach auf die Hosen setzen sollte und lesen sollte. Und daß nur meine Unbildung schuld ist am Nicht-Verstehen. Dagegen steht aber wieder mein Vertrauen auf Sie als Kronzeuge. Und mein Vertrauen ist um so größer, als Sie manches erzählt haben, was zwar menschlich – aber garnicht schön ist. (Nur im Rußland-Fall bin ich Gidescher als Sie. Ist es nicht über alle Maßen ehrenhaft und liebenswert, so enttäuscht zu sein?)

[Ludwig Marcuse]

Klaus Mann an L. M. Palo Alto, Calif.
16. Juli 1948

Lieber Ludwig Marcuse,
»Ist Verzweiflung ein Vorzug oder ein Mangel? Rein dialektisch ist sie beides. Wenn man die Verzweiflung abstrakt denken wollte, ohne an einen Verzweifelten zu denken, so müßte man sagen: sie ist ein ungeheurer Vorzug. Die Möglichkeit dieser Krankheit ist des Menschen Vorzug vor dem Tiere: verzweifeln kann der Mensch nur, weil er mehr ist als Tier, nämlich Selbst, Geist.«
Sie sehen, ich lese Kierkegaard. Ein bitterer Trost. Ihre Zeilen waren ein wirklicher. Vielen Dank.
Man sieht sich hoffentlich bald.
Gruß für Sascha.

Ihr
Klaus

An von Hofes und Townsends Paris
8. VI. 1949

Meine Lieben alle;
morgen fahren wir weiter nach Zürich. Haben uns wieder in Paris verliebt. Sind hier was Rechtes herumgestrolcht. Haben, glaube ich, dies Mal mehr von Paris gesehen als in den 6 Jahren, wo wir fast einmal jährlich herkamen.
Theater-mäßig: *Le soif* von Henri Bernstein, der in einem früheren Leben Raupach hieß. Süßes Theater: *Les Ambassadeurs.* [...] Hauptrolle: Gabin. Alt geworden. Fesch gespielt aber. Zwei – ein alter Maler (Gabin) und sein jüngerer Freund verlieben sich in dieselbe Frau. Sie zieht den älteren vor (Paris! Paris! Paris! Ich wünschte, unsere Studentinnen würden das lernen!) Der macht's ihr schwer. Während der Junge ihr nachrennt. Der Alte bekommt eine Herz-Attacke. Der Junge, »Eifersüchtige« behandelt ihn. Der Alte bekommt Injektionen, vögelt aber munter weiter. Wie gesagt: Pariser Raupachismus.

Mains sales (Sartre). Wir waren vom Hauptdarsteller eingeladen worden. Fesch gespielt. Das Theater interessierte mich mehr als das Stück. Die Loge, in der wir saßen, war tapeziert wie die billigste Kneipe. Dies Frankreich: geistreich vermottet. Größte Sensation: eine Fashion Show bei Jacques Fath. Heute werden wir eine zweite bei Dior sehen. Kinder, ich werde ein Mode-Expert. Eine Redakteurin von ›Mademoiselle‹ lädt uns dazu ein. Ich bin jetzt in Eile. Deshalb fange ich, wenn ich nicht vergesse, meinen nächsten Brief damit an. Hat mich mehr interessiert als Theater. – Eine Menge heute gesehen. Schreibe bald mehr. Bin Euch noch nicht untreu geworden. Haben noch niemand getroffen, der uns besser gefällt als Ihr. – Euer alter M.

An von Hofes und Townsends Zürich 10. 6. 1949

Meine Lieben;
die Woche Paris war sehr anstrengend. [...] Im Palais Royal Garten an Balzac und Heine gedacht – und Hollywooder Film-Leute getroffen. Die erste und die zweite Modenschau: Die Mädchen waren nichts [...] aber ich hätte gar manchen Flitter gern meiner Frau Gemahlin gekauft. (A propos Mädchen: ich habe die Französinnen noch nie so sehr herrlich gefunden als die *Deutschinnen* (in unser Vokabular aufzunehmen: neues Wort von mir!) – aber sie haben einen besonderen Reiz. Eine Schweizerin, sehr niedlich, die in unserm Zug war, sagte: noch die eleganteste Schweizerin ist stur im Vergleich. –
Kurz vor Mühlhausen: zum ersten Mal wieder deutsche Unterhaltung. Ein Franzose aus Utrecht und ein Elsässer aus Kolmar. Der Elsässer: untersetzt, stämmig, blaue Augen. Beauftragte mich, General Marshall zu sagen: er möge seine Konserven behalten; die Elsässer verständen, zu kochen. Mein Gott, der hält wahrhaftig das Elsaß für den Nabel der Welt. [...]
Schweiz: von Basel nach Zürich. Mir war, als wäre ich durch ein goldenes Gitter gefahren und befände mich nun im Park eines

sehr großen Herren. Die Fabriken und Geschäfte sehen so aus, als hätte dieser Herr sich hingesetzt, um die grüne Natur durch immer andere Formen und Farben abwechslungsreicher zu machen. Man fühlt sich plötzlich – nicht wie in der Welt, sondern wie in einer Anlage. Die Schweiz sieht wie ein einziges großes Luxus-Geschöpf aus. (Die Schweizer: weniger schön). – Llewellyn an der Bahn. [...] Abends im ›Odeon‹ Polgars getroffen. Wenn L. anstatt Philologie zu studieren – etwas von Literatur wüßte: dann hätte sie es zu würdigen gewußt, mit dem einzigen Erben Altenbergs zu sprechen. [...] Thomas Mann ist hier. Eben auch mit Oprecht telefoniert. Der Dramaturg des ›Schauspielhaus‹ ist ein alter Freund von mir: ich bin für die Dauer meines Aufenthaltes im Theater eingeladen. Wahrscheinlich sehe ich mir an: *Torquato Tasso* (Zuckmayer); *Katharina Blomberg* (Goethe); *Die Bergwerke von Falun* (Hofmannsthal). – München: noch kein Termin; keine Antwort. Werde Mittwoch hinfahren. Habe Angst vor dem Urenkel des Bismarck-Reichs. Meine einzige Hoffnung: die Urenkelinnen! Ob sie noch immer Zöpfe tragen. – Können Sie mir nicht ein Townsend-Autogramm besorgen?

Euer aller unverschweizter,
aber Zürich-liebender M.

An von Hofes und Townsends Zürich
12. VI. 1949

Meine Lieben;
Gestern kam Norchens süßer Brief. [...] Abends mit dem Direktor des Theaters (Dr. Kurt Hirschfeld) stundenlang in seiner Wohnung geschwätzt. So, als würdet ihr nach 16 Jahren Abwesenheit jemand ausholen. [...] So fragte ich aufgeregt: »und Konstanze Menz«, einer der Sterne an meinem Himmel. Antwort: »eine ältere Dame, glücklich verheiratet, 3 Kinder«. – Noch ist es Zeit. Noch kann ich umkehren. Und meine Ferien in Sils-Maria verbringen!! –

Sonnabend Vormittag: mit der Forch-Bahn auf eine der Höhen über Zürich gefahren. Der Spaziergang da oben war bisher der Höhepunkt der Reise. Sascha war völlig besoffen von dem Duft aus Hollunder, Kuhscheiße und frischgebackenem Brot. [...] Wald und Wiesen und vor allem ein Mohn, wie ich ihn seit ewigen Zeiten nicht mehr gesehen habe. Wir konnten vor Hingerissensein kaum reden. Waren in leichter Versuchung, mit unserm Verschlagensein nach Amerika zu hadern. Aber wir erholten uns schnell. Dachten in Freundschaft an Euch. Und ich glaube auch, daß solche Glücks-Sensationen nur aus der Entbehrung kommen. Was man nicht entbehrt, kann einen nicht glücklich machen. Gepriesen sei Amerika, daß es mich diesen Mohn hat erleben lassen. –
Nachmittag weckt uns das Telefon: Frau Polgar ist tief beleidigt, daß wir vergessen haben, sie anzurufen. Um 5 Uhr besucht uns Felix Stössinger, ein Schriftsteller, mit dem ich viel zusammen war in den ersten Jahren der Republik. Wir sitzen in einem Café. Er ist alt geworden. Erzählt mir viel vom Schicksal gemeinsamer Freunde (Arno Nadel!) Abends: *Tasso.* Entsetzliche Provinz-Aufführung. Schlechtes Stück. Gar nicht der Gegensatz: Poet – Mann der Tat; sondern Neurotiker – antipoetischer businessman. Und Goethes Weisheiten: kaum zum Aushalten. Das Einzige, was mich ermuntert hat: die Stelle, wo Leonore sagt, weshalb Frauen solche babys (babies) wie Tasso lieben. (Lest die Stelle nach!) Llewellyn, die wir mitgenommen hatten, war begeistert. (Sie hatte einmal einen Aufsatz zu schreiben über die »Vermessenheit« Tassos). Man sollte 9/10 aller Literaturhistoriker hängen lassen. – Sonntag Vormittag: Thomas Mann *Goethe und die Demokratie.* Tat sich viel zu gute, auf sein Talent, alt zu werden (mit Goethes Worten). Wird immer antiromantischer. Immer Goethebürgerlicher. Zitierte pathetisch: »Edel sei der Mensch, hilfreich und gut«. Meinte aber: »Gutangezogen sei der Mensch, manierlich und höflich«. Eine einzige Verherrlichung des success. (Und der Himmel war still; hat weder gedonnert noch geblitzt). Er geht nach Weimar; nach Frankfurt – und kehrt

dann lorbeerbeladen zurück. Sagte mir, als ich ihm gerade ein paar passende Worte sagen wollte: »Nun, wie seltsam, eben haben wir uns noch in Pacific Palisades gesehen – und nun in Zürich«. Der hat Glück, daß nicht ein Eckermann in seiner Nähe ist. –
Nachmittag: Zuckmayers *Barbara Blomberg*. Die Historie Kaiser Karls V. und einer süßen Hure, der Don Juan d'Austria entstammt. Zuerst ganz zuckmayerisch; das heißt (sagen wir): gemütlicher Luther. Dieses süße Mädchen ist verheiratet, hat 2 Kinder – und ist auf dem Weg, ein weiblicher Schinderhannes zu werden. Dann versickert alles in einer langgezogenen, faden Liebesgeschichte. Schade! Abends: Habe ich (bei Gott) vergessen.
Montag: auf dem Zürichersee. Nach Rapperswil. Himmlisches Wetter. So müßte man wohnen. In einer dieser göttlichen Wesendonck-Villen am See. Als wir von einem hochgelegenen Friedhof des Schlosses Rapperswil auf den See heruntersehen, fällt uns auf, daß Zürich eigentlich Italien ist. Dieses betäubend-satte Grün, dieses schwere Dunkel über dem Wasser. Später: Sonnen-Untergang auf einer Bank der See-Promenade erlebt. Ich versuche es garnicht erst zu beschreiben. Werde es sowieso länger im Gedächtnis bewahren als die Dichter der Reformation. Alpenglühen des Berner Oberlands. Wenn man nicht wüßte, daß das errötete Weiße da oben Schnee ist, käme man nie auf die Idee. Ich würde es eher für eine Fata Morgana aus Perlmutter halten. – Montag, Dienstag: mit der Bahn hinauf zum Ütliberg. (Über das Albisgütli, wo wir am Nachmittag zuvor waren). [...] Im Walde spazierengegangen. Ein Wall vor 1000 v. Chr.: ich liebe nur die von Geschichte und Phantasie durchsetzte Natur. (Mein Haupt-Einwand gegen Amerika.) Was ist der Unterschied zwischen der Santa Monica-Promenade und der Promenade am Zürich-See? Genau das ist der Unterschied Amerika–Europa. [...]
Ich liebe Euch. M.

An von Hofes und Townsends München 17. 6. 1949

Meine Lieben;
Zuerst ein paar Worte über Hofmannsthals *Bergwerk zu Falun.* Es soll vor 50 Jahren geschrieben – und hier zum ersten Mal aufgeführt worden sein. Romantizistisch – so wie der *Tasso* klassizistisch ist. Die Leute, die ich gesprochen habe, waren entsetzt. Mir scheint, es gibt da manche Schönheit. Heinz Hilpert war mit dem Konstanzer Theater herübergekommen. (Er schimpft über Frankfurt). Nachher im Café. Polgars, Martin Gumpert, Dr. Hirschfeld. –
Mittwoch: Manfred George kommt. Erzählt 3 Stunden. Dann zeichnet ein Zeichner meine Fratze: wie verfettet ich aussehe! Dann erhalte einen Brief mit einem Vertrags-Angebot (200 schw. Fr.) – wenn ich noch eine Woche bleibe. Abends: *Die Freier* von Eichendorff. Hübsches romantisches Lustspiel! Nicht von dem Geist und der Süßigkeit *Leonce und Lenas,* – aber prächtig im Vergleich zu dem, was Goethe auf diesem Gebiet geleistet hat. Charmante Aufführung. Llewellyn mit uns in der Direktions-Loge. Leider mußten wir in der Pause fort – da Manfred George im ›Schutzverband deutscher Schriftsteller‹ einen Vortrag gehalten hatte, und ich versprochen hatte, danach mit ihm und einigen anderen zusammenzusein. In der Diskussion war er gefragt worden: ist es wahr, daß Feuchtwanger und Marcuse Teller waschen mußten? (Geht zurück auf einen Bericht in der ›Basler Nationalzeitung‹). Anwesend waren u. a. Ossip Kalenter, der Lyriker Schönlank, [ein] Verleger. [...] Der Verleger (ein kleines Männchen mit einer Kastraten-Stimme) folgte uns fast bis ins Bett. Nächsten Morgen, 8 Uhr läutet's. Kastraten-Stimme: »Ich fahre heute auch nach München – darf ich mit Ihnen zusammenfahren?« Sascha empört: »Nein! Mein Mann hat zu arbeiten – und ich lese«. Auf der andern Seite: Gelächter; sie war Manfred George auf den Leim gegangen. Um 9 Uhr: Llewellyn. Sie war wirklich reizend zu uns. (Aber ich habe keinen Kontakt mit ihr) Hat mir ein Buch geschenkt: »300 Schweizer Dialekte«. Ge-

widmet: »Dem lieben Marcüseli«. (bekommt Waterman). Kam mit zur Bahn. 12.04: Abfahrt nach Deutschland. –
Die Schweizer kontrollierten ziemlich genau. Die Deutschen kaum. Ja, die Grenze. Wir fuhren Erster Klasse hinein, wie ich Erster Klasse herausgefahren war. Was ich fühlte? Daß ich nachts nur 4 Stunden geschlafen hatte; daß ich erkältet war; daß ich wünschte, die Grenze wäre erst hinter uns; daß das Roman-Stück Gläsers in der ›Weltwoche‹ vor mir ganz abscheulich sei; daß ich lieber bei Euch säße. Das also nach 16 Jahren Vorwegnahme dieser Stunde. Es war rein garnichts.
Dazu kommt, daß dieses Ober-Bayern zwischen Lindau und München mir wenig sagt. Einmal war ich in Obersdorf im Allgäu. Das ist alles. Natürlich machte ich mir nicht klar, daß ich immer noch im Ausland bin; daß ich unberührte Felder hinter den wundervoll-breiten Scheiben eines erstklassigen Schweizer Wagens betrachtete. Dann waren wir auf dem Haupt-Bahnhof. Ja – und da gab's kein Pardon mehr. Das ist ja der Bahnhof einer kleinen Balkan-Stadt, der vor Jahren mal ein bißchen ausgebrannt ist. 9 Uhr 42 abends trödelten ein paar Leutchen auf dem sogenannten Bahnhof herum. Ich fragte: »Wo ist der Hotel-Diener vom Parkhotel« Keine Hotel-Diener. Taxe. Wir halten. Ich frage 5 Mal: ist das das Parkhotel? Wir fahren in einer Art Fahrstuhl für den Hinter-Ausgang in die zweite Etage. Ein Desk – nicht viel größer als Watermans Tisch. Wir müssen genau ausfüllen, was für eine Geborene Sascha ist und 24 andere Fragen. Dann werden wir auf Zimmer 524 geführt. Eine Dach-Kammer, in die unsere 4 Koffer kaum hineingehen. Der Hahn für kaltes Wasser funktioniert nur, wenn man ihn überdreht. Beim Zuschließen der Türe wäre beinahe das ganze Hotel eingestürzt. Ich dachte an Oakhurst, nahm eine Seconal – und stand um 5 auf. – Auf dem Wege zum Desk verirrte ich mich. Treppen, Türen, leere Zimmer, beteppichte Treppen, unbeteppichte Treppen. Nun so kam ich (an einigen 00 vorbei) ins Frühstückszimmer. »Schreibzimmer – haben wir noch nicht«.

Euer frierender, unausgeschlafener M.

Erika Mann an L. M.

Zürich
19. Juni 1949

Lieber Marcuse,
mit Ihrer *Trauer* haben Sie mich sehr gekränkt, – natürlich, ohne es zu wollen, vielmehr das helle Gegenteil dringlich wollend. Wenn und da Sie ihn aber so wenig kannten, WARUM *mußten* Sie schreiben? – Daß Klaus mit Leidenschaft der Literatur lebte und mehr davon verstand, als manch steriles Rudel von Literarhistorikern, heißt nicht, daß er nichts gewesen wäre als eben ein »Literat«. Es wird sich herausstellen, daß er keineswegs (wie etwa ich!) »viele Talente«, sondern *das* reichste, blühendste, übrigens gescheiteste und ehrlichste Talent war oder besaß, das diese Generation aufzuweisen hatte. Und »Charakter« hat er also auch keinen gehabt, der »nicht mehr ganz junge Jüngling«? Gewiß: Sie schränken das ein und konzedieren, unser »Verstecker« sei nicht geradezu »charakterlos« gewesen. Daß er aber in Wahrheit einer der integersten, unbeirrbarsten, konsequentesten und in jedem Sinne treuesten Charaktere »in existence« war – sich selber treu und allem woran er glaubte, allen, denen er sich verpflichtet fühlte, – wissen Sie nicht, wiewohl mancher, der ihm und uns ferner stand, es begriff. – Den *Mephisto* nennen Sie, ganz wie die Nazis dies tun, einen »Schlüsselroman«. Als ob das Buch nichts enthielte, wäre und sein wollte, als ein Portrait des Staatsrates Gründgens, von dem Sie – umsichtig und wie erläuternd – aussagen, daß ich mit ihm verheiratet gewesen sei. Für derlei »Analysen« bedürfen wir, sollte man meinen, nicht Ihrer, eines *Freundes,* und des ›Aufbaus‹, einer *freundlichen* Publikation. *Dafür* haben wir die *deutschen* Blätter, deren eines, die ›Neue Zeitung‹ in einem sehr lustig *Rundherum* überschriebenen Nachruf den Dahingegangenen »den deutschen André Germain« genannt hat. *So* weit, nun, gehen Sie nicht. Und doch ist das verhuschte und verklatschte Bild, das Sie von ihm entwerfen, durchaus unter einen Hut zu bringen mit jener »Charakterisierung«, und einer, der Sie läse, ohne Klaus gekannt zu haben, möchte wohl geneigt sein, sich etwas André-Germain-artiges

vorzustellen, unter dem hin- und widerflitzenden Nichts-als-Literaten, den Sie da schildern, um ihn am Ende zu »betrauern«, niemand weiß, warum.

Nochmals: ich weiß, Sie meinen es gut, und bin Ihnen ergo nicht böse. Nur sagen mußte ich Ihnen, wie sehr Sie mich betrübt und gekränkt haben. Ohnedies erscheint so viel Abscheuliches – absichtlich Abscheuliches – und Gemeines über den Wehrlosen, daß ihm Gerechtigkeit hätte widerfahren sollen, an einer der wenigen Stellen, die dafür offen standen.

Ich sehe fast niemanden im Augenblick, hätte Sie und Sascha aber gewiß angerufen, wäre mir nicht angst gewesen, vor einer mündlichen Auseinandersetzung.

»Daheim« wird man sich hoffentlich sehen und Sie werden mir hoffentlich Ihrerseits nicht böse sein. – *Ein* wirklich schöner und adäquater Nachruf, übrigens, *ist* erschienen. Ein Mann, der nichts von ihm kannte, als seine Bücher und ein paar Briefe, hat ihm – in der Basler Nationalzeitung – durchaus keine Eulogie, wohl aber ein stimmiges und ergreifendes Abschiedswort gewidmet. Sie sehen! Man *kann* es mir recht machen.

Herzlich die Ihre:
E. M.

An von Hofes und Townsends München
22. VI. 49

Liebe Freunde;

ja, wie soll ich Euch davon eine Beschreibung geben? Der heutige Tag begann mit einem Telefon-Anruf aus Berlin, Hamburg (Rowohlt). Dann kam jede 20 Minuten ein Telegramm-Bote. Und bei allem bin ich stockheiser und habe eine tolle Erkältung.

Sascha ist seit morgens eine Stunde entfernt, um das Berlin-Visum zu holen. Telefoniert mich gerade an, daß sie es vor 3 nicht bekommt. Das bedeutet: Zeit für Euch. Also: chronologisch und kurz.

Freitag, nachdem ich den Brief an Euch geschrieben, brach ich zusammen. Flehte Sascha an, Deutschland sofort zu verlassen. Sascha nahm mich nicht ernst, bestellte eine Taxe – und wir kamen hier gut unter: großes Zimmer (ohne Bad) mit allen Aufschlägen: gegen 30 Mark pro Nacht (offiziell: fast 10 Dollar). – Gehen durch Ruinen. Auf irgendeinem kaputten Dach entdeckte Sascha die Kortners – und jodelte. Die fielen beinah herunter vor Überraschung. Um 12 Uhr holte uns Peter Herald (Sohn von Heinz Herald) ab. Film officer. Aß mit uns bei den Amerikanern. Nachmittag mit Kortner im Café Anast (Hofgarten). Erzählt mir seine Berliner Affären, vor allem den Krach mit Fehling. Filmt jetzt hier – schielt aber sehr nach der Ost-Zone, wo er die besten Angebote hat. Typischer Konflikt deutscher Intellektueller: zwischen dem amerikanischen Paß und den russischen Angeboten, zwischen der westlichen Gleichgültigkeit gegen Intellektuelle und der Angst vor dem russischen Gefängnis. [...] Der Chauffeur fährt uns zu Erich Kästner. Ich gebe dem Chauffeur, einem braven Bayern, 60 Dollar zum Wechseln. –
Bei Erich Kästner große Überraschung: Kanterowitz aus Berlin (Herausgeber der Zeitschrift ›Ost und West‹). Guter Kaffee und guter deutscher Napfkuchen. Nach einer Stunde klingelt's. Der Chauffeur mit schlotternden Knien – die 60 sind ihm gestohlen worden. Ich beruhige ihn. Dann kommt Herald, sehr aufgeregt. Ich bin garnicht aufgeregt. Regelung, die dem Chauffeur nicht weh tut.
Gespräch mit Kästner angenehm – aber nicht wesentlich. Vor allem über den PEN Club. Die Dame Lotte: seine Frau? seine Freundin? Wir versprechen, daß wir noch einmal zusammen sind. – Verhoevens kommen zu uns. Er war bis vor kurzem Intendant des Bayrischen Staats-Theaters. Muß noch abends nach Berlin zu seiner Film-Première. Um 10 kommt Kanto. Nicht Partei, aber sehr nah. Bespreche mit ihm meine Berlin-Sorgen. Bitte ihn, alle offiziellen Einladungen zu verhindern, um mich der Unannehmlichkeit von Absagen zu entheben. Erzählt sehr interessant. Sie alle leben sehr gut. Becher herzkrank. Schwie-

rigkeit für Intellektuelle sind nicht die Russen, sondern die deutschen Funktionäre. (Habe bei dem Gespräch viel gelernt).
Sonntag. 8 Uhr. Die Frau und der Sohn meines alten Verlegers Franz Schneider rufen aus Augsburg an. Kommen zum Mittag herüber. In dieser Familie bin ich wirklich noch nicht vergessen. Bringen mir eine Luxus-Ausgabe der *Welt der Tragödie* mit. Da werdet Ihr staunen. Werden mir *Die Weltliteratur der Gegenwart* nach Los Angeles schicken. Fragen mich sofort, ob ich in Geld-Verlegenheit bin. Wir sprechen von alten Zeiten, wo die Matrone vor mir eine blühende Frau war, wo im Haus noch 2 erwachsene reizende Töchter aus erster Ehe lebten. Verlobt war ich nur mit dem Baby in der Wiege. Sie ist jetzt 25 und studiert in Berlin. – [...]
Montag. Noch heiserer. 2 Uhr Vortrag in der Universität. Während ich hier unter Schriftstellern, Verlegern, Theaterleuten, Malern ein paar hundert Freunde habe, kann man in der Universität kaum meinen Namen buchstabieren. Ach, lieber Townsend (Dank für die 2 lieben, sehnsüchtig erwarteten Briefe!!) Ihrer alma mater fehlte von den Zähnen bis zu den Schamhaaren nicht weniger als alles. Die Universität: eine einzige Räuber-Höhle. Das Dekanats-Zimmer: ein armes Pastoren-Stübchen aus dem XVI. Jahrhundert. Und der Herr Dekan Klinger: sieht nett aus; könnte in einem früheren Leben mit Lenbach und Paul Heyse einen Stammtisch gehabt haben. Aber so hilflos-matt, daß ich das Bedürfnis fühlte, ihn nach Hause zu fahren und ins Bett zu legen. Wenn ich denke: ein Dekan aus meiner Zeit! Was für ein solider Würdenträger!
Ich komme an. Ein Gastprofessor der U.S.A.: »Ich soll Sie einführen. Wie heißen Sie?« [...] Der Vortrag war überhaupt nicht angekündigt worden – außer den Englisch-Studenten. Etwa 100 Männchen waren da. Ich war heiser und gelangweilt. Sagte: »Ich bin sehr enttäuscht, daß es nicht Abend ist – und wir noch diskutieren können.« Darauf wurde Diskussions-Abend auf Mittwoch Abend angesetzt. – [...]
Fortsetzung folgt. [Marcuse]

An von Hofes und Townsends München
24. VI. 49

Meine Lieben;
Dienstag früh fuhr Sascha zur Universität, um 150,– DM abzuheben. Obwohl man sie kennt, will man eine Vollmacht, daß sie meine Frau ist. Nach 1 stündigem Hin und Her: sie erhält irgendwie das Geld. Ich beschwere mich beim Kultusministerium, weil diese Summe das Versprechen des Briefs nicht erfüllt. 15 Telefon-Gespräche mit Ministerialdirektoren. Resultatlos. – Inzwischen ruft mich Blanvalet Verlag an. Sind rührend zu mir. Bereitwillig zu allem. Haben mir auf meinen Wunsch 1000.– DM geschickt. (Ist nicht soviel, wie Ihr denkt: für 4 leere Tassen und eine Kanne heißes Wasser, die wir uns aufs Zimmer bestellt haben, hat man uns 4.60 Mark berechnet. – Die hiesigen Zeitungen wollen das veröffentlichen). –
Bevor ich im Text fortfahre: gestern aus Zürich wütender Brief von Erika Mann gegen meinen Klaus Mann-Artikel. Offenbar hat sie eine redaktionelle Vorbemerkung (ich habe den Artikel nicht im Druck gesehen) für mein Machwerk gehalten. Versucht dann zum Schluß wieder einzulenken. Aber, bei mir hat's geschnappt. Ich gehöre nicht zu den Propagandisten des Mann-Clans; ich schreibe, was ich will. Nieder mit der Mann-Clan-Diktatur. Ich gehörte nie zu den Beifalls-Klatschern wie mein guter, lieber Freund Bruno Frank, wie Alfred Neumann, wie Andere. Ich möchte nicht als ein Freund des Hauses annektiert werden. Das wissen sie; deshalb die geheime Spannung, die jetzt in Erikas Wutschrei zum Durchbruch kam. Es lebe die Freiheit! –
Artikel für die ›Neue Zeitung‹ geschrieben. Um 3 Uhr auf der Redaktion. Ein Gewimmel von kessen Berliner Jungens, die in Bayern eine amerikanische Zeitung machen. Bentz, Chef des Feuilletons: eine rechte Ullstein-Schnauze (Etwas Bernhard-Imitation) Eine komplett irrsinnige Horde, die sich benimmt wie einst bei Ullstein.
Und die dazugehörigen Mädchen. Egon Jacobson wiedergese-

hen. Jetzt heißt er »Jameson«, hat ein »Column« – und ist so beliebt, daß es Jameson Clubs gibt. (Deutscher Jude mit englischen Hilfs-Papieren) Sehr »efficient«. Besorgte uns in 5 Minuten einen »jeep«, der uns hinausfahren sollte in die Tegernseer-Landstraße. Zwecks Besorgung einer Einreise-Erlaubnis für Berlin. Kurz vor 5. Zu spät. Nächsten Tag wiederkommen. Eine dralle, weizenblonde Tirolerin spricht besser englisch als ich. –
Abends: mit Sascha und der Menz in die »Barbarrina«. Fast das einzige Kabarett. »Schaubude« leider eingegangen. Scheußlich! Saft- und kraftlos. Fade Witze über die Fremden, den Bayerischen Landtag, die Münchener Zeitungen.
In der Nummer *Drei Hetären vom Stachus* fällt wenigstens das Temperament eines Mädchens auf. Ganz schönes Dynamit. Möchte ich mal in Brand setzen. Zweiter Teil *Die zwoa Groschen-Oper* Mein Gott! 11:20 gingen wir nach Haus. Ich war ganz krank vor Langeweile. [...]
Donnerstag: von 8:30 bis 7:30 Autobus-Tour. München–Starnberg–Weilheim–Hohenschwangau–Füssen–Landsberg am Lech–Stegen am Ammersee. Einer der ersten warmen sonnigen Tage. Wiesen – Gänseblümchen, Sauerampfer, Mohn. Aufgestapeltes Heu. Wenn ich doch solch eine bunt-riechende Wiese zusammenrollen und in Beverly Hills ein Häuschen draufstellen könnte. Diese Schafsköpfe fahren durch so ein altes herrliches Dorf wie Weilheim glatt durch. Dabei hat es den lustigsten Marktplatz mit einem süßen Brunnen, auf dessen vier Ecken die putzigsten Figuren aufgestellt sind. –
Ich muß sofort abbrechen.
Der Wagen, der uns nach Garmisch-Partenkirchen fährt (so telefoniert man eben) kommt schon in 1/2 Stunde.
Kuß für die Damen, Händedruck für die Männer.

Euer
M.

Erika Mann an L. M. [Telegramm] Zürich
27. 6. 1949

Mephistovorwurf de facto ungerecht da fraglicher Satz redaktionell stop alles übrige gleich wichtig und gleich betrüblich stop nochmals zürne Ihnen nicht und hoffe Sie entschuldigen Irrtum.

Herzlich
E. M.

An von Hofes und Townsends Frankfurt a/M
4. VII. 49

Meine Lieben!
Sonntag. Mit der 25 raus nach Homburg. Wie einst im Mai. In den Bäckerladen von Mutter Becker. Tot. Schrägüber: Saalburgstraße 47. Ja, da haben wir vor undenklichen Zeiten gehaust. Frau Purgold. Schreit auf. Denkt, sie sieht Gespenster. Der Jüngste, damals Pennäler, jetzt gut situierter Zahnarzt mit Weib. Hält kaum die Rührung zurück. Der Älteste, Arzt, wird antelefoniert. Kommt sofort mit Weib und Kind. Das Kind singt für uns: »Sah ein Knab ...« Wir sitzen um den Kaffeetisch und futtern in Mengen eigengemachten Kirschkuchen. Es geht wie ein Lauffeuer durch den kleinen Ort: wir sind zurück. Schrägüber wohnte eine schmucke Lehrerstochter (Pippa). Ihr vierzehnjähriger Sohn kommt, er wird sofort in den Taunus radeln, die Mutter zu suchen. Eine Tochter Marias kommt (ganz die Mama): wir sollen sofort hinkommen. Ach, Maria: immer noch dasselbe junge, schöne Gesicht – aber schneeweiße Arme; und umarmst Du sie, dann kitzeln Dich nicht mehr die beiden Knospen, sondern Du hast sämtliche Festungswerke von Verdun im Arm. Das Jüngste (3) wird herumgezeigt. Wir treten auf den Balkon des schönen Hauses: Wiesen, Felder, Bäche und der sanfte Taunus rundherum. Maria zeigt uns nun von hier, welches unsere Lieblingswege waren, was wir dann sagten und was dann. Sie kennt meine Vergangenheit besser als ich. Dort in Homburg sind wir noch so lebendig geblieben, als wären wir gestern fortgegangen.

Die ganze Familie begleitet uns zum Tannenwald, wo wir zwei Sommer beim Förster Müller gewohnt. Herrlicher alter, verwilderter Park mit verschlammten Teich. Leider war die Kirschen-Allee nicht in Blüte. Und ein fremder Mann im Haus, nicht mehr die Försters-Familie mit dem blonden Schulmädel.
[...]
Montag. Nachmittag in Pollocks Pension. Horkheimer kam auch. Gräßlich! Nichts als Aufgeblasenheit. Ich war bissig, schlecht gelaunt, ekelhaft.
Abends: mit der Bahn nach Mainz. Zu Dombrowski. Er: Protestant. Sie: getaufte Jüdin, (war in Theresien-Stadt). Er: bekannter politischer Journalist. Schrieb in den Zwanzigern Politiker-Profile unter dem Pseudonym »Johannes Fischart«. Am ›Berliner Tageblatt‹. Dann am ›Generalanzeiger‹ Chefredakteur – zu meiner Zeit. Jetzt Chefredakteur der Mainzer ›Allgemeinen Zeitung‹. Nach allgemeinem Urteil das beste deutsche Blatt. Erzählt mir seine Geschichte mit den Amerikanern [...] Lobt *sehr* die Franzosen, das tun viele Intellektuelle [...] Die Franzosen fördern offenbar alle kulturellen Bestrebungen. Frau Dombrowski holt uns ab. Zeigt uns das zerstörte Mainz. Wir gehen zur Redaktion. Er ist unverändert – nach zwanzig Jahren. Zu ihnen nach Haus. Schöne Wohnung. Gutes Abendessen. Viele Weine. Um 1 Uhr mit dem Schnellzug (2ter Klasse-Karten ohne 2 Klasse Wagen). Totmüde! (Was mir Dombrowski alles erzählte, kann ich nicht niederschreiben). –
Ich mußte unterbrechen: Telefone; Vertreter der American Airline. Kommt mir wie gerufen. – Keine Zeit mehr. Adresse: American Express Co. Berlin. Euer M.

An von Hofes und Townsends Heidelberg
7. Juli 1949

Liebste Folks;
ich bin so müde, daß ich gestern Abend um 8 *schlafend* im Bett lag – obwohl ich um 8 meinen Vortrag beginnen sollte. Ich habe

soviel zu tun, daß ich 11 häßliche Sekretärinnen beschäftigen könnte. Trotzdem habe ich alles heute um 1 Stunde hinausgeschoben, um Euch zu schreiben: Grund: wir lasen gestern Nacht um 2 Townsends und Hofes Briefe im Bett – und ich schwor, als erstes am Morgen diesem besten aller Folks zu schreiben [...] Kurz nur zu Townsends lieben 2 Briefen: ich bleibe Euch erhalten! Mit Thomas Mann's Buch haben Sie recht. Im *Dr. Faust* ist Genialisches. Das Büchelchen, von dem ich nur einen Vorabdruck gelesen habe, sollte den Titel führen ›Spießers Erdenwallen‹. Es ist allgemeines Gelächter. Ich bin so froh, daß ich immer Distanz gehalten habe. Sie hätten mich seit 10 Jahren gern als Propaganda-Minister gehabt. Manfred George wollte, daß ich das Büchelchen bespreche. Ich antwortete mit einer Pindar-Ode, die anfing: »Never, never again
Touch ich den Mann-Clan [...]«
Weiter in unserem Text.

Mittwoch. Military Government Car, um zu meinem Verlag ›Westkultur Verlag. Anton Hain. Meisenheim am Glan‹ zu fahren. Der Chauffeur sagte: wir müssen um 2 zurück sein. Wo liegt Meisenheim? Wir fragen in Mainz? Wir fragen in Wiesbaden? Wir fragen Schutzleute, Taxi-Chauffeure, Reiseauskunfts-Büros. Niemand kennt Meisenheim am Glan. Schließlich kommt Sascha – das jüdische Köpfchen in meiner Familie – auf die geniale Idee, zum Bahnhof zu fahren. Ich vermutete bereits, daß der ganze Verlag samt Meisenheim und Glan eine listige Erfindung Oprechts ist. Aber Kinder, sowas gibt's wirklich: zwischen Bad Kreuznach und Kaiserslautern. Herrliche Fahrt, wie schön ist diese elende Welt. Wir sind verliebt in den hohen weißen Mohn. Sascha bringt aus dem Fundus ihrer »General Studies« an die Oberfläche: daß in Amerika dieser Mohn nicht gepflanzt wird, weil er am Frucht-Knoten Opium enthält. (Stimmt das?) Besonders reizvoll: Bad Münster am Stein. Salinen. Sascha schlägt vor, eine Woche zu bleiben und unsere Katarrhe auszukurieren. Endlich das Dörfchen Meisenheim. Süßer, winziger Marktplatz. Unser schmaler Wagen zwängt sich kaum durch die Gassen.

Endlich ein verfallenes Hüttchen – und drunter fließt der Glan: Schild ›Westkultur-Verlag‹. Eine schmale Stiege aufwärts: der Herr Verleger persönlich. Vielleicht einige Sechzig. Ziemlicher Korpus. Gold-Plomben. Jovial. Will aber kein Geld rausrücken. Ich: »bitte, verkaufen Sie das Buch entweder an Rowohlt oder an List«. Alle gaben mir Aufträge. Er: »Ich sage weiter nichts als ›Ausgeschlossen‹«. Wir einigten uns. Er zahlt am nächsten Montag 250 DM. Seine Frau (recht nett), sein Sohn (blonder 20jähriger Jüngling). Ein sehr netter Mitarbeiter. Im Gasthof, in den wir gingen, trafen wir den eben eingetroffenen Herausgeber der ›Philosophia naturalis‹. (Von jetzt ab ›Philosophische Forschungen‹) Herr Mai. Sieht aus wie ein intellektuell verhungerter Habicht. Wollen meinen Vortrag über *Amerikanische Philosophie* drucken. (Ist aber noch nicht druckreif). Der Verlag scheint was zu werden. Bringt z. B. das Werk Nicolai Hartmanns heraus. Keine schlechte Gesellschaft. Wir nehmen Anton Hain bis Bad Kreuznach mit. Er sagt: »Ihre Bücher sind nicht akademisch, ohne populär zu sein«. (Sehr gute Formulierung für mich.) Rheinaufwärts von Bingerbrück nach Mainz. Gewitter-Regen. 5 Uhr zu Haus.
8. Vortrag, Amerika-Haus. Abstimmung: ich soll englisch sprechen (dasselbe passierte in Heidelberg) die wollen sich englisch belernen. Ausgerechnet von mir. Ich begann (wütend!): »you shall have it. I was born – not in Missouri, but in Berlin«. Dann legte ich meine Germanismen hin, daß es nur so krachte. Dachte mit Schadenfreude: Jetzt wird ganz Frankfurt Marcusesches Englisch sprechen. Mit vier Leuten in der ›Insel‹. Erdbeer-Bowle. Neben mir ein niedliches Schulmädel. Dann zeigte sie mir eine Photographie: ihre 5 Kinder. Ich bekam einen Schlenker rückwärts. So etwas habe ich noch nie gesehen. –
Donnerstag. Die Hölle ist los. Telefone, Telegramme, Besuche – ich fange an zu weinen. Und Sascha packt und packt und packt. Für 4 Tage Heidelberg: einen Koffer und eine Handtasche. Ich rase. 12 Uhr: Military government car von Heidelberg: Mit einer unsagbar blöden, alten Ziege drin. Der Chauffeur ein Voll-Idiot.

Kann nicht rechts von links unterscheiden. Fragt immerzu nach dem Weg. Ich sage (natürlich nicht so!): »Ich fahre nicht die von Hitler erbauten Asphalt-Literatur-Straßen – sondern ziehe vor die Blut- und Boden-nahe Bergstraße, den Odenwald entlang. Aber vorher will ich nach Goddelau, wo Büchner geboren wurde«. Glaubt Ihr, das Rindvieh hätte Goddelau gefunden? So sah ich nicht, wo Deutschlands größter Dramatiker zur Welt kam.

Bergstraße. Erinnerungen. Jugenheim. Bensheim, Weinheim. Ein Ort heißt »Unkenbach«. Nicht so schön wie im Mai, wenn's blüht. Aber wieder ganz verliebt. Wie kann ich Jugenheim und Euch und den monatlichen Check zusammenbringen? Problem! Darmstadt – so was von zerstört. Die »Traube«, in der einst Kayserlings Rederitis über mich vehementer niederging als der Niagara – ein paar Backsteine. Und wieder dieser edle, hoheitsvolle weiße Mohn. Und dann diese aufreizenden, erotisierenden roten Flecken des Klatschmohn. Wie schön! Wie schön! Und nun der Neckar! Auch nur Wasser, gewöhnliches Wasser – nicht zu unterscheiden von den Wässern in andern Ländern. Und auch wo anders gibt es diese Rebenhügel. Aber es gibt nur einmal dort oben diese Burg des Wetter vom Strahl. Was liebe ich an Deutschland? Das Meiste davon ist im Käthchen von Heilbronn. Werde ich es besuchen? Und nun Heidelberg – und die Belzners. – Fortsetzung folgt. In alter Liebe Euer M.

An von Hofes und Townsends Heidelberg

9. VII. 49

Meine Lieben;

Das Amerika-Haus reservierte uns zwei Dachkammern ohne fließend Wasser und Klingel. Ich sagte: sofort nach Frankfurt zurück. Sascha besprach sich mit dem Chauffeur: der fuhr uns hierher, von der Alten Brücke 1 Kilometer Neckar-aufwärts, am Neckar gelegen. Seitdem werden wir zwar jede Nacht in ein anderes Zimmer gelegt (einpacken! auspacken!) und jeden Tag

droht man: morgen geht es nicht mehr – aber soeben erhalte ich vom »Herrn Portier« die Nachricht, daß wir (wie gewünscht) bis Montag Vormittag bleiben können. Schöne Lage! Komfortlos! –
Zurück zu Mittwoch Nachmittag. Amerika-Haus ruft an. Sascha gibt ihnen Saures – wegen des Zimmers. Belzner ruft an. Sascha wäscht ihm den Kopf – wegen des Zimmers. Belzner schickt aus Verzweiflung rote Nelken. Wir legen uns um 5 Uhr ins Bett. Der Chauffeur ist auf 3/4 8 bestellt. Der Vortrag: Punkt 8. Plötzlich klopft es an unsere Tür: wir erwachen aus einem klafter-tiefen Schlaf; es ist Punkt 8. Das Amerika-Haus: wo wir bleiben? In rasender Hast hin. Es ist 8 Uhr 30. Am Eingang lauern 2 Mädchen: wir sind aus Wiesbaden gekommen, um Sie zu sehen. Ich schreie: ich habe jetzt keine Zeit für Privat-Dinge. Ich sehe – wie durch einen Nebel – Belzner [...] Der Saal ist knüppeldick voll. Ich stehe auf dem Katheder: Abstimmung – englisch oder deutsch. Erdrückende Majorität (keine Truman-Majorität): *ENGLISCH!* Ich bekomme eine Wut. Nehme mir vor, möglichst schlecht zu sprechen. Werde sehr boshaft. Lachsalven. Die Leute sind begeistert, daß ich mich über sie mokiere. [...] Diskussion: ja, die Deutschen können das Glück nicht leiden. – Alle andern abgewimmelt. Mit Belzners allein ins Odeon. Ja, wo sollte man anfangen? Belzners sehr freundschaftlich. Aber sie erzählen nicht. Weder sie noch er. Er – eine gewaltige Festung, innerhalb der (irgendwo) eine Blaue Blume blüht, die mehr ein blaues Schling-Gewächs ist. Er hat immer noch etwas Wächsernes, Statuarisch-Unlebendiges. Aber es geht was in ihm vor – schwer zu sagen was. Er ist ein wirklicher Dichter, nicht recht zugänglich. Ich glaube: er selber hat den Schlüssel zu sich verloren. (Hat gerade den Heine-Preis bekommen; 1500 DM.) Marianne – in ihrer Weise rätselhaft. Fragil, unaufgeschlossen. Nicht ohne Reiz. [...]
Donnerstag. Mit military government car den Neckar aufwärts. Der Chauffeur des Amerika-Hauses ist ein Ober-Nazi. »Wir sind verraten worden«. »Wer hat Sie verraten?« »Die Generäle.

Die Amerikaner hätten nie landen können, wenn man ihnen nicht die Minen-Felder bezeichnet hätte.« 20 km vor Heilbronn weigert er sich, weiter zu fahren. Das war eine Fahrt, den Neckar entlang. Wimpfen, hoch oben, auf der andern Seite. Wird die nächste Ortschaft Lauffen sein? (Geburtsort Hölderlins) Mein Herz klopft. Ich kam weder nach Goddelau noch nach Lauffen. – In Belzners Wohnung. Zwei schöne Zimmer. Marianne hat gebacken: Walderdbeeren-Torte, Johannisbeer-Torte. Ich stopfe es gierig in mich hinein. [...] Wir erzählen. Sie erzählen nicht. Er liebt sie. Sie ist rätselhaft. Sie hat ein Schicksal gehabt, das wir nicht kennen. Ich sehe die Zeichnung, kann sie aber nicht entziffern. Sie wohnen am Wald, daneben lauter Villen mit amerikanischen Schildern. [...]

In die Universität. Dolf Sternberger spricht einmal in der Woche über »Parteien«. 11 Zuhörer. Er: gescheit. Legt dar, daß das Mitglied in der modernen Partei nichts – und der Partei-Vorstand alles ist. Ganz meine Meinung. Ilschen, seine jüdische Frau (er ist Protestant) eine alte Freundin von uns. Toll vor Freude, uns wiederzusehen. Wir fahren mit ihrem Volkswagen hinaus. Neckar aufwärts. Auf der andern Seite. Essen in einem kleinen Dorf. Berühmt für Himbeergeist. Reden, reden, reden. Sprechen schlecht über die Belzners. Sprechen schlecht über Dombrowski. Sind isoliert und einsam (wie alle meine Bekannten in Deutschland). Sagen: in der Hitler-Zeit hatte man noch Freunde. Zusammenschluß der Antis. Jetzt ist jeder gegen jeden. Nein, Deutschland kommt für mich nicht in Frage. Johst: als »Mitläufer« eingestuft; Sieburg: großer Mann bei der ›Gegenwart‹? Ich schenkte Belzner den Titel für den Artikel über mich: *Rückkehr in die Fremde.* Auch Novalis kann mir Sieburg nicht schmackhaft machen. Deutschland hatte eine Vergangenheit – und hat keine Zukunft (was unsere Lebenszeit betrifft).

Mit den Sternbergers von 6–12 zusammen. Er ist jungenhaft und gescheit. Garnicht so eitel, wie die Leute sagen. War ein guter Abend. –

Habe Sehnsucht nach Euch. M.

An von Hofes und Townsends Heidelberg
10. VII. 49

Dear friends;
Es ist Sonntag Morgen. Ich sitze hier in meinem Hotel am Neckar, an der Grenze von Heidelberg und Ziegelhausen, gerade-über von der Stadt. Wenn ich hinaussehe – da ist die Ruine, die Alte Brücke, die Türme der Heiligengeist-Kirche. Großes deutsches Geschnatter im Frühstücks-Raum, einer Mischung aus Terrasse und Raum. (Übrigens: als mich neulich Belzner hier interviewte – und ich mit Stentor-Stimme meine Weisheiten zum Besten gab, sagte ein Herr am Nebentisch: »Sehr richtig! Gestatten Sie, daß ich mich vorstelle: Mr. Fischer aus Beverly Hills. Meine Tochter ist eine Freundin von Shirley Temple«) – Im Moment sind die Deutschen gerade schrecklich laut! –
Soeben einen Rundfunk-Vortrag für Frankfurt vollendet: *Amerika – ganz anders.* Zusammenfassung der falschen Vorstellungen von Amerika, die ich in Paris, Zürich und Deutschland angetroffen habe. Betone aber immer, daß ich kein Experte bin – sondern ein Berliner. – Sitze also hier und denke nach. Es steht nicht gut, meine Lieben. Zunächst das Äußerliche – was vielleicht nicht nur äußerlich ist. Auch in unzerstörten Städten wie Heidelberg klappt's nicht. Der berühmte deutsche Dienst am Kunden – sehr schwach. Hotel-Portiers, Kellner, Stubenmädchen, Chauffeure – recht elend. Der Chauffeur vom Amerika-Haus hat weder eine Uhr noch eine Landkarte. Man ist wurschtig. Niemand weiß recht Bescheid. Ja, und dann die politische Situation. Kriegsgefangene kamen aus Rußland zurück; zeigten einen deutschen *anti-faschistischen* Mit-Kriegsgefangenen, der Aufseher war, wegen Mißhandlungen an. Wurde von einem deutschen Gericht zu Zuchthaus verurteilt. Belzner zeigte mir einen Brief von Sieburg. – Und wenn man mir jeden Tag zehn Blaue Blumen aufs Katheder stellen würde und daneben ganze Felder von Klatschmohn – nein, nein, nein: ich ginge an mein Tischchen zurück und würde eher Lippegau und Vogel als Doktoranden annehmen. Es ist wenig Hoffnung: Ich prophezeie

für die nächsten 5 Jahre (falls kein Krieg kommt) eine große materielle Blüte und eine ebenso große moralische Fäulnis. Herrschend: Narretei – alle Professoren der Neueren Geschichte wollen Deutschlands Schicksal lenken; und Dünkel – Dolf Sternberger erzählte mir die folgende sehr deutsche Geschichte. Kam er da um 4 Uhr in den Frankfurter »Kaiserkeller«. »Ein Bier bitte«. »Bedaure«. »Weshalb?« »Wir servieren Bier nur zum Essen«. »Ja, sind Sie verrückt; früher habe ich zu jeder Zeit mein Bier bekommen«. »Mein Herr, Sie vergessen, der Kaiserkeller ist jetzt ein Luxus-Restaurant«. Deutschland 1949!! – Ich ärgere mich über die deutsche Sitte, zu zwingen. Man muß Wein trinken, wenn man Bier trinken möchte. Man muß sein Morgen-Frühstück im Hotel einnehmen, wo man übernachtet. Überlege: was verändert sich eigentlich durch Kriege, Revolutionen, Zerstörungen? Die oberste Schicht im äußersten Fall, vielleicht nur der Firmen-Name. Was verändert sich nicht: das tägliche Leben. Was nicht geblieben ist (der »Römer« und der »Hitler«) – das ist auffällig, das steht in den Zeitungen. Man übersieht, was geblieben ist: die Bücklinge, das Hackenzusammenschlagen, die frechen Barone aus den Ostsee-Provinzen. Professor Böckmann (eindeutig als Antisemit diagnostiziert; leidenschaftlicher Feind Heines). War in meinem Vortrag. Hat sich aber nicht vorgestellt. Übrigens: eine Episode aus meinem Vortrag, der mich drückt. Einer fragt mich was; ich antworte. Sehe erst, nachdem meine Antwort schon heraus ist – ein Kriegs-Blinder. Außerordentlich edles, junges Gesicht. Hätte mit ihm privat reden müssen. Vielleicht hat er Hoffnungen auf mich gesetzt. –
Gestern, Sonnabend. Durch die »Hauptstraße« gebummelt. Was ist der Unterschied zwischen so einer Hauptstraße und der Main Street. Der Unterschied, der zwischen mir besteht und der Zeichnung von Menschen in (sagen wir:) einem medizinischen Lehrbuch.
Den Film *Ehe im Schatten* gesehen. Kam zerbrochen heraus. Wollte nicht mehr leben. Will solche Filme nicht mehr sehen. Meine Nerven sind zu verbraucht.

Zu Belzners. Die gute Marianne stopfte Kuchen in mich hinein. Aßen (schreckliches Wort!) zu Abend in einem kleinen Beisel des Dorfes Handschuhsheim. Lachten enorm. Ich war maßlos unanständig. Belzner lachte am meisten über Folgendes. Er hatte Sonntag ein 4 Spalten langes Feuilleton über mich veröffentlicht mit: »Fortsetzung folgt«. Sagte mir: »Die Fortsetzung kann nicht vor Mittwoch folgen«. Ich: »Ich würde für die, welche es nicht aushalten können bis Mittwoch, im Sport-Blatt des Montag eine Notiz bringen: »Vorabdrucke können bei der Rhein-Neckar-Zeitung abgeholt werden«. – Himmlischer Nacht-Spaziergang durch das Dorf in den Wald. Vollmond. An Eva gedacht. Glühwürmchen. Sascha, die Naturwissenschaftlerin: »Das ist das reinste Licht«. Belzner, der Poet: »Das ist erotische Lokkung«. Stellt Euch vor, bei mir würde immer eine Glühbirne hinten aufleuchten, wenn mir so zu Mute ist. – Belzner und Marianne waren in high spirit.
Dies ist der Schluß-Satz des Briefes: Da ist kein Tag, an dem wir nicht von Euch reden. Trennungen verbinden. –

Euer M.

An von Hofes und Townsends Berlin

16. VII. 1949

Meine Guten;
[...] Von Euch habe ich in letzter Zeit kaum etwas gehört. (Mit Ausnahme von Hofes kurzem Briefchen nach Frankfurt). Heute muß ich also schwer aufholen; fast eine Woche. – Sonntag 10. (Heidelberg). Hinter unserm Hotel hinauf in den Wald. Guckkasten-Weg – reizende Blickausschnitte auf Neckar und Heidelberg. Philosophenweg: ja, von den Heidelberger Romantikern zu Kuno Fischer, Windelband, Lask. Lauter philosophische Bazillen in der Luft. Ich atme tief. Sascha ist in ihrem Element: 16 Jahre alt, singt Volkslieder, pflückt Walderdbeeren und genießt zum ersten Mal so recht diese wenig genußreiche Reise. (Mit dem Hotelportier unterhalten: er war deutscher Handels-

kapitän bei Standard Oil, in Santa Barbara stationiert; 39 auf Ferien-Reise in Deutschland). –
Belzners unzuverlässig. Verschieben ihr Kommen: von 3 auf 4, von 4 auf 7. Ich tobe. Will sie nicht sehen. Sascha vermittelt. Sie kommen um ½8. Marianne verweint (weil ich sie telefonisch angehaucht hatte). Erst allmählich bessere Stimmung. Mit einer Boot-Fähre hinüber auf die andere Seite: Schliersheim. Von da mit der Elektrischen Neckar-aufwärts nach Neckar-Gemünd. Essen im Garten-Restaurant Menzer. Trinken Samos. Herrlicher Tisch: Blick auf Neckar, Dillsburg oben hinten. Der Neckar bewegt sich nicht. L'heure bleue – um zehn Uhr nachts. Hinten steigt der Vollmond auf. Friede zieht in meine Seele. –
Abschließendes über Belzner. Sehr freundschaftlich. Hochbegabt. Las ⅓ seines Kolumbus. Original im Sprachlichen, witzig. [...] Nahm ihm das Ehrenwort ab: 1. daß er nächste Woche zum Zahnarzt geht; 2. daß er das Rauchen herabsetzt (hat Zirkulations-Störungen); 3. daß er das Zeitungsgeschreibe vermindert – zugunsten von Büchern. – Persönliches haben sie kaum erzählt. Er: ist keiner, der redet. [...] Resumée: echter, militanter Demokrat; treuer Freund; hochbegabter Schriftsteller (ohne Chancen). [...] Schwer umgänglich, weil er nicht redet. [...]
Montag. D-Zug nach Frankfurt. Vortrag im Kunst-Kabinett. Das intellektuellste Publikum, das es heute in Frankfurt gibt. Eckart von Naso taucht auf, in der Republik Dramaturg des Berliner Staatstheaters. Daß es den noch gibt. Fred Hildebrand läßt sagen: er sei krank, möchte mich aber sehen. Ich will nicht. Der war nicht koscher. Intendant Weichert fragt mich in der Diskussion: weshalb ich Goethe nicht erwähnte. Ich sage: »Bevor ich nach Deutschland kam, schwor ich einen heiligen Eid: »Kein Wort über Goethe und keins über Thomas Mann«. Beifall – daß ich dachte, das Haus fällt ein. Da Weichert *Tasso* zitiert hatte, analysiere ich *Tasso.* Einige ältere Leute murren. – Sitze mit einigen Leuten noch auf der Börsen-Café-Terrasse. Lade meinen alten Botenjungen vom ›Generalanzeiger‹ ein. (Jetzt beim Zoll). Der Treuste der Treuen. –

Dienstag Morgen. Spreche auf Band im ›Rundfunk‹: *Amerika – ganz anders,* eine Sammlung der kuriosen Amerika-Auffassungen, die mir in Paris, Zürich, Deutschland begegnet sind. [...] Flugkarten sind in Dollar zu zahlen. Sascha kämpft mit den Behörden. Verliert. Ich lächle nur. Napoleon sagte: Die Politik ist unser Schicksal. Stimmt nicht, die Bürokratie ist unser Schicksal. Diskussion im »Amerika-Haus« zur »Theater-Krisis«. Knüppeldick voll. Vom Theater, Rundfunk, Presse. Glänzende, witzige, scharfe Diskussions-Rede des Intendanten Weichert. W: »Die Theaterkritiker sind heute auch nicht boshafter als früher«. (Mit Blick auf mich.) Lach-Salve! Dieselben Probleme wie zu meiner Zeit: Die Stadtväter, weil sie das Geld geben, wollen hineinreden; Stadt-Theater gegen Privat-Theater. [...]
Weichert besucht mich. Sehr verklatscht. Erzählt mir den Fall: Hilpert in Frankfurt. – Ich bin so froh, daß ich nicht in Deutschland bleibe – und all den Mist kauen und wiederkäuen muß. – Und nun kommt Berlin. Fortsetzung folgt. –

Euer M.

An von Hofes und Townsends Berlin
17. VII. 49

Meine Lieben;
ich fühle mich nirgends so einsam, wie in der Stadt, in der ich geboren bin. Sascha ist mit ihrer Schwester. Ich bin allein zu Haus – und graule mich vor dem nächsten Besuch. Es ist immer schwül. Gewitterwolken. Gewitterregen. Ewiges Dröhnen in den Lüften. Ach, säße ich bei Euch! –
Donnerstag 1 Uhr. Vom Flughafen (ich dachte: das ist bereits Darmstadt!) ab. Stempel, Stempel, Stempel! Zoll-Untersuchung – von der amerikanischen Zone in die amerikanische Zone. Wir treffen ein altes amerikanisches Ehepaar, die bereits in Helmstedt waren – zurückgeschickt worden sind. Ich sehe nichts, weil vor meinem Fenster gerade der eine Flügel ist. Nach 1 Stunde 50 Minuten: Ankunft. Ein Mädchen vom Amerika-Haus in einem

Jeep. Herr Mattenklott vom Blanvalet Verlag. Ein Hotelier von Nikolassee. Fahrt von Tempelhof (da war ich das letzte Mal zu einer Kaiser-Parade nach dem Kurfürstendamm.) –
Unser »Hotel«: die oberste Etage. (Dependance von Hotel Stephanie). Alte Berliner Wohnung – mit dem typischen, dunklen Eßzimmer in der Mitte. Voll von Bildern in den Korridoren. Sehr hübsches, geräumiges Zimmer – und Badezimmer (ohne Warmwasser). Wir schlafen. – Zu Gertrud Novotny. Nicht zu Haus. Kommt nach ins Café Reimann. Gehörte zu der Familie, die dem engsten Kreise unserer Familie angehörte. Alleine übrig geblieben. 75: sehr klein geworden, sehr dünn. Erlebe, was ich immer wieder erlebe: die Menschen denken dort wieder anzufangen, wo man vor 20 Jahren aufgehört hat. Ich kann nicht. Enttäusche alle. Ich kann nicht meine Erinnerung identifizieren mit der heutigen Person. Ich bin verlegen, stumm, peinlich berührt, gequält. Wünsche, ich hätte derartige Begegnungen nicht herbeigeführt. Die Andern sind wahnsinnig aufgeregt – ich kühl bis ans Herz hinan. Ich fühle mich elend in diesen Situationen. – Wir gehen noch für 10 Minuten in ihre Wohnung. Sie redet ununterbrochen. Erzählt Riesen-Romane von Leuten, auf die ich mich gar nicht besinnen kann. Behandelt mich liebevoll, als wäre ich noch 14. Mir ist mies, mies, mies.
Freitag. Zu telefonieren versucht. Leitungen sind überbelastet. Dauert Stunden. (Aber die Angestellten des Hotels sehr hilfsbereit). Ich gebe auf, mit Leuten in Kontakt zu kommen. Fahrt zu American Express. Dahlem, Wilmersdorf, Steglitz. In die Buchhandlung Rosen am Kurfürstendamm. Taxe: Zoo-Knie-Hansa-Viertel-Reichstag-Kroll-Oper-Führer-Bunker-Hotel. – Danach bin ich so müde, daß ich nicht schlafen kann. Nichts angetroffen, was zu meiner Vergangenheit gehört. Kein Gefühl gehabt – außer Seekrankheit. Weshalb fühlte ich mich nicht zurück versetzt? Gestaltpsychologisch zu erklären. Das Hansa-Viertel z.B. ähnelt so wenig dem Viertel, in dem ich lebte, wie Gustel F. (siehe Sonnabend) dem Mädchen, mit dem ich Tanzstunde hatte. Die Erinnerung hält fest, die Wirklichkeit ist nicht

festzuhalten. – 5 Uhr. Hinaus zu Blanvalet. Wannsee. Kleiner Wannsee. Hier in der Nähe hat sich Kleist erschossen. Blanvalets: schönes, großes Haus zwischen Kiefern. Wohnen schöner als die Film-Stars. Wir sitzen zwischen Bäumen auf geräumiger Terrasse. Aber direkt unter der Luft-Brücke: man muß sehr laut schreien. Erzählt mir seine Erlebnisse, nachdem ich ihn zu Liesl Frank eingeladen hatte. (Wert im Familien-Kreise lang und breit episch berichtet zu werden). Mein Buch ist fertig ausgedruckt, habe es mit mir. Der Verlag aber ist pleite. Doch ist seine Frau sehr reizvoll. Erzählten uns von den letzten Tagen der großen Zeit. Seitdem kann sie auch mit Schlafmitteln nicht schlafen. – Wir kommen um 1/2 1 Bahnhof Zoo an. Dunkle Gestalten. [...] Sascha ängstigt sich. Wir nehmen das einzige Auto. Und das *war* einmal der Bahnhof Zoo. Er ähnelt aber diesem »War« – wie ich dem Homer. –

[...]

Inzwischen kommt Gustel F. – meine Tanzstunden-Schwärmerei, als ich 16 Jahre alt war. Sie könnte meine Biographie besser schreiben – als ich das könnte. Im Realistischen. Erinnert sich an 1000 Details. Ist immer noch blond, vielleicht hätte ich sie sogar wiedererkannt; ähnelt aber dem Mädchen, in das ich mit 16 toll verliebt war, so wenig, wie die heutige Kronprinzessin Cäcilie – jener Braut, die ich im Jahre 1900 habe in den goldenen Wagen einsteigen sehen. –

Nichtsdestoweniger sagte sie (Gustel) zu mir: *»Mein guter Junge«*. Ich denke, mich laust der Affe. [...] Aber – wollte ich meine Autobiographie schreiben: Gustel weiß alles. Erfuhr viel über meine jungen Jahre (Manches ist Legende). [...]

Mit Gustel F. in die »Badewanne« (Kellergeschoß von »Femina«). So überfüllt, daß man nicht sitzen kann. Sitzen Ecke Joachimstaler (»Kindl«). Gespräche – auch politisch. Wozu? An der Oberfläche ist nichts Neues zu sagen. –

Sonntag. Scheußlicher Tag. Schlecht geschlafen. Verärgert. Arnold Zw. kommt. (Chef des A-Hauses kommt. Nichts vorbereitet. Aber: frischer, heller Mann; gefällt mir). Zu Arnold Zw.

ins andere Zimmer. Freute mich zuerst. Konnte dann diese propagandistischen Spießbürgereien nicht vertragen. Wurde ausfallend. [...]
Abends: zu Hermann Linden. Achenbachstraße 4. Das einzig unberührte Haus zwischen Bergen von Trümmern. Nach Café Wien. Wir mögen draußen nicht essen. Man kann nicht sein Schnitzel herunterbekommen, wenn die Krüppel sehnsüchtig zugucken. Innen: Kapelle, Tanz – eine Art von neuem Versuch zu Eleganz. Und doch wie ärmlich. Hermann L.: das alte Thema – Bomben, Ostmark, die Angst der Berliner. Sprechen über Roth. Er bringt gerade ein Roth-Buch heraus (ein Beitrag von mir). Wer ist noch da? Ja, wer ist noch da? Was ist der Unterschied für mich zwischen Fresno und Berlin? Das ganze Romanische Café, meine wahre Heimat, ein Haufen von Klamotten. Armes Marcusuleinichen! In Variation eines bekannten Wortes: »Wärst Du nie zurückgekehrt, dann wärst Du ein Philosoph gewesen«. Gelangweilt, deprimiert, resigniert ins Bett. [...]

Euer M.

An von Hofes und Townsends Berlin W

20. VII. 49

Meine Lieben;
ich bin von Euch ziemlich abgeschnitten. Fand hier keinen Brief vor. Habe nebenbei den Eindruck, daß American Express Co. *Berlin* völlig unzulänglich ist. Wir leben hier in der Dependance der Pension Stephanie. Diese Dependance besteht aus einer großen Berliner Wohnung im vierten Stock (Fahrstuhl). Wir haben ein großes, gut möbliertes Zimmer nach vorn (mit Bad und Toilette – ohne warmes Wasser). Wenn wir Besuch bekommen (oder wenn 2 Besuche auf einmal kommen), können wir das Wohnzimmer auch benutzen. Saschas Mutter wohnt für einige, wenige Tage in der nächsten Straße (bei einer Verwandten von mir). Sie ist sehr dünn, bescheiden und nett. Hat Kourage und sagt plötzlich Du zu mir. Als sie aber auch noch »Ludwig« sagen wollte,

ließ ich einen Eisernen Vorhang herunter. Aber alles das geht glatt. Sascha ist süß. Ist viel empfindlicher als ich gegen viele (unbewußte) Taktlosigkeit, Boschigkeiten – um nicht mehr zu sagen. Die milde Sascha fällt bisweilen die Leute im Gespräch an, daß ich mich ins Mittel legen muß. Im übrigen sind wir ziemlich vermanscht. Die Hiesigen sehen nur den jüngsten Aufstieg; wir sehen nur die Katastrophe. Ich möchte ein Stück schreiben: Hannibal kommt nach der Zerstörung Karthagos zurück. –

Wo bleiben wir stehen? Ich vergaß an den Sonntags-Besuchen Eva Henning zu erwähnen: eine Schul-Freundin meiner jüngsten Schwester Edit. Niemand erwähnt sie. Niemand wagt mit mir über ihren Tod zu sprechen. (Ich glaube, Sascha weiß eine ganze Menge trauriger Details). Ich denke manchmal: niemand hat ein Recht, in deutschen Dingen mitzureden, dem so etwas nicht geschehen ist in der engsten Familie. – [...]

Dienstag. Frau Stüwe, Tante von Lally Reinhardt. Gutaussehende, schlanke, ältere Dame. Lallys Vater war Diplomat in Schweden. Ein anderer Bruder ist Anatom an der Ost-Universität. Unbehindert. Brauchte nicht in die Partei einzutreten. (Sie erzählte mir von der Deutschland-Feindschaft Schwedens). Sie sagt: »In diesen Wochen sind erst die Deutschen so arm, wie sie wirklich sind«. [...]

3/4 2. Der Jeep holt uns ab. Halensee. Königin Allee. Dahlem. Zehlendorf. Klub 48. Heinz Ullstein. Hofes können die Räume beschreiben. Fanatischer Anti-Ost. Liberal in dem Sinne: er will ruhig und unbehelligt leben. Habe den Eindruck: daß es ihm infolge der Verlags-Krise nicht so glänzend geht. Im Nebenzimmer sitzt Lucie Mannheim: ich erkenne sie nicht; sie erkennt mich nicht. Will mit mir einen alten Lehrer, Speyer, besuchen: 80 Jahre alt; der Rest vom Schützenfest. Gespräch mit U. nicht ergiebig. Das Essen auch nicht. Er ist Berlin-wütig; fehlt etwas von der »alten Atmosphäre«. Zitiert die 3 Artikel, die er in seinem Leben geschrieben hat. Haßt Thomas M. fast ebenso wie den Osten. Werde ich noch einmal mit ihm zusammen sein?

7 Uhr Kanto. Sie luden mich in den »Kulturbund« ein, in die »Möwe«. Ich lehnte es ab. Langes Gespräch über Verhetzung (mit Beispiel aus dem ›Tagesspiegel‹ des Tages). Problem: welche Möglichkeiten hat der Einzelne, politische Fakten festzustellen? Keine. Ich werde deutlich und aggressiv. Aber die Unterhaltung ist ohne Investigierung von Behauptungen und Dementis nicht durchzuführen. Schreckliche Situation.
Sascha hat mir ein bißchen von Edit erzählt. Ich schlafe schlecht. –
Von nun an leider im Telegramm-Stil (Sonntag 24. VII. 49). Mittwoch. Der Schauspieler Alfred Beyerle. [...] Wir ventilieren das Problem eines Besuches bei Gottfried Benn.
Abends: Vortrag im Amerika-Haus. Sehr voll. Großer Erfolg. Man zwingt mich buchstäblich, einen zweiten Vortrag zu halten: *Der verfemte Nietzsche* (Die Zeitungen drucken: *Der verfilmte Nietzsche*). Nach dem Vortrag kam dann das, wofür ich die ganze Reise gemacht habe. Z. B. Ein alter Herr nähert sich mir: »Mein Name ist Müller. Ich habe Ihnen Violin-Stunden gegeben, als Sie in der Prima waren«. Eine Dame nähert sich mir: »Ich bin Fräulein Jung. Ich war Assistentin des Philosophischen Seminars, als Sie Student waren und die Trauer-Rede auf Troeltsch hielten«. Eine Dame nähert sich mir: »Sie haben bei mir in Eichkamp gewohnt. Meine Tochter Inge kennengelernt, als sie in der Badewanne lag. Sie war empört, daß ein fremder Mann zu ihr ins Badezimmer kommt. Vielleicht hat sich das geändert. Vielleicht hat sie heute nichts dagegen.« Dann kamen alle, die entweder Marcuse heißen oder einen Marcuse kennen. Dann wollte mir einer einen Hauptmann-Brief verkaufen. Dann kamen Schulfreundinnen meiner Schwestern etc. etc. Dann mit Blanvalets, Günther Birkenfelds (mein Gott: ich kannte die jetzige Frau B.) Nicklisch u. s. w. in den Klub 48. Um 2 Uhr zu Haus. –
Donnerstag. Mit Saschas Schwester und Schwager: Unter den Linden, Reichskanzlei, Potsdamer Platz, Schloß, Dom, Königstraße, Alexanderplatz, Friedrichsgracht (ältestes Berlin), Pe-

tri-Kirche, Spitalmarkt (!!!!), Zeitungs-Viertel (!!!!), Leipziger-Straße, Bahnhof, Friedrichstraße, Weidendammer Brücke, Max Reinhardt-Straße (in der unbegreiflicherweise das Deutsche Theater nicht *liegt*), Deutsches Theater (*man erlaubt mir nicht auszusteigen*). [...] zurück. – Ich beschreibe nicht. Kein Film kann das zeigen. Forum Romanum! Die Wüste Sahara im Zentrum Berlins. [...]
Mit Saschas Schwiegervater gesprochen. Sicherung ihrer Mutter. Familien-Tag. Ihre Mutter, Tante, Schwester, Schwager. Gott sei Dank geht der größte Teil des Familien-Tages während meines Schlafs vor sich. [...]
Freitag. Peter Herald kommt. Hat sich grade die Mandeln herausnehmen lassen. Hübsche Frau im Auto (Französin?) Frau eines Herrn Goldschmidt. Sie fährt zum ersten Mal. Wir zittern. Herald besorgt mir Schlafwagen Militär-Zug nach Frankfurt. Bürokratie, Bürokratie – die Lateiner nannten es Fatum, die Griechen ananke. Übersetzt von heute an »Bürokratie« mit »Fate«. 6:30: Hermann Linden mit Frau. 8:30: Weyrauch (alle bringen mir Bücher mit. Ich hätte bereits 100 – wenn ich nicht bäte: bitte senden!) W. erklärt mir ausgezeichnet die deutsche Literatur: Links, »Zweigleisige«, Rechts. Ach, es ist wenig los. Wir hatten nach dem ersten Krieg mehr Pep. W. erklärt mir sehr gut die Situation des »deutschen Theaters« (Langhoff-Brecht). Wasser auf meine Mühle! W. gefiel mir sehr gut. [...] Gehört zu den Zweigleisigen, der weder im ›Neuen Deutschland‹ noch im ›Tagesspiegel‹ schreibt.
Sonnabend. Der Wagen des ›Tagesspiegel‹ holt mich zu Erik Reger. Number one des ganzen Blattes. Ist nicht sehr gealtert. Ruhig, bestimmt, arriviert. Nur noch 100000 Abonnenten, 25000 Verkauf. Freundschaftliche Begrüßung. Langes Gespräch. Will daß die Amerikaner unblutig, nur durch Energie Deutschland – zurückerobern. Glaubt nicht an eine nationalistische Gefahr. Diskussion über Nachteil und *Vorteil* der deutschen Begeisterungslosigkeit von heute. Persona gratissima. Feind Nr. 1 Drüben. [...]

Abends: Cabaret »Die Badewanne«. Überfüllt, unsagbar schlecht. Mit Ausnahme des hervorragenden ersten Zwei Minuten-Bildes. Im Hintergrund ein Guillotinen-Beil, das auf und runter geht. Links ein Henker, der es bedient. Ihm vis-à-vis ein Trommler, der ununterbrochen wirbelt. Im Vordergrund 2 Mädchen, die Ball spielen zu einer einschmeichelnden Weise. Genial! Die kürzeste Formel für Hitler und das deutsche Volk. – Dann mit Blanvalets und Nicklisch ins Café Wien. (Übrigens, die zweite Nummer: 2 Schauspieler lesen um die Wette (gleichzeitig); einer *Die Glocke*, der andere den *Faust*. Erinnerte mich an den Dadaismus. –
Sonntag. Wir werden im Schlaf geweckt. Leute teilen uns mit, daß Saschas und mein Bild im ›Weltspiegel‹ ist. Andere bieten mir an, die Auflage der ›Neuen Zeitung‹ mit meinem Artikel *Europa sollte Amerika noch einmal entdecken* aufzukaufen. Berlin ist dörflich geworden. Darüber hätte sich früher niemand erhitzt. Heute laufen sie aus ihrer telefonlosen Wohnung bis zum Postamt, um das mitzuteilen. Es ist nicht mehr mein Berlin. [...] Und jetzt zu Gottfried Benn. Quite an adventure! M.
Sonntag Nachmittag. Mit Beyerle zu Gottfried Benn. Ist wieder Arzt für Haut- und Geschlechtskrankheiten. Etwa 61 Jahre. Seine (dritte) Frau, etwa 28, Zahnärztin. Kommt wieder auf. Große lobende Besprechungen seiner neuesten Bücher in Schweizer Zeitungen. Ich habe lange mit mir gerungen, ob ich hingehen soll oder nicht. Er schrieb am Anfang: »Ich sage Ja.« Fiel dann in Ungnade. Machte seine Karriere als Militär-Arzt. Soll Generals-Rang gehabt haben. Als Frau B. und Beyerle einen Augenblick aus dem Zimmer waren, fragte *ich* ihn direkt: »wie konnten Sie Ihre Ideen verbinden mit jener Wirklichkeit?« *Er:* »Ich weiß es selber nicht. Ich verstand nichts von Politik. Ich war mitgerissen von dem revolutionären Elan. Ich ahnte nicht, daß die Bewegung kriminell enden würde. Ich habe dafür schwer gebüßt«. No comment [...] Sehr interessantes Gespräch über Spengler, Nietzsche – über den Vorwurf des Nihilismus, den

man Benn immer zu machen pflegt. Gab mir zum Abschied sein letztes Buch. War offensichtlich über den Besuch sehr erfreut. – (Zwischen-Bemerkung: die Berliner gebrauchen »Vor der Währungsreform« »nach der Währungsreform« wie man sagt: »vor Christi Geburt« »nach Christi Geburt«)

Abends. Café Wien. Arnold Zw., Gerhart Pohl, Civier. Nach 5 Minuten: wütende Beleidigungen zwischen Arnold Zw. und mir. Er: »Sie in Ihrer bourgeoisen Pension.« Ich: »Sie in Ihrem aristokratischen Adlon«. Er: »Das ist ein Trümmerhaufen«. etc. Das sind selbstverständlich keine Argumente, nur Symptome. (Vorgeschichte: ich lehnte eine Einladung zu einer offiziellen Sache nach der Wilhelmstraße ab). Charakteristisch für die eiserne Trennung der Intellektuellen: während mich die West-Presse hier täglich erwähnt (Bilder, Notizen, Besprechungen meiner Vorträge, Artikel von mir, Rundfunk), weiß man im Ost-Sektor überhaupt nicht, daß ich in Berlin bin. Lerne viel am eigenen Fall. Habe Euch viel zu erzählen. Weiter im Text: ich springe auf, setze mich an einen andern Tisch. Nach 1/2 Stunde: Arnold Zw. kommt herüber. Ich renne davon. Ich bin unversöhnlich – wenn ich den Bruch will. Ich hasse den Intellektuellen-Typ, den er repräsentiert. [...]

Leute vom Rias. Ich werde Mittwoch auf Band sprechen. Lehne Aktuelles ab. Werde aus meinem Buch lesen: *Der erste Philosoph des Glücks.* Verspreche für den Winter 4 Sendungen über amerikanische Philosophie. [...]

Die Freie Universität will mich plötzlich, coute que coute. Erst verschlampen sie es 3 Monate – bis sie mich in allen Blättern sehen. Ich sage: NEIN. Laden mich zum Empfang ein. Ich sage: NEIN! (Ich bin ein Trotzköpfchen).

6:30: Erik Regers Wagen steht vor der Tür, uns nach Nikolassee zu holen.

Fortsetzung folgt.

Ich liebe Euch. M.

An Erika Mann Berlin
23. VII. 49

Liebe Erika;
daß Sie in Ihrem Telegramm nicht den Mut hatten, zurückzunehmen, was die Tatsachen verlangen, hatte ich gerade noch schweigend geschluckt. Da las ich, daß Sie dem ›Aufbau‹ seine Unschuld bescheinigen – obwohl Sie mich gerade wegen der Dinge angefallen hatten, die der ›Aufbau‹ geschrieben hat. Das ist zu viel.
Ich bitte um die Erlaubnis, Ihren Brief zu veröffentlichen. Ich werde dann antworten. –

Ihr Marcuse

An von Hofes und Townsends Berlin
28. VII. 49

Ich hoffe, daß mein 7 Seiten langer Berlin-Brief angekommen ist. Ich übergab ihn einer reizenden Ullstein-Sekretärin (Neuhaus) zur Luftpost-Beförderung. [...]
Also: 6:30: zu Erik Reger geholt nach Nikolassee. Er ist heute anerkanntermaßen der erste politische Journalist Deutschlands (›Tagesspiegel‹). Persona gratissima in Amerika. Vor 33 vor allem bekannt als Verfasser eines ausgezeichneten Romans über die Großindustrie: *Union der festen Hand.* Ein alter guter Bekannter von mir. Gehaßt vom Osten. Angenehmer Abend mit ihm, seiner Frau, seinem Sohn. Gibt mir die Bremer Adresse von Louis Ferdinand von Preußen – den er nicht kennt, mit dem er aber korrespondiert. –
Dienstag Morgen. Sascha tauscht unsere Flugkarten um. Wir haben Plätze im Militär-Schlafwagenzug, Donnerstag Abend. Ich fahre mit Heinz Ullstein zu unserem 80jährigen Lehrer Professor Speyer. Als ich in die Tür trete, schreit er »Marmel«. Damit hat es folgende Bewandnis. Als ich 9 war, übernahm er unsere Klasse als Ordinarius. Da las er eines Tages auf der Stadt-

bahn-Monatskarte an meiner Frühstücks-Tasche meinen Namen. Mein Vater hatte so geschrieben, daß es aussah wie »Marmel«. Und da nannte er mich denn durch die Jahre nur »Marmel«. Erinnerungen an Mitschüler: von Dombois, von Havenstein, Krisolli, Zuckermanndl ... Im ersten Krieg gefallen, als General jetzt an der italienischen Front gefallen, nichts mehr gehört. Und dann die Lehrer. Wir nannten sie bei ihren Spitznamen: Wixtop; Gäde mit der Wachsneese; Ente. Wir waren uns recht einig. Speyer hat eine riesige Korrespondenz: Mitschüler, Kollegen, Schüler. Er war sehr gerührt. Am Anfang hatte ich gesagt: aber prüfen Sie mich nur nicht in den Verben auf un. Ullstein sagte von sich: »Herr Professor, für mich war noch der Vorletzte ein Streber«. –

(Parenthese: guter Witz, den mir gestern ein Östler erzählte: »Man kann in 2 Systemen mit Geld gut leben: erstens im kapitalistischen, zweitens im sozialistischen«).

›Neue Zeitung‹. Luft kennengelernt. Kam gerade von Amerika zurück. In Eurem Alter. Gilt als einer der fähigsten Journalisten. Erklärt mir den Fall Blanvalet in USA. Ja! – [...]

Mittwoch. Zur Rias abgeholt. Lese (auf Band) aus meinem Buch das Kapitel: *Der beste Philosoph des Glücks.* Mache für den Herbst 4 Manuskripte ab: *Über amerikanische Philosophie.* Muß als Ausländer 25 % Steuernsoll. [...]

Mit Auto zurück. Ein schönes Geschenkchen, einige Pfund schwer, für H. v. H. gekauft. Ganz befriedigt mit dem Kauf. – Um 4: plötzlich steht Bredel vor mir, auf dem Wege von Berlin nach seiner Residenz. Neue Frau: Schwedin. Erinnerungen an den Winter 36/37. Ach ja. Er hat graue Haare, aber mit seinen 48 ein blühend-fettes Gesicht. Stolz auf seinen Dr. h. c.: der erste Proletarier, dem das passierte. Gehört zu den Leuten, die ich gern habe: primitiv, proletarisch-bourgeois – und gemütlich; guter Freund. – Seid mir nicht böse, wenn ich jetzt zu prahlen scheine – aber das sind Fakten: *Der verfemte Nietzsche.* Der Andrang war so groß, daß von 7 an die Polizei absperren mußte. Das Amerika-Haus war in höchster Aufregung, weil sie fürchteten: der Boden des Saals wird einstürzen. Ich habe noch nie in meinem Leben einen solchen Erfolg gehabt. Die Leute beschworen mich: zu bleiben. Ich glaube: ich könnte in diesem Moment eine one man university beginnen. Es waren auch viele Irre da. Einer wollte mir durchaus sein Perpetuum mobile vorführen. Nüchtern betrachtet: Berlin ist eben Berlin. Diese Reaktionen auf bestimmte Sätze, das gibt es wohl nirgends sonst in Deutschland. Aber – abgesehen von der Bindung an Euch, an den amerikanischen Paß [...] hört, was nach dem Vortrag geschah. Etwa 30 Leute wollten mit mir noch zusammensitzen – aber West wollte sich nicht neben Ost und Ost nicht neben West setzen. Sascha kam verzweifelt zu mir. Ich wurde wütend, wollte niemand sehen und nach Hause gehen. Dann salomonische Lösung: zuerst eine Stunde ins Café Schwind; dann in den Club 48. – Martin Gumpert, der von der Frankfurter Thomas Mann-Goethe Andacht-Stunde direkt zu meinem Vortrag kam, berichtete mir über dieses größte Ereignis nach Christi Geburt. Th. M. ist jetzt in München. Geht er dann nach Weimar? *Darf* er dann nach Weimar gehen? Die Welt hält den Atem an. An Erika, die in Amsterdam ist, habe ich einen groben Brief geschrieben. Ich habe es satt. Entweder: sie geht in sich oder ich breche meine diplomatischen Beziehungen zu denen vom Hause Mann ab. –

[...]

Werde diesen Brief wohl in Frankfurt einstecken.

Post bis zum 10. August: *Amerika-Haus. Berchtesgaden.*

Werde in den nächsten Tagen vielleicht Behl (Senats-Präsident in Schweinfurt; hat mich dringend eingeladen!) und Döblin besuchen. Döblin ungern; aber ich hörte, daß er sehr down ist – vielleicht freut ihn mein Besuch. –

Summa summarum: 400 klatschende Leute können mir nicht eine gemütliche Stunde mit Euch ersetzen. Das ist die Wahrheit. –

Euer von nun ab sich nähernder

M.

P. S. Seite 1:
Schluß des Briefes: eben einen saftigen Verriß meines *Der verfemte Nietzsche* gelesen.
Eben mit amerikanischem Militär-Zug angekommen.
Eben H's lieben Kranken-Brief gelesen. – Aber kein Norchen-Brief!!! Ach, Noruleinichen – ich liebe Dich!! – –

An von Hofes und Townsends Frankfurt a/M.
31. VII. 49

Meine Lieben;
Wir nähern uns Los Angeles. Das begann mit der Abfahrt aus Berlin. Zunächst ein tränen-reicher Abschied zwischen Sascha und ihrer Mutter. Ich hatte zwar gesagt: »Wenn Sie einen Abschied auf ewig nehmen, kommen wir erstens nie wieder und zweitens lassen wir Sie glatt verhungern«. Aber wer kann Tränen befehlen? Ich konnte Sascha nachher kaum beruhigen. Sie ist ein ebenso gutes Kind wie sie eine gute Frau ist. –
Mit dem Militär-Schlafwagenzug über Helmstedt nach Kassel, Frankfurt. Man hatte uns vorher beunruhigt: nur 300 DM erlaubt. Sascha telefoniert herum, jagt mit dem Auto herum. Im Jungle der bürokratischen Unsicherheiten. Niemand hat nach nichts gefragt. – Im Speisewagen: junges amerikanisches nordisch-blondes Paar (er ein Hesse, sie eine Textor – Achtung, Townsend!) Ich spiele mit ihm Schach bis 12 Uhr. 5:30: Gießen. Wir werden geweckt. 7.03 Frankfurt. –
Mein Privat-Sekretär August Schmitt erscheint 8.30. Der Treuste der Treuen. Mit seiner Hilfe »klappt« es wirklich. Zunächst: »Currency book«. Neue Erfindung. [...] Nachmittag: Fräulein Jäger besucht, einst Telefonistin im General-Anzeiger. Matronig. Zivier kommt mit dem Flugzeug an. C.F.W. Behl, Hauptmanns letzter Sekretär, Herausgeber der großen 17bändigen Hauptmann-Ausgabe, Landgericht-Präsident in Schweinfurt. Ist herübergekommen, mich zu sehen. Wir essen bei Weill am

Eschersheimer Tor. Das Tor ist von der untergehenden Sonne beleuchtet. Märchen-Gotik. Behl, 60, einer der anständigsten Menschen, sanft – und uninteressant. Erzählt von Hauptmann. Das Erlebnis von der Zerstörung Dresdens hat ihm die Lebenskraft zerstört. Phantastisches Schicksal: H., der sich luftdicht absperrte gegen die Wirklichkeit – mußte gerade per Zufall in der deutschen Stadt sein, die es am dollsten abbekommen hat. So mußte er lernen, obwohl er nicht wollte. Und konnte die Lehre nicht überwinden. Behl muß zugeben: H. war ein großer Nationalist – schon vor den Nazis. Befreundet mit Hindenburg – selbst ein Hindenburg-Typ. (Hindenburg erzählte einst Hauptmann, daß er als pensionierter Offizier einmal in Agnetendorf an Hauptmanns Villa vorbeigekommen sei – und nicht gewagt habe, einzutreten. Das gefiel Hauptmann sehr). Ich frage Behl nach der Wahrheit in dem Nachlaß-Skandal. Also: Testament-Vollstrecker der Älteste und Benvenuto. Benvenuto hat die Mama auf seiner Seite. Er glaubt, durch Zurückhaltung des Nachlasses den Wert zu steigern. (Während der Sohn der Orloff Hauptmanns Liebesbriefe an seine Mutter in Amerika für 2000 Dollar anbieten soll). [...]
Sonnabend. Mit Schmitt zum Polizei-Präsidenten von Frankfurt. Er hat sich angeboten, mir zu helfen in der Wiedergutmachungs-Sache für meine Bibliothek. Läßt uns 20 Minuten warten. Ich werde wütend – und renne weg. Dumm! Zum Chef der ›Frankfurter Rundschau‹. Abmachungen für die Zukunft. Möchte mich gleich behalten. Sagt: »Ich schreibe den Vertrag. Sie setzen die Summe ein, die Sie wollen«. Frank Arnau tritt ins Zimmer, direkt aus Rio. Spielt Ergriffenheit, als er mich sieht. Wir diskutieren: gemeinsames Auto nach Baden-Baden. Ich entschließe mich schließlich dagegen 1) weil ich ihm mißtraue 2) weil mir mies vor Döblin ist. Nachmittags. Rundfunk nach Baden-Baden. *(Der erste Philosoph des Glücks)* Dann: Besuch Schmitt und seine Frau. Der klassische Fall einer Kleinen Leute-Ehe. Mit solchen Menschen würde ich das Paradies aufbauen. Wenn ich Gott wäre, würde ich [...] Frau Schmitt [...] mit

Nektar und Ambrosia füttern. Werde noch lange an das Wohnzimmer der Schmitts denken. – – [...]
Ich halte die Hitze nicht aus. (Übrigens fuhr gestern an der Pauls-Kirche und dem Goethe-Haus vorbei. Empfand nichts. 48 und der Hirschgraben machen mich nicht warm.)
Ceterum Censeo: meine deutschen Sonnen – Hölderlin, Novalis, Nietzsche).
Versuche vergeblich zu schlafen.
Schreibe jetzt diesen Brief.
Heute Nacht nach München.
Wohnen im Gästehaus der Staatsregierung in Bogenhausen.
Dienstag fährt uns Herald nach Berchtesgaden.
Adresse bis zum 9. VIII: Berchtesgaden. Hotel Haus Geiger (oder Amerika-Haus).
Alles Liebe, Euer langsam in den Schoß der Familie zurückkriechender

M.

An von Hofes und Townsends Berchtesgaden
7. VIII. 1949

Ihr seht, ich habe hier Zeit. Ich schreibe täglich. –
Der gestrige Tag war recht anstrengend, weil wir die Ausflüge unterschätzten.
Morgens mit Military Bus zum Königssee – vielleicht dem schönsten Bayerischen See. Kein idyllischer See. Keine Siedlungen am Rande. Nur steile Wände: unten noch etwas grünschwärzlich bewaldet, oben aschgrau. Der Watzmann von hinten. Keine Katze kann da rauf. Unnahbar. Sieht aber von hier gar nicht so hoch aus. St. Bartholomé: kleine Kirche mit Zwiebel-Türmen. Garten-Restaurant. Ich schreibe 10 Karten: weil ich buchstäblich nur an Euch schreibe. Ach, das wird sicher viel böse Gesichter geben. Rückfahrt: wie eine breitere Wasser-Schlucht. Schrecklich ernst. Solche Natur erinnert mich daran, daß wir ein klein bißchen Wasser und Hirn und Herz zwischen 2 Schreck-

lichkeiten sind. Zurück nach Berchtesgaden. – Nun, Besuch bei Hitlers (Adler-Nest Nr. 1). In Military-Trucks. Da es Sonnabend ist, sehr viele G.I.'s mit »Dependents«. Der Weg ist schrecklich steil. Speziell nach dem Eingang zum Tee-Haus-Weg. Und die Chauffeure fahren wie wild. Die Stimmung ist laut und lustig. Ja, hätte er diesen ständigen »fremdländischen« Besucher-Strom erlebt! Ich konnte nicht recht heraus bringen, ob dieses Ding nun »Tee-Haus« heißt oder »D-Haus« (Diplomaten-Haus) – wie behauptet wird. Es hat 25 Millionen gekostet. H. war siebenmal oben – also pro Besuch 3 4/7 Millionen. Wer hat das Geld bezahlt? »Winterhilfe« oder sowas Ähnliches. Die Idee ging von Martin Bormann aus, dies H. zum Geburtstags-Geschenk zu machen. Mir scheint: daß H. und seine Leute schon gerichtet wären, wenn sie nicht mehr getan hätten, als dem Volk 25 Millionen herauszupressen für – sagt Veblen nicht: »conspicuous leisure«? Dabei ist es interessant, diesen Riesen-Pavillon, von dem aus man das ganze Land herum bis nach Salzburg sehen kann, mit einem Ludwig II. Schloß zu vergleichen. H. wollte wirklich hoch hinaus. Wilhelms und Ludwigs Meschugges war noch irgendwie bürgerlich-zivil. Hitler war ein Spießer, der im Ernst den Adler spielte. Das ist mir überhaupt immer wieder eingefallen auf dieser Reise: man versteht die Hitlerei nicht, wenn man Spießer und dicken Bauch identifiziert; in Deutschland war es die Revolte der mageren, wild gewordenen Spießer. Zurück den Obersalzberg herunter. Görings-Haus, Bormanns-Haus, die SS-Baracken. Alles in Trümmer. (Es gibt keine Gerechtigkeit – aber ausgleichende Zufälle). Wir stiebeln in Hitlers »Berghof« herum. Das berühmte Konferenz-Zimmer mit dem berühmten Riesen-Fenster. Das Fenster hätte ich gern. Den Konferenz-Saal brauche ich nicht, weil die Hofes und die Townsends auch in mein Zimmer gehen. [...] Aber zur Zeit, wo man ihm ein 25 Millionen Tee-Haus zum Geburtstag schenkte – und Sascha mir nichts als ihre erneute Liebe – damals schon hätte ich mit ihm für kein Königreich getauscht. Ja, und nun ist Obersalzberg und Berghof und Teehaus eine Art von Sonntags-

Rummel für GI-Bräute; im Teehaus haben wir Café getrunken und Sandwiches gegessen. Und so wird das Überlebensgroße ekelhaft nivelliert durch Goethe-Feiern – und das Untermenschlich-Überlebensgroße ekelhaft nivelliert als Zielpunkt für Sonntags-Ausflügler. In jedem Fall siegt die goldene Mitte – die aus Blech ist. [...]
Zum Essen in Reichenhall mit Neumanns, Kestens, einem Rechtsanwalt Dr. Beissler aus München. Viel über Thomas Mann geredet. Selbst Neumann mußte zugeben: daß Th. M. noch niemals jemand gern hatte.

Herzlichst
M.

Erika Mann an L. M. Pacific Palisades
10. September 1949

Lieber Marcuse.
Daß ich Sie nun schon wieder gekränkt oder doch aufgebracht habe: Ich versichere Ihnen, daß nichts weniger in meiner Absicht lag. Selbst mit dem knappen und verhüllten Hinweis auf die »Affaire Werfel« wollte ich Sie durchaus nicht verletzen – nur andeuten, daß »Zornewut selten gut« tut und daß man sich doch besinnen sollte, ehe man Irreparables anstellt. Offenbar hätte ich den Satz nicht schreiben sollen – er hat neuen Schaden gestiftet, und das tut mir von ganzem Herzen leid. Ich bin Ihnen seit sehr langem sehr aufrichtig zugetan und fände einen ernsthaften Zwist zwischen uns aus welchen Gründen immer so betrüblich, wie närrisch. In allem, worauf es uns beiden ankommt, verstehen wir uns doch im Grunde, und selbst wenn Sie mich nun einmal versehentlich gekränkt haben und ich – ebenso versehentlich – bei Ihnen »angeeckt« bin, so sollte das noch lange kein Grund für uns sein, uns zu überwerfen. Soviele Zerwürfnisse heutzutage werden nötig, ohne deshalb weniger bedauerlich zu sein. *Unser* »Krach« ist (wäre) *totaliter unnötig*, wäre ergo zu *allertiefst* bedauerlich und will ganz einfach *vermieden* sein.

Nochmals, also, verzeihen Sie mir eine Ungeschicklichkeit, akzeptieren Sie die Versicherung, daß ich es nicht bös gemeint, machen Sie einen dicken Strich unter dies Ganze und rufen Sie schleunigst an.
Wie immer herzlichst die Ihre (und die von Sascha!):

E. M.

Erika Mann an L. M. Pacific Palisades
14. September 1949

Lieber Marcuse,
Ihr Brief vom 23. Juli hat mich heut' und hier erreicht – Golo brachte ihn aus der Schweiz, wohin er abgeirrt war. Ich weiß nicht, wovon Sie sprechen. Habe ich Ihnen nicht, *gleich* nach Empfang Ihres Briefes, etwa, wie folgt, telegraphiert?: »Mephistovorwurf de facto irrig da fragliche Stelle redaktionell stop alles übrige stimmig und gleich bedauerlich stop hoffe Sie entschuldigen Versehen und wiederhole daß Ihnen meinerseits nicht zürne ...« Ziemlich genau so dürfte der Drahtspruch (c/o – glaube ich – American Express Company, Frankfurt) gelautet haben, von dem ich freilich so wenig eine Kopie besitze, wie von meinem Brief. Dieser war traurig (ich glaube noch immer, zu recht!) – aber doch in keiner Weise bösartig, oder auch nur »übelnehmerisch«, und in der Hauptsache dazu da, Ihnen zu erklären, warum ich Sie in Zürich nicht angerufen. Unter den Dingen, die ich Ihnen betrübten (nicht zornigen!) Herzens »vorhielt«, war eines, wofür Sie nichts konnten (eben der »Schlüsselroman«) und welches ich, eines besseren belehrt, auf der Stelle »zurücknahm« – mit dem Ausdruck des Bedauerns. Was, noch, wollten Sie von mir? Daß ich den von Ihnen unnütz beunruhigten Manfred George beruhigte, sollte ich zu bereuen haben? Aber der konnte nichts besseres tun, als Sie, einen nahen Freund unseres Hauses, mit der Aufgabe betrauen, diesen Nachruf zu schreiben. Was Sie zu Papier brachten, war Ihre Sache. Der Autor, nicht das Blatt zeichnet in solchem Falle mora-

lisch verantwortlich. Und was nun den »Schlüsselroman« angeht, so war es etwas sehr anderes, ob, in Manfred Georges Abwesenheit, ein geschmackloser Angestellter das mißverstandene »Blattgefühl« hatte, dergleichen einrücken zu lassen, oder ob Sie, ein Freund, der es besser wußte, die Anmerkung in Druck gaben. Ich irrte, indem ich Sie der Geschmacklosigkeit bezichtigte, und habe meinen Irrtum eingestanden und mich seinetwegen bei Ihnen entschuldigt. Ich irrte *nicht*, als ich Ihnen von meiner Betrübnis sprach, angesichts eines Nachrufes, hinter dem – so sagte ich wohl – gewiß gute, ja, die besten Absichten standen, der mir aber dem Dahingegangenen nicht gerecht zu werden schien. Denkbar wäre, daß ich – blind vor Kummer – allein stünde mit diesem Eindruck. Selbst in diesem Falle hätten Sie mir am Ende »verzeihen« dürfen. De facto habe ich Keinen gesprochen, der Klaus kannte und mochte, und den Ihr Nekrolog nicht enttäuscht hätte.

Wie dem aber auch sei: ich habe die Enttäuschung verschmerzt und bin, wie vorausgesagt, sehr bereit, Ihnen freundschaftlich zu begegnen. Sollten Sie Ihrerseits »unversöhnlich« sein wollen (warum? wegen des – relativ unbedeutenden und längst von mir eingestandenen *Mephisto*-Irrtums?): bitte: Ich bin, soviel ich weiß, nicht herzleidend, und werde mich zu fassen wissen.

Mit den (vorläufig) herzlichsten Grüßen für Sie und Sascha, die Ihre:

E. M.

Alfred Döblin an L. M. Mainz-Gonsenheim
22. 10. 1949

Lieber Marcuse,

Ich beantworte Dir gleich Deinen Brief, in dem Du mir Dein Pech, bzw. mein Pech mit meiner Post an Dich mitteilst. Ihr habt ja eine kolossale Reise durch Europa gemacht. Schade daß ihr nicht nach Venedig, wo es erstens sehr schön war, und wo wir uns zweitens auch mit Kästen und anderen treffen konnten, gekommen seid. In Florenz waren wir oft zusammen mit Alfred Neumann, der von da nach Rom fuhr, um die Dieteres zu sehen. Ich kann Dir nachfühlen, daß Du froh bist, in Kalifornien und nicht hier grad zu arbeiten, aber die Sache hat, soweit wir in deutscher Sprache schreiben, wie Du auch bemerkt hast, zwei Seiten. Die Eindrücke in Deutschland haben Dich manchmal müde gemacht, schreibst Du, –. Erzähle jedoch mehr davon. Was meint Sascha? Hat sie ihre Mutter gesund angetroffen, und hast Du Verwandte gesehen? Was arbeitest Du, außer Deinen Vorlesungen? Erscheint etwas in Deutsch oder Englisch? Von mir kommt dieser Tage heraus der Schlußband von *November 1918. Karl und Rosa,* er geht Dir gleich zu. Wir sind, wie Du siehst, sowohl der Dienst wie wir Privaten nach Mainz gezogen, wir haben privat mehr Räume, aber es ist eine Trümmerstadt, und statt in einem feinen Hotel wie in Baden-Baden arbeiten wir hier in einer ehem. Kaserne.

[...]

Ich hoffe, Ihr beide habt Euch von der Reise nunmehr gut erholt und Ihr wißt nun, daß man es hier nicht leicht hat.

Schönste Grüße Euch Beiden!

Euer
Alfred Döblin

Alfred Döblin an L. M. Mainz-Gonsenheim
22. Dez. 49

Liebe Marcusens,

Ihr waret ja in Mainz einen Abend und so wißt Ihr ja ungefähr, wie es hier aussieht. Immerhin, es ist noch anders, als man auf einem solchen kurzen Treep (trip) erkennen kann und der Mensch paßt sich auch an alle möglichen Verhältnisse an und nach einem Monat oder gar nach einem Jahr, sieht alles anders aus. Eben habe ich über den Westkultur-Verlag Ihr Buch *Philosophie des Glückes* erhalten. Aus Ihren Vorträgen damals in Hollywood kenne ich ja schon vieles daraus und die Gedankengänge sind mir ja bekannt gewesen, nun werde ich das Buch bald lesen, ich weiß schon jetzt, es liest sich sehr gut und ich billige es nicht. Bei meinen Büchern aus der letzten Zeit wirst Du sagen: »Sie lesen sich nicht gut und ich billige sie auch nicht.« Wie es mir mit *Platon und Dyonis* gehen wird, weiß ich noch nicht. Neugierig bin ich auf Deinen Aufsatz für den ›Monat‹ über amerikanische Philosophie, vielleicht schreibst Du gelegentlich den Herren, daß Sie mir diese Nummer zugehen lassen, sie machen es nur gelegentlich. Interessant wäre ein Bericht von Dir über Deine Deutschlandreise, immerhin, ich gebe zu, es wäre nur eine Summe von raschen Eindrücken, aber auch das ist interessant. Keine Ahnung habe ich von dem Buch von Benn *Über Ausdruckskunst,* er ist nach seinen anderen lyrischen und prosaischen Schriften immer noch ein starkes Sprachtalent, Nihilist und Zyniker von Kopf bis zu den Füßen, seine Herkunft aus der Medizin spielt da sehr mit, er glaubt er hätte seine Auffassungen gewonnen aus der Biologie und Medizin, aber tatsächlich hat er sie gewonnen aus Auffassung über Medizin und Biologie, und zwar solchen, die vor 50 Jahren aufkamen, infolgedessen heute als aktuell gelten. Diesen Burschen, der damals von dem Ende des Nihilismus schrieb, und uns Emigranten wütend beschimpfte, kenne ich nicht und plane ich nicht zu kennen. Jedenfalls wird er sein Leben ohne mich verbringen müssen. Sachlich verstehe ich, daß Du eine Affinität für ihn hast. Der Umstand, daß ihn die Kommunisten ablehnen, wäscht ihn nicht rein und macht ihn mir nicht appetitlich. Sehr interessieren würde mich eine Auseinandersetzung über Lucasc' Realismus. Die Bücher habe ich hier und habe mir schon Notizen und Bemerkungen darüber gemacht. Da er Wortführer dieser Literatur drüben ist, wäre es mir auch aus Deiner Feder sehr sympathisch. Seine Theorien wimmeln von Halbwahrheiten und sind dadurch bestechend. Schade, nicht nur für uns persönlich, sondern auch allgemein, daß Ihr nicht länger im Lande bleiben konntet. Es bereiten sich ja neue Situationen vor und neue Fronten bilden sich. Das kann man nur an Ort und Stelle durch längere Anwesenheit feststellen. Ich plädiere darum so sehr und

dauernd dafür, daß die ehem. Emigranten zurückkehren und zur Stelle sind. Ich habe dabei einen doppelten Hintergedanken: Einmal, daß sie zeigen, was sie geleistet haben und daß sie hier etwas Neues leisten, zweitens, daß sie etwas lernen, weil doch die alten Situationen nicht mehr gelten. So sehr wir geistig auseinander sind, lb. Marcuse, und so sehr ich auch von alters her und natürlich von Brecht und Lucacs entfernt bin, es wäre eine Auseinandersetzung und Diskussion nötig. Statt dessen berührt man sich kaum und jeder hockt auf seinem Schemel.
Wir zahlen pro Druckzeile DM 15.–. Jedenfalls hast Du im Lande hier, wie Du schriebst, reizende Begegnungen mit der Vergangenheit, auch unangenehme Erlebnisse, zu denen besonders Arnold Zweig gehörte. Den ollen Knaben habe ich noch nicht wieder gesehen, aber was er redet und schreibt, ist so platt oder unwahr und bloß nachgesprochen, dazu so arrogant, daß ich mich gut aus der Vergangenheit an ihn erinnerte, zuletzt 1939 in New York. Lassen wir ihn, die Welt ist groß und kommt zwar auf keinen grünen Zweig, aber auf Arnold Zweig.
Erna, meiner Frau, geht es gut, wir haben hier eine Vierzimmerwohnung, die Gegend am Rhein ist schön und man braucht ja nicht immer durch die Ruinen zu laufen. Das Kind von Etienne ist zwei Jahre alt, es ist nicht leicht in Paris, dem in Nizza geht es gut und dem Peter auch, wie er schreibt, unterstützt er auch seinen jüngsten Bruder.
Nun seid herzlich gegrüßt, alle Beide, Du lieber Marcuse und Du, liebe Sascha, von

Eurem
Dr. Alfred Döblin

Thomas Mann an L. M.

Pacific Palisades
24. Sept. 1950

Lieber Marcuse,
recht vielen Dank von uns beiden für Ihr gehaltvolles Geschenk! Am meisten hat das Tolstoi-Kapitel mir imponiert. Aber impo-

sant ist das Ganze durch Wissen, Geist und Form. Gewinnend überdies durch eine philosophische Lebens- und Menschenfreundlichkeit, durch die es sich, sollte ich denken, für die englische Übersetzung besonders empfiehlt. Das tut es schon durch den Titel, und die Verleger müßten doch danach greifen in diesem Lande, zu dessen deklarierten Grundrechten the pursuit of happiness zählt.
Es war schön, daß wir uns wieder einmal Ihrer klugen Unterhaltung erfreuen durften.
Viele Grüße von Haus zu Haus

Ihr
Thomas Mann

An Thomas Mann Los Angeles
31. V. 1951

Sehr verehrter, lieber Herr Mann;
Sie haben mir mit der Sendung Ihres Buches eine große Freude bereitet. Einige Seiten kannte ich bereits vom Vorlesen – nun las ich das Ganze, amüsiert und angeregt; am stärksten beeindruckt von einigen Seiten der späteren Hälfte, vor allem von der großartigen Beschreibung des Büßers zu einem Zustand, den es vorher garnicht gegeben hatte.
Schwierigkeiten hatte ich (falls Sie Leser-Konfessionen interessieren) mit dieser spezifischen Formation des Sünder-Bewußtseins. Wenn ich die Alten lese – bis zu Goethe hin, so fällt mir immer wieder auf: ewig ist das Alltägliche, während die Gestaltungen der höchsten Bezüge vergänglich sind. Diese Sünden, von denen Sie berichten, sind mir fremd wie die Mond-Landschaften; die einzige Sünde, die mich getroffen hat, war der ekelhafte Mord an dem guten Tier zwischen den Gatten. So las ich Ihr schönes Buch wie eine Geschichte, die in ihren obersten Regionen mir undurchdringlich ist – aber auch dort sehr anziehend durch die Sinnlichkeit, die Sie den fremden Geistern gegeben haben. –

Ich danke Ihnen herzlichst als Leser – und auch für das Geschenk.
Mit guten Grüßen für Sie, Frau Katja und Erika

Ihr
Ludwig Marcuse

Alfred Döblin an L. M.

Mainz
16. Aug. 1951

Lieber Marcuse, liebe Sascha,
Zunächst empfangt alle beide meinen schönsten Dank dafür, daß Ihr aus so weiter Entfernung an meinen Geburtstag gedacht habt, es war der 73. Wir waren in Paris zusammen zu meinem 60. und in Hollywood zum 65. Ich finde, das waren bessere Zeiten, Ihr habt nichts versäumt, daß Ihr in Amerika geblieben seid. Wie die Dinge hier laufen, innerpolitisch, siehst Du ja selbst, lieber Marcuse. Wir hatten in Deutschland nie eine solche politische Situation, rein nationalistisch und unfrei, reaktionär, wie jetzt. Die Sozis sind nie und nimmer eine linke Partei. Das alte Bürgertum ist hin, die Literaten sind Opportunisten, geistig sehr belanglos und selber mehr oder weniger tief mit nazistischen Ideen imprägniert. Du wirst hier bei längerem Aufenthalt die nunmehr recht deutliche fremde und feindliche Luft spüren. Ich bin nicht mehr jung genug, sonst würde ich schon vor 2 Jahren auf die 2., endgültige Emigration gegangen sein. Ich weiß nicht, ob Du meine Bücher von *November 1918* erhalten hast, sie wurden ziemlich allgemein boykottiert. Die junge und jüngere Generation ist, wie es sich bei ihrer Vergangenheit versteht, unpolitisch, auch uninteressiert im Allgemeinen und kennt ihren Ost nicht. Lieber Marcuse, wenn ich über diese Entwicklung, über die Ihr wahrscheinlich auch drüben nicht sehr glücklich sein werdet, nachdenke, so frage ich mich noch, was dazu beigetragen hat und weiter beiträgt, sie noch zu verschärfen. Hier im Land wird viel im Zusammenhang von den Amerikanern gesprochen,

jetzt aber nicht von den Befreiern, sondern im Gegenteil. Bestimmt will man hier keinen Krieg und keine Aufrüstung. Aber man braucht die amerikanische Hilfe; Hilfe für die Entwicklung und den Wiederaufbau; da entsteht das Dilemma. Aber dies kann man nicht in einem Brief hier so leicht behandeln.
Wie geht es Euch beiden? Erna und ich waren in der letzten Zeit gesundheitlich nicht 1. Klasse, jedenfalls bin ich, was die Nerven und die Augen anlangt, es jetzt auch nicht, das Alter ist kein Spaß.
Der französische Dienst hier ist stark abgebaut, die Zeitschrift ›Das Goldene Tor‹ ist eingegangen, keine Subvention. Man hört, Ihr habt drüben auch schon so etwas wie eine leichte Inflation. Die Welt gibt keine Ruhe.
Ich schicke Euch dieser Tage meine kleine Arno Holz-Schrift, anderes, was ich schrieb, liegt wie in Hollywood im Schubfach, vielleicht für den Nachlaß, siehe den oben beschriebenen politischen Wind hier im Land.
Nun seid Beide schönstens gegrüßt und hoffentlich hört man bald wieder voneinander. Euer

Alfred Döblin

Alfred Döblin an L. M. Mainz
12. Sept. 1951

Lieber Marcuse,
Deinen Brief habe ich eben erhalten. Daß Du mein *Religionsgespräch* nicht erhalten hast, wundert mich enorm. Denn ich habe es damals an Dich und die Sascha mit einer Widmung geschickt. Es war wohl im Jahre 1946 oder 47. Mit anderen Worten: das Buch ist nicht angekommen, wahrscheinlich schon hier im Lande stecken geblieben, was damals oft vorkam. Mit gleicher Post sende ich nunmehr an Dich ein neues Exemplar. Ich bin eigentlich nicht neugierig darauf, was Du dazu sagst, denn ich kenne Deine Auffassung, aber die Sascha wird wahrscheinlich gnädiger denken. Übrigens soll das Buch einen zweiten Teil haben, ich

habe diesen zweiten Teil eben beendet, er hat den Titel *Der Kampf mit dem Engel, ein Gang durch die Bibel.* Was da drin steht, will ich Dir schreiben, wenn Du den *Unsterblichen Menschen* hinter Dir hast. Auf meinem Tisch liegt noch, vor zwei Wochen gekommen, vom Rowohlt-Verlag Dein *Heinrich Heine,* in dem ich mit Vergnügen und mit Gewinn geblättert habe. Es ist ja wohl der alte und nicht veränderte Text.

Ich schickte das Buch hier in dem Haus, in dem ich noch mein Büro habe, einige Zimmer entfernt zu einem Mann, dessen Namen Du kennst: Prof. Friedrich Hirth (Hirsch heißt er wirklich). [...] Er kannte das Buch: er scheint es für interessante und amüsante Journalistik zu halten, der Fachmann kann natürlich mit sowas nicht viel anfangen, für Pointen hat er keinen Sinn, falls er sie nicht verzapft. Aber vor wenigen Tagen schickte er mir eine Kritik zu, von Dir verfaßt, ›Der Aufbau‹ New York, mit Deiner Besprechung des ersten Bandes der Heinrich Heine Briefe. Er war sehr zufrieden damit und lobte Dich diesmals. Übrigens hat der gute Hirth [...] viel Ärger hier im Lande und zwar gerade mit diesen Heine Briefen, denn er hatte erst für diese Bände einen Vertrag mit einer Firma in Baden-Baden; dann fand diese Firma die Sache doch nicht für opportun, ein starker Rechtswind hat sich im Lande erhoben und er wollte seinen Vertrag nicht erfüllen. Darauf ging das Klagen los. Hirth wurde in einer Instanz nach der anderen abgewiesen. Er brachte die Briefe ja dann in Mainz unter, aber setzte das Klagen fort. Aber als er dann abermals durchfiel, zog er die Sache vor ein frz. Gericht, da er ja auch zur Besatzung gehört. Da wurde er sofort in erster Instanz abgewiesen. Aber nun begann ein Zeitungskrieg. Daß Hirth eigentlich Hirsch heißt, wurde breitgetreten, daß er während des Krieges auf beiden Schultern getragen hat, denn er lebte während dieser Jahre in Frankreich, wo er ja seinen ständigen Wohnsitz hatte, in dem letzten Jahrzehnt etc. Teile mir doch übrigens mit, welche Bücher Du von mir in den letzten Jahren erhalten hast, damit ich Dir evtl. das, was fehlt, nachschicke. Es müssen drei Bände sein *Land ohne Tod,* drei Bände *November*

1918, Neuauflage des *Wang-Lun*, zwei literarische Broschüren *Der Oberst und der Dichter*, *Das Religionsgespräch*. Eine Masse Bücher, alles in die Luft geredet, aber zur Verfügung der Literaturhistoriker und Totengräber. Es ist eine Lust zu sterben.
Lieber Marcuse, wir werden älter und älter, möglicherweise auch Ihr. Bleibt jedenfalls gesund und frisch, seid Beide von mir und von der Erna gegrüßt, und freut Euch, daß Ihr drüben geblieben seid. Das soll man tun.

Euer
(Dr. Alfred Döblin)

Thomas Mann an L. M. P. P.
14. Okt. 51

Lieber Herr Marcuse,
Dank für die guten Gaben, die unsere Hilde mir von Ihnen überbrachte. In dem verdammt gescheiten *Heine*-Buch habe ich gestern Abend gleich wieder lange gelesen. Seine (H's) deutsche Revolutionsprophetie kennzeichnen Sie mit Recht als nur allzu patriotisch. Aber gerade das Zerbrechen des Kreuzes darin und die Vision des Ausbruchs urgermanischen Heidentums konnte einen 1933 verblüffen. Das ist mehr citiert worden, als das zur Tat werden des deutschen Idealismus.
Nietzsche in America zeigt mir beschämend, wieviel Sie wissen von amerikanischem geistigen Leben – soviel, daß Sie das Amerikanische in Nietzsche nachzuweisen imstande sind! Ihre Stellung hat dies Wurzelschlagen mit sich gebracht. Ich lebe doch eigentlich außerhalb und muß immerfort meine Ignoranz verbergen.
Grüße von Haus zu Haus! Auch Erika ist seit gestern wieder da.

Ihr
Thomas Mann

Max Brod an L. M.

Tel-Aviv
2. I. 1952

Lieber Ludwig Marcuse,
Ich habe mich sehr über die Zusendung Ihres *Heine*buches gefreut. Natürlich kannte ich es längst, ich besitze es sogar, habe es über den mittelländ. Ozean herübergerettet und schätze es außerordentlich. Nun konnte ich, als Ihre 2. Auflage einlangte, die Erstausgabe einer sehr lieben Frau schenken – und habe mich sofort (das Buch kam vor drei Tagen hier an) auf die Zusätze gestürzt. Mit dem Nachwort stimme ich vollkommen überein, habe auch selbst irgendwo in sehr analoger Weise die Romantik dagegen verteidigt, daß man sie als notwendigerweise-reaktionär ansieht. Außer den von Ihnen zitierten großen Deutschen Novalis und Hölderlin, zu denen noch die Bettina und Grillparzer treten, hat vor allem in Frankreich und Italien die Romantik etwas Revolutionäres gehabt, Sie selbst weisen auf Victor Hugo hin – Verdis *Rigoletto,* die große Anklage gegen den Tyrannen, ist ja auch aus V. Hugos Stamm gewachsen. »Das ist ein weites Feld« – ich glaube, ich habe in meinem *Heine* oder in Vorträgen hier einiges dazu gesagt. Auch Brandes wäre da heranzuziehen, der genau analysiert, wie verschieden sich die Romantik im Norden und im Süden auslebte. Nur der romantischste aller Revolutionäre: Byron! / Nicht so sehr kann ich mich mit Ihrem Vorwort identifizieren. Es scheint mir doch, daß Heine im Wesentlichen richtig prophezeit hat und nicht eigentlich »stolz« war auf die kommende deutsche Revolution, wie Sie Seite 13 schreiben (er zeigte sie laut Ihren Worten den Franzosen als den »geheimen Schatz der Welt«). Ich habe, Ihrer Aufforderung gehorsam, das erwähnte Schlußwort Heines nachgelesen, wo doch das Entsetzen darüber überwiegt, daß die geharnischten Männer mit ihrem Waffengetümmel die Welt erfüllen und einander gegenseitig erwürgen. Ich habe dann aber auch in den *Geständnissen*, die ich für Heines größtes Werk halte, die Stelle gefunden in der »der Deismus lebt – und am allerwenigsten hat ihn die neueste deutsche Philosophie getötet«. Bleibt also nur als Vorhersage das

große deutsche Schlachten, aber ohne philosophische Begründung. / Ich freue mich sehr des neu angeknüpften Kontaktes zwischen uns, der, wenn ich nicht irre, in der Berliner Wohnung von Kurt Weill (persönlich) begonnen hat und zu dessen Befestigung ich Ihnen meine eben erschienene Schrift über Kafka schicke.

Beste Grüße
Ihr Max Brod

An Hermann Kesten Heidelberg
1952

Liebe Kestens;
War gestern bei Erich Kästner. Er zeigte mir Ihren Brief. Schrieb mir sofort die Adresse ab. Wo seid Ihr zweite Hälfte Juli und August? Bleibe bis Ende des Jahres in Europa.
Sehr traurig über Bornsteins Tod. Wir hatten ihn sehr gern. Ich glaube, ich sah ihn zuletzt, als wir mit Euch bei ihm waren. So früh. Manche Menschen erinnern einen an den Tod, manche nicht. Bornstein machte nicht den Eindruck, als hätte er so bald zu gehen. –
Wir freuen uns sehr auf Euch. Was bleibt einem, als die Restbestände zusammenzukratzen. »Restbestände« – in diesem Zusammenhang eine Auszeichnung. Auf gesundes und gutes Wiedersehn freuen sich die Marcuses

P.S. Unter obiger Adresse erreicht Ihr uns immer, wenn wir in Deutschland sind. Es ist nicht meine direkteste, aber sicherste Adresse.

An Erika Mann Los Angeles
29. 3. 1953

Liebe ferne Erika;
manchmal geschieht es, daß ich ein Buch lese – und die Wirkung ist, als ob ich Gift genommen hätte. So geschah mir, als ich sei-

nerzeit Werfels *Zwischen Himmel und Erde* las, obwohl ich ihn gern hatte und mit ihm freundschaftlich verkehrte.
Nun, Bernhard von Brentano hatte ich nie gern, verkehrte nie freundschaftlich mit ihm – und nun hat dieser Bursche mich vergiftet mit diesem ekelhaften Gewächs: *Du Land der Liebe* (Deutschland!!) Deinem Vater ist gleich ein ganzes gemeines Kapitel gewidmet. By the way: Ist das Rache?
Hat sich Dein Vater nicht geweigert, bei seinem Prozeß aufzutreten?
Nun, mein einziger Schutz gegen Vergiftung ist ein Gegengift: that I write it out of my system. Das Aufbauschen ist dazu nicht genug. Ich werde es *auch* als Auskotznapf benutzen. Wo anders? Hilfe! Deutschland kommt nicht in Frage. Die Schweiz? Aber wo da? ›Weltwoche‹? Oder haben die feine Hemmungen, weil das Buch sich ja auch mit ihrem Prozeß beschäftigt. Wo? Bitte Tipp und Protektion. Es wäre lieb, wenn Du mir gleich antworten würdest, weil ich das so schnell wie möglich hinter mir haben möchte.
Sonst? Sitze hier immer noch in Lustigs Gartenhäuschen und arbeite an dem Buch, das ich für Rowohlt mache. Lese keine Zeitungen, um die Arbeitskraft nicht zu vermindern.
Wüßte so gern alles von Erlenbach. Gab gestern einen Vortrag *Von Island nach Israel. Via Germany* – wo ich in der Diskussion viel nach Erlenbach gefragt wurde. Gab ein Bild von Deinem Vater, daß jeder 78 sein wollte. Aber er darf mich nun nicht enttäuschen, und muß nun weiter straff und sonnengebräunt durch die Welt wandern kann man ja nicht sagen, aber schreiben. Und die liebe Mama? – Entbehre sehr einen kleinen gelegentlichen Rüffel von ihr. Sie ist die charmanteste Rüfflerin, die ich kenne. Wenn ich ein Vöglein wär', könnte ich jedes Wochenende am Zürichsee sitzen. A propos unser Adorno: die haben die psychoanalytische Haecker-Klinik völlig infiltriert. Neulich, bei einem Vortrag, dem er präsidierte, sagte einer: »Strafe ist nichts als Rache; die Menschen rächen sich dafür, daß sie nicht den Mut hatten, das Verbrechen zu begehen«. Das war gesagt im Zu-

sammenhang mit der Erzählung der Vergewaltigungs-Geschichte eines einjährigen Babys. Ach, Erika: wo Du nun nicht mehr hier bist, wird die Stimme im Gebirge eingehen.

Alles Liebe Dein
Marcuse

An Alfred Döblin Los Angeles
18. VIII. 1953

Liebster Döblin;
eben ist die Nachricht auch in unser Nest gekommen, daß Du 75 bist. Ich habe mich sofort hingesetzt, nicht vor Schreck, sondern um einen Artikel zu verfassen. Wenn er Dir nicht gefallen sollte – ich habe ihn wegen der Überschrift geschrieben: *Der Nobelpreis für Döblin!*

Nun zu Ernsterem! Ich wünsche Dir und Erna von ganzem Herzen alles Gute. Ich verehre Dich, bin Dir dankbar und habe eine herzliche Freundschaft für Dich. Und ich wünsche mir, zu Deinem Geburtstag, aus selbstsüchtigster Selbstsucht, daß ich Dich bei jedem Europa-Besuch immer wieder besuchen kann – zunächst nächstes Jahr, woimmer Du residierst. Das letzte Jahr war nicht ungetrübt; Du hattest viel durchzumachen. Trotzdem denken wir an diese Tage so gern zurück.

Wir wüßten so gern, wo Ihr jetzt lebt, wie, wie es der Gesundheit geht, ob Du arbeitest ... Wir haben, seit wir uns nicht sahen, bewegte Monate durchlebt. Zuerst Palästina – das mir in jeder Beziehung mißfallen hat. Dann kamen wir zurück, hatten keine Wohnung, wohnten provisorisch bei Freunden, zogen in ein kleines Haus ein (1870 Benedict Cañon, Beverly Hills, Calif.), viel Plage in der Universität, Beendigung eines Buchs, das bei Rowohlt jetzt herauskommt *(Pessimismus. Ein Stadium der Reife)* – schimpf' nicht zusehr (Quintessenz: der Mensch ist zum Unglück geboren ... und das Leben zu genießen). Dies Jahr verreisen wir nicht, weil es am Dollar, Pfund, Frank, Mark und Lei fehlt. Aber nächstes Jahr fahren wir mit den lieben Döblins

so Gott will wieder ein bißchen spazieren und klatschen wieder so großartig, wie wir es an jenem Oberstdorfer Abend getan haben, wo der Herr mit den grauen Locken uns so neugierig zuhörte.
Bis dahin alles Liebe für Euch beide und eine herzliche Geburtstags-Umarmung.

Immer Dein
Marcuse

Mein lieber Alfred!
Ich wünsche Dir, daß es Dir so gut geht, wie ich Dich lieb habe. Ich freue mich schon heute auf ein gutes Wiedersehen mit Dir und Erna in nicht zu langer Zeit. Ich denke heute besonders zurück wie wir Deinen 65. feierten bei »Pig-Whistle« – und das sollen nun schon zehn Jahre her sein.
Einen herzlichen Geburtstagskuß für Dich und die Erna

Deine Dir gute
Sascha

Alfred Döblin an L. M. Paris

3. 9. 53

Liebe Marcusens, lieber Marcuse, liebe Sascha,
Ja, ich erinnere mich noch gut unserer vergnügten Geburtstagsfeier damals bei Pign Wistl, wir lachten enorm. Jetzt gibts nichts zu lachen. Erstens beachtet unsere neue Adresse; wir sind am 29. April wieder nach Paris übergesiedelt und haben hier eine kleine Wohnung gefunden, die wir mit den alten Möbeln, welche noch auf dem Speicher standen, möbliert haben. Wir wohnen diesmal dicht am Eiffelturm, am Champ de Mars, welches einen schönen Park hat. Warum ich herausgegangen bin? Ich hatte mich damals in Oberstdorf noch leidlich gut gefühlt, auch bei der Rückkehr nach Mainz, dann kam ich ins Krankenhaus und Erna sagt eben, wovon ich nichts in Erinnerung habe, daß Ihr mich da oben besucht habt. Ich lag noch bis Ende Januar 53, und dann zu

Hause ging es auch noch ziemlich mäßig. Es war, wie Ihr wißt, diesmal das Herz. Jetzt geht es damit leidlich. Aber das Laufen und Greifen ist wahrhaftig nicht besser geworden und ich schleiche mühsam nur kurze Zeit, um mich überhaupt zu bewegen. Ja, ich mochte schließlich nicht mehr in Old Germany bleiben. Was ich neu geschrieben habe, den großen Roman *Hamlet*, ein 2. *Religionsgespräch*, nahm kein Verleger an. Mein *November 1918* kaum besprochen, wurde quasi boykottiert. Die Stimmung im Lande, stark zum Neonazismus neigend, kennt Ihr ja. Von Wiedergutmachung, auch z.B. in meinem Fall, keine Rede. Was sollten wir also drüben? Man saß völlig isoliert, auch der Rundfunk wußte nichts mehr von mir. Lieber Marcuse, es ist eine großartige Idee von Dir, wenn sie mir auch fantastisch klingt und zwar gerade heute, mich zum Nobelpreis vorzuschlagen. Das Geld jedenfalls könnten wir ganz dringend brauchen, denn das bißchen, was man hat, schmilzt natürlich hier rasch zusammen und in Frankreich verdiene ich natürlich auch nichts. Ich sage entschlossen, mir hilft nur der Nobelpreis, und so viel wie die langweilige Limonade Hermann Hesse bin ich schon lange. Marcuse, ich sichere dir Prozente zu, auf in den Kampf.
Was soll ich dir sonst erzählen? Ich schreibe ein kleines Journal 1952/53 für mich, zum Druck schicken kann ichs natürlich an niemand. Dabei habe ich zu meinem Geburtstag jetzt massenhaft Briefe und Telegramme bekommen von drüben, aber die Presse und die Öffentlichkeit bilden ja ein anderes Kapitel. Ihr habt schon recht gesehen, daß Ihr nach Amerika gingt und bliebt. Liebe Sascha, ich habe mich herzlich über deinen Glückwunsch gefreut und wir bleiben ja in den alten guten Beziehungen, so lange ich noch da bin.
Ich umarme Euch auf französisch alle Beide.

Alfred Döblin

Viele herzliche Grüße auch von mir, ich umarme Euch herzlich. Zweimal herzlich ist schlechter Stil, aber es stimmt.

Eure Erne

Thomas Mann an L. M.

Erlenbach
18. XII. 1953

Lieber Ludwig Marcuse,
Recht herzlichen Dank für Ihren Brief, aber ich möchte Sie nicht bemühen. Die ärgerliche kleine Sache ist durchaus zu meiner Genugtuung beigelegt durch eine scharfe Reaktion der ganzen gebildeten Schweizer Presse gegen den tölpelhaften jungen Redakteur, der in der ersten Nummer einer neuen kleinen Buchhändlerzeitschrift die üble Passage aus dem Buch von Muschg als eine *Abrechnung mit Th. M.* abdruckte. Ich habe das Buch von Muschg nie in Händen gehabt, aber was er da über mich schreibt, ist wirklich recht stupid. Übrigens ist der Mann erholungsbedürftig und für längere Zeit durch unseren alten Freund Fritz Strich ersetzt worden, der ja die Altersgrenze erreicht hat und jetzt in Basel zur Vertretung herangezogen wurde. Da wird es mir besser ergehen.
Ihr Werk über Pessimismus, diese großartige Erweiterung Ihres Vortrags von damals, habe ich gelesen und mich sehr daran gefreut. Die ganze Auffassung des Pessimismus als eines Zustandes der »Reife« ist mir sehr sympathisch. Im Übrigen ist es ein fortwährend fesselndes, im höchsten Sinn witziges Buch.
Bei uns ist nicht alles wohlauf. Erika ist krank, *war* wenigstens recht ernstlich krank: eine Darminfektion, die sie sehr herunterbrachte. Die Unregelmäßigkeiten dauern noch an, aber ihr Befinden ist wieder frischer und lebendiger, und bald wird uns hoffentlich ihre ganze Laune und Energie zurückgegeben sein.
Grüßen Sie Ihre liebe Frau herzlich von uns und nehmen Sie zum Fest all unsere guten Wünsche!

Ihr
Thomas Mann

An Erika Mann

Los Angeles
31. XII. 1953

Erikissima;
Sorgen-Kind, Sorgen-Freundin, kurz: zu gebrauchen in jedem Zusammenhang mit Sorgen. Gestern Abend kam ich von einer

Vortragsreise nach Chicago und New York zurück ... und dachte, als ich Deinen Brief las, was man in solchen Fällen bei zurückliegenden Briefen denkt: hoffentlich ist nun alles längst nicht mehr wahr. Daß Du Dich hier herumplagen mußtest, war ja noch verständlich und zu entschuldigen; aber nun dort. Ich habe Dich im Verdacht, daß Du zuviel machst, und garkeine Begabung hast, dem lieben Gott seine Tage zu stehlen (eigentlich eine komische Auffassung von Gott). Und das bei Deiner Dünne! Ach, würdest Du doch Schlagsahne so gerne essen wie ich und mal etwas Fett auf Deine sublime Gestalt bekommen. Nicht, daß Du mir so nicht gefällst – mitnichten: aber es wäre doch schön, wenn Du einmal ein Jahr unbelästigt durch die Mikroben und ähnliches Ungeziefer gehen würdest. Das ist mein erster Wunsch für Dein nächstes Jahr. –

Meine Privat FBI sandte mir heute einen Bericht über *Königliche Hoheit,* des Lobes voll; ich hörte auch, daß hier eine »Version« gemacht werden soll; auch eine gute Gelegenheit, das Buch noch einmal zu lesen – es ist das schattenhafteste von allen Thomas Mann-Büchern in meinem Gedächtnis. Auch sehe ich gerade, daß Du im Münchener Rundfunk (boshaft?) über Literatur plauderst; ich habe gerade in Chicago das Referat eines amerikanischen Professors über jüngste deutsche Literatur so mit der Feuerzange in der Luft geschwenkt, daß es bis dort drüben unangenehm geweht haben muß. Man ist hier für Adenauer und sieht in der deutschen Literatur der letzten 8 Jahre das Aufdämmern des goldenen Zeitalters. Auch sonst ist genug Grund, sich aufzuregen; aber lieber würde ich doch mit Dir darüber lachen – und in ungerechten Stunden (und ich habe arg viele) denke ich, daß es eigentlich unfreundlich von Dir war, die Deinen aufzupacken und von hier zu desertieren.

Ende Mai möchte ich eigentlich wieder herüberkommen, vielleicht zieht Ihr gerade in ein neues Haus – und wir können mithelfen, einzurichten. Wenn ich bitten darf, Morcote würde mir sehr gefallen, die Grenze zwischen Schweiz und Italien wäre meine erste Wahl – ach, wenn ich doch Courage dazu hätte! Eine

Grenze hat auch das Wunderbare, daß man nirgends ist – und im Nirgends atmet es sich am leichtesten.
Aber ich will nun nicht, weil es in den letzten Stunden 53 ist, anfangen zu spintisieren. Behalte uns lieb, mach' Dir das Jahr ein bißchen vergnüglich, Dir und den lieben Eltern eine gute Zeit.

Immer Dein
Marcuse

Auch fand ich den lieben Brief von Papa Zauberer vor und danke sehr für die guten Worte. –
Sascha, des Schreibens kundig, aber ihm abhold, sendet Dir die herzlichsten Grüße.

Oskar Maria Graf an L. M.

New York
3. Feb. 54

Lieber Ludwig,
ich hoffe, Du wirst mirs wirklich nicht übel nehmen, wenn ich bloß so schnell hinschreibe, daß es schön für mich ist, Dich als gesunden, springlebendigen 60er zu wissen. Geburtstagswünsche / überhaupt, sich in den heutigen fragwürdigen Zeiten weiß Gott was zu wünschen / sind alle ein bißl komisch. Für einen Schriftstellereibesitzer wie mich, und noch dazu bei einem so starken Geschäftsrückgang, gehts bei solchen Anlässen nur darum, ein bißl Reklame zu erreichen, das andre ist mir ziemlich wurscht. Vielleicht nicht ganz wurscht ist mir bloß, daß so ein Tag Grund zum Saufen gibt. Das ist aber auch alles.
Ich bin schrecklich in meinem neuen Roman drinnen und habe für nichts den rechten Kopf. Darum, lieber, guter Michael – für mich bist Du nämlich belustigenderweise ein nur noch durch seine Eitelkeit verhinderter guter Mensch – laß Dir durch die Luft die Hand drücken. Und Du kannst mir's glauben, so gern möcht ich mich oft mit Dir nächtelang streiten über alles mögliche, das Dir und mir so durch den Kopf geht. Und es gibt erschreckend Wenige, bei denen mich so ein Wunsch ankommt.

Als Kinder, weißt du, das fällt mir jetzt grad ein, haben wir immer unserer sehr noblen Taufpatin gratulieren und ihr dabei eine Torte und ein schönes Huhn bringen müssen, und da haben wir sinnigerweise jedes Jahr das gleiche hergesagt:

»Soviel Stern am Himmel stehen,
soviel Jahre sollst du noch leben«.

Das hebt durch seine routinemäßige, von vornherein feststehende Unmöglichkeit alles vermeintlich bedeutsame des Geburtstages auf. Es travestiert schon beinahe. Und das hat mir immer gefallen, es gefällt mir heut noch unvermindert. Drum schreib ichs her. Einmal (weil meine jüngere Schwester Nanndl, die das eigentliche Taufkind war, und ich uns dabei stets um die Schokolade und um die eine Mark, die unsere noble Patin uns da schenkte, giftig zankten) einmal war meine arme kleine verfrorene Schwester so verwirrt von unserm schon vorherigen Streiten, daß sie beim Vorbringen dieses Versleins einfach kein Wort mehr rausbrachte und einfach – stehend in ihren Rock bieselte. Es rann am glatt gewichsten Parkettboden so dahin wie ein rührendes Flüßchen. Und statt all dem feierlichen Zauber schrie sie nur schrecklich schluchzend im schönen, blumengeschmückten Zimmer der Patin. An dieses komische winzige Erlebnis erinnere ich mich immer, wenn irgendwelche stirnrunzelnd überlegenden Leute was ganz getragen Blödes wegen so einem Geburtstag verfassen, ich bin also schon neugierig, was ich über Deinen 60sten alles lesen werde und freu mich auf mein Schmunzeln. Nun, heut ist grad mein Stammtischtag, da denke ich an Dich und heb meinen Königludwigkrug auf Dein Wohl. In diesem Sinne Dir und der geplagten Sascha alles Nette wie immer

Dein
Oskar Maria Graf

An Erika Mann Los Angeles
11. II. 1954

Erikissima;
Du warst der erste Gratulant. Ja, solche Tage sind sehr angenehm, da sie einem solche Briefe bringen. Dank – und warte mit den sequentes um Gottes willen nicht bis zum Siebzigsten. Auch dazwischen will man etwas geletzt werden. Vergiß nicht, daß ich sehr Deinen Zuspruch brauche.
Weniger angenehm ist das Ins-Gesicht-gefeiert-werden. Dafür habe ich kein Talent. Deshalb konspirierten Sascha und ich, wenigstens hier nichts aufkommen zu lassen. Aber einer weiß es immer, es war gut gemeint, ich war nicht nur surprised, auch wütend, beruhigte mich dann aber bei guter Zehrung; und als ich unter den Geschenken ein Pfirsichbäumchen sah, dazu bestimmt, mir die Blütenzweige für den Schreibtisch zu spenden, war ich direkt gnädig. Das Ganze endete wie alles: es endete. Erfreulicherweise war der nächste Tag (der Geburtstag) der erste Tag des Frühjahrs-Semesters – der einzige, an dem man wirklich nichts weiter im Kopf hat als die Universität. Ich hatte zu Betrachtungen keine Zeit, am Abend brachte mich die Geburtstags-Lektüre in eine Art von Euphorie – und dann schlief ich auf die Siebzig los. –
Wenn ich aber nur eine Minute hätte, mit Dir zu sprechen, wollte ich eine Antwort: war Arosa erfolgreich? Wenn ja, bitte ein einziges Wort.
Gute Gesundheit. Alles Liebe Dein Marcuse

Thomas Mann an L. M. Kilchberg am Zürichsee
17. IV. 54

Lieber Ludwig Marcuse,
schönsten Dank für das Schopenhauer-Citat! Der Alte geht ein bißchen weit. Daß »außerhalb jener Jahre« kein Weib den Mann reizen kann, ja seinen »Abscheu erregt«, ist kühn behauptet. In

der *Betrogenen* ist das jedenfalls nicht statuiert, und der junge Ken Keaton ist ja auch garnicht so abgeneigt.
Schopenhauer – vergessen? Bei mir nicht! Er war doch ein gewaltiger Schriftsteller, und sein System bleibt ein bewundernswertes Kunstwerk. Wirklich ein schwacher Psycholog? Auch kühn behauptet! – angesichts einer Abhandlung wie *Über die scheinbare Absichtlichkeit im Schicksal des Einzelnen.* Das ist zwar vor allem hohe Metaphysik, hat aber psychologische Implikationen genug und sehr merkwürdige. Er hat Freud anticipiert vor Nietzsche, der immer sein Schüler blieb. Seine ganze Setzung des Verhältnisses von Wille und Intellekt ist ja im Grunde Enthüllungs-, Demaskierungspsychologie. Und ein Mystiker ist er auch – wenn es das ist, was man heute sein muß. In meinem Versuch über ihn habe ich von der Mischung aus Voltaire und Jakob Böhme gesprochen, die er darstellt. Auch über seinen hochhumanistischen Pessimismus, der heute so hilfreich sein könnte.
Wir sind froh, wieder in einem eigenen Haus zu leben. Es liegt sehr hübsch überm See, ist geräumig und bequem. Mein Arbeitszimmer nimmt das kalifornische Sofa wieder auf, in dessen Ecke ich große Teile des *Faustus* und des *Erwählten* schrieb. Hoffentlich besuchen Sie uns bald einmal.

Ihr
Thomas Mann

An Thomas Mann 1. V. 1954

Sehr verehrter, lieber Herr Mann;
herzlichen Dank für den Schopenhauer-Brief. Er hat mich umso mehr interessiert, als ich gerade einen Essay *Das Gespräch ohne Schopenhauer* beendet habe. Ich beschreibe hier, daß dies Gespräch heute stattfindet zwischen Marx, Kierkegaard, der Mystik, Nietzsche und Freud – und frage: weshalb ist Schopenhauer abwesend?

Nach Erhalt Ihres Briefes ließ ich mir Ihre *Schopenhauer-Anthologie* kommen, erfreute mich an der ausgezeichneten Bezeichnung: Voltaire plus Jakob Böhme, fragte mich, ob er *stilistisch* nicht eher zur Grobianius-Literatur des sechzehnten Jahrhunderts als zum Achtzehnten gehört – und fühlte mich in meiner Titel-Frage von Ihnen bestätigt. Sie stellen zum Schluß fest: er ist »little known to the present generation«, »half-forgotten«. –

Wir wünschen Ihnen und den Ihren gute Jahre in dem neuen Haus. Hoffentlich können wir es bald sehen. Ich habe großes Verlangen, nach so langer Zeit wieder ein gutes Gespräch mit Ihnen zu haben. Vielleicht wird es diesen Sommer möglich sein.

Mit den herzlichsten Grüßen für Sie, Frau Katja, Erika

Ihr
Ludwig Marcuse

An Thomas Mann Mai 1954

Sehr verehrter, lieber Herr Mann,

Mit Ihrem Glückwunsch haben Sie mir eine sehr große Freude bereitet.

Als gelernter Skeptiker habe ich abgezogen Ihre weltberühmte Generosität. Auch erlaube ich mir nicht, mich im Lichte einer Feier anzusehen. Trotzdem kann auch ich mich nicht dem sehr angenehmen Gefühl entziehen, von Ihnen anerkannt zu werden. Ist es nicht natürlich, daß Sie heute als supreme court in Fragen des deutschen Stils etabliert sind. Ganz gewiß, ohne Ihr Wollen. Aber die Meisten von uns, die Allzu-Schülerhaften ebenso wie die Widerspenstigen und alle Schattierungen dazwischen, waren bei Ihnen in der Lehre. Ich konnte nicht kürzer schreiben, was mich bewegt hat, als ich Ihre Zeilen las.

Ich hoffe, daß Sie und Frau Katja sich wohl fühlen, und daß wir uns im Sommer mit eigenen Augen davon überzeugen können.

Herzlichste Grüße von Sascha und Ihrem Marcuse

Max Brod an L. M.

Tel-Aviv
11. 6. 1954

Lieber Marcuse,

Soeben kommt Ihr Brief – und ich war gerade dabei, Ihnen für Ihren interessanten Artikel zu danken. Als ich ihn zuerst aus Berlin (›Neue Zeit‹) zugeschickt bekam, erschrak ich! Ich fand, Sie hätten mich zu sehr ins Harmlose, Lächelnde stilisiert. Dann brachte mir der ›Aufbau‹ den *ungestrichenen* Essay; und da sah dann freilich alles wesentlich anders aus.

Soweit man von einem mir recht fernen Standpunkt aus (ich schlage mich eben mit Ihrem Pessimismusbuch herum – und werde das in nächster Zeit noch intensiver tun, Ihnen dann berichten) meine Position irgendwie verdeutlichen kann, haben Sie, nicht ohne Zuhilfenahme von vielen Fragezeichen, dies auf gute und kameradschaftliche Art getan. Manches muß ich doch einwenden: 1. ich war nie in Freiburg, allerdings hatte ich die *Absicht,* den Feind in seinem Zentrum zu studieren, führte sie aber nicht durch. – 2. Ihr Buch stand nicht ad hoc in meinem Bücherkasten, weil Sie kamen, stand Monate lang vorher da und steht noch heute so, vor allem des schönen Umschlagsbildes wegen. – 3. Die Schrillheit Kierkegaards habe ich stets erkannt und mich gegen sie polemisch heftig abgegrenzt. – 4. In Sachen Kafka begehen Sie (wie so viele) einen Irrtum. Wenn ich nichts auf der Welt verstehe: diese *eine* Position, die Kafkas, verstehe ich genau. Vielleicht belehrt die Polemik gegen Günther Anders in der Neuausgabe meiner Kafkabiographie (340–358) Sie doch eines Besseren! – 5. Über meine Sheshana und vor allem über Judas, den ich ganz neu sehe und gestalte, als jüdischen Antisemiten und Nihilisten, scheinen Sie hinweggelesen zu haben. Es ist ungeheuer viel Dichtung in dem Buch, nur die »Worte des Herrn« habe ich absichtlich nicht geändert. Mit allem andern frei geschaltet. – 6. Ich bekomme leider fast keine Bücher aus Deutschland, im Jahr kaum 10 Stück nebst ein paar Zeitschriften, und der Samstag ist bei mir der Tag des Schweigens und der Einsamkeit, nicht der Meditation, sondern der wirklichen Arbeit,

die ich liebe, während ich die Worte über sehr viel Arbeit machen muß, die ich manchmal gar nicht liebe.
Genug der Gegenrede! Und jetzt nur noch Dank für das Verständnis, das Sie vielen meiner Eigenheiten und meines Umgebenseins entgegenbringen, und für den echt freundschaftlichen Geist, mit dem Sie mein ganzes kleines Weltall umfassen und darstellen.
Ihnen und Ihrer Frau die herzlichsten Grüße

Ihres alten
Max Brod

An Oskar Maria Graf Beverly Hills
19. VII. 1954

Lieber Graf:
zunächst ein Wort an den Schriftstellerei-Besitzer. Ich habe mein Möglichstes getan, um den Absatz zu heben. Ich habe nicht nur in der ›Rhein Neckar‹ gen Heuss gewedelt – ich habe auch dem ›Rowohlt Feuilleton Dienst‹ einen Durchschlag geschickt – und sie wollten die Kunde von Deinem Sechzigsten in der Welt verbreiten. Hoffen wir, daß ich es geschickt gemacht habe ... und daß dabei eine Hollywood-Reise im nächsten Jahr herauskommt ...
Was nun meine Sentiments bei dieser Gelegenheit betrifft, so hast Du einem immer recht schwer gemacht, sie in Erscheinung treten zu lassen. Du bist ein Extrovert mit Beinen und Armen und Lache ... ich mehr mit Affekten, wie Du weißt. So beschränke ich mich auf die nüchterne Wahrheit, daß ich Dich sehr gerne habe, mit Vorsicht – die Vorsicht besteht darin, daß ich nie vergesse, daß Du ein Filou bist. Aber es gibt liebe Filous und böse – und Du gehörst zu dem ersten Genre.
Was ich an Dir vor allem schätze, daß Du nie vergessen hast, was ein Anarchist ist ... und Dich danach benommen. Das ist nicht sehr konstruktiv, vermeidet aber viele Dummheiten; so daß ich Dir heute ins Poesie-Album schreibe, daß Du angesichts dieses rasend blöden Jahrhunderts mit einem Minimum von Dumm-

heiten ausgekommen bist. Ich halte Dich nicht für überwältigend gut, aber für ganz anständig ... und solltest Du jenseits mein Zeugnis brauchen, ich denke, ich würde es Dir geben. Besonders dankbar bin ich Dir dafür, daß Du viel Unterhaltungs-Stoff abgibst. Wenn es irgendwo besonders langweilig ist, dann beginne ich: da gibt es diesen Oscar Maria Graf ... und die Leute wachen immer auf. Das liegt nicht nur an mir, auch an Dir: daß Du mich zu solchen Erzählungen begeistert hast. Ich bin und bleibe ein Preuße – und Bayern hätte nie für mich Bedeutung gewonnen, wenn ich Dich nicht kennengelernt hätte. Ich bin und bleibe ein Asphalttier mit Fremdworten – und Du bist der erste Bauer gewesen, dem ich etwas zugeguckt habe ... und das vergißt man nicht. Wenn ich je Memoiren schreibe, Du bist ein dickes Kapitel.

Du siehst also, ich habe Grund, Deinen Geburtstag zu feiern. Und ich habe allen Grund, mich zu freuen, wenn Du viele Exemplare verkaufst, und guter Laune bist, und weiter den armen Kersten aufhetzt, und Spaß daran hast, mich hier und da für einen Würde-Onkel zu halten, was ich nicht bin, aber Du brauchst mich für die Rolle ... und bis hundert Jahre säufst und auch schreibst.

Und dann wünsche ich Dir noch eine gesunde und strenge und gerechte Mary und natürlich mich – schließlich hast Du noch nie über mich geweint und gelacht schon oft.

Sascha, die ebenso ungern schreibt wie sie Dich gern hat (und that is a lot: laß Dir das von Mary übersetzen!) gratuliert Dir herzlich und grüßt Dich herzlich.

Immer Dein unveränderter
Marcuse

An Thomas Mann 21. Dezember 1954

Sehr verehrter, lieber Herr Mann:

Unter dem blauen Wüsten-Himmel habe ich Ihrem *Krull* zugehört – in alter Sympathie und in neuer Begeisterung – und mir nach seinem letzten Satz (um mit Krull zu sprechen) Ihren Kopf zerbrochen. Obwohl ich es für mehr als fragwürdig halte, Ihnen mitzuteilen, wohin es mit diesem Krull kommen sollte, kann ich doch nicht unterdrücken, was mir ein sehr passables Ende schiene: das Ende Oscar Wildes (ohne das Spezifische). Die Gesellschaft, nicht dieser liebe Mann, muß am Ende als Hochstapler figurieren.

Nehmen Sie bitte mein Weiter-Dichten nur als Zeichen dafür, wie sehr mich Ihre Geschichte in Schwung gebracht hat. –

Freud hat das An-wünschen verboten – aber nicht das Hoffen. Wir hoffen, daß wir im nächsten Jahr Sie, Frau Katja und Erika in bester Gesundheit wiedersehen.

Mit dem herzlichsten Dank für das schöne und lehrreiche Geschenk

immer Ihr
Marcuse

An Hermann Kesten 28. XII. 1954

Liebe Kestens:
schönen Dank für das Lebenszeichen.

Alles, was ich Euch anzubieten habe (statt Wünsche) sind zwei Citate:

Lichtenberg: »Der Januarius ist der Monat, da man seinen guten Freunden Wünsche darbringt, und die übrigen die, worin sie nicht erfüllt werden«.

Freud: »Wünschen ist wohlfeil und erscheint mir als ein Rückfall in die Zeiten, da man an die magische Allmacht der Gedanken glaubte«.

Wann einmal?

Herzlichst von Sascha und Ihrem
Marcuse

Erika Mann an L. M. Kilchberg/Zürich
15. Februar 1956

Cüselin, –
nachgerade *mußt* Du mich ja für – entweder – wahnsinnig halten oder aber für so unfreundschaftlich, garstig und bösartig, daß es auf keinerlei, wie auch immer geartete Kuhhaut ginge! Wolle doch aber bitte bedenken: ich bin und bleibe ein ganz ungenügendes Geschöpf und umso ungenügender, je zahlreicher die aberwitzigen Ansprüche sind, die an mich gestellt werden. Wie ich schon in der Schule immer nur die »prüfungswichtigsten« Aufgaben zur Not und im letzten Augenblick herstellte, so tue ich auch jetzt immer nur das zur Not, was, wenn ich es nicht täte, die grauenerregendsten Folgen haben müßte. Zu diesen Folgen wäre freilich Dein Zorn zu rechnen, und meine Schuld ist es, wenn ich nicht davon ablasse, zu glauben, der ließe sich schließlich noch einmal besänftigen.
Aber ernsthaft: ich begreife es selber kaum, wie ich es über mich bringen konnte, Dir und Euch so sträflich lange nicht zu schreiben. Ihr mögt Euch nur, bitte, vorstellen, was alles laufend über mir zusammenschlägt, und welch großen Schaden die liebe Privatkorrespondenz (die doch im Grunde die einzig wichtige ist) dabei leidet. Von den Filmen (*Buddenbrooks, Zauberberg, Krull*), die mich so weitgehend, wie weitgehend fruchtlos mit Beschlag belegen, laß mich schweigen. Eine bessere Entschuldigung liefern allenfalls die Dinge, die Zauberers Tod mir zu tun ließ: die neue Einleitung, die für die *Betrachtungen* zu schreiben war (das Buch kommt im März neu heraus, – und dies noch auf Veranlassung des Autors) und die Schrift *Das letzte Jahr*, ein Bericht über die letzten zwölf Monate, die Z. bei uns verbrachte. Ein Briefband steht bevor, – auch ein Essayband, *Nachlese*, – und all dies will zusammengestellt und überwacht sein. Beschimpft mich nicht wegen der hohlen Geschäftigkeit, die natürlich herrscht und die abzustellen ganz außerhalb meines Machtbereiches steht. Daß überdies die zahllosen Kandidaten für die T.M.-Spende (jene [...] 50000,– DM, welche die »Bun-

desdeutschen« Kultusminister dem Z. zum 80. Geburtstag und zur Vergebung an würdige und verdiente Skribenten zur Verfügung gestellt), daß also jene Kandidaten »gesiebt«, ausgewählt und mit Briefen unabsehbar bedacht sein wollten, versteht sich am Rande.

Zum erstenmal seit vielen Jahren ist es mir auch nicht geglückt, für ein paar Wochen nach Arosa zu entwischen. Ganz im Gegenteil: ich mußte immerzu nach München und Paris und sonstwohin verreisen, weil die Leute dies so wollten.

Im übrigen halten wir uns leidlich. Die Bübchen, wie Ihr wissen werdet, sind erfreulicherweise bei uns. Viel Kummer haben wir mit dem [...] Bildhauer, der den Grabstein machen soll und bisher außerstande gewesen ist, auch nur den Stein selbst (einen Granitblock) zur Stelle zu schaffen. Werden ihm demnächst kündigen müssen.

Und Ihr? Kommt Ihr nicht einmal her? Dies wäre doch das beinah einzig richtige! In jedem Falle aber – und abgesehen von Euren Reiseplänen – darf ich Euch so dringlich wie innig bitten, mir doch verzeihen zu wollen. Darüber hinaus möchte ich leidenschaftlich vorschlagen, daß Ihr *keinerlei* Schweigen oder Verstummen meinerseits *jemals* als Beweis für irgend eine Treuvergessenheit oder Herzlosigkeit von meiner Seite anschauen und verurteilen möchtet. Ich bin die Treue und das Herz in Person und damit punktum.

Zärtlichst die Eure:
E.

An Erika Mann 1956

Ach, Erikissima:
mein Zorn ist ja weit weniger fürchterlich als mein Mißtrauen; und natürlich habe ich in den langen Monaten eine Liste meiner Vergehen tentativ skizziert und bin durch die einzelnen Posten gegangen, habe verworfen und neue hinzuaddiert, habe argu-

mentiert, gegen-argumentiert ... nur auf die Idee, daß ich unschuldig bin, kam ich nie. Zwischen Weihnachten und Neujahr, in der Zeit, in der wir manches liebe Mal bei Euch waren – in den Pacific Palisades-Jahren, hatte ich den Wunsch, Deiner lieben Mutter eine Zeile zu schreiben. Aber dann war mir nicht klar, ob ein Briefchen willkommen wäre und so ließ ich es dann.

Am 20. Mai werden wir auf vier Monate nach Europa kommen. Ich hatte meine Reise so geplant, daß ich am 6. Juni in Zürich sein wollte. Aber nun sieht es so aus, daß ich in der ersten Juni-Hälfte einiges an der Freien Universität (Berlin) zu tun habe, so daß ich wohl erst gegen Ende des Monats hinunter kommen dürfte.

Auf die *Betrachtungen* warte ich sehr. Sie haben mich damals (abgesehen von der selbstverständlichen Abstoßung) außerordentlich fasziniert; in meiner Erinnerung hat der Unpolitische das Wesentlichste, ich meine nicht das Nützlichste, gesagt, was er je über Politisches geschrieben hat. Aber vielleicht muß ich meine Vergangenheit bei dieser Gelegenheit aburteilen ... ich bin voller Erwartung und sehr begierig, zu sehen, wie Deine Einleitung diese cause celebre heute präsentiert. Ich hoffe zu Gott, daß Du nicht den geringsten Versuch gemacht hast, diplomatisch zu sein. Ich für meinen Teil habe mein Leben auf Undiplomatie angelegt: da weiß man doch wenigstens, weshalb man eins auf den Kopf bekommt.

Von den Thomas-Mann-Filmen lese ich dauernd: wer was mit wem wann wo ... wenn ich es lese, ist es immer überholt, so habe ich mir angewöhnt, es gleich so zu lesen, als käme die mir vorgesetzte Kombination also schon nicht mehr in Frage. Das Einzige, was mir sympathisch ist an allen Nachrichten: daß Wolfgang Reinhardt dabei ist. Zu ihm habe ich Vertrauen. Er gehört in diese Welt nicht hinein – und deshalb ist er der Einzige, der für diese Filme geeignet ist.

Alles Liebe für Dich und Frau Katja von Sascha und Deinem von Fall zu Fall immer wieder Mißtrauen fassenden

Marcuse

An Alfred Döblin

Los Angeles
18. I. 1957

Liebster Döblin:
ich erhielt gerade einen Brief aus Freiburg von Deiner lieben Frau ... und da ich annehme, Ihr seid im Augenblick zusammen, richte ich meinen Brief an Deine Adresse, die Erna mir gab. – Ach, das war eine Freude, als Dein Buch ankam und dann der Brief. Ich las sofort und war wieder, wie immer Döblinscher als je ... ganz verliebt in den Menschen und Schriftsteller und wie immer wild rebellierend gegen das eine Marcuse-fremde Element ... und doch wieder diesmal weniger als sonst. Das, was Du über Kierkegaard schreibst, da wittere ich Morgenluft. Und gleich wurde ich ganz übermütig und dachte: das ist Döblins eigener Fall ... und da ich Kierkegaard genau so sehe wie Du, dachte ich: vielleicht ... aber ich will nicht in Details gehen – und nur, wenn Du es ausdrücklich willst, gehe ich auf die Fragen des Glaubens ein. Ach, ich bin nicht, was Du denkst – schon garkein Heide, eher ein *pathetischer* Skeptiker ... und ich hätte Dich soviel zu fragen, aber tue es nicht, bevor Du mich nicht dazu aufforderst; vor allem möchte ich Deinem verehrten Blutdruck nicht zu nahe kommen. So bleibt mir nur übrig, das Allgemeinste zu sagen: daß ich Dich liebe, und daß kaum ein anderer zeitgenössischer Schriftsteller (vielleicht noch Joseph Roth) auf mich solcheinen Eindruck gemacht hat – von eh und je.

Ich habe die Absicht, über Dein Buch zu schreiben. Frage: ist es schon früher herausgekommen? Es ist nämlich im Kuerschner schon 1946 erwähnt. Mich persönlich interessiert das nicht; Du weißt aber, die Zeitungen fragen.
Von uns: Sascha, die Euch ganz herzlichst grüßen läßt, und große Sehnsucht nach Euch hat, gibt noch immer Augen-Stunden: diese Bates-Methode, von der Ihr ja wißt. Ich habe noch zwei Jahre bis zur Emeritierung; dann Schluß mit einer Pension, die kaum zu rechnen ist – das heißt dann: finanzielle Probleme. Ich schreibe: Bücher, Artikel – aber Ihr wißt ja, wie es sich auswirkt, was das Geld angeht. Selbst Übersetzungen in andere

Sprachen nützen da nicht viel. Letztes Jahr war ich zu Gastvorlesungen an die Universität Berlin eingeladen; einer der Gründe, weshalb ich nach Paris fuhr, war, Euch zu sehen.
Ach, liebe Döblins: wennimmer ich zur Universität fahre, komme ich am Crenshaw Boulevard vorbei; Crenshaw und Döblin sind für mich nun eine Einheit geworden, ich habe beinahe den Eindruck, daß ein Boulevard in Hollywood Döblins Namen trägt. Lachst Du noch immer so ansteckend, mein Lieber: wie damals in unserem Drugstore in Beverly Hills, wo wir uns nachmittags getroffen haben ... weniger zum Diskutieren als zum Lachen? Ach, man hat das Lachen jeden Tag notwendiger und lacht jeden Tag weniger.
Wenn es Dir, liebe Erna, nicht zuviel Mühe macht, würde ich Dich noch um folgende Gefälligkeit bitten: daß Du mir aufschreibst, welche neuen Bücher nach 1945 in Deutschland geschrieben und gedruckt worden sind.
Von Herzen alles Gute von Euren alten guten Freunden und dem begeisterten Döblin-Leser

Marcuse

Alfred Döblin an L. M. Buchenbach über Freiburg i. B.
25. I. 1957

Lieber Marcuse,
habe mich riesig gefreut über Deinen Brief. Das war nun eine ausgezeichnete Idee von Erna, Dir einen Band *Hamlet* zu schikken, sie bekam in Paris vom Verlag einen Stoß Bücher, ich saß schon Gottweiß wie lange, hier in dem verlassenen südl. Schwarzwald, hörte und sah nichts. Irgendwo geht übrigens in der Nähe, wie ein richtiger Bauer, der keineswegs entschlafene Heidegger um. Soll ich nun schreiben »mein, – aber es wurde beendet wie ich bestimmt weiß 1946, und seit da habe ich manches geschrieben und kaum noch in diesen verlorenen Band geblickt, der kein Aas interessierte, was kann ich dafür, wenn die so blöde sind. Staunend und kopfschüttelnd las ich jetzt die

Geschichte in einem Band *Hamlet*, der schließlich auch an mich gelangte, weder Korrekturen noch Fahnen habe ich gesehen das war eine Geburt hinter dem Rücken der Mutter. Ich selbst hätte allerlei dazu zu sagen, beneidenswert frisch und elastisch war ich noch damals, es brach nur so wie ein Sturm aus mir, und nun steht es auf dem gedruckten Papier und ist in vielen Teilen nicht schlecht, was doch noch alles in einem steckt und glimmt und gelegentlich zu brennen beginnt. Die Glaubensfrage, mein lieber Marcuse, berührst Du bei Gelegenheit Kierkegaards, der meinen armen *Hamlet* berührt. Ja frage mich nur nach Details, am besten Du liest vorher mein autobiographisches Buch (also kein Roman) *Schicksalsreise*, Verlag Josef Knecht, Herderverlag Freiburg i. Br. Herman-Herderstr. Ich habe kein Exemplar, er soll Dir eines schicken, falls er noch welche hat (das Buch blieb nach etwa 3000 Exemplaren stecken unbemerkt von der Mehrzahl unserer treuen Freunde, es laufen mehrere eiserne Vorhänge durch das Land und hinter einem stecke ich, verurteilt, weil nämlich emigriert zu dem Boykott des Schweigens). In der *Schicksalsreise* wirst Du bestimmt mehrere Fragen die Du stellst, beantwortet finden, aber gib mir an, was *Du* meinst, ich werde jede Klarheit geben über die ich verfüge. Hier gab es im Herbst eine Buchmesse in Frankfurt a/M, ungeheurer Klimmbim, mein Name kam nicht vor, der ehrenwerte Reinhold Schneider erhielt den Friedenspreis. So krank ich bin, fast völlig gelähmt an Armen und Beinen und isoliert, so bin ich noch immer auf dem Wege bis zu meiner letzten Stunde, und zugleich immer angelangt.

Und nun genug vom *Hamlet.* Glaubensfragen erweisen sich mehr und mehr als Existenzfragen, wir haben die Sprache in uns und sie läßt sich nie zu Ende sprechen. Erna wird Dir auch bald schreiben, sie liegt wieder einmal z. Behandlung der Amöbenruhr, die sie sich drüben zugezogen hatte, in der Univers. Klinik Freiburg, in paar Tagen nun beendet, und bleibt noch einige Tage hier in meiner Nähe. Freue Dich lieber Marcuse, daß Du noch in alter Weise arbeiten kannst, ich gratuliere Dir auch dazu daß Du die tapfere Sascha neben Dir hast, und daß Ihr Beiden Euch nicht in Wotansland verirrt habt. Nun erwarte ich wieder Nachricht von Dir, ich bin und bleibe Euch treu verbunden

Alfred Döblin

An Alfred Döblin

Beverly Hills
9. II. 1957

Liebe Döblins:
herzlichen Dank für Eure beiden Briefe. – Ich habe mich sehr gefreut, daß Ihr so schnell geantwortet habt. Ich habe sofort ein paar Seiten über Döblins *Hamlet* geschrieben. Wieder mit einem Hinweis auf den Nobelpreis. Er wird zuerst sehr bald im New Yorker ›Aufbau‹ erscheinen. Ich habe auch sofort versucht, zu erreichen, daß diese Anzeige in einer großen westdeutschen Zeitung erscheint. Ich tue alles, was in meinen Kräften ist. Ebenso will ich versuchen, sie in einem literarischen amerikanischen Blatt unterzubringen. Die ›Aufbau‹ Nummer erhaltet Ihr sofort nach Erscheinen. Über meine Erfolge oder Mißerfolge in Deutschland schreibe ich, sobald ich etwas weiß. Schade, daß ich jetzt nicht in Deutschland bin. Da könnte ich natürlich viel mehr unternehmen. – Bald mehr! Für heute noch einmal – das Buch ist herrlich, ich bin und bleibe ein militanter Döblinianer.
Bald mehr.
Sascha und ich wünschen von ganzem Herzen, daß es Euch so gut gehen möge, wie es unter den Umständen möglich ist.
Alles Liebe von Sascha und Eurem alten Marcuse

Alfred Döblin an L. M.

Buchenbach b/Freiburg
28. II. 57

Lieber Marcuse,
was für eine Überraschung dieser vielseitige brilliante Artikel, den Du dem Neujorker-Aufbau gegeben hast. Ich erhielt wirklich gerührt und mit Freude den ersten Teil des Textes, direkt von

Neuyork, Luftpost vom 22. d. Mts. am Schluß des Artikels hieß es Fortsetzung Schluß auf Seite 12, die aber leider nicht kam, warte bis heute vergeblich darauf. Bitte kümmere Dich doch darum, und dann hast Du wieder wie vor einigen Jahren den Rat an das Nobel-Komitee: Wäre es da nicht zweckmäßig, erstens Deinen ausgezeichneten Aufsatz dieses Plaidoyer direkt an das Komitee in mehreren Exemplaren der Zeitung nach Stockholm zu senden, vielleicht eine Gruppe von Freunden a. D. zusammenzutrommeln zu einer gemeinsamen Aktion in dieser Sache. Ich glaube es gibt da wirkliche offizielle Formalien.
Sei schon jetzt lieber Marcuse von Herzen bedankt für Deine Initiative und Deinen Artikel. In alter Freundschaft, im übrigen in jämmerlicher körperlicher Verfassung.
Herzliche Grüße auch an Sascha

Dein
Alfred Döblin

An Alfred Döblin Beverly Hills
5. III. 1957

Liebe Döblins:
ich habe mich sehr über Eure beiden Briefe gefreut.
Ich schreibe heute in Eile; aber ich möchte Euch auf dem Laufenden halten.

1. Ich habe den ›Aufbau‹ gebeten, Euch noch einmal den ganzen Artikel zu senden. Außerdem Exemplare davon nach Stockholm zu schicken.
2. Ich habe gute Hoffnung, daß dieser Artikel in etwas erweiterter Form in der einflußreichsten deutschen Zeitung erscheinen wird. Zwar wollen sie nicht die Sache mit dem Nobelpreis bringen. Aber wenn es wirklich dort erscheint – ich glaube sehr schnell – wird man sich wahrscheinlich viel mehr um Dich kümmern, als es bisher geschehen ist.
   (Übrigens haben sie die Sache mit dem Nobelpreis-Comité aus einem guten Grund abgelehnt: sie fürchten, dann wird

man meinem Beispiel folgen und Hinz und Kunz wird dem Nobelpreis-Comité Vorschläge machen.)
Aber: wenn wirklich durchgeht, was man mir versprochen hat (als alter Pessimist glaube ich nichts, bevor ich es sehe) wird es ganz bestimmt für Dich, lieber Döblin, wirklich von großem Nutzen sein.

Dies für heute. Ich schreibe umgehend, wenn ich etwas weiß. Ich hoffe so sehr, daß Euer beider Befinden erträglich wird. Sollte ich im Sommer nach Europa kommen, was noch sehr unsicher ist, so gilt Euch unser erster Besuch. –

Alles Liebe für Euch beide von Sascha und Eurem treuen

Marcuse

P. S. An eins könnt Ihr fest glauben: daß ich alles tue, was in meiner Macht ist: erstens, aus alter Freundschaft; und zweitens, aus großer Bewunderung.

Ich, ein geschworener Polytheist, liebe von Herzen *Die Schicksalsreise.* Euch wird meine Interpretation ein Greuel sein – aber verzeiht mir, ich liebe auch Döblins Glauben ... eine ganz unfromme Liebe.

Noch ein Nachwort: liebster Döblin, ich bilde mir nicht ein, ein heidnischer Polytheist zu sein. Das wäre Prahlerei. Ich bin nur ein armer, nach-christlicher Polytheist. Was Du aber bist, das sage ich Dir, wenn wir uns sehen.

Erne Döblin an L. M. Freiburg i. Br.
14. III.

Lieber Marcuse,

wir haben uns so sehr über Dich gefreut, Dein Eintreten für Döblin ist ebenso herrlich wie nötig, möge es von Erfolg gekrönt sein. W. Muschg, Basel, bewundert das Buch auch sehr, er ist z. Zt. auf einer 14 tg Vortragsreise, will u. a. viel über Döblin, sein Schicksal, sein Opus, seinen *Hamlet* sprechen. Wenn Deine Kritik bald in der F.A.Z. erschiene, wäre wunderbar. Wie schön, wenn man dem armen gequälten Fre noch etwas Freude verschaffen könnte – und auch Geld können wir gut gebrauchen. Kranksein ist d. größte Luxus. Habe ich Dir geschrieben, daß eine italien. Übersetzung des *Hamlet* im Gange ist? Auch Lizenzverträge mit Polen u. d. Tschechoslovakei stehen vor dem Abschluß. Nur dies W. Deutschland. Kürzlich hatte ich den Besuch von Knecht, braver katholischer Mann, bisher Verleger der *Schicksalsreise*, die jetzt (5000 Ex. in 7 Jahren) vergriffen ist, die Rechte sind uns zurückgegeben. Auf meine Frage nach seiner Erklärung, warum dies Land d. Sperre über Döblins Werk verhängt habe, antwortete er: D. ist 33 als kämpferischer, links orientierter Mann emigriert, 1945 zurückgekehrt als Franzose, in Uniform, Mitglied der Besatzung und hat noch dazu das Zensusbureau unter sich gehabt. Das sei für die Leute schon schlimm – heute ja wohl vergessen – aber ausschlaggebend sei seine Konversion. Das beurteile man als Altersschwäche, von einem so dekadenten Mann wolle man nichts mehr wissen! Das Angebot von Büchern sei so groß, daß Presse u. Sortiment von einem solchen Mann nichts mehr haben wissen wollen. Er selbst hätte damals gehofft in Kürze 30000 Ex. *Schicksalsreise* abzusetzen. Nichts zu machen. Dies sei die öffentliche Meinung, die er ja nicht teile. Ich möge seine freimütige Auskunft nach d. Ursachen verzeihen. Dies Deutschland – Schön wäre es Euch im Sommer wiederzusehen, vielleicht kommt es doch zur Europareise. Dem Fre geht es leidlich, aber er hat ein schweres Geschick. Mit mir geschieht alles Mögliche, um mich noch ein wenig zu leimen. Die Ärzte wünschen dringend, daß ich in ca. 3 Wochen auf eine Weile in ein südliches Klima gehe, wegen meines sehr kranken Knies, man spricht von Abano, Capri, Ischia, ohne mir bisher konkrete Adressen sagen zu können. Die Einzige, die ich kriegte, antwortete: »Bis Mai besetzt.« So wacklig wie ich bin, kann ich doch nicht ins Unbekannte fahren. Zum Sommer gehe ich dann wieder zum Fre nach Wiesneck u. dort hoffe ich eines Tages die Marcuses zu sehen. Laßt es Euch gut gehen. Das bißchen Leben ist sehr kurz. Nehmt meine guten Gedanken und meine herzlichsten Freundschaftsgrüße Eure E. D.

Erne Döblin an L. M. Abano

14. 4. 57

Lieber Freund,

nur ein paar Worte (die Kur ist sehr ermüdend).

Fre hat sich riesig mit Deinem Aufsatz in F.A.Z. gefreut, ihn mir gestern geschickt. Ich bin glücklich für ihn, daß endlich, endlich auch [...] in d. verlorenen W. Deutschland sich die Türen zu öffnen scheinen. Im O. wird das Buch stark verkauft, es [wird] ins Italienische, Slowakische übersetzt.

Dein Artikel ist lebendig, voll von *Liebe* und Verständnis. Es fehlt ihm eins, dafür kannst Du aber nichts, denn Du kennst die Originalfassung nicht. (Du könntest sie Dir vielleicht eines Tages von unserem Peter: 1025 M. Monroe Ave, Lindenhurst, L. I., N. Y., holen, lesen, uns bei einer Europareise mitbringen.

Der Ostverlag hatte Fre gebeten, den Schluß zu ändern, es kam Fre nach 10 Jahren nicht darauf an, er tat es, so entstand ein 2. Alexanderplatz-Schluß, ein Steh-auf-Männchen.

D. Original ist ganz anders. Der Titel *Die lange Nacht nimmt ein Ende* wird verständlich, wenn Du hörst: in dieser Welt ist es nicht zu schaffen, man liebt sich, macht Dummheiten etc. es bleibt das Dunkel.

Im Original gibt Edward nicht nur alles den Armen, er geht ins Kloster, er hat erkannt: das Licht kommt vom Jenseits, alle Liebe und Klarheit von dort: nun hat für ihn die lange Nacht ein Ende.

Dies ist nur für Dich gesagt, nicht für d. Publikum. Wir wollen das jetzt ruhen lassen.

Vielleicht kommt ein *späterer* Tag für die viel bessere Originalausgabe.

Mit nochmaligem Dank und sehr herzlichen Grüßen für Euch beide

Erne Döblin

Alfred Döblin an L. M.

Buchenbach b/Freiburg
Ostern 57

Lieber Marcuse,
Dein *Hamlet*-Artikel ist also erschienen in der Frankfurter-Allgemeinen vom 5. April. Der Artikel stand an bester Stelle, und fand Beifall, wo ich nur hörte. Die Wirkung in Bezug auf Verkauf hier im Westen bleibt abzuwarten. Angekündigt ist mir ferner von Prof. Muschg, Uni-Basel, und einer von Prof. Robert Minder, dieser französisch in der Zeitschrift ›Deutschland von heute‹. Hier herrscht große Erregung, viel Debatten über die tapfere Erklärung der 18 Professoren der Göttinger Atom-Wissenschaftler, ein höchst wichtiges Ding, und wer weiß wie das endet. Was gibt es bei Euch neues, und was macht Sascha?
Dieses Jahr kommt Ihr gewiß nicht nach dem alten Kontinent.
Erna ist nach einer klinischen Behandlung in Freiburg für 12 heiße Fangobäder nach Abano-Italien gegangen, befindet sich zur Nachkur in Venedig. Adr. Hotel Regina, Venezia (Italia).
Herzlich grüße ich Euch beide, und wünsche gute Gesundheit,

Euer
Alfred Döblin

einen freundl. Gruß wohl unbekannt, Schw. Helene

An Alfred Döblin

Beverly Hills
9. V. 1957

Liebster Döblin:
wir haben uns mit Ernas Brief aus Italien und mit Deinem, der heute kam, sehr gefreut.
Wir hoffen so sehr, daß der Bericht in der Frankfurter Allgemeinen wenigstens eins erreichen wird: daß die westdeutschen Verleger sich noch einmal Deine Bücher angucken, und daß die Schriftsteller wieder beginnen werden, über Dich zu schreiben.
Sei ganz sicher, Dein Werk ist nicht vergessen, auch wenn es ein

paar Jahre so aussah. Man muß alles tun, um das Sich-erinnern zu beschleunigen. Ich werde tun, was ich kann.
Dies Jahr? Es ist unsicher. Aber nächstes Jahr wollen wir Dich groß feiern. Ach, lieber Döblin, Deine Jubiläen: im demokratischen Klub in Paris (weißt Du noch?), bei Pigg wistle in Hollywood.
Wir freuen uns schon auf nächstes Jahr.
Von Herzen alles Liebe für Dich und Erna und unbekannte Grüße an Schwester Helene

Deine treuen Freunde Sascha und Marcuse

Alfred Döblin an L. M. Buchenbach b/Freiburg 25. 5. 57

Liebe Marcuses,
Deinen kurzen Brief habe ich erhalten, und es freut mich zu lesen, daß Ihr nächstes Jahr in dem ich 80 werde, wieder hier im Lande sein wolltet. Vom *Hamlet* ist in der Ostzone eine schöne Quantität verkauft und auch leidlich bezahlt worden.
Hier in der Westzone plant der Münchener-Verlag Georg-Müller für den Herbst eine kleine Lizenzausgabe, zum Sterben zuviel, zum Leben zu wenig. Vom 1. 6. ab bin ich im Landeskrankenhaus Emmendingen b/Freiburg i/B., die Anthroposophen hier im Sanatorium haben nicht viel Platz, und setzen mich hier raus, um das Zimmer für eine Angehörige ihrer Sekte frei zu machen.
Laßt es Euch beiden recht gut gehen, liebste Marcuses, die Gesellschaft bringt mich noch lange nicht um. Seid sehr herzlich gegrüßt von Eurem nicht alten, sondern immer jüngeren Freund

Dr. Alfred Döblin

Den Gruß freundlich erwidert, Schw. Helene

Erne Döblin an L. M. Paris

20. 6. 57

Liebe Freunde,

ein paar Tage bin ich hier, um Manuskripte, Bücher, Photos zu verschicken, Geld zu holen. Sonntag geht's zu Fre zurück. Er ist so furchtbar leidend, unser Fre, ein Martyrium. Seit sie ihn aus Wiesneck gejagt haben, ist alles noch viel schlimmer geworden. Es ist schaurig. Die äußeren Umstände: Ärzte, Pfleger, Zimmer, Kost – alles sehr gut. Aber es geht einem langsamen oder schnellen Ende entgegen. Ich könnte oft schreien. Aber man soll nicht. Man kann nur beten. Er ist im Landeskrankenhaus Emmendingen (Baden). Dorthin schreibt nur ein kurzes Wort der Freundschaft. Wenn ich Unterkunft habe, schreibe ich Euch meine Adresse, weiß nicht, ob ich i. Emmendingen oder wo sonst jetzt unterkomme. Habt ihn lieb.

Eure Erne Döblin

Erne Döblin an L. M. Freiburg i. B.

23. 7. 57

Liebe Freunde,

Euer Brief nach Emmendingen folgte mir, gestern kam dann auch der Brief nach Paris – und der ›Aufbau‹. Ich danke Euch von Herzen, es ist so gut, daß noch ein paar Menschen auch menschliche Erinnerungen teilen u. mit Einem zusammenhängen. *Wie gern* hätte ich Euch gesprochen u. berichtet. Nun bin ich hierher geflüchtet – Ihr könnt nicht mal meine Schrift entziffern – ich bin im Bett, kann nicht tippen. Bald fahre ich mit einem Herder-Verlag-Wagen an meine Gräber (über Fres Geburtstag) will versuchen, Frieden zu finden.

Fre hat die letzten Jahre furchtbar gelitten, trotzdem immer wieder – wenn die Qual nachließ – *Freude* am Leben, *Interesse* am Geschehen der Welt und an den kleinen Dingen um ihn, gehabt. Zuletzt versagte das Herz, Kreislaufstörungen, schreckliche Cystitis, dann eine Lungenentzündung. Er ist eingeschlafen,

im Tode sehr jung geworden, ein leichtes Lächeln war auf seinem Gesicht, schöner Frieden. Am Mittwoch ist er gegangen, am Sonntag hatte er mir noch die liebsten Worte gesagt, die ich mir immer wiederhole, unser Frechen.
Nach dem 10. 8. wenn ich Zeit u. Ruhe finde, will ich Euch Maschine schreiben. Es ist ein großer literarischer (noch unveröffentlichter) Nachlaß vorhanden: Jugend- u. Alterswerke.
Lieber Marcuse, sei mir nicht böse, ich hab Dich lieb und kenne Deine innere Beziehung zum Fre.
Trotzdem ist Dir allerhand entgangen, sonst könntest Du nicht von »Sonntagstraktätchen« sprechen. Er hat im Fabulieren gesucht, seit frühester Kindheit nach Erkenntnis verlangt, in das 1. Notizbuch – er war an 7 Jahre – schrieb er: »Was ist Gott?«, Du kennst ja: *Unser Dasein, Wissen u. Verändern.*
Er versuchte es mit d. Philosophie, den Religionen, sein Weg zu Christus (den Du nicht mit der Kirche verwechseln mußt) war sein ganzes Leben vorbereitet – auch in der *Reise nach Polen* (1926!) kannst Du davon lesen. Thomas von Aquin hat er täglich über Jahre stundenlang gelesen. Und nun gar die Evangelien. Er hat ein herrliches Buch (der 2. Teil von *Der unsterbliche Mensch*) *Der Kampf mit dem Engel. Ein Gang durch die Bibel* hinterlassen. Großartige Visionen – aber Herder hatte Angst, daß er dafür kein Imprimatur kriegen würde – und druckte es nicht. *Die Pilgerin Ätheria* ein Buch von der Gnade, das Lieblingswerk vom Fre blieb ungedruckt u.s.w. – u.s.w. Aber was schreibe ich da – und Ihr könnt es doch nicht lesen, meine blöde Schrift.
Vielleicht sieht man sich nochmal wieder.
Ich grüße Euch und habe Euch lieb

Eure
Erne Döblin

Habe ich Euch eine Aufnahme von meinem eingeschlafenen Frechen geschickt?

An Gerhard Szczesny 12. VIII. 1957

Bester:
heute Nacht konnte ich nicht schlafen. In einer Anwandlung von Kleinmut fielen mir auch meine Briefe an Sie ein. Ich dachte: Sollte er sich dadurch deprimieren lassen? Ich machte Licht, holte das Manuskript vor – und wollte meine kleinen Anmerkungen ausradieren. Dann ließ ich es doch. Ich dachte: jemand zu wenig zutrauen, ist eigentlich eine Beleidigung.
Eben kommt Ihr Brief. Ich bin über ihn so froh, daß ich meine Arbeit unterbreche und sofort antworte.
1. Sie werden aus meinen Anmerkungen nichts lernen, aber vielleicht hier und da Gelegenheit haben, Ihre Position in diesem oder jenem Detail noch einmal zu überprüfen. Nur das verspreche ich mir davon. Bitte fragen Sie, wenn Sie wollen, wegen Details usw!
2. Ich schicke das Manuskript heute noch per Schiff, aber Eingeschrieben. Damit es sicher ankommt.
3. Zwischen uns sind:
  a: Mißverständnisse.
  b: entscheidende Gegensätze.
4. Reden wir zuerst von den Mißverständnissen. Ich habe nie gesagt, daß Ihre Arbeit »überflüssig« ist. Ich weiß auch, daß *ausgezeichnete Formulierungen* in Ihrer Arbeit sind. Ein paar Mal habe ich ein schnelles »Gut« an den Rand geschrieben; ich hätte das *viel öfter* tun können. Vergessen Sie nicht: ich bin ein Unpädagoge. Das Gute halte ich für selbstverständlich – und das Schlechte verkünde ich mit Trompeten. Bitte gewöhnen Sie sich an meine unglückliche Art. Auch bei diesem Brief dränge ich schon wieder darauf hin, die Gegensätze zwischen uns zu präzisieren – weil mir das viele Gemeinsame so selbstverständlich ist, daß es mich langweilt, lang und breit davon zu reden. Nur ein Satz: ich habe zu niemand unter meinen Bekannten soviel Vertrauen – auch intellektuelles Vertrauen (wenn Sie sich darunter etwas vorstellen können) wie zu Ihnen. Daher auch die Sympa-

thie für Ihr Buch. Aber – bitte, bitte: Lassen sie mich zum Schuß kommen, der Schuß gegen einen Freund:

5. Für mich ist das A und O: der lebende Einzelne. Himmel, Sterne und was kreucht und fleucht (inklusive der Weiber) sind nur für ihn. Ich: das war z. B. mein Sonnen-Untergang vorgestern Abend. Was kann man darüber diskutieren!

6. Meine Verbindung zur Menschheit: ich fühle: der Sz und seine Frau und Heiß Heiß und die süße Claudia und der Rest der Menschheit haben auch nur ein Leben und Sonnenuntergänge und Gelüste und Seligkeiten bei Georg Büchner und Chopin und dem chinesischen Essen, zu dem ich neulich eingeladen war und bei der Ersten Liebe bis zur letzten, noch einen Tag vor dem Tod ...

Ich möchte im tiefsten Innersten, daß jeder Gott seiner Welt ist. Schluß.

7. Aber: die Religionen und die Philosophien sind für Leute wie Sie und ich nicht mehr existent. Wir können uns kein Univers vorstellen. Die Wissenschaften sind gerade gut genug mich zu Ihnen fliegen zu lassen, und mir ein Schlafmittel zu geben – eventuell noch, mich Menschen anderer Länder und anderer Zeiten zu nähern. –

Was Sie wieder aus ihr herauszupressen versuchen: eine wissenschaftlich unterbaute Metaphysik ist nicht. Für die Religion gibt es keinen Ersatz. Wer so nicht leben kann, soll sich umbringen. Das Einzige, wozu man den Massen verhelfen kann, ist: so problematische Naturen zu werden, wie ich eine bin. Wenn Sie das nicht wollen, schicken Sie die Leute in die Urania.

8. Sie sind ein rührender Mensch (und ich meine das jetzt ganz pathetisch) – und wollen aufbauen, und den Leuten eine wissenschaftliche Religion und Metaphysik schenken – ist nicht. Bitte, bitte: denken Sie scharf über Ihren Rettungs-Komplex nach. Scheler (den ich auch liebe – Hartmann hat mir nie etwas gesagt) war (ich kannte ihn sehr gut) ein einziger Vulkan, der nur ab und zu so getan hat, als sei er endlich positiv.

9. Besonders im Irrtum sind Sie mit Ihrer Idee: Sie philosophier-

ten für den Mann auf der Straße. Für den philosophiert Peale.
10. Schreiben Sie noch in Ihr Manuskript hinein Ihren Absatz; daß heute das Christentum kein Feind mehr ist, wie zur Zeit Nietzsches und Haeckels – so tot ist es. Wie wollen Sie aber einen Kadaver töten, lieber Sz? Töten können Sie nur Vatican City.
11. Psychologie? Nennen Sie es nach dem Vokabular unseres Jahrzehnts: philosophische Anthropologie. Was ist Philosophie heute? Daß sie nicht möglich ist – und daß man sich damit nicht abfinden kann (wie etwa ein Reichenbach).
12. Ich bin fest entschlossen, nicht positiv zu werden:
nicht im Sinne der Positivisten,
nicht im Sinne der Religiösen,
nicht im Sinne der wissenschaftlichen Metaphysiker, zu denen ich Sie rechne.
13. Ich las mir dreimal die Stelle durch: daß Sie mir »sehr dankbar« sind. Nicht, als glaubte ich, dazu läge ein Anlaß vor. Aber als Zeichen, daß Sie meine abrupte Kritik nicht mißverstanden haben. Ich wäre ebenso feindlich *gegen eine Unterschätzung* Ihres Manuskripts wie gegen eine Überschätzung.
Schreiben Sie mir nach Beverly Hills, ob ich an List persönlich schreiben soll. Ich kenne ihn persönlich gut – und ich glaube, er hält etwas von meinem Urteil.
14. Sehen Sie, wie sich Weyrauch getäuscht hat: Grassi gibt schon wieder eine neue Reihe heraus.
15. Wir fliegen am 23. August nach Beverly Hills zurück. (Dann bin ich soweit, endgültige Pläne machen zu können.)
16. München 1958: das wäre wunderbar. Diesmal mit Sascha. Niemand ahnt, was sie für mich tut. Ich bin schwer, durchs Leben zu schleppen. Und sie bekommt es fertig.
Grüßen Sie Ihre drei

Herzlichst Ihr
Marcuse

P.S. »Sub operie actermitatis« – hat noch niemand gedacht.
P.S. Vergessen Sie nicht: Die Fragen setzen mir sehr zu – und meine Bemerkungen zu Ihrem M.S. sind leider nur sehr ungefähr.

Erne Döblin an L. M. Paris
18. August 1957

Liebe Freunde Marcuse,
da Ihr meine Handschrift nicht lesen könnt, will ich Euch heute an diesem Sonntag ein paar Zeilen schreiben, obwohl ich nicht weiß, wo Ihr Euch zur Zeit befindet. – Mein Frechen ruht nun – wie er es sich gewünscht hatte – an der Seite von unserm Wolfgang – auf dem Friedhof eines kleinen lothringischen Dorfes. Ich bin vor ein paar Tagen nach Paris, wie ist es leer – zurückgekehrt, hatte 10 Tage an diesem Ruheort zugebracht und versucht, mein gestörtes Gleichgewicht einigermaßen wiederzufinden. Jetzt schreibe ich Tag um Tag Maschine – meine Finger sind schon durchhämmert – um Manuskripte wiederherzustellen, z.B. Frechens Lieblingsbuch *Die Pilgerin Aetheria* eine Hymne auf die Gnade Gottes. Vor ein paar Jahren hatte der ›Michael‹ einen Teil abgedruckt und dabei das ihm überlassene Manuskript verstümmelt und verloren. Nun tippe ich es wieder, auch *Der Kampf mit dem Engel* und zahlreiche Diktate aus den letzten Jahren müssen neu getippt werden. Es ist eine Ironie des Schicksals, daß wir – nun ich – die größten Schwierigkeiten haben, den Druck der religiösen Werke zu erreichen, – die Einen wollen garnichts Derartiges, die Andern sagen: »Dafür kriegen wir kein Imprimatur« – und darum. Auch um den Herzenswunsch, vom Frechen, eine Gesamtausgabe seines Werks zu machen, steht es traurig. Die Akademieen sagen, es müßte geschehen, die Klasse der Literatur hatte in Mainz als Minder dort einen Vortrag hielt und die Leute dringend aufforderte, doch endlich eine Döblin-Gesamtausgabe zu machen, es war im April und das Frechen hatte sich noch so gefreut, die Mittel fehlen. Der Westen (Langen-Müller) wünscht etwas anderes als Rütten, der mir sogar die *Berge* als für den Osten unannehmbar zurückschickte. Was tun? Anton Betzner schrieb mir kürzlich, er wolle versuchen, eine Gesellschaft der Freunde Döblins zu gründen, vielleicht ist das wirklich der einzige Weg.
Und nun zu dem Hauptthema: zur letzten Zeit unseres Frechens.

Alle Leute sagen, er ist nun erlöst von seinen schrecklichen Leiden und er hat ja ein furchtbares Martyrium durchmachen müssen. Die Glieder völlig gelähmt, von Schmerzen und Kälte durchflossen, eine gräßliche Cystitis, die oft eitrig wurde, ihm quälende Spasmen verursachte. – Und trotzdem haben alle diese Leute unrecht. So grausig Frechen gelitten hat, so unglaublich konnte er sich freuen, sobald die Beschwerden nachließen. Er empfand ein wahres Glück über ein Kind, das ihn mal besuchte, über die Vögel, die im Winter an sein Fenster klopften, die Kühe die da in Wiesneck den Berg auf oder ab zogen. Auch verließ ihn nie das Interesse an den andern Kranken, die er beobachtete. Und nun gar Radio und Zeitungen, Politik und Musik. Er verschlang förmlich alles. So hat er mehr gelitten als die meisten Menschen und sich auch mehr gefreut als sie.
Die Wiesnecker sind zu einem großen Teil schuld an dem plötzlichen Ende. Der Besitzer erklärte mir, sie seien kein Haus für Daueraufenthalt, wünschten Platz für neue Fälle zu haben. Es war furchtbar schwer irgend ein Bett aufzutreiben. Personal mangelt drüben. Und Fre, völlig gelähmt brauchte schließlich 2 Männer, da habe ich hin und hergesucht und es fand sich nur Emmendingen, Landeskrankenhaus genannt, in Wirklichkeit eine psychiatrische Heil- und Pflegeanstalt. Die Ärzte dort waren vorzüglich, wir haben das Zimmer gut eingerichtet, ein Privatpfleger und reichlich Anstaltspersonal war zur Stelle: aber obwohl nur eine Entfernung von 30 km ein völlig anderes Klima. Fre hat den kleinen Transport schwer überwunden. Die Tageseinteilung sehr verschieden. Ich blieb mehrere Wochen mit ihm. Dann drängte er selbst, daß ich auf einige Tage nach Paris zurückkehren solle, man verlangte Bücher, Photos – und Geld wurde gebraucht. Eine Woche wollte ich wegbleiben. Nach 4 Tagen kam eine Karte, es ginge ihm nicht gut. Ich fuhr sofort zu ihm, fand ihn im Halbschlaf. Er hatte nach Morphium geschrieen, so quälte ihn die Blase. Die Ärzte hatten nicht M. gewährt, aber ein reichlich starkes Schlafmittel gespritzt. Am nächsten Tag, Sonntag den 23., war er klar, antwortete auf mein »Ich hab

dich lieb, Frechen« »Ich dich auch.« Aber der Puls war schwach, sehr schwach. Der Arzt meinte, er müsse versehen werden. Es geschah in Gegenwart von Etienne, der inzwischen gekommen war. Die Freiburger Professoren kamen auf mein inständiges Bitten, meinten, die Lage sei nicht so verzweifelt, Herzmittel, Antibiotika. – Ach mein Frechen. Am Mittwoch, den 26. Juni, war der Kreislauf so schwach, daß man nicht mehr intravenös spritzen konnte. Frechen bewegte noch von Zeit zu Zeit den Mund, um zu sprechen. Aber es ergab sich kein Ton. Nur noch »Ja«. Zum »Nein« schüttelte er den Kopf.

Wenige Minuten vor 12 Uhr entließ ich den Pfleger zu seiner Mahlzeit, als plötzlich Frechen (er hielt den Kopf immer etwas seitlich wegen seines Auges) den Kopf grade richtete und mich ansah. Im selben Augenblick kam der Arzt herein. Frechens Blick seltsam durchdringend. Der Arzt: »Es geht zu Ende.« Noch ein tiefer Seufzer – und vorüber. ––

Es war genau 12 Uhr mittags.

–

Ach, liebe Freunde, nun habe ich Euch ein klein bißchen geschrieben. Vergeßt unsern guten Fre nicht, nicht sein Werk und auch nicht den Menschen. Welche Einöde umgibt mich jetzt hier, hätte ich nicht den Glauben ...

Fre hat Euch sehr geliebt und auch ich bin Euch ehrlich zugetan. Und ich wünsche Euch von Herzen alles alles Gute.

Eure Erne D.

Sogar die Rechte an der vergriffenen *Schicksalsreise* hat man mir zurückgegeben.

Ernest Jones an L. M.

Nr Midhurst, Sx
September 14, 1957

Dear Dr. Marcuse,

I have just been reading with great interest your book on Freud the greater part of which I admire very much for its fascinating exposition und good understanding; the chapter on literature was especially interesting.

Unfortunately in writing about Freud's personality in the first chapter you have suffered the same fate of the many other approaches to the subject. It seems always to stir some unconscious conflicts which lead to serious misinterpretations and incorrect hypotheses which only add to the distorted legends of that personality which are so frequent. It even affects the capacity to quote correctly simple facts even when they are perfectly clear in my Biography. Thus Freud did not see his mother naked between the age of 2 and 2 1/2, but precisely when he was three and a half (S. 17). Freud's difficulty in expressing his angry emotions was that he could not make them literaturfähig, not literarischhistorisch (S. 25). Prof. Putnam was not present at the first Psa Congress (S. 35); the only one he ever attended was the second. Freud's Eisenbahnangst, which you say was not neurotic, was certainly neurotic and could lead to fainting fits in the railway station. They were not at all connected with accidents, but with the fear of losing the train, which has a well-known unconscious meaning. No one who knew Freud personally would ever have thought of him as either melancholisch or a Grobianus. He had excellent social manners, and a constantly cheerful temperament to the end of his life. He once referred to himself as »a cheerful pessimist«, but he explained carefully that what people meant by pessimist was realist: a sceptic who doubted the practicability of achieving idealistic visions (such as the communist one). There were quite practical reasons for his finding it impossible to be analysed by someone else. No one in Vienna was very competent and Abraham und Ferenczi were at a distance. After the World War Ferenczi offered to come to Vienna for a month to analyse a physical illness which he thought might be psychosomatic. Freud was willing to accept but his physicians could find no evidence for any psychological etiology. You complain that I gave no account of the way in which he ruled his wife and daughters. The reason was simply that there was no ruling to record. His wife was the mistress of the household and the whole family were devoted to Freud for the very good reason that he treated them in such an affectionate and lenient fashion.

You are entirely mistaken in supposing that the family employed me as a censor or that I myself suppressed any material. They gave me carte blanche with the result that reviewers have praised me for the extreme frankness with which I dealt with Freud's intimate life. Where you find data missing in the book you may be sure that they do not exist. Thus I know nothing about the sexual aspect of Freud's Eheleben and never felt like inquiring from his wife about the frequency of their sexual intercourse. The same applies to the publication of the Fliess correspondence. (S. 25) I have of course read all the unpublished letters. In a few cases I found a couple of sentences of sufficient interest to be worth publishing and Anna Freud promptly did so in the English translation. The rest were entirely uninteresting talks about the weather of a holiday, each other's children, and the date of his resuming work.

P. 17. You quite misunderstand Freud's remark about his father not having »played an active part« and then go on to imagine that I devised a Hilfskonstruktion to save him from the blunder of also discussing the vast importance of his father.

His remark had applied to the matter of parental sexual assaults on their children, which in his early days he believed was more frequent that it actually was. He was discussing symptoms of hysteria he observed in himself and in one of his sisters and fancied that in the latter case his father's misbehaviour had played an active role.

You speak of Freud's attending ›ein paar Vorlesungen von Brentano‹. Actually he attended his lectures faithfully, even at times two simultaneous courses, for three years.

Yours sincerely,
Ernest Jones (M.D.)

An Gerhard Szczesny Beverly Hills
5. X. 1957

Lieber Sz:

1. Ich nehme an, daß das Hawaii-Manuskript sehr zeitig angekommen ist und heute gesendet wird.
   Ich hoffe, daß Sie auch inzwischen mein zweites Manuskript *Ida Orloff und Gerhart Hauptmann* erhalten haben und meine Vorschläge für Künftiges.
2. Was das Aufs-Band-Sprechen betrifft:
   Ich hatte vergeblich gewartet, daß sich jemand von dem Studio meldet, das (wie Sie schrieben) in Zusammenhang mit dem Münchener Rundfunk arbeitet.
   Stattdessen meldete sich gestern (Freitag) Abend telefonisch der Mann, dessen Adresse ich Ihnen gegeben habe. Er sagte etwas von einer »Verzögerung« (ich konnte nicht herausfinden: was für eine). Er versprach mir, *sofort* nach München zu schreiben und Abmachungen zu treffen (auch was den Preis betrifft). Er sagte mir, sie würden mir jedesmal *eine* Stunde zur Verfügung stellen, in der ich *zwei einviertelstündige* Sendungen machen könnte.
3. Ich wäre Ihnen auch dankbar, wenn Sie mir über Huxley und Joseph Roth Bescheid sagen würden. Sehr gerne würde ich als nächste Nachtstudio Sendung *Die Mystik Aldous Huxleys* machen. Wenn Sie einverstanden wären, müßten Sie mir sagen: wann.
4. Haben Sie geschrieben an die

   Union Picture Association of America
   8480 Beverly Boulevard
   Los Angeles 48
   zu Händen von Miss Wilcox –

   nur, daß ich Hollywood Korrespondent des Münchener Rundfunk bin?
5. Ich wäre Ihnen dankbar, wenn Sie mir möglichst *schnell antworten* würden. *Es genügen Stichworte;* wenn Sie in der Arbeit sind, können Sie sich ausführliche Briefe sparen.

6. Hier: das Gejage des Semester-Beginns. Aber ich bin ganz zufrieden. Ich sehe mir die Studenten immer daraufhin an, ob sie lieb sind. Die Studentinnen, ob sie herzig sind. Und dann beginne ich zu plappern. Im Englischen bin ich sprachschöpferischer als Luther im Deutschen war.
7. Hier: deutsche Woche. Gestern Käutner und Jürgens. Heute Schwab-Felisch. Japaner und Chinesen hingegen besuchen mich leider weniger.
8. Gestern kam (eine Sensation für mich) von Rowohlt (des ermordeten) Paul Kornfeld nachgelassener Roman. Vor fast dreißig Jahren erzählte er mir davon dauernd, Rowohlt finanzierte ihn, und ich glaubte: er wäre nur eine Phantasie, geboren aus dem Vorschuß.
9. Was ist mit Ihrem Manuskript?

Von Häuschen zu Häuschen
Ihr Marcuse

An Ernest Jones Beverly Hills
10. X. 1957

Sehr geehrter Herr Doktor Jones:
ich bin Ihnen sehr dankbar, daß Sie sich die Mühe gemacht haben, mein Buch zu lesen und einige Irrtümer zu korrigieren. Ich werde bei einer Neu-Auflage die Fehler ausmerzen.
Soweit sich Ihr Brief auf Interpretationen bezieht, werde ich über Ihre Deutung nachdenken und dann entscheiden, welche von beiden Deutungen mich mehr überzeugt.
Aber nach wie vor bleibt mir unverständlich, weshalb der große Briefwechsel Freuds nicht ungestrichen und unausgewählt der Allgemeinheit zugänglich gemacht wird, aufdaß die, welche sein Bild zeichnen wollen, nicht auf Exzerpte angewiesen sind. Sie werden ganz gewiß verstehen, daß mancher, trotz der großen Verehrung für Ihr Freud-Werk, den Wunsch hat, das ganze Material ausgebreitet zu sehen. Wenn ich auch nur an den Fall Jung

denke, so ist (wenigstens bei mir) der Wunsch nach einem unabhängigen Urteil sehr heftig.
Indem ich Ihnen noch einmal danke, daß Sie meiner Bemühung, Freud nachzuzeichnen, Zeit geschenkt haben bin ich Ihr sehr ergebener

Ludwig Marcuse

Ernest Jones an L. M.

The Plat,
October 15, 1957

Dear Dr. Marcuse,
Many thanks for your letter of 10 inst. But you write as if I owned Freud's correspondence and could publish it or not at my discretion. Actually the only letters I own are those written to me; the Ferenczi ones belong to Balint, the Abraham ones to his daughter and the all-important love letters to Miss Freud, Jung's letters to Jung, and so on.

Yours sincerely,
Ernest Jones

Erika Mann an L. M.

Ehrwald,
am 4. Februar 1959

Cüselin, –
[...]
Meiner lieben Mutter habe ich alles ausgerichtet, auch die Umarmung, die sie, wenn ich mich recht erinnere, erwidert.
Feuchtis Tod ist mir recht nahe gegangen. Er war ein netter Mensch, ein treuer Freund und besaß eine anregende Gegenwart, selbst wenn er, wie so häufig, von seinen Erfolgen sprach. Daß er sich dies, wie seine ganze kindliche Eitelkeit leisten konnte, ohne daß man sich je gelangweilt oder gar abgestoßen gefühlt hätte, sprach sehr für ihn. Auch sonst sprach vieles für ihn, und nun ist er weg. »Death is so permanent« welch letzteren Wahrspruch, den die amerikanische Besatzung in Deutschland bogenförmig

und alle paar Kilometer weit über sämtliche Straßen ausspannte, die deutsche Verkehrspolizei übernahm und sehr passend mit »Der Tod währt ewiglich« übersetzte. Einen sense of humour haben diese Leute, – zum Schießen!
Und nun Adieu, mein Guter und Lieber, grüß mir Dein Eheweib, und kommt wirklich bald einmal herüber! Lachen müßt' ich, wenn ich dann gesund wäre. Aber sowas Possierliches passiert wohl nicht?!

Sehr und immer die Eure:
E. M.

An von Hofes Beverly Hills
20. 2. 1959

Meine Lieben:
ich hatte nicht vor, zu schreiben. Aber nun kommt eben Ihr Brief, ich bekomme große Sehnsucht nach Euch – und so schreibe ich doch, trotz meines Mißmuts.
Lassen Sie mich nicht über das Haus schreiben. Es wird immer schlimmer. Die neuste Schätzung des Ingenieurs und Kontraktors: Schaden $ 10,000. Der Rechtsanwalt hat noch gar nicht begonnen, die Forderung einzureichen. Wir haben jeden Tag ungefähr 5 Besprechungen und 15 Telefonate in dieser Angelegenheit.
Vertraulich: die Sammlung Massary brachte $ 1700. Enorm viel – in normalen Zeiten. Wir sind auch heute dafür sehr dankbar. Es ändert unsere Situation nicht. Wir haben bisher etwa $ 2500 nur für unproduktive Dinge wie cleaning and so ausgegeben.
Waterman: sehr nett; versucht manches. Townsend sehe ich überhaupt nicht. Exner: rührend; hat mir Geld angeboten (was mir natürlich überhaupt nichts nützen würde). In Deutschland war man sehr nett zu meinem Geburtstag (bitte gratulieren Sie nicht; ich weiß gut genug, wie Ihr es mit uns meint). Ein paar Artikel, viele Telegramme etc. Aber alles das führt nicht weiter. Sehr viel zu arbeiten, obwohl alles nicht richtig ist; ich schlafe nie

mehr als etwa 5 Stunden. Professor Rieff von Berkeley (Department of Speech) telefonierte und telegraphierte: bestellte eine Einleitung zu Heines *Religion und Philosophie* ... Beacon Press macht eine paperback Ausgabe. Bot 1 % bis zu $ 200. Ich bat: $ 150 sofort, deutsches Manuskript. Er akzeptierte. So verliere ich $ 50 – aber das ist mir lieber.
Geschrieben: letztes Kapitel meiner Biographie für den Rundfunk. Stuttgarter Zeitung fragte mich an, ob sie alle 8 Sendungen drucken dürfen.
Vorabdrucke des *Amerikanischen Philosophierens* waren bereits in der Frankfurter Allgemeinen und in der Stuttgarter ... Aber alle diese winzigen Dinge sind überschattet von der Katastrophe. Ich komme noch nicht an meine Bücher heran. Finde nur schwer Aufzeichnungen ... Neulich regnete es so, daß ich nur mit Mühe in die Universität herunterkam. Der Schaden nur von einem Regen: $ 200 ...
Das winzige Zimmer im Gartenhäuschen, das ich bewohne, liebe ich sehr. Aber es ist so angefüllt mit Sachen jetzt, jeden Tag mehr, daß ich nichts mehr finde.
Bitte seid nicht böse, daß der Brief so grießgrämig ist. Ich wollte doch schreiben, weil ich gerade so lebhaft an Euch denke.
[...]
Ihnen, Lorchen, den beiden Jungens alles, alles Liebe

Immer Ihr Marcuse

P.S. Sascha ist nicht da. Hat den Brief noch gar nicht gesehen.

An Gerhard Szczesny 3. III. 1959

Lieber:
noch einmal kurz über das Haus, damit Sie wissen, was geschehen ist.
1. Silvester brannte das Benedict Canyon.

Der Berg hinter unserem Haus wurde abgebrannt – bis 50 Schritt vorm Haus.
Wenige Tage später schwerer Regen. Da der Berg nicht mehr bewachsen war, kam ungeheuer viel Stein, Geröll, Schlamm, Wasser herunter und brach die Rückwand des Hauses ein, stand in unserem Wohnzimmer und der Küche ungefähr 1 m 50 hoch, so daß meine Freunde von Hofe und Townsend, die den nächsten Tag durch das Fenster (die Türen waren vom Schlammberg versperrt) hineinkletterten, um meine Bücher und Manuskripte zu retten, auf diesem Berg von einer Ecke zur andern herumkletterten.
2. Inzwischen waren hier viele Baumeister, Ingenieure, Arbeiter-Kolonnen haben etwa für $ 1500 Aufräumungsarbeiten gemacht. Für weitere $ 1500 mußte der Berg mit Sandsäcken fortifiziert werden, um wenigstens provisorisch für diese Saison eine Wiederholung zu verhindern. Rechtsanwälte, Versicherungsbeamten kommen und gehen ...
So kurz wie möglich: ich kann keine Nacht schlafen, weil ich nicht darüber hinwegkomme, daß ich Sascha nicht das Haus als Schutz hinterlassen kann.
Sascha ist völlig niedergebrochen unter dem Anprall der Menschen und Probleme, von denen sie nichts versteht.
Wir haben finanziell und moralisch einen ungeheuren Schlag bekommen.

Herzlichst Ihr
Marcuse

P.S. Fritzi Massary hat mich gestern antelefoniert: Rowohlt und Liesl Frank-Mittler versuchen, für mich im Sommer eine Vortragsreise auf die Beine zu stellen – ich möchte mich sofort an Liesl wenden. Ich schreibe ihr (eine alte, gute Freundin), daß sie Sie antelefonieren sollte, wenn sie einen Rat braucht. Ob das alles einen Sinn hat, ob sich irgendsoetwas organisieren läßt, weiß ich nicht.
Wir haben eine ausgezeichnete Versicherungs-Police.
Aber die Gesellschaft verweigert die Zahlung. Prozeß: 2–4 Jahre.

An Hermann Kesten Beverly Hills
20. 3. 1959

Lieber Kesten:
Ihnen und Ihrer lieben Frau herzlichen Dank für Ihre Zeilen. Ich freue mich schon sehr auf das verlockende Caféhaus-Buch.
Wir hatten hier eine sehr schlechte Zeit. Silvester brannte unser Tal, brannte den Hügel hinter unserem Haus kahl; als die ersten schweren Regen kamen, begab sich der Berg recht stürmisch in unser Haus. Seitdem eine nicht endende Serie von Aufregungen, mit ungeheuren Verlusten. Wozu Details? Ich müßte den Rest des Tages an diesem Brief schreiben.
Dadurch ist auch alles sehr unsicher mit meiner Deutschland-Reise geworden. Vielleicht komme ich, vielleicht nicht; vielleicht for good. Aber was dann? Wir haben bei dieser Katastrophe einen ganz schönen Knax bekommen. Schriftsteller sollten Katastrophen nur als Themen kennenlernen.
In treuer Freundschaft,
Ihnen beiden von Herzen alles Gute Ihre Marcuses

P. S. Ich schreibe an Rowohlt, daß er Ihnen mein *Amerikanisches Philosophieren*, das in diesen Tagen herauskommt oder herausgekommen ist, zuschickt.

Erika Mann an L. M. Kilchberg
7. April 1959

Cüselin, –
mein Lieber, Armer, Ärmster, Liebster, –
sehr kürzlich erst erfuhr ich von der unverzeihlichen SCHEUSSLICHKEIT, die das Schicksal Euch antat und möchte denn doch nicht versäumen, Dir und Sascha zu sagen, wie inniglich ich Eurer gedenke. Ich finde die Worte nicht, die ausdrückten, in welch traurige Wut Eure Lage mich versetzt! Nur, daß Ihr, wie mich lebhaft deucht, mit der Zeit nach Europens übertünchter Höflichkeit kommen solltet, will vermerkt sein. Was wollt Ihr dort,

wo die Versicherungsgesellschaft ein so offensichtlich auf Grund eines Riesenfeuers entstandenes Unglück zu »decken« nicht willens ist? Und wo es auch sonst nicht viel gibt, was einen halten könnte? Deine Pension und Deine »security«-Sümmchen kriegst Du auch hier, und allerorts in dem ekelhaften Deutschland findest Du Beschäftigung, – am Radio, als Gast-Redner an den Universitäten und sonstwo. Dabei ist, trotz allem, das Leben hierzusumpfe wesentlich billiger als in God's Own Country, – und der Freunde habt Ihr hier letztlich mindestens ebenso viele, – wo nicht mehr, – wie, oder als in Deutsch-Californien.
Wollet mir bloß nicht verzagen, sondern einen gesunden Zorn der Sorte von Kümmernis vorziehen, die wir alle in uns haben und die uns allen so gar nicht frommt.
Seid beide tausend Mal geherzt

von immer Eurer treuen:
E. M.

Hermann Kesten an L. M. Rom
14. Mai 1959

Lieber Marcuse,
ich glaube, ich habe Ihnen auf Ihren letzten Brief noch nicht geantwortet. Wir waren auch gar zu sehr erschrocken über Ihren Kampf mit den kalifornischen Elementen. Wie schreckensvoll kann mitunter unser teurer amerikanischer Kontinent sein!
Wir hoffen sehr, Sascha und Sie haben sich davon erholt. Wie steht es nun mit Ihren Reiseplänen? Kommen Sie dieses Jahr nach Deutschland und dürfen wir eventuell hoffen, Sie auf dem Internationalen PEN-Kongreß in Frankfurt zu sehen?
Ich danke Ihnen für Ihr Bändchen *Amerikanisches Philosophieren,* das ich sogleich mit dem größten Vergnügen gelesen habe. Es ist ein wunderbar gescheites und gesundrichtiges Buch und keiner in Deutschland hätte es wie Sie schreiben können. Ich wünsche Ihnen alles Gute und viel Erfolg dazu.

Schreiben Sie mir bitte gleich, ob Sie Ihren Schreck mit dem Haus überwunden haben und wie es Sascha und Ihnen geht. Toni und ich grüßen Sascha und Sie sehr herzlichst,

stets Ihr alter
Hermann Kesten

P.S. Haben Sie inzwischen mein Buch *Dichter im Café* erhalten?

An Hermann Kesten

Los Angeles
21. 5. 1959

Lieber:
herzlichsten Dank für Ihren Brief.
Ja, *Dichter im Café* kam vor etwa 10 Tagen hier an (per Fuß, das heißt nach langer Reise). Aber schon vorher hatte ich Ihre Aufforderung erhalten, daß ich mit-rauschen sollte, schrieb sofort an die ›Zeit‹, die mir abschrieb, weil man das Buch schon vergeben hatte. Ich las auch schon eine gute Besprechung.
Inzwischen begann ich die Lektüre, auf die ich mich schon solange gefreut hatte; denn alles Kestensche macht mir Vergnügen. Wenn ich noch nicht zu Ende bin, liegt das nur daran, daß ich zuviel lernen muß; im englischen Kapitel ging es mit Bummelzug, weil ich elend wenig über englische Literatur weiß und Sie so auch als Nachhol-Stunde benutzte. Auch. Denn vor allem amüsieren Sie mich ganz enorm, ein seltenes Ereignis. Bei manchen Sätzen schreie ich Hurrah, da sitzen Sie direkt vor mir. Ich wünsche Ihnen schockweise so gute Kesten-Leser wie ich einer bin.
Meine Finanzen sind zerrüttet, soweit ein Mann wie ich überhaupt von »Finanzen« reden kann. Ich kann nicht weg: Prozeß, Rechtsanwälte, andere Unsicherheiten [...] aber ich hoffe, Ende des Jahres kann ich es einrichten, auf ein Jahr nach Europa zu kommen. Haben Sie nicht irgendwann irgendwo dann sechzigsten Geburtstag? Wenn Sie mir einen anständigen Kinderge-

burtstag versprechen, mit viel Süßigkeiten und nicht allzuviel öden »Kollegen« [...] dann melde ich mich schon heute an. Bis dahin ... viele gute Stunden für Sie und Toni wünschen Ihnen Sascha und Ihr treuer Leser und Freund

Marcuse

Hermann Kesten an L. M.

Rom
9. Juni 1959

Lieber Freund Marcuse,
vielen Dank für Ihren Brief vom 21. Mai und für Ihre Bemühung in der ›Zeit‹. Ich danke Ihnen auch für die herzlichen Worte, die Sie mir zu meinem *Dichter im Café* schrieben. Es tut mir schrecklich leid, daß Californien nach vielen freundlichen Jahren Ihnen plötzlich auch seine Tücken bewiesen hat. Ich leide auch darunter, nicht nur als mitfühlender Freund, sondern als alter Egoist, indem ich also Sascha und Sie in diesem Jahre wohl nicht sehen werde. Hoffen wir also auf 1960. Ich habe in der Tat am 28. Januar Geburtstag und bin so alt wie das Jahrhundert. Wenn Sie kommen, werden Sie sicherlich viel Kuchen, Kaffee, Schokolade und Liköre bekommen, so viel als Sie nur verzehren können.
Im Herbst erscheinen zwei neue Bücher von mir, bei Kiepenheuer & Witsch *Der Geist der Unruhe*, literaturpolitische Aufsätze von 1930–1959 und im Kindler Verlag, München, *Meine Freunde die Poeten*, mit 39 literarischen Porträts, darunter einem kleinen über Ludwig Marcuse. Hoffentlich haben Sie dem Kindler Verlag ein hübsches Photo von sich geschickt.
Mit den besten und den herzlichsten Grüßen von Toni und mir für Sascha und für Sie,

bin ich stets derselbe
Hermann Kesten

P.S. Über Ihr *Amerikanisches Philosophieren* höre ich von allen gescheiten Leuten viel Lob und auch ich bin entzückt von dem Buch.

An Hermann Kesten Los Angeles
28. 8. 1959

Lieber Kesten:
freue mich immer, wenn ich ein Briefchen von Ihnen erhalte. Habe gerade an Desch Knix und Gedichtchen für den alten Kesten abgeschickt. Wie geht's der jungen Toni? Wieso läßt man die Damen nicht auch ihre Jubiläen feiern? So wird die Differenz immer größer.
Schreibe dem Doktor Leonhardt wegen Ihrer Bücher. Hoffe, daß er sie mir schickt.
Will versuchen, sharp am 28. Januar zur Stelle zu sein. Nehme an, daß ich um den 20. in Deutschland ankomme. Bleibe in Europa mindestens ein Jahr. Habe gerade mit Paul List abgeschlossen, da es mit Rowohlt nicht mehr ging – wegen Grassi; der hat mir das *Amerikanische Philosophieren* einfach auf die frechste Weise zensuriert, ich war zu schwach, etwas zu unternehmen, da es zur Zeit unserer Haus-Katastrophe war. Wir haben es zu einem Spottpreis losgeschlagen – und die Versicherung zahlt nicht. Deshalb sind wir auch dies Jahr nicht fortgefahren. Ich arbeite an meinem Buch, das vielleicht *Bewölkte Vergangenheit* heißen wird, vielleicht *Auf eigene Faust. Erster und zweiter Teil* oder so ähnlich. Vielleicht gibt Ihnen ein Gott ein, zu sagen, was ich leide. Lassen Sie uns die letzte Strecke noch einander viel Gutes tun. Vor allem: auf daß wir viel zusammen lachen! (Weinen kann man allein: ich schlachte gerade den Frank Thiess ab, schmählicher Hamsun-Advokat.)
Für den uralten H. und die blutjunge T. alles Liebe von Sascha und Ihrem Marcuse

Hermann Kesten an L. M. Rom
21. Oktober 1959

Lieber Marcuse,
vielen Dank für Ihren Brief und alle Ihre freundschaftlichen Taten. Auf unser rendez-vous in München freue ich mich sehr,

wie übrigens auch auf Ihre Biographie. Wenn schon das zensurierte *Amerikanische Philosophieren* so gut geworden ist, um wieviel besser war also das unberührte Original. Was für ein Jammer, daß Californien nach so viel Freundlichkeit mit einmal so tückisch gegen Sie sich benommen hat.

Von Ihren beiden Titeln gefällt mir *Auf eigene Faust* viel besser als *Bewölkte Vergangenheit*, das heißt, der eine Titel gefällt mir und der andere nicht.

Lieber Freund, ich verspreche Ihnen, wenn wir nur erst zusammenkommen, von Herzen mit Ihnen zu lachen. Die Hauptsache freilich, wie meine Mama immer sagt, ist, daß man gesund bleibt. Auf Ihre Thiess Kritik bin ich neugierig. Es ist immer ein Vergnügen, Ihnen in der ›Zeit‹ zu begegnen, (letzthin in dem Artikel über Chruschtschow).

Mit den besten Wünschen für Ihr neues Buch und den herzlichsten Grüßen für Sascha und für Sie, von Toni und mir,

stets Ihr alter
Hermann Kesten

An Hermann Kesten Los Angeles
26. 10. 1959

Lieber Kesten:

das ahnen Sie ja nicht. Ich habe Ihren Brief buchstäblich aufgerissen. Jetzt bin ich beruhigt.

Es war nämlich so. Desch (Mundt) bat um einen Artikel zu Ihrem Geburtstag. Ich schrieb ihn. Darauf kam ein sehr seltsamer Brief zurück. Ich dachte: was habe ich bloß geschrieben? Sollte ich schon wieder irgendetwas angestellt haben? So war mir Ihr Brief eine Beruhigung. Also nur Hirngespinste.

Die Thiess-Kritik? Erschien im ›Rundfunk‹. Liegt bei der ›Zeit‹ schon seit Wochen. Wie gesagt, das Mißtrauen ist bei mir schnell da.

Meine Hauptschwierigkeit im Moment: wieweit kann man sich

selbst heruntermachen, ohne als eitel zu gelten? – Kesten-Bücher sind noch nicht angekommen.
Meine Großmutter hat immer gesagt: nur gesund und »kotscheg«(?) reich. Was das Wort in Anführungsstrichen bedeutet, weiß ich nicht. Eher, was es mit dem Reichtum auf sich hat. Den haben immer die Andern gehabt.
Deshalb eben müssen wir lachen. Reiche Leute haben das nicht nötig. Wir freuen uns beide auf Sie.
Auf gutes Wiedersehen Ihr älterer Marcuse

Hermann Kesten an L. M. Rom
12. Dezember 1959

Lieber Marcuse,
schönsten Dank für Ihren lieben Brief. Ich bin sehr gespannt auf Ihre Besprechung vom *Geist der Unruhe.* Meine Skizze von Ihnen in *Meine Freunde die Poeten* ist eine Erweiterung meines kleinen Artikels zu ihrem Geburtstag und von nun an will ich, wie ich es auch mit meinen anderen Aufsätzen in *Meine Freunde die Poeten* getan habe, ihn von Auflage zu Auflage erweitern. Desch hat meine Geburtstagsparty auf den 15. Februar verschoben, da die Stadt München mich am 16. Februar für eine Lesung im Cuvilliés-Theater eingeladen hat, ich am 17. Februar in Nürnberg, am 19. Februar in Kassel lesen werde, und Desch mir ersparen wollte, daß ich in kurzer Zeit zweimal nach Deutschland fahren müßte. Ich hoffe, Sie werden also Mitte Februar noch in München sein, damit wir uns wirklich treffen und ich Sie zu vielem Kuchen einladen kann.
Ich kann mir vorstellen, wie viele Mühe Sie der Aufbruch kostet. Wenn unsereins eine Reise tut, so ist es stets als wollte man einen ganzen Wald umpflanzen.
Toni und ich wünschen Sascha und Ihnen sehr schöne Weihnachtstage und ein gesundes und heiteres Neues Jahr,

stets Ihr alter
Hermann Kesten

Hermann Kesten an L. M.

Rom
27. Januar 1960

Lieber Freund Marcuse,
verschiedene Dichter wie Erich Kästner und Wolfgang Weyrauch erzählten mir, Sie seien schon in München angelangt. Leider weiß ich noch nicht Ihre Adresse und schreibe Ihnen daher zuhänden von Szczesny, dem Ungläubigen!
Ich erhielt a) mein *Buch der Freunde*
b) die Hamburger ›Zeit‹
und finde hier wie dort im Chor der Gratulanten und Rezensenten meinen lieben teuren alten vortrefflichen Freund Ludwig Marcuse.
Wie trefflich haben Sie beide Male geschrieben, wie von Herzen zum Herzen, wie freundschaftlich. Wenn ich denke, welch ein strenger Kritiker Sie einstmals waren, und zuweilen auch heute sind, komme ich mir vor wie nach dem Ritt über den Bodensee. Es ist wahr: Es war Streit auf den ersten Blick. Aber es wurde eine gute herzwärmende so rundverläßliche Freundschaft mit den Jahren, und obendrein gefallen Sie mir mit den Jahren immer besser. Sascha freilich gefiel mir auf den ersten Blick, da bedurfte es keiner Prozesse und Verwandlungen, keiner Kafkaschen Entwicklungen.
Lieber Freund, also Dank für den Beitrag im Freundesbuch und Dank für die Kritik in der ›Zeit‹ [...]
Mit den herzlichsten Grüßen für Euch beide von uns beiden

stets Ihr alter
Hermann Kesten

An von Hofes

Bad Wiessee
4. IV. 1960

Lieber:
[...]
Da ich nun über die Lady Chatterley schreibe: was genau ist cunt? Im Buch wird der Unterschied gemacht zwischen cunt und

fuck. Ist cunt auch ein Verb? Oder nur ein Substantiv? Wie würden Sie es deutsch übersetzen?
Immer weiter Probleme mit dem Buch. Der Verlag möchte nicht gern die Seiten aus dem Tagebuch meiner Schwester. – Mein Freund Szczesny möchte nicht gern mein Nachwort: *An den nicht geneigten Leser.* Sagt: der Leser hat für solche scharfe Selbst-Kritik meines Buches und meines Lebens kein Verständnis.
Alles Liebe, für Euch alle Vier — Eure Sascha und Marcuse

An von Hofes — Frankfurt
30. 4. 1960

Meine lieben Beverly Hillser:
Als wir gestern bei Horkheimer schwelgten (der Mann hat einen Wein-Bestand, daß Ihnen die Augen übergehen würden), sagte Sascha (zu Beginn eines hinreißenden Mosel, von dem sogar ich zwei Gläser trank): das erste Glas auf die von Hofes und ihr neues Heim. Ja, es war der 29. April. Auf daß Ihr so gute Tage habt, wie wir sie Euch wünschen! –
Tübingen hat mich herausgerissen. Der Kultusminister hat mir alles zur Verfügung gestellt, wenn immer ich es brauche, und Sascha Oper und Theater, wenn immer sie nach Stuttgart kommt. Anwesend unter anderen: Kasack, Kreuder, Spranger, Bergengruen, Martini, Gadamer, Edschmid etc. etc. Ich habe mich über meine Verhältnisse sofort in die Diskussion gestürzt ... und die Zeitungen schreiben vom Temperament des Gastes aus Kalifornien. Tatsächlich bin ich viel besser, aber mit gedämpftem Trommelklang immer noch. Der Arzt verspricht sich viel vom Taunus, wir ziehen morgen hin.
Die Leute von der Universität: zu allem bereit. Ich fange erst am 9. Mai an. Man kann hier machen, was man will. Der Dekan sagte zu mir: man kennt Sie in dieser Stadt, wie ich herausfand. Das ist wichtiger als die Leistung. Immer dasselbe. Materiell: schlecht. 1800 DM minus 300 DM Steuern – und 700 DM Miete. Man

versucht, mir in dieser Beziehung noch entgegenzukommen. Aber das Bürokratische. Wird man einen Dreh finden? Die Universität, das Theater und der Rundfunk haben für uns Wohnung gesucht. Daran könnt Ihr ermessen, was für eine Not noch in Deutschland ist. –

Kalt. Seit 100 Jahren der kälteste 29. April. Überall, wo ich hinkomme, ist es seit 100 Jahren besonders schlimm.

Heute Abend zu einem Eliot. Langweile mich schon im voraus.

Lese nur unanständige Romane, weil ich Ende Mai hier ein Rundfunk-Dreigespräch habe über das »Obscöne«. Meine These: man soll Pornographie auch dann nicht verbieten, wenn sie *nicht* künstlerisch gestaltet ist. Weshalb den armen Leuten ihr Vergnügen nehmen? Niemand kann soviel vögeln, wie er möchte. Da ist ein Ersatz ganz wichtig. Das werde ich sagen. Lese die Rochfort, Henry Miller – das Wort Penis ist mir geläufiger als Brot.

Bin immer noch sehr verängstigt. Traue mir nichts zu. Hoffentlich erhole ich mich bald. Dann werden auch meine Briefe wieder ergiebiger werden.

Hoffe, daß Euer Chaos sich (wenn auch langsam) in eine gemütliche Ordnung verwandelt.

In unserer Phantasie sind wir bei Euch.

Herzlichst
Sascha und Marcuse

An von Hofe und Waterman Oberreifenberg (Taunus)
11. V. 1960

Lieber Hofe, lieber Waterman:
dieser Brief ist für Sie beide bestimmt, weil er Sie gleich interessiert.

Zuerst: der Rowohlt Verlag hat meine *Heine*-Autoren-Exemplare an die Universität geschickt. Bitte nehmen Sie sich jeder ein Bändchen und geben Sie eins an Studenten (das heißt: jedem eins, soweit Sie es für richtig halten. Kleine Auswahl). Wie gesagt: es ist nur ein kleiner Ausschnitt aus meinem großen Buch, neu ist nur der Abschnitt *Armer Subjektivling* und daneben eine Reihe von Zitaten. Ich liebe die ganze Reihe nicht. Hier steht es in jeder Buchhandlung; mir ist dabei nicht wohl, weil es so die Ausgabe von 1951, die vergriffen ist, begrenzt. Dankbar wäre ich, wenn 1 Exemplar geschickt würde:

an Dr. Wolff
die Feuchtwangerin
Exner
Townsend ... vielleicht

fällt mir noch jemand ein; nicht wichtig.

Vorgestern war meine Vorlesung, gestern mein Seminar. Vorlesung: etwa 250 Leute; sehr viel für ein Thema (Heine), das hier mehr oder weniger unbekannt ist. Alle Heine Ausgaben der letzten Jahre waren ein flop.

Ich begann mit der Geschichte der Heine Denkmäler, schilderte das als (kleine) Vorgeschichte des Jahres 1933. Schilderte auch den heutigen Zustand, wo man sich selbst in Israel weigert, eine Straße nach ihm zu nennen. Ich las nur das tollste Anti-Hohenzollern-Gedicht vor: *Schloß-Legende;* die Studenten wieherten ununterbrochen. Nahmen das Ganze für einen Jux, der ihnen sehr gefallen hat. Ahnungslose Engel.

Wunderschöner Hörsaal. Amphitheatralisch ansteigend. Keine Fenster. Luft-gekühlt. Wunderbares indirektes Licht. Sonst aber ist alles mehr als ärmlich. Obwohl Frankfurt in diesem Semester 10000 Studenten hat.

Seminar: 30. Ganz enorm für ein Thema, das nun wirklich völlig unbekannt ist. Nette Jungens und Mädchen. Sehr bereit, zu arbeiten. Habe einen Assistenten, der mir auch unter die Arme greift in der wirklich fast unlösbaren Bibliographie Frage. Fast nichts vorhanden. Ich lasse in Eile aus dem Osten anschaffen. Habe mich auch mit dem westlichen Verleger in Verbindung gesetzt, der ja gerade erst damit begonnen hat. Habe mir die Besprechungen der letzten Jahre zuschicken lassen. Ärmlich.

Alles ebenso flau wie bei uns. Alles zersplittert, Riesen-Betrieb, in welchem der Eine vom andern nicht weiß. Sehr angenehm für mich; dadurch fällt meine Abwesenheit nicht auf. Meine Haupt-Beziehung zur Universität: Jeden Tag erhalte ich Briefe mit Trauerrand: irgendein Dozent ist gestorben. Habe gestern 12 Referate vergeben; behalte mir vor, was ich im Seminar lesen lassen werde.

Herzlichst Ihr
Marcuse

Sascha Marcuse an Robert Neumann Oberreifenberg (Taunus)
6. 7. 1960

Lieber Herr Neumann!
Ich danke Ihnen sehr für Ihren Brief. Ich bin gut trainiert und weiß, daß man nur bis zu einer gewissen Grenze bitten kann. Allerdings gebe ich es nicht auf. Ich hoffe, daß wir im August auf eine Woche hinüberkommen werden ... und dann versuche ich es eben noch einmal.
Ihre Dokumenten-Sammlung konnten wir dem Rektor (der kein Jude, Professor für Geschichte der Naturwissenschaften, fließend hebräisch schreibt) am Sonntag erst ankündigen, da sich ein anderer Ausleiher noch nicht trennen konnte. Aber ich habe es heute per Post abgeschickt.
M. hätte sehr gerne, falls Sie reichlich Exemplare haben, daß Sie es an Professor Harold von Hofe (gebürtiger Amerikaner, leidenschaftlich pro-jüdisch, wie Sie aus M's Buch sehen werden) senden. M. wird ihn dann in einem Brief darum bitten, daß er es kursieren und auch die Studenten lesen läßt. Aber, wie gesagt, nur, wenn Sie genug Exemplare haben. Sie haben es doch Manfred George, ›Aufbau‹ New York 23,2121 Broadway geschickt? Falls Sie ihn nicht kennen, schreiben Sie, wenn Sie wollen, auf Veranlassung von M.
M's Buch liegt bereits in einem Leseexemplar vor. Ich habe den Paul List Verlag, dem ich heute sowieso schreiben mußte, gebe-

ten, Ihnen ein solches Exemplar zu senden. Dann brauchen Sie auf die (mit Recht vermißten) Namen nicht mehr zu warten. Auf gutes Wiedersehen freuen wir uns beide.
Herzliche Grüße auch von M

Ihre
Sascha Marcuse

Sascha Marcuse an Robert Neumann Oberreifenberg (Taunus)
22. 7. 1960

Lieber Herr Neumann!
Obwohl es Sie nichts angeht, möchte ich Sie doch (auf Bitten des Verlags) darauf hinweisen, daß das Leseexemplar, welches ich nur in wenigen Exemplaren verschickt habe, als Manuskript zu betrachten ist. Der Verlag schreibt, er hätte bereits Ärger. Das hat mit Ihnen natürlich nichts zu tun. Aber ich fühle mich verpflichtet, weil M noch einige kleine Korrekturen vorgenommen hat. So hat er auf Seite 350, wo buchstäblich Ihre Frage auftauchte, noch hineingequetscht: (Nachwort: vgl. Robert Neumanns Antwort 1960). Da er den Titel nicht mehr auswendig wußte, der Brief mit den Korrekturen aber sofort abgehen mußte, konnte er den Titel nicht citieren.
Übrigens: der Rektor hat mir Ihre Schrift zurückgegeben mit dem Bemerken, er wollte sie sich kaufen, aber der Buchhändler sagte ihm: sie sei noch nicht heraus. Und in der »Bücherstube«, in der M kürzlich vorgelesen hat, wußte man auch nichts davon. Dies, um Sie aufmerksam zu machen, wie wenig man dafür tut. In der nächsten Woche entscheidet sich, wie lange wir noch hierbleiben.
Mit bestem Gruß, auch von M. Und auf ein Wiedersehen!

Ihre
Sascha Marcuse

An Robert Neumann 29. 7. 1960

Lieber Herr Neumann:
ich antworte für uns beide. Wir haben uns sehr gefreut. Ihr Lob wirkt sänftigend auf mein immer allzu aufgeregtes Gemüt. Ich gehöre zu den unglücklichen Wesen, die nach Vollendung eines Manuskripts nachts aufschrecken: jene Seite hätte ich wirklich besser machen können. Dann werde ich an Sie denken und mich beruhigen: vielleicht ist sie doch nicht so unzulänglich.
Ja, über Sanary werden wir noch lachen. Glauben Sie nicht, daß das eine ganz hübsche Groteske ist: wie ich vielleicht meinen Privat-Neumann aufgebaut hatte und Sie Ihren Privat-Marcuse? Dieses Thema interessiert mich ganz enorm: inklusive der Privat-Ideologien und Privat-Utopien.
Inzwischen ist es etwas ungewiß geworden, ob wir im August ins Tessin kommen oder erst Ende September oder Anfang Oktober. Möglich ist auch, daß wir zur Zeit Ihres Frankfurter Aufenthalts auf wenige Tage hier sein werden. Ich würde Sie dann gerne mit dem obersten Richter des Landes Hessen zusammenbringen, einem alten Sozialdemokraten, der, wie er mir sagte, ein gewaltiges Material über die nazistische Jurisprudenz hat, inklusive der immer noch Aktiven.
Vom ersten September an werden wir für den Herbst und einen Teil des Winters unser Hauptquartier in München haben. Jedenfalls schreiben wir Ihnen um den 15. August spätestens, was unsere Pläne sind. Ich habe auch etwas Hemmung, im August zu reisen, weil ich unter allen Umständen zwei sehr schöne und komfortable Zimmer brauche. Es ist eine gewaltige Plackerei, sowas zu finden.
Ich sage nicht auf Wiedersehen, sondern auf ein gutes Zum-ersten-Mal-sehen. Darauf freuen sich Sascha und

Ihr Marcuse.

An Hermann Kesten 21. 8. 1960

Lieber Kesten,
kommen Sie im September zur PEN Tagung? Ich habe die Absicht, hinzufahren, weil ich dann sowieso auf dem Wege von München nach Berlin bin – mache es aber sehr davon abhängig, wen ich in Darmstadt treffe.
Nummer II. Wann kommt Ihre Schickele Ausgabe heraus? Ich würde es gern zeitig wissen.
Nummer III. In den ersten September-Wochen erhalten Sie mein neues Buch. Und da bitte ich Sie um Schützen-Hilfe, falls es Ihnen möglich ist. Eine Besprechung wäre natürlich auch ganz großartig. Aber darauf will ich garnicht hinaus. Deutlich gesagt: mein Erb- und Erz-Feind ist Kurt Hiller. Da er seltsamerweise in der ›Neuen Zürcher Zeitung‹ hochangesehen ist, fürchte ich, daß er (oder einer seiner Stellvertreter) dort etwas gegen mich lanciert. Das ist um so mehr möglich, weil ein dortiger Redakteur, Hansres Jacobi, mir grollt, seitdem ich ihm einmal (ahnungslos) seine Doktor-Arbeit gefährdet habe (Geschichte amüsant für ein Gespräch). Meine Bitte (falls erfüllbar) geht nun nicht soweit, daß Sie in der ›Neuen Zürcher Zeitung‹ schreiben, aber daß Sie sich dort mein Buch reservieren lassen, so daß Hiller–Hansres Jacobi nichts Unfugiges machen können. Schlechte Kritiken gehören zum Beruf; ich habe nicht die geringste Angst davor. Aber Hiller ist der gefährlichste aller Intriganten.
Hoffentlich fühlen Sie sich nicht durch die Bitte belastet. Damit wir uns nicht mißverstehen, wir bleiben auch Freunde, wenn Sie die nächsten 50 Jahre nicht über mich schreiben – oder höchst kritisch. Ich wende mich an Sie nur *als Sekundant* gegen einen Übeltäter. – Wir brechen hier am 29. 8. ab und wohnen die nächsten 3 Wochen dann bei dem auf Urlaub faulenzenden Szczesny: München 9, Vollmarstraße 10. Ist die Ewige Stadt auch so ewig verregnet wie dieses garnicht ewige Deutschland? Wir hatten einen elenden Sommer ... weshalb ich auch nach Schluß des Semesters hier sitzen geblieben bin.

Hoffentlich auf gutes Wiedersehn mit Ihnen und Toni im September

herzlichst
Ihre Sascha und Marcuse

Hermann Kesten an L. M.

Rom
9. Sept. 1960

Lieber Freund Marcuse,
ich erhalte Ihren Brief vom 21. VIII. mit so großer Verspätung hier auf Korfu nachgesandt, und ich beeile mich Ihnen gleich zu antworten. Wir waren sechs Wochen in Griechenland, und schwebten zwischen den Göttern Griechenlands und häufigen Dysenterien.
Im September komme ich nicht nach Darmstadt zum PEN, leider, da ich erst am 14. September von Griechenland nach Rom heimkomme, und Toni, die von hier nach Tel Aviv zu ihrer Mutter gefahren ist, auch gerade am 23. September heimkommt und sich gewünscht hat, von mir empfangen zu werden. Von sentimentalen Gründen abgesehen, habe ich in Rom unendlich viel Arbeit nachzuholen. Es tut mir von Herzen leid, daß ich Sie und Sascha nicht sehn soll in Darmstadt. 2) Meine Schickele Ausgabe ist im Druck und soll im Herbst erscheinen. Wann, das wissen vielleicht Witsch, vielleicht die Götter, ich sicherlich nicht. Am besten fragen Sie den Dr. Witsch selber an, bei Kiepenheuer & Witsch, Köln-Marienburg, Rondorferstraße 5.
3) Auf Ihre Autobiographie freue ich mich, ich schrieb bereits an Dr. Werner Weber, ich möchte Ihr Buch für die ›Neue Zürcher Zeitung‹ besprechen und bat um Antwort. Ich werde auch an die ›Süddeutsche Zeitung‹ wegen eines Referats schreiben. Was Dr. Weber von der NZZ betrifft, so antwortet er manchmal, aber nicht immer. Natürlich werde ich über Ihr Buch alles schreiben, was ich für treffend halte, aber ich las schon so viele Auszüge daraus in so vielen Zeitungen mit so vielem Vergnügen, daß ich mir nicht denken kann, daß mir das Ganze weniger gefallen sollte als die Teile.

Griechenland ist ein sehr schönes Land, bisher kannte ich nur Athen. Ich war nur zu kurz da, sechs oder sieben Wochen.
Ich las mit Vergnügen in der ›Zeit‹ die schöne Ankündigung Ihres Buchs.
Herzlichst grüßt Freund und Leser Hermann Kesten

An Harold von Hofe München
17. X. 1960

Sehr geehrter Herr Professor:
Mein Name ist Ludwig Marcuse, geboren 94 zu Berlin, jüdischer Abstammung, auch sonst noch einige schwierige Geburtsfehler, vielleicht werden Sie sich flüchtig an meinen Aufenthalt in Los Angeles erinnern. Um mich bei Ihnen einzuschmeicheln, sende ich die letzte Kritik zu, die ich über mein Buch gelesen habe. Ich will eigentlich nichts von Ihnen und werde wahrscheinlich nicht wieder nach L. A. zurückkehren, da ich dort völlig vergessen bin.
Trotzdem möchte ich einiges über meine letzten Wochen berichten. Darmstadt (PEN), dann Berlin. An vierzehn Abenden dreizehn Mal Theater, weil ich an einem Abend selbst (in der Akademie) auftreten mußte. Im Gegensatz zu L. A. kümmerte sich der Generalsekretär, der mindestens so fein wie von Hofe ist (er heißt Freiherr von ... nein: Dr. phil. Herbert Freiherr Treusch von Buttlar-Brandenfels) sehr um mich – und versprach mir goldene Berge, wenn ich nach Berlin übersiedle.
Seit unserer Rückkehr wohnen wir in der Wohnung des Producers der ›Brücke‹ – und haben Sauwetter, nachdem in Berlin 2 Wochen lang täglich die Sonne schien. Auch waren wir einmal per Bus im Osten und durften im Treptower Park »Mütterchen Rußland« bewundern.
Die nächsten Wochen sind voll von Reisen nach Darmstadt, Stuttgart, eventuell Düsseldorf, Köln ... so um Mitte Dezember herum hört der ganze Schwindel auf. Dann geht's an's Kassieren. Wie voll die Kasse sein wird, ist noch nicht zu übersehen.

Bitte, sehr verehrter Herr Professor, grüßen Sie auch die gnädige Familie von meiner Gattin und Ihrem sehr fernen,

Marcuse

An Harold von Hofe 18. X. 1960

Lieber:
kaum ist der Brief an Sie weg, muß ich noch einmal schreiben. Ich bitte Sie aber recht herzlich, diesen Brief vertraulich zu behandeln – und möglichst nach Lektüre sofort zu zerreißen. Denn ich möchte wirklich keine schlechte Stimmung haben, wenn ich nach L. A. zurückkomme.
W. hat mir heute meine Schedule für das Frühjahr zugeschickt. Ich verstehe nicht, weshalb er nicht soviel Zeit aufbringen konnte, um mit mir darüber vorher zu korrespondieren. Es ist eine Verschlechterung gegenüber dem, was ich in den letzten Jahren hatte: dreimal wöchentlich anstatt zweimal. Wir hatten immer dreistündige Kollegs von mir einmal wöchentlich gemacht – weshalb geht das nun jetzt nicht?
Außerdem hatten wir beide (Hofe und ich) doch besprochen, daß ich ein Seminar über moderne deutsche Literatur mache – parallel zu einer Vorlesung von Ihnen. Weshalb ist das geändert worden? Hätte es wirklich zuviel Arbeit gemacht, mir die Möglichkeit zu geben, Vorschläge zu machen? Bitte ärgern Sie sich über den Brief nicht! *Wenn ich unrecht habe, vergessen Sie meine Beschwerde sofort.* Ich hatte geglaubt, daß wir sehr viele graduates haben. Nach meiner Schedule habe ich nicht den Eindruck. Falls Sie es nicht gesehen haben:

(3) German Drama and Theater	MWF	3:15.
(3) Contemporary G. Literature Novel	MWF	2:15.
(3) Romanticism	W	4:15.

Herzlichst Ihr
Marcuse

An Harold von Hofe 6. 12. 1960

Lieber:

Santa Monica! In der Nähe unserer früheren Wohnung, ähnliches Appartment, nur etwas mehr Nebengelaß für Sascha.

Michael Mann. Jüngster Sohn Thomas Mann, der Musiker. Macht seine germanistische Doktorarbeit in Harvard. Heine als Musik-Kritiker. Waren letztes Wochenende in Zürich. Katja Mann hat mir manches erzählt. Vielleicht sollten wir uns darüber unterhalten, wenn ich zurückkomme. Würde gerne Assistant professorship bei uns haben. Würde vielleicht zunächst auch professorship nehmen.

Bin Erikas wegen gefahren. War sehr, sehr krank. Liegt seit 10 Wochen im Hospital. Wird noch lange liegen müssen. Komplizierter Beinbruch. Furchtbar, weil bei ihr aus Mangel an Kalk diese Dinge kaum heilen. Hatte Trombose, Emboli ... Geht im Moment viel besser, wenn man es in dieser Situation so nennen kann. Lebhaft wie immer. Hielt mir einen 2 Stunden Vortrag über mein Buch. Schwerster Vorwurf (vertraulich): Klaus kommt nicht vor. Aber sehr, sehr freundschaftlich.

Erster Verriß: aus Israel. Wegen meines Israel Abschnitts.

Den Mann in der ›Zeit‹ kenne ich nicht. Hat gerade hier eine Prosa-Anthologie herausgegeben. Soll ein Mann sein aus Polen, der sich immer mit deutscher Literatur beschäftigt hat. Ist vor 5 Jahren, wie man mir sagt, aus Polen geflohen. –

Eben große Kritik in einem holländischen Blatt: unter der Überschrift *Der Löwe von Juda*. Gute Kritiken gibt es eine Menge – aber ob sie etwas ausrichten werden, soll sich erst zeigen. Die *Chatterley* kann ich natürlich nicht einholen. Obwohl sie DM 22 kostet, 102 Tausend. Sehen Sie, mein Lieber, das ist Erfolg. Alles Liebe für die ganzen lieben Hofes

Ihre Sascha und Marcuse

An Erika Mann

München
Sonnabend (12. 12. 60)

Erikissima:
heute vor einer Woche, genau um diese Zeit, waren wir bei Dir – und hatten Gelegenheit, eine neue Begabung bei Dir festzustellen (ich hätte gerne darauf verzichtet): daß Du auch ein erstklassiger Patient bist. Bei Dir ist eine jüdische Krankenschwester unmöglich; Du brichst einem nicht das Herz. Ja, als wir zurückfuhren, fragten wir uns, ob es anständig war, daß wir uns bei Dir so wohlgefühlt haben. Ganz genau und im vollen Ernst: man geniert sich eigentlich, daß Du einen in so gute Stimmung bringst. Du nährst sehr die Selbstsucht Deiner Mitmenschen. Hoffentlich ist es bald so weit, daß man auch ohne schlechtes Gewissen in Deiner Gesellschaft lustig sein kann.
Mein Sünden-Register liegt im Schrank, wartet auf eine neue Auflage; ich bin recht sachlich: überlege mir ganz distanziert, wo Du recht hast und wo nicht. Wenn die Trompete des Jüngsten Gerichts erklingt, werde ich immer noch sagen: was die Stelle »Thomas Mann-Maurras« betrifft, hat Erika unrecht. Abgesehen davon, daß sie sehr recht hat, daß ich bisweilen recht steifleinern bin und nicht so freundlich, wie ich sein möchte. Haupt-Einwand Deinerseits, der berechtigt ist. Nun: Hauptsache: Du hast alles gelesen, voraussetzend, wie ich zu Dir und den Manns stehe. Mir fällt ein, daß mir eine Scheu mein Leben lang verboten hat, näher auf Th. M. einzugehen. Zu analysieren! Aber mache es Dir nicht zu leicht. Weißt Du: Nietzsche sagte einmal: Du sollst großen Männern aus dem Wege gehen! Ich weiß nicht ganz genau, wie er das meinte. Ich weiß nicht ganz genau, wie ich das anwandte. Aber irgendwo in dieser Gegend liegt der Schlüssel.
Ich wünschte, ich läse erst Deine Th.M.Biographie. Das Einzige, worum ich bäte: ein bißchen mehr Zärtlichkeit für die *Betrachtungen.*
In einem Punkt bin ich unzugänglich: er hat nie wieder so aus dem Vollen und so aus dem Th. M.'schen über Politik geschrie-

ben. Später: nur aus Anständigkeit. Ich darf mich doch so abgekürzt ausdrücken. Weshalb gehe ich eigentlich darauf hier ein. Vielleicht ist es der geheime Wunsch, Dich in diesem einen Punkt zu beeinflussen. [...]
Alles Liebe, die herzlichsten Grüße an Deine Mutter von Sascha
und Deinem treuen
Marcuse

An Harold von Hofe 21. XII. 1960

Lieber:
[...]
Nach wie vor: viele, viele phantastische Kritiken. Das Buch gefällt wirklich; es schreiben eine Menge Dreißigjähriger in den Blättern, die ich nicht einmal den Namen nach kenne. Aber: der materielle Erfolg ist zwar gut – aber nicht überwältigend. Der Unterschied zwischen den ganz großen Erfolgen (*Chatterley*), den großen (Alma Mahler Werfel), die nicht ernst genommen – aber enorm gekauft wird, und selbst einem so beträchtlichen Erfolg wie meinem Buch ist enorm. Die Buchhändler schreiben in den Zeitungen von mir: das meist verlangte Buch, Kritiker bei Umfragen: das Buch, das man lesen soll ... und trotzdem nicht mehr als 5–7 Tausend. Allerdings: nach 3 Monaten. Aber Sie wissen, welche Rolle Weihnachten spielt.
Im Januar noch viel zu tun. Wünsche der ganzen Hofe-Familie gute Weihnachten und ein sehr, sehr gutes Jahr. Auch im Namen von Sascha, die schon die Abreise vorbereitet.
Auf gesundes Wiedersehen immer Ihr
Marcuse

P. S. Sollte *Marx-Heine* noch nicht abgegangen sein, legen Sie bitte meinen langen Heine-Jubiläumsartikel im ›Aufbau‹ bei. Andernfalls: keine extra Umstände.
[...]

Hermann Kesten an L. M. Rom

19. III. 1961

Lieber Marcuse,

vielen Dank für Ihren Brief vom 27. 2. 1961. Ich bin keineswegs verärgert. Dagegen erwarte ich mit Geduld oder Ungeduld die Ankunft meines von Ihnen annotierten Buchs mit vier Romanen, und bin sehr neugierig darauf, was Sie darüber schreiben werden (auch wann? freilich!)

Ich bin betrübt, daß Sie so viele Unruhen mit Ihrem Umzug hatten, das ausgeraubte Auto wird mir nicht passieren können, denn ich besaß nie ein Auto, dagegen sehe ich gleichfalls mit einiger Unruhe unserem Umzug nach Amerika entgegen. Wir wollen Ende Mai 1962 in New York eintreffen, und sind sehr gespannt, wie uns der alte neue Kontinent gefallen wird. Natürlich gefällt mir schon jetzt der Kennedy besser als der Eisenhower. Ich hatte ein altes Vorurteil gegen Generäle.

Ich weiß gar nicht, was ich mit meinen vielen Büchern machen soll, wenn ich nach New York zurückgehe, für eine Weile. Alles hier wegwerfen? Schon meine eigenen Bücher machen mir Kummer, die Belegexemplare, die man doch immer braucht. Und was kostet eine möblierte kleine Wohnung in New York? Sicherlich ein Vermögen. Und wird mir wieder alle drei Tage was ins Auge fallen? Kurz nach neun bis zehn Jahren in Europa bin ich sozusagen amerikamüde geworden.

Nicht daß es mich nach Deutschland zöge! Ich werde von Jahr zu Jahr unduldsamer gegen unsere lieben guten Deutschen. Sie haben so wenig Fehler, außer daß sie Antisemiten sind, außer daß Globke unentbehrlich ist, außer daß die ganze Nation jetzt auf Emigranten hetzt. In allen Zeitungen lese ich das gleiche Wort wie zu Hitlers Zeiten: Emigrantenhetze!

Nun, wir müssen es ja nicht ewig in Deutschland aushalten. Mit Vergnügen las ich, daß Ihr Buch zeitweise auf der bestsellerliste stand. Bravo!

Ich schreibe fleißig an meinem neuen Roman, und lasse alles andere liegen. Nächste Woche muß ich eine halbe Stunde frei

italienisch sprechen, mir graut's schon jetzt davor, und zwar in der Buchhandlung von Einaudi, weil meine Dichter im Café italienisch bei Bompiani erschienen sind, ich soll mich selber vorstellen, mein Buch, also.
Schade, daß man nicht hundert wird. Ich würde leichthin noch eine fünfte Sprache lernen, wenn man mir noch eine kleine Emigration und weitere dreißig Jahre liefern würde.
Das geistige politische Klima in USA muß sich doch gebessert haben. Und worüber lesen Sie an Ihrer Universität? Und was schreiben Sie jetzt? Außer dem leidigen Aufsatz über Kestens Romane.
Eben traf ich zweimal Hegner hier, er ist 79 und weise geworden, er wollte mich überhaupt nicht mehr zum Katholizismus und zu Gott bekehren. Wird Ihr Buch auch in Amerika erscheinen? Ich meine die Autobiographie? Und wie geht es Sascha?
Toni und ich senden Euch beiden our love and our best greetings und die schönsten Wünsche, und wo werden wir uns also wiedersehn?

Herzlich stets Ihr alter
Hermann Kesten

An Hermann Kesten

Los Angeles
23. 3. 1961

Lieber Kesten:
der Bericht über Sie ist vor einer Woche an die ›Zeit‹ abgegangen. Sobald er dort gedruckt ist, will ich versuchen, ihn noch woanders anzubringen.
Es gefällt mir garnicht, daß Sie im Mai 62 herkommen. Dann bin ich wohl schon wieder auf dem Weg nach drüben. Ja, mein Problem ist: wo lebe ich am komfortabelsten? Nicht einmal die Nachbarn stören mich, wofern sie leise sind und nicht zu laut stinken. Über die USA kann ich Ihnen wenig sagen. Wir leben vis à vis von Japan, gucken aber nicht soweit, sondern begnügen uns damit, die Wirkung der untergehenden Sonne auf die Wolken zu beobachten. Mein gesellschaftliches Leben ist gleich null, da mir

Amerikaner zu anstrengend sind und Europäer zu sehr Wiegehabt.
Meine Bibliothek habe ich längst dezimiert. Bei der Gelegenheit: haben Sie von der Zeit, als Sie am *Casanova* schrieben, das ganze Material der Diskussion über Veröffentlichung und Nicht-Veröffentlichung oder sonst irgendwelche Trophäen aus dem heiligen Krieg ums Obscöne? Ich schreibe gerade einen moralischen Traktat, der Sie deshalb nicht zu erschrecken braucht (ich meine die profunden Worte), weil er ums Obscöne centriert ist. Haben Sie da gutes Material für mich? Ich würde es Ihnen wiedergeben, wenn immer Sie wollen.
Lieber Kesten: einer lernt mitnichten vom andern. Sonst würde ich Ihnen sagen: bleiben Sie in Italien und ernähren Sie sich – meinetwegen auch redlich. Leute über fünfzig (Sie sehen ich schmeichele mir noch mehr als Ihnen) sollen zu Hause bleiben. Werden Sie Italiener oder Katanganese oder was immer Sie wollen – aber zuckeln Sie nicht mehr hin und her. Das ist weder gut für die Bibliothek noch für die Eingeweide. Ich rede aus eigener böser Erfahrung. Reisen ist in demokratischen Zeiten eine Tortur, kostspielig, Zeit-tötend. Bleiben Sie in Rom.
Kümmern Sie sich auch nicht um Globke, außer wenn Ihnen gerade in einer Stunde der Kragen platzt. Schriftsteller haben schon genug Zores mit den Sätzen. Lernen Sie eine fünfte Sprache ... und sparen Sie die Zeit für unrentable Emotionen und Herumtreibereien in der viel zu weiten Welt. Eben habe ich einen Rundfunk-Vortrag Vive le roi geschrieben – eine höchst skeptische Huldigung an Kennedy. Weiter sollten wir's nie treiben. Jetzt erwarte ich eine Nachricht, daß Sie den schönsten Artikel auf Ihr Werk gelesen haben, die beste Stunde Ihres LEBENS DABEI GEHABT haben (aus lauter Respekt schreibt die Maschine plötzlich lauter große Buchstaben).
Wir wünschen Ihnen und Toni etwas Langeweile, weil ich sie auch uns wünsche, weil wir sie leider nicht haben.
Ihnen beiden alles Gute von Sascha und Ihrem weder deutschen noch kalifornischen Marcuse

An Gerhard Szczesny Los Angeles
6. IX. 1961

Lieber Sz:
[...]
Das Buch ist jetzt im Niedergang, wenn ich die Beendigung als sein natürliches Ende ansehe. Schwierig: bisweilen müssen Worte wie »ficken« etc. gedruckt werden. Das ist schrecklich billig. Aber andrerseits: ohne dem, ist es unsachlich. Ob es hilft »fuck« zu schreiben. Eine psychologische Frage. Nicht so plump? Was meinen Sie? Ich kann nicht um die unanständigen Worte herumkommen, die auch vor Gericht vorgelesen worden sind. Ich hasse die Niederschrift dieser Worte, weil es aussieht, als ob das Rosinen sein sollen. Haben Sie eine Idee?
[...]

Ihr splitterfasernackt schwitzender
Marcuse

An Gerhard Szczesny Beverly Hills
10. 2. 1962

Lieber Sz:

Dank für Ihren Brief. Schnelle, kurze Antwort.

1. Ein Mißverständnis. Bei Thomas und Heinrich Mann tauchen 2 Titel auf. Aber sie sind gedacht immer nur für *eine* Sendung. Zwei Titel habe ich genommen, weil die Stücke unbekannt, großartig, aber zu kurz für eine Sendung sind. Daher in einer Lesung: 2 Titel. – Die ersten zehn Titel haben Sie rechtzeitig dort.
2. Als »Marginalie« kommt, Ende des Monats, etwas: Zu Fritzi Massarys 80. Geburtstag. Sie feiert ihn in München (21. März). Ich glaube, daß meine »Marginalie« einen originalen Zentral-Gedanken hat, der noch nie zur Darstellung gebracht wurde. Außerdem habe ich Material, das unbekannt ist. Wir kommen im selben Flugzeug an. Ich fahre zwei Tage vorher nach New York, um dort einen Vortrag zu halten.

3. Wegen der Zweier-Gespräche. Wieviel Geld wird gezahlt? Ich frage nicht meinetwegen. Aber ich muß den Partnern etwas sagen.
   Ich denke an:
   1. meinen Freund, den Psychoanalytiker Hacker: Deutschland und Amerika in Bezug auf Freud-Theorie und Praxis.
   2. meinen Freund, Harold von Hofe, Kollege an meiner Universität: worin unterscheidet sich Henry Miller's Gesellschaftskritik von der übrigen amerikanischen. Unter Eingehen auf den momentanen tollen Prozeß *(Wendekreis des Krebses)*, bei welchem der populärste Professor unserer Universität als Zeuge dagegen auftrat. Möglichkeit zu farbiger Personen-Schilderung.
   3. Meine Freundin Victoria Wolff, die ein Buch über Alt-Los Angeles (Roman) geschrieben hat ... wobei eine Möglichkeit sich ergibt, über das alte und neue Venice, heute ein Zentrum der Beats (In Deutschland wird eine große Beat-Anthologie demnächst erscheinen.) zu sprechen.

Bitte *postwendend* eine Zeile: was halten Sie von den Themen? Wie steht es mit dem Geld? Sie brauchen nur wenige Zeilen zu diktieren, wenn Sie im Druck sind. Aber ich muß es schnell wissen, denn für mich drängen sich hier die Dinge, die noch vor der Abfahrt zu erledigen sind. Hoffe, um den ersten März herum mein Buch abzuschließen. Dann in Deutschland vielleicht noch zu schreiben: ein etwas längeres Nachwort.
Wie lange gehen Sie noch in den Funk?
Ich freue mich sehr auf Sie.

Herzlichst vom Tropen Regen in das bescheidene verregnete Land des Nicht-Lächelns

Ihr Marcuse

An Marcel Reich-Ranicki

Los Angeles
März 1962

Lieber Herr Marcel:
Sie sind im Unrecht. Es handelt sich nicht um die Hamburger Aufführung eines Stücks; wie hätte sonst ein Mann in London und einer in Santa Monica um Rat gefragt werden können? Es handelt sich darum: was hätte die Kritik gesagt, wenn das Stück von einem Emigranten gewesen wäre? Ich mache den Juroren nur *einen* Vorwurf, da ich Baumann überhaupt nicht kenne. Sie sollten ihnen *zwei* Vorwürfe machen. Außerdem, zwischen uns Brüdern, mir war das eine erwünschte Gelegenheit, den Deutschen zu zeigen, daß Sie den Hitler-Briefträger verdammen und von Gerhart Hauptmann bis Spranger (aber wir wollen dem alten Mann nicht seine letzten Tage verbittern!) bei der Elite drei Augen zudrücken. Ich bin froh, daß ich die Gelegenheit hatte. Leonhardts Artikel war mutiger als diese ewige Verteidigung von Brecht bis Maier. Die sind doch die Könige Westdeutschlands. Während zu Leonhardts Diatribe wirklich Mut gehört. (Ich meine natürlich nicht im Kreise der Soldaten-Zeitung). Über alles das sprechen wir hoffentlich bald mündlich. Ich freue mich darauf.

Herzlichst Ihr
Marcuse

Erika Mann an L. M.

Kilchberg
2. März 1962

My dear old horse, –
es steht ja alles zum Besten: wir beide sonnen uns auf dem hübschen, inmitten eines blauen Meeres gelegenen Felsen unseres Nichtangriffspaktes; Du fährst fort, Fürchterliches zu publizieren; ich fahre fort, gar nichts zu publizieren, und so bist und bleibst Du in dem unverschämten Vorteil, auf den Du von Anfang an ganz allgemein Anspruch erhoben hast.
Der Aufsatz von Klaus, von dem Du sprichst, war seine letzte

Arbeit, erschien im April, glaube ich, in ›Tomorrow‹, – natürlich auf Englisch verfaßt und unter dem originalen Titel *The Ordeal of the European Intellectuals.* Nach K.'s Tod übersetzte ich den Artikel sofort ins Deutsche und brachte ihn gerade noch in der Juli-Nummer der inzwischen verschiedenen ›Neuen Schweizer Rundschau‹ an.
All dies ist lange her, – fast 13 Jahre schon, und heute neige ich eigentlich nicht dazu, K.'s letzte Arbeit ausgezeichnet, wie sie war, aber durchaus im Schatten des Todes geschrieben, neuerdings publizieren zu lassen. Allzu sehr ohnedies neigen die Leute dazu, derlei tief stimmungsbedingte »Aussage« (pardon) als »Vermächtnis« und Ausdruck eines Letzten Willens zu betrachten. Als er dies schrieb, hatte er nur mehr einen Willen: den, zu sterben. Und er war viel zu gescheit, um diese Getriebenheit nicht irgendwie zu rationalisieren. Aber wer von dem heutigen Gelichter verstünde etwas von diesen Dingen? Ganz abgesehen davon, daß unser vortrefflicher Pakt Klaus und »etwaige« Kommentare oder Zusammenstellungen Deinerseits nicht einschließt. Und zwar spätestens, seitdem Du (indirekt) in Abrede stelltest, daß K. je existierte. Wir wollen das also lieber lassen.
Meine Nase ist kerngesund, dafür erweist sich aber eben leider diese tiefsitzende, sich an beide Lungenbasen klammernde Bronchitis als äußerst dauerhaft. Die Temperatur ist nicht hoch, – nur daß sie halt eben zu hoch ist. Aber was ist dies alles, verglichen mit meinem Bein? Nichts ist es und ist wie Schall und Rauch. Kein Wort weiter über das Bein. [...]
Seid beide umarmt. Auch ich habe Euch zur Gänze lieb.

E.

An Erika Mann Bad Wiessee
19. 5. 1962

Erikissima:
da es ja nicht taktlos ist, sondern nur komisch, möchte ich mich darüber beschweren, daß ich nie ausgeschlafen bin, deshalb ewig

in trüber Stimmung, weshalb ich ein Briefchen immer wieder hinausgeschoben habe. Inzwischen habe ich auch, auf Deine Anregung hin, besagten Preetorius kennengelernt. Das Härteste – nicht nur in seinem Fall – ist doch, daß sie sofort mit Hitler beginnen. Offenbar ist die Wunde seines Lebens ein Rundfunkvortrag Bruno Franks gegen ihn. Aber er, P., kennt Gott und die Welt – und, falls Alter eine Tugend ist (Kant hielt es dafür), so ist der Mann okay: wie der mit 79 ist, möchte ich mit 69 sein.
Sonst kann ich Dir von uns Verregneten nicht viel Lustiges berichten: Fritzi bisweilen von Asthma gequält und dann begreiflicherweise sehr außer sich, ist mein einziger Verkehr im Moment; wenn ich von Lotte Walter absehe, der Preetorius sagte: ihr Haus-Entwurf sei der schönste, den er je im Leben gesehen hätte.
Um Dir weiter von mir zu berichten: nachdem ich in den letzten 18 Monaten kaum zweimal im Kino war, gehe ich nun jeden Abend, um den Regen und manches andere zu vergessen.
Übrigens habe ich inzwischen die Thomas Mann Briefe gefunden; sobald Du einmal wieder an die Arbeit gehst, schicke ich sie Dir zu. Leider habe ich nie eine richtige Korrespondenz mit ihm gehabt. Und es gäbe soviel schöne Themen. Zum Beispiel: Thomas Manns Wohlwollen. Ich lese gerade die *Friedrich*-Skizze Heinrichs und das Lob Thomas M ... und denke viel nach über diese Liebenswürdigkeiten, die wohl noch kein Biograph auf alle seine Ingredientien hin untersucht hat. Ach, Erika, wenn Du alles schreiben würdest, was Du wüßtest ... Freud hat einmal beklagt, daß alle diese Biographien nie Entscheidendes geben: ich würde denken, es liegt am Beginn; wenn ich mir die ersten Biographien über Kant durchlese, da beginnt bereits die Tendenz auf Stilisierung. Das ist dann nie wieder gut zu machen. Eigentlich sollte ich das wieder zerreißen; Du könntest denken, daß ich mich einmischen will. Aber vielleicht weißt Du, daß das ein altes Thema für mich ist.
Sobald Du weißt, ob und wann Du nach Kreuth kommst, laß' es mich sofort wissen. Ich würde mich, wenn irgend möglich, da-

nach richten. Die Vorstellung, mehr als einen flüchtigen Nachmittag Dich zu sehen ... und ein bißchen mit Dir zu lachen, begeistert mich. Du hast auch in den mürben Knochen noch mehr Vitalität und Unternehmungslust als wir alle miteinander.
Ich würde Dich viel lieber mit skurrilen Episoden unterhalten als mit meinen grämigen Weisheiten. Aber woher nehmen? Darf ich wagen, den kürzlichen Kennedy-Satz zu citieren, der mich für ihn gewonnen hat? Das war doch die Nobelpreisträger party im Weißen Haus. K. sagte: soviel Geist war wohl noch nie im Weißen Haus beieinander – außer zur Zeit, als Jefferson hier allein dinierte.
Noch eins: kannst Du mir erklären, weshalb heute in Deutschland alle Uwe heißen? Und was denkst Du eigentlich über den Mordprozeß Vera Brühne? Mein Urteil ist gesprochen. Der Vorsitzende bekommt ein Ordinariat für Moral-Theologie in München; die Berichterstatter werden beschuldigt, am 4. April 1909 einen Mord begangen zu haben; sie haben für 16 Uhr 11 dieses Tages ein Alibi beizubringen.
Liebe: daß es täglich wenigstens ein bißchen besser wird! Sascha und ich denken an Dich und geben Dir einen herzlichen Kuß.

Dein
Marcuse

Erika Mann an L. M.

St. Gallen
23. Mai 1962

Cüselinst, –
ich danke und antworte so außerordentlich postwendend, weil ich gleich ein mir schier unbegreifliches Mißverständnis aufklären muß: Du kennst mich doch, Junge (?) und hältst es dennoch für möglich, ja, für ausgemacht, daß ich 6½ bleiche Wochen hier umherliege und nicht arbeite. Wie, um Gott, – und abgesehen nun einmal von der Dringlichkeit der Arbeit – hätte ich denn die bleichen untätig überstehen sollen? Worauf ich aber hinaus will, ist natürlich das Folgende:

Schick mir doch bitte aufs allerflugseste Deine T. M.-Briefe. Wie soll ich denn den Band komponieren, (und Auswählen läuft ja aufs reine Komponieren hinaus), so lange nicht alles, ALLES mir vorliegt?

Zu Deinem Stoßseufzer, »Ach, wenn Du alles schreiben würdest, was Du wüßtest ...«: Die Anmerkungen oder auch das Vorwort zu einem Briefband bieten keineswegs die Gelegenheit, »alles« zu schreiben. Gelingt es mir aber am Ende, die T. M.-Biographie hinzumeißeln, so *werde* ich »alles« schreiben, und mit den ersten Biographien über Kant und deren »Tendenz auf Stilisierung« soll mein sauberes Machwerk auch nicht das leiseste zu tun haben. Übrigens ist auch in Briefband I mitnichten »stilisiert«.

Muß schon wieder schließen, da mich zwischen dem ungeheuer zeitraubenden Kranksein und der Arbeit derart vertrackt einzuteilen habe, daß für die Korrespondenz rein fast gar keine Zeit verbleibt.

»Emil« ist ein Kapitel für sich, aber daß unser Bruno ihm so weh getan, freut mich noch heute. So, und jetzt schlaf mal tüchtig aus, oller Nachtvogel im Jägerwinkel, und sei mit Sascha aufs innigste gegrüßt

von Eurer
E

Erika Mann an L. M.

Zürich
8. Juni 1962

Cüselin, –

sei sehr bedankt für die Prachtsendung. Ja, der Brief an Sascha ist besonders hübsch und wird zweifellos Eingang finden. Welche von Deinen acht aufgenommen werden, kann ich heute natürlich noch nicht sagen, weiß aber bereits mit Sicherheit, daß ich in jedem Falle von *all* den Briefen Photokopien brauche. Laß doch also bitte schleunig welche herstellen und sie mir zugehen. Rechnung an Dr. Rudolf Hirsch, S. Fischer Verlag, Zeil 65–69,

Frankfurt am Main. Erfahrungsgemäß werden diese Rechnungen umgehend beglichen.
Und noch eins: Für die »Empfängerliste« brauche ich von jedem Adressaten eine winzige Kurzbiographie (Geburtsjahr, wichtigste Berufsstationen und Veröffentlichungen, augenblickliche Tätigkeit). Da in jedem Falle feststeht, daß Briefe an Dich und der an Sascha erscheinen werden, bitte ich schon jetzt recht inniglich um die betreffenden Angaben (bei Sascha wohl nur Geburtsjahr und Jahr, – tja, was nehmen wir da? Jahr eurer Trauung wäre gewissermaßen dämlich, da Ihr so lange schon miteinander lebtet. Irgendwas muß ich aber sagen. Entscheidet selbst.)
Deine lieben Wünsche nicht nur in Gottes Ohr, sondern auch und vor allem in die Ohren der Herren Ärzte, die nicht aufhören, mir zusätzliche, unsinnige und schmerzhafte Ärgernisse zu bereiten. Gesund sollte man sein. Die blonde Bestie sollte man sein, womit ich Dir nun so gründlich aus dem Herzen rede, daß ich es mir gestatten kann, überstürzt zu schließen

als Eure Euch liebende
Erika

An Erika Mann 12. 6. 1962

Erikissima:
darf ich mit einer Reklamation beginnen? Wir freuen uns immer mit Deinen Briefen ... und sind enttäuscht, wenn Du nichts konkret über Deinen Zustand mitteilst. Wie langweilt Dich das! Aber wir überfliegen zunächst immer hastig den Brief: ob irgendetwas wenigstens auf eine kleine Besserung hinweist; und welches die (wenn auch noch so bescheidenen) Chancen sind. Ich habe mich entsetzlich über den Vera Brühne Prozeß aufgeregt. Und diese deutsche Geschworenen-Prozeß-Ordnung ist demokratisch verkappte Herren-Ordnung. Diese vorsitzende Blonde Bestie will ich nicht. Der Bayrische Rundfunk hat meine Sendung drei Stunden vor der bestimmten Zeit abgesetzt. Da

brauchte ich eine Erikissima neben mir, die mir Waffen aus ihrem Zeughaus reichte und Schützenhilfe leistete. Seitdem bin ich krank: Bein, Auge ... Aber ist solch ein Kranksein ein Weg? Ich lege Dir eine Liste meiner Bücher bei. Was willst Du sonst? Daß ich hysterisch und ungemütlich bin, interessiert niemand. Steckbrieflich: Friedrich Werdersches Gymnasium in Berlin. Universitäten Berlin, Freiburg i. Br., Humboldt-Hochschule Berlin. Theater-Kritiker Frankfurt 1. 3. 33: Emigration. Paris, Sanary, New York, Los Angeles. Seit 1945 (American Citizen): Professor of Philosophy, Professor of German (University of Southern California). Skeptiker. Melancholischer Jude. Noch nie gemordet, weil ich kein Blut sehen kann ... nicht einmal das Blut von andern. Novarum rerum cupidus. Nie einen Orden erhalten, nie einen Preis, nie einen Ehren-Titel. Verschämter Th. M. Anhänger, unverschämter Erika Anhänger. Unverträglich. Gegen Gerechtigkeit – für Mitleid. [...]
Bitte, bitte melde einen kleinen Fortschritt. Wir wären so glücklich. [...]

Dein
Marcuse

An Dieter E. Zimmer

Bad Wiessee
12. 6. 62

Lieber Herr Zimmer:
[...]
Übrigens bin ich verzweifelt. Sie wissen, daß ich seit Jahren im Bayrischen Rundfunk monatlich meine »Marginalie« absolviere. Ich hatte bereits die *Vera Bruehne* auf Band gesprochen, als ein paar Stunden vor der Sendung mein speech abgesetzt wurde. Wenn ich zu einer solchen Ungeheuerlichkeit nicht mein Wort sagen darf – dann lebe ich besser in Kalifornien ... Da plappern die Zeitungen viel vom anglosächsischen und deutschen Recht – und ignorieren, daß hier der tollste Fall von Sexual-Neid, Sexual-Gehässigkeit vorliegt (ganz unabhängig davon, ob sie ge-

mordet hat oder nicht, was wir alle miteinander nicht wissen). Ich bin wieder einmal am Rande des Aufgebens.
Inzwischen sind meine beiden Kapitel *Obszön* bei Dr. Leonhardt eingelaufen. Denken Sie nicht, daß ich die Redaktion jetzt mit Vorabdrucken zu überschwemmen gedenke. Aber *Obszön* kann nicht vor zweite Hälfte August oder Anfang September kommen – Beiliegendes aber, wenn Sie Lust haben, gleich. Der Verlag (Büchergilde Gutenberg, Frankfurt) hat mich ermächtigt, dies Ihnen zuzuschicken. Wenn Sie alle Mitarbeiter des zweibändigen Werks wissen wollen, wenden Sie sich an Dr. Dressler. Frankfurt Untermainkai 66. Wenn Sie Beiliegendes nicht wollen, weine ich auch nicht (im Fall Vera habe ich geweint). [...]
Herzlichst für Sie, Dr. Leonhardt, die gesamte Literatur-Redaktion

Ihr
Marcuse

An Frederick Hacker

Bad Wiessee
7. Juli 1962

Lieber Doktor Hacker:
dieser Brief trifft Sie in einer Anti-Marcuse-Stimmung und I can not blame you. Als ich hierher kam, traf ich viele in einer Anti-Marcuse Stimmung, weil ich 14 kalifornische Monate lang nichts von mir hatte hoeren lassen. And I cannot blame them. Meine Entschuldigung, daß ich keine Zeit hatte, interessiert niemand. Mit Recht. Deshalb gehe darüber hinweg und überlasse die Heilung der Wunden der Zeit, die sowohl für als gegen uns arbeitet – wahrhaft objektiv.
Wir kamen Mitte März hier an, feierten Fritzi Massarys Achtzigsten in München, ich ging nach Zürich, um einen Vortrag zu halten, dann hier ins Sanatorium, um meinen auseinanderfallenden Körper etwas in Schach zu halten. Sascha blieb in München, suchte drei Wochen lang Wohnung – ohne Erfolg, dann nahmen wir hier diese Wohnung, ich las Korrekturen von *Ob-*

szön. *Aus der Geschichte einer Entrüstung,* von meinem Taschenbuch *Philosophie des Glücks,* hielt in Nürnberg einen Vortrag, trat in Frankfurt als Ferngesehener auf, mußte nach Köln zur Dramaturgen Tagung, bin wieder hier, sah Horkheimer, Gottfried Reinhardt und andere Koryphäen, werde im September, Oktober und November mein neues Buch in Berlin, München und einem Dutzend Universitäts-Städten rhetorisch zu verhökern suchen, warte auf Sie, auf die Hofes (zwei Stützpunkte in Wien), dachte an Sie, als Gorbach den Chruschtschow auf dem Heurigen besiegte, [...] denke an Stasi, auch an den besten Mann der Hacker Klinik nebst Gattin, hoffe, daß beide mit Ihnen kommen, habe einige Monate lang himmlische Aussicht auf Wolken und rinnendes Wasser (bei schönem Wetter soll es ein herrlicher Blick auf den See und die Berge sein –)
Schmollen Sie ein Weilchen mit mir, schließlich kann ich Ihnen das nicht verdenken, geben Sie Stasi einen Kuß, grüßen Sie den Papa und die Geschwister, fragen Sie die Fonds Directors: ob ich in Gmund oder Miesbach eine Zweigstelle aufmachen soll (sowas existiert hier nicht; dagegen hat neulich eine ihren Therapeuten erschlagen ...) kurz und gut: ich bin nicht ganz so schlimm, wie es aussieht, wenn auch nicht so gut, wie ich sein möchte. Teilen Sie mir Ihre Ankunft mit.

Herzlichst für Sie beide
Sascha und Ihr Marcuse

An Rudolf Walter Leonhardt

Bad Wiessee
VIII. 1962

Lieber Doktor Leonhardt:

[...]

Was mich an dem Monroe-Fall empört – daß alle Phraseure nun Hollywood schuldgeben und der publicity. Die Monroe war immer dieselbe. Als sie noch garnicht den großen Erfolg hatte, saß sie allein in ihrem Zimmer, träumte und wollte niemand sehen. Ihre Sehnsucht war: Dostojewski zu spielen. Bestimmt war sie nicht so klug wie eine gute Redakteurin heute ... aber sie hatte Sehnsüchte, wagte ihr eigenes Leben zu leben. Die Leute merken erst, daß es (wie Büchner sagte) Menschen gibt, die unglücklich sind, nur weil sie sind ... wenn es sich um einen Star handelt. Sie kommen nicht auf die Idee, daß täglich Mädchen und Jünglinge und auch Ältere 50 Nembutal schlucken, weil sie es nicht durchstehen. Sie wenden auch ein, um einen »Irrtum« zu ermöglichen, sie hätte am Tage vorher eine business Verabredung gemacht. Toller hat noch eine halbe Stunde, bevor er sich aufgehängt hat, mit einem Agenten um ein viertel Prozent gehandelt. Toller hat es ein Dutzend Mal vorher versucht, bis es gelang. Ebenso Klaus Mann. Wer weiß, wie oft die arme Monroe am Rand war. Ich persönlich denke nur eins: ich hätte gute Gelegenheit gehabt, sie öfters zu sehen. Vielleicht hätte ich ihr mit einem guten Gespräch eine angenehme Stunde machen können. Gewiß, weltberühmten Stars soll man aus dem Wege gehen. Aber auch weltberühmte Stars sind nicht selten arme Teufel ... Was auch bedenkenswert ist: das Ansteckende einer solchen Handlung. *Ein* Fall ist bis jetzt bekannt geworden. Wie viele sind nicht an die Öffentlichkeit gelangt. Manchmal scheint mir, als erlebten die Meisten nicht das Leben, sondern nur die Schlagzeilen. – Ich habe heute meinen düsteren Tag, deshalb setzt dieser Brief sich fort wie ein Wurmfortsatz. Indem ich das Wort hinschreibe, fällt mir ein, daß ich nicht genug weiß, was es bedeutet. Und so einen Mann haben Sie als Mitarbeiter.

In diesem Sinne

Ihr
Marcuse

An Rudolf Walter Leonhardt

Bad Wiessee
23. VIII. 1962

Lieber Doktor Leonhardt:

1. Den Titel *Obszön* habe ich gewählt, weil er sachlich und schlicht das Thema des Buches bezeichnet. Ich weiß, daß mir so und so Rattenfängerei vorgeworfen werden wird. So what!

2. Als Kind, bei Wunsch-Listen, habe ich immer alles hingeschrieben, was mir einfiel. Manchmal gewährte es der Weihnachtsmann, manchmal nur teilweise.
   Ich hätte gern, lieber Onkel August,
   a: Erwähnung von Verlag und vollem Titel.
   b: Daß Sie Pünktchen hineinmachen.
   c: Erwähnung, daß und weshalb Sie eine gereinigte Ausgabe gegeben haben (das unterhält das Publikum sehr).
   d: Mitteilung, daß die Zwischen-Titel von der Redaktion sind.
   e: Mitteilung, welche Themen innerhalb des Kapitels ausgelassen sind (siehe meinen letzten Brief) (Von den Dichtern des Barock bis zum sogenannten Heiden Goethe).
   f: Angabe einiger anderen Themen des Buches (Ich lege noch einmal eine Inhaltsangabe bei).
3. Beiliegend ein Bild ... aber geben Sie es nicht einer Schönheitskonkurrenz weiter.
4. Illustrationen: ach, ich Armer ... sitze doch hier auf dem Land und habe nicht einmal einen Giftschrank hier.

Herzlichst für Sie und die Familie (lassen Sie bitte nur den Jungen mein Buch lesen)

Ihre
Sascha und Marcuse

P.S. »Positionen im Bett«. Das Streichen im Bett: ausgezeichnet. Stilistisch viel besser. Ich wünschte, ich könnte »im Bett« noch im Buch streichen.

An Rudolf Walter Leonhardt Bad Wiessee
27. VIII. 1962

(Saschas Geburtstag, ein Tag nach Hegel, ein Tag vor Goethe)
Mein lieber Doktor Leonhardt:
bitte, bitte geben Sie mir doch nicht das peinliche Gefühl: daß Sie

denken, ich würde Sie als mein public relations Mann betrachten. Was Sie für mich tun, muß gerne getan und von mir als pures Geschenk empfangen werden. Wenn ich auf Ihre Aufforderung hin meine Wunschliste einschicke (und nach der kommenden Nummer ergänzen sollte), so gilt doch mein Wünschen nur unter der Voraussetzung, daß Sie es für richtig halten (im Interesse der Zeitung), dies oder jenes zu gewähren. Bitte, bitte keine Sonderwurscht für mich, die Sie in Konflikte mit der Zeitung bringen könnte, oder belasten als Präzedenz-Fall. Weshalb schreiben Sie mir so oft defensiv? Bin ich denn unzufrieden? Verlange ich irgendetwas? Wie oft habe ich Ihnen schon geschrieben: ich war selbst einige Jahre Redakteur und habe nie etwas gemacht, was ich nicht wollte! Nur der Redakteur, nicht der Mitarbeiter weiß, was in einem Blatt vorgeht. Und obwohl ich mir wünschte, daß Vierfünftel meiner *Obszön* Leser kleine Mädchen zwischen Dreizehn und Siebzehn sind und daß ich sie glücklich mache ... meine Sehnsüchte sind doch nicht bindend für Sie ... und schon ganz und gar nicht für den Redakteur. Bitte geben Sie mir doch das Recht auf richtiges eingeschätzt werden. Sehen Sie doch bitte: daß ich Sie nicht pressen will – zu nichts. Sogar Ihre Ankündigung, daß Sie selbst über mein Buch schreiben wollen, habe ich nicht gelesen, wenn Sie es sich überlegt haben. Ich lasse mich nicht drücken und binden – und drücke und binde auch keinen andern. Schon ganz und gar nicht, wenn ich mit ihm so in Harmonie bin wie mit Ihnen.

A propos Umfrage. Sascha sagte mir, daß sie Ihnen im letzten Brief 2 Bilder beigelegt hat. Und noch eins: wenn ich die Umfrage beantworten soll, müßten Sie so lieb sein, mir eine ungefähre Liste der Bücher herzusenden, die im Herbst herauskommen. Eins schaltet bereits aus: ich bin nicht gespannt darauf, weil ich mich schon darüber geärgert habe: Ehrenburg.

Herzlichst
Ihr dankbarer
Marcuse

P.S. Noch einmal, da mir so sehr daran liegt, nicht von Ihnen mißverstanden zu werden. Ich habe mir geleistet, Pornographie zu verteidigen und eine ganze Moral-Lehre drum herum zu skizzieren. Ich habe es mir geleistet. Aber ich will es mir nicht geleistet haben – auf Kosten von anderen: zum Beispiel Redakteuren, die Schwierigkeiten bekommen, wenn Sie meinen Glauben propagieren. Wie ich jetzt erfahre, können einige etwas weiter gehen und einige lassen überhaupt die Finger davon. Mir ist alles Recht. Ich will mich damit belasten, nicht andere. Wenn Sie etwas für mich gegen Ihren Willen tun, so werde ich der Leidtragende sein.

Robert Neumann an L. M. Locarno-Monti
26. 9. 62

Lieber Freund Marcuse,
das soll nur ein Wort raschesten Dankes für das eben eingelangte dedizierte Exemplar von *Obszön* sein. Wie genau mir Ihr Buch schon vorher bekannt gewesen ist, mögen Sie der Tatsache entnehmen, daß ich gestern nachmittag einen 7-Seiten-Aufsatz darüber an die ›Zeit‹ geschickt habe – mit dem Vermerk an Leonhardt, daß es mir wichtig zu sein scheint, mit einer »nachdrücklichen Meinungsäußerung an repräsentativer Stelle« herauszukommen, bevor ›Christ und Welt‹ und derlei Gelichter samt ihren Nachbetern in der Provinzpresse sich zu Worte melden. Nach den uns von Leonhardt auferlegten Spielregeln darf ich Ihnen das von mir Gesagte ja nicht zugänglich machen – aber so viel will ich Ihnen verraten, daß ich Ihr Buch einfach großartig finde: ein Standardwerk, das den zusätzlichen Vorteil haben wird, Sie für die nächsten 25 Jahre als Gerichtsgutachter in Europa festzuhalten. Es wird aber hoffentlich nicht so lange dauern, bis wir einander wiederbegegnen – warum das nicht schon längst geschehen ist, obwohl Ihr doch offenbar schon wieder seit einer geraumen Weile in Europa seid, weiß ich nicht. Auf bald,

hoffentlich. Und inzwischen meinen allerherzlichsten Glückwunsch zu diesem großartigen Buch, und alles Herzliche von Helga und an Sascha.

Ihr alter
Robert Neumann

An Robert Neumann

Berlin-Charlottenburg
1. 10. 1962

Lieber Robert Neumann:
ich danke Ihnen sehr für Ihren freundschaftlichen, anerkennenden Brief. Er hätte mich vergnügt machen können ... die Götter wollten es nicht.
Ich las schon vor Wochen die Druckfahnen Ihres *Festival,* das mir Dr. Mundt gab. Vorgestern erhielt ich von der ›Zeit‹ ein »Rezensions-Exemplar« mit der Mitteilung Leonhardts, der es mit uns beiden gut meint und seinen Lesern etwas bieten will, daß ich einer der beiden Haupt-Akteure in dem Lustspiel bin, welches »Übereinander« heißt.
Nun sind Sie für mich weniger ein Objekt der Kritik als ein Ex-Duellant mit einer reizenden Frau und einem Jungen, den ich gerne kennenlernen möchte ... und da beginnt die Panne dieser Übereinander-Inscenierung. Als Experte für unanständige Literatur würde ich mich noch gegen die liberalsten Anstoßnehmer vor Ihnen aufbauen; die illiberalen sind ungefährlich. Sie haben eine Pseudo-Lesberei so brillant gemacht, daß noch der männlichste Mann von den beiden Mädchen gelockt werden kann. Und wenn die Welt wüßte, was für ein Können dazu gehört (und Appetit), um ein guter Pornograph zu sein (ich möchte das Wort zu Ehren bringen!), also: um auf dem Wege der Sprache Verlangen zu wecken (und nicht nur bei Schuljungen) wär sie von mancher Seite Ihres Buchs sehr angetan.
Leider sind die beiden hungrigen Damen nicht der Mittelpunkt. Und ich könnte mir nicht versagen, die beiden Helden (den Kommissar Kostja und seine westliche Parallel-Aktion) zu mes-

sen an den Maßstäben, die der Theoretiker R. N. (Kitsch as Kitsch can) etabliert hat. Das aber will ich nicht, weil ich nach Locarno-Monti La Giorgica zu einem Espresso und sehr viel Torte eingeladen werden möchte. – Und wie Goethe sagte oder Schiller oder wenigstens Homer: ein Unglück kommt nie allein. Vor wenigen Tagen rief Ihr Verleger Kurt Desch an und fragte, ob ich nicht Lust hätte, den neuen Habe zu besprechen. Ich lehnte ab mit der Begründung, die pure Wahrheit ist: ich bin im Oktober, November und Dezember mehr unterwegs als am Schreibtisch. Und da ich mit den Habes gut bin – wie könnte ich, schriebe ich über Ihr Buch, den Anschein vermeiden, als ob das eine Fortsetzung Ihrer Anti-Habe Reihe wäre? Hätte ich die Zeit, es würde mich reizen, unter der Überschrift *Hildebrand und Hadubrand,* Untertitel *Das Festival der Tarnowska* zu schreiben: als wäre ich der objektive Geist persönlich, die Dialektik auf zwei Beinchen. Was dabei herauskäme, weiß ich tatsächlich nicht, da ich in den letzten beiden Jahrzehnten kaum Romane gelesen habe. Es wäre ein Fest für unser aller Leonhardt, der Ihnen beiden das Meinige zur Kommentierung zusenden und so eine Einheits-Front gegen mich zustande bringen würde. Wäre ich allerdings Redakteur der ›Zeit‹, ich würde das Übereinander, das man nur Turteltauben zumuten kann, dahin abwandeln, daß ich eine Serie in die Welt setzen würde: Todfeinde übereinander. Historisch gesprochen: Harden über Kerr, Kerr über Harden. Ich aber habe größere Sorgen: ich möchte die Neumanns sehen und mit Ihnen vergnügt sein. Bei dieser Gelegenheit würde ich dann gleich auch noch die Habes aufsuchen und ihnen erzählen, wie nett es bei den Neumanns gewesen ist. Sascha kommt soeben herein, findet den Brief recht schwach und wünscht ihn durch die herzlichsten Grüße zu stärken.

Gespannt auf Ihre Antwort

Ihr hangender
Marcuse

Robert Neumann an L. M. Locarno-Monti
9. 10. 62

Lieber Duellant,
was für ein reizender und entwaffnender Brief. Ich bin durchaus Ihrer Ansicht, daß meine beiden Mädchen keine echten Lesbierinnen sind (obgleich ich hier den Brief eines großen amerikanischen Psychiaters habe, der mir erklärt, die Jüngere sei es, wenn auch ihrer großen Jugend wegen noch unbewußt, und es sei sie, die die Ältere verführt). Und Ihre Versicherung, daß die Affaire der beiden Damen einem männlichen Leser keineswegs das Interesse an ihnen raube, beruhigt mich ungemein. Mehr: da Ihr Buch eine Apologie – was sage ich da! eine Apotheose – der Pornographie ist, betrachte ich Ihre Diagnose geradezu als das große Verdienstkreuz mit Brillanten.
Betrübt macht mich nur, Ihre Reserve dem politischen Hintergrund gegenüber, den Sie für den Vordergrund halten. Wenn dieser überfahrene Ostfunktionär sich nach dem Westen absetzen will, so ist das die entscheidende Illusion perdue (»the last straw«) für die frustrierte, panikbefallene Marguerite. Der Mann hatte zu diesem künstlerischen Ende so zu sein und nicht anders. Und daß ich die Gelegenheit nicht wahrnehme, aus ihm einen zu den Segnungen des Westens Bekehrten zu machen, daß ich ihn versichern lasse, er sei immer noch und trotz allem ein Kommunist – diese persönliche Enttäuschung, lieber Freund, bitte ich Sie, mir nicht zu verargen, der ich gegen die Kalten Krieger auf *beiden* Seiten bin. Die professionelle Kommunistenfresserei ist mir ebenso zum Kotzen wie die blinde ›antikapitalistische‹ Idiotie, und ich werde in diesen letzten Jahren das Wundern über all die Amerika-Emigranten nicht los, die am liebsten in gebrochenem Amerikanisch Präsident Kennedy vor das ›Tribunal for un-American Activities‹ zitieren wollten.
Nichts für ungut, deshalb, lieber Marcuse. Und da Sie in ›Kitsch as Kitsch can‹ eine »Anti-Habe-Reihe« sehen, (ich selbst betrachtete diesen ausgezeichneten Autor darin nur als eine zitierbare Randfigur), verstehe ich wohl – wenn auch nicht ohne

Staunen über so viel taktische Vorsicht in einem Manne Ihrer Statur – daß Sie auf Leonhardts Gambit nicht eingehen können. Nur: Sie tun ihm unrecht. Er hat das ebenso wenig als Durchstecherei gemeint – wie ich selbst, als ich augenblicks auf seine Anregung einging. Daß meine Meinung über Ihr Buch durch Ihre Vorbehalte nicht getrübt wird, versteht sich von selbst. Ich schreibe Leonhardt heute, er solle die ihm schon gesandte Kritik publizieren, ohne ein Wort an ihr zu ändern. Und was meine Meinung über Ihren Mannesstolz vor Königsthronen anlangt – du lieber Gott. Manchmal schläft auch Homer – warum nicht Bar Kochba? Und darum: Sascha hat ausnahmsweise unrecht. (Grüßen Sie sie von mir aufs wärmste.) Ihr Brief ist ein ehrlicher Brief, in dem Sie sich nicht schonen, und das heißt: ein guter Brief. Das will ich Ihnen noch ausführlicher und herzlicher sagen, wenn Sie uns hier besuchen. Ihr werdet uns immer und kulinarischst willkommen sein. Und wenn Sie von hier aus zu unserem lokalen Balzac gehen (den ich meines Wissens niemals getroffen habe) und ihn dessen versichern, daß ich ihn ungemein bewundere – tun Sie es, tun Sie es. Wir wollen es versuchen, und alle gut sein zueinander, in dieser miesen Welt.

Ihr Freund
Robert Neumann

An Robert Neumann

Gruß von Sascha. Wir fliegen morgen ab. Adresse: Bad Wiessee (Tegernsee), Rupertiweg 14c

Berlin-Charlottenburg
11. 10. 1962

Bin ich froh, lieber Robert Neumann!
Dank für soviel Toleranz. Und graben wir uns alle Ihren Schluß-Satz ein! (Mir fällt es bisweilen recht schwer).
Da saß ich vor Ihrem Brief und ging mit mir ins Gericht. Und entdeckte wirklich eine Feigheit: einer der Gründe, weshalb ich

über *Festival* nicht schrieb, war die Angst, »Kalter Krieger« genannt zu werden. Bin ich es? In einem Punkt haben Sie recht: trotzdem ich 17 Jahre ohne Manuskript Philosophisches auf amerikanisch doziere, spreche ich immer noch ein vielfältig gebrochenes Amerikanisch. Aber wäre Ihr Kostja Wahl-Amerikaner geworden, dann hätte ich wutschnaubend über Ihr Buch geschrieben: »Und der bindet mit Habe an«. Bin ich ein Kalter Krieger, wenn ich denke: diese Kantorowicz und Bloch undsoweiter undsoweiter sind Phraseure, wenn sie in den Westen rennen und versichern: wir sind trotzdem Kommunisten? Und bin ich ein Kalter Krieger, wenn ich gestehe (leider nicht öffentlich – aus Feigheit): mir sind alle die Friedenstäubeleien zum Kotzen! Mir sind alle die Friedensunterschriften der Prominenten nichts als Schwachsinn oder Wichtigtuerei. Soll ich tatsächlich der Welt versichern: ich ziehe den Frieden dem Krieg vor? Ich bin der Ansicht: zur Atom-Frage darf ich mich nur melden, wenn ich eine gute Idee habe – eine technische: wie muß ein Abkommen aussehen, bei dem keiner von beiden Angst zu haben braucht, daß er vom Andern hineingelegt wird? Alle Kontakte aber, hergestellt von der Zonen-Funktionärin Anna Seghers durch eine Lesung in Frankfurt, halte ich für westliche Idiotie. Wenn diese Einstellung »Kalter Kampf« ist, ... dann trifft Ihr Vorwurf gegen mich zu. Zu Ihrem Buch. Sie unterschätzen Ihre beiden Männer. Obwohl ich Ihre Pseudo-Lesberei sehr genoß, die beiden Helden sind als Figuren von oben bis unten viel mehr da als die beiden Frauen (falls ich richtig sehe). Sie tun sich unrecht, wenn Sie den Kommissar und den andern zu Hilfsfiguren der Mädchen-Story degradieren. Ich glaube, daß in Kostja ein Rest Ihres Kinderglaubens erscheint ... Heinrich Mann befreite sich von seinem, Thomas Mann nicht. Wollten Sie so den Kapitalismus idealisieren, dann wäre er ein freies Spiel der Tüchtigkeiten. Das ist er nicht! Darf man es sich so leicht machen: Kommunismus zu sagen und nichts als die Marx-Definition zu meinen? Dann würde ich behaupten: jeder Nicht-Kommunist ist ein Schuft.

Letzter Punkt: ich traue mich nicht aus Angst vor Habe! Mein Gott, dann hätte ich mich doch auch nicht getraut, Ihnen abzusagen – aus Angst vor Ihnen. Ist das eine Ausflucht oder schlüssig? Nach dem letzten Punkt der allerletzte: »Durchstecherei«. Die wirklichen Durchstechereien erfolgen dort, wo aufs Private geschimpft wird – und man gibt sich das Air, die Objektivität persönlich zu sein. Davor sind wir Drei geschützt. Ich bin kein Wahrheits-Fanatiker, wo es nicht um die ganz großen Wahrheiten geht. Ich hätte das Spiel gern mitgespielt, wenn ich ganz sicher gewesen wäre, daß ich nicht etwas Spielverderber bin. Sie verstehen das nicht, weil Sie Talente haben, die Sie bei andern als selbstverständlich voraussetzen. Bitte, bitte: imaginieren Sie mich nicht in einer Rüstung, die ich hasse.
Ihr Buch sehe ich hier überall. Hals und Beinbruch!
Auf gutes Wiedersehen mit Ihnen und Ihrer lieben Frau

Ihr jüngster Marcuse

Robert Neumann an L. M. Locarno-Monti
13. X. 1962

Lieber Freund Marcuse,
das ist eine so großartige Antwort, daß ich ihr nichts entgegensetzen will – außer der Wiederholung unserer herzlichen Einladung an Sie, doch recht bald hier herunter zu kommen. Wir wollen dann lange und heftig und freundschaftlich diskutieren – darüber, ob es nicht »the burden of democracy« ist, unter Umständen auch ein Tor zu sein. Recht haben die »Krieger« immer auf kurze Sicht – und auf nur halbwegs längere sind sie immer die Verlierenden. Das ist, glaube ich, die Geschichte der Menschheit.

Ihr
Robert Neumann

An Rudolf Walter Leonhardt Bad Wiessee
25. X. 1962

Lieber Doktor Leonhardt:
ein redaktionelles Meisterstück! Diese Seite 19 wird dem *Festival* mehr nützen als es eine Besprechung vermocht hätte. Ich bin erlöst. Hatte bis gestern das drückende Gefühl, daß R. N. nun benachteiligt werden wird.
Dank! Dank für alles! Ein winziger Kummer, an dem niemand schuld ist. Ein fehlendes Komma wird mir viel Ärger bringen. »Heinrich Mann befreite sich von seinem, Thomas Mann nicht«. Komma fehlt. Wirklich für mich eine kleine Privat-Katastrophe, da ich doch mit Katja, Erika, Golo, Mädi seit Jahrzehnten so freundschaftlich stehe. Ob Sie an Katja eine Zeile schreiben sollten, da ich Ihnen nicht das Lästige zumuten kann, die drei Zeilen des Absatzes noch einmal zu drucken.
Und nun noch im Namen der armen, gequälten Post. Seit Sie als meinen Wohnsitz Tegernsee erfunden haben (es gibt den Ort Tegernsee), erhalte ich viel Post: Ludwig Marcuse. Tegernsee. Alfred Kerr meinte: es genügt Kerr Grunewald. Stolz stelle ich fest: es genügt auch Marcuse Tegernsee. Aber abgesehen davon, daß ich ein Kalter Krieger bin, bin ich auch ein Menschenfreund. Die armen Postbeamten. Bleiben wir künftig bei Wiessee (Tegernsee). [...]
Alles Liebe [...] Ihr Bernhardiner
Marcuse

P.S. Was ich nicht alles sein soll! In Edschmids *Expressionismus* lese ich gerade über mich: »Mit der Lanze eines Thersites und der Unschuld eines Kindes«. Idee: ein Roman, der etwa 10 verschiedene Perspektiven auf den Helden gibt.
Was die Phantasie sich nicht vorstellen kann, bringt die Wirklichkeit fertig. Enzensberger hat schon einmal über mich – zwar nicht geschrieben, aber im Rundfunk gesprochen. Recht positiv über *Amerikanisches Philosophieren.* Damals aber war er noch nicht polemicus laureatus.

An Robert Neumann 26. X. 1962

Lieber Korrespondent:
Eine kleine Nachgeburt! Was sagt eigentlich die liebe Frau N. dazu? Meistens sind die Frauen für ihre Männer empfindlicher als diese. Ich ängstige mich deshalb mehr vor den Beschützerinnen als vor den Beschützten. Aber abgesehen von der Angst – liegt mir auch sehr viel bisweilen an jenen (Not-Deutsch!). So im Falle der Frau N.
Dank! Kein Zeh hat sich aufgebäumt. Der einzige Schönheits-Fehler fällt nicht zu Ihren Lasten: ein fehlendes Komma wird mir viel Ärger verursachen: »Heinrich Mann befreite sich von seinem, Thomas Mann nicht« (Komma fehlt).
Denke nun über die kleinen Differenzen nach. Schade, daß Sie nicht hier sind oder ich nicht bei Ihnen. Korrespondenz darüber zu umständlich. Unser Leonhardt ist doch tatsächlich tüchtig. Wie er mein Abspringen wettgemacht hat, verdient den Nobelpreis für redaktionelle Tüchtigkeit. Ich habe den Eindruck (und Sascha stimmt mir ausnahmsweise zu): diese Seite 19 ist dem *Festival* bekömmlicher als es irgendeine »Besprechung« hätte sein können. Ich hoffe, daß ich mir das nicht nur einrede, um mir die peinliche Empfindung zu nehmen, sie könnten benachteiligt worden sein.
November und Dezember muß ich noch herumreisen. Weihnachten bin ich mit amerikanischen Freunden auf dem Semmering zusammen; ich schreibe das, man kann doch nie wissen. Aber ab Januar kann die liebe Frau, deren Vornamen ich nicht kenne, schon immer anfangen Süßes zu hamstern. Meine Sehnsucht: die Kranzler-Makronen-Torte von 1910. [...]

Sascha und Ihr Bernhardiner
Marcuse

Helga Neumann an L. M. Locarno-Monti
31. 10. 62

Lieber Herr Marcuse,
erstens: diese Dame heißt Helga.
Zweitens: Robert meint zynischerweise, daß Sie wegen jenes fehlenden Kommas keinerlei Ärger haben werden – im Gegenteil, die Deutschen werden das so nur noch für viel tiefer halten.
Drittens: ich glaube Leonhardt hat da tatsächlich das beste »Zweitbeste« gemacht, das sich machen ließ. Es gibt einen Aufsatz von Robert über Kritik, in dem er behauptet, daß Kritiken ohnedies nur »gesehen« und nicht gelesen werden, und daß es demnach nicht auf den Inhalt sondern auf das Quantum des Gedruckten ankommt. Hat er sich mit dieser Behauptung geirrt, so geschieht ihm recht.
Viertens: wir freuen uns wirklich sehr auf Ihren und Frau Saschas Besuch. Aber ich lasse sie herzlich bitten, mir doch zu schreiben, wie eine Kranzler-Makronen-Torte von 1910 aussah. Sie wird das ebenso wenig aus eigener Wahrnehmung wissen wie ich – aber Sie werden's ihr schon sagen oder es längst bei ihr durchgesetzt haben, daß sie das Rezept im Kopfe hat. Kriege ich dieses Rezept nicht, so werden Sie sich mit dem Ländlich-sittlichen behelfen müssen, das man hier so macht.
Robert läßt Ihnen noch bestellen, daß Ihr Briefwechsel mit ihm ihn zwar von keinem einzigen Ihrer Argumente überzeugt hat – wohl aber von Ihrer freundschaftlichen Gesinnung. Das ist die Basis, auf der er mit Ihnen bei Ihrem Besuch über alles streiten will.
Alles herzliche Ihnen beiden von uns beiden,

Ihre
Helga Neumann

An Erika Mann Tegernsee
21. III. 1963

Erikissima:
als ich hier angelangt war, begann ich zu telefonieren. Deine kräftige Stimme beruhigte mich mehr als vielleicht berechtigt ist. Mir scheint: nur zu so einem Gespräch ist das Telefon erfunden worden.
Zuerst nun dies: Ludwig Marcuse. 8. Februar 1894 Berlin. Friedrich Werdersche Gymnasium Berlin. Universitäten Berlin und Freiburg im Breisgau. Dr. phil. 1917 Berliner Universität. Dissertation: *Die Individualität als Wert und die Philosophie Friedrich Nietzsches.* Theaterkritiker in Frankfurt: 1925–1929. Emigration: 1. März 1933. Frankreich: Paris, Sanary: 1933–1939. 1939: an Münzenbergs ›Zukunft‹ (Paris). 1939: nach New York und Los Angeles. Seit 1945: amerikanischer Staatsbürger, Professor of philosophy and German literature.
Bücher: unter anderen:

Der Diktator und der Philosoph. Plato und Dionys. Berlin 1950.
Pessimismus. Ein Stadium der Reife. Hamburg 1953.
Amerikanisches Philosophieren. Pragmatisten, Pluralisten, Tragiker. Hamburg 1959.
Mein zwanzigstes Jahrhundert. Auf dem Weg zu einer Autobiographie. München 1960.

[...]
Überall wo Adornianer sitzen, werde ich in der unverschämtesten Weise wegen *obszön* angepöbelt [...] Sascha quält mich jeden Tag, ich soll ihr versprechen, daß ich keine *Wagner*-Kritik lese – nicht einmal eine gute. Hoffentlich habe ich Disziplin genug. Mit meiner Disziplin hapert's. Erika, mein Wort vor Gott: ich bewundere Dich darum maßlos.
Ich telefoniere Dich wieder einmal an. Wenige Minuten sind besser als der längste Brief. Und dann: ich besuche Dich in diesem Sommer bestimmt. Hätte ich schon lange tun sollen. Das

Leben schwindet dahin ... und ich gebe mich mit albernen Dingen ab.

Dein Dir von Herzen guter
Marcuse

P.S. Gute Besserung für Frau Katja. Sascha läßt Euch beide grüßen.

An Rudolf Augstein 3. 2. 1964

Sehr geehrter Herr Augstein:
ich wollte heute morgen einen Brief an Sie absenden, der sich mit der Baumgart Affaire beschäftigt. Da sah ich die Leser-Briefe im heutigen ›Spiegel‹. Wozu noch einen Stein mehr auf den Mann werfen? Vielleicht ist es nützlicher, diesen Vorfall im Zusammenhang mit der Affaire des Richter Joerke prinzipiell zu behandeln.
Was Sie alle jetzt erst erfuhren, war mir klar, als ich im vorigen Jahr seine ›Merkur‹ Rezension meines *Obszön* las – und waren nicht die anonymen Zeilen im ›Spiegel‹ anläßlich meines *Wagner* eine häßliche kleine Nachgeburt?
Aber wie können Sie Heine als Parallele in Betracht ziehen. Heine hatte den Mut, sich vor aller Welt als Revanche-Polemiker zu zeigen. Er war der Klassiker der Revolver-Journalisten (unter vielem anderen). Seine Rache-Gedichte sind von höchstem (künstlerischem) Rang. Ich bin gegen sie – und lese sie mit Genuß.
Mehr als der mikrige Casus Baumgart interessierte mich, was Sie über Ossietzky schrieben: bewundernswert gerecht – aber kommen Sie zur (ewig aktuellen) Problematik? Ossietzky, Tiresias in der Weimarer Republik, sagte am lautesten Böses voraus. Damals, als wir seine Artikel verschlangen, dachten viele von uns: gut, daß er immer in dieselbe Kerbe haut. Aber wer heute den Untergang der Menschheit aufs Blatt Papier malt, glaubt

nicht an ihn, sondern will ihn verhindern. Erst im Exil, als ich seine gesammelten Prophezeiungen las, fand ich heraus: er hat die Zukunft vorausgesagt. Das weiß heute jeder; seine Feinde in diesen Tagen sind die blinden Erben der blinden Hetzer von einst.

Sie haben – und das fand ich das Besondere Ihres Artikels, erkannt: »Beide, Ebert und Ossietzky hatten keine Wahl. Ebert hatte recht, wenn er unter Berufung auf das Gemeinwohl mit den Stützen der kaiserlichen Ordnung paktierte. Aber die Ossietzkys hatten Recht, wenn sie eifervoll voraussagten, daß der Teufelspakt die Republik in die Arme ihrer Liquidatoren treiben mußte.« Diesem salomonischen Urteil folgt ein fragwürdiger Schluß-Satz. »Ossietzky hat recht behalten«. Hat er? Kann man den Lenker eines Staats und einen Journalisten wie Ossietzky miteinander vergleichen?

Die dialektische Gerechtigkeit kann und darf sich ein politisch-militanter Journalist wie Sie wohl nur vor der Vergangenheit leisten. Für die Gegenwart gilt dies: »Ossietzky hat recht behalten.« Arbeiteten Ebert und sein Gegner nicht auf zwei völlig verschiedenen Ebenen? Oder hatte Ossietzky eine Lösung gefunden: wie man zwischen den beiden Menschenfressern die Republik hindurchsteuern kann: den alten Mächten des unbesiegten Kaiserreichs und den Kommunisten, die Ebert wie Ossietzky nur deshalb schreckten, weil sie weniger Kommunisten als Tyrannen waren.

Allgemein gesprochen: was will die Kritik eines politischen Schriftstellers? Nur tadelnswertes tadeln? Es gibt einen alten Einwand gegen diese Fragestellung. Sehr oft ist gesagt worden: ein Kritiker, der ein Theaterstück ablehnt, hat keine Verpflichtung, es besser zu machen. Schon hier bleibt die Frage, ob das Urteil nicht so spezifisch sein sollte, daß der Weg zur Verbesserung gewiesen wird. Jedenfalls scheint mir: die Kunst-Kritik und die Politik-Kritik ist nicht auf einen Nenner zu bringen.

Der schreibende Politiker steht zur politischen Wirklichkeit in einem andern Verhältnis als der Kunst-Kritiker zum Kunst-

Werk. Der politische Journalist sollte sich immer fragen: welchen nächsten Schritt würde ich in dieser Macht-Situation tun? Das erfordert allerdings intime Kenntnis und schließt viele schreibende Sonntagsjäger im politischen Revier aus.
Ossietzky war kenntnisreich, undogmatisch und auf eine möglichst demokratische Demokratie aus. Hat er auch ein Konzept gehabt, wie sie unter den gegebenen Verhältnissen zu erreichen ist – und war er sich im einzelnen Fall dieses Plans bewußt? Hätte er jene Republik übernehmen und besser als Ebert durch die Gefahren hindurchsteuern können?
Nur wenn sich das nachweisen läßt, haben Sie recht mit dem Satz: »Ossietzky hat recht behalten«. Deutlicher: gab es damals neben der Ebert-Republik und einem Stalinistischen Deutschland eine dritte Möglichkeit? Und hat Ossietzky sie erkannt. Hat Ossietzky, ein Stolz der Weimarer Republik – recht behalten?

Mit bestem Gruß
Ihr Marcuse

Robert Neumann an L. M. Locarno-Monti
20. 2. 64

Lieber Freund Marcuse,
in dem Briefwechsel zwischen Ihnen und meinem Herrn Sohn bin ich ja zur Rolle des Briefboten reduziert worden – und so ist da die neueste Mitteilung Ihres Freundes. Er hat zu tippen begonnen – und wer ihm die Orthographie ausgebessert hat, weiß ich nicht.
Aber vielleicht darf ich doch noch persönlich hinzufügen, daß wir uns über den *Philosophie-Studenten* von Herzen gefreut haben. Das ist auf eine sonderbar faszinierende Weise eine intellektuelle Autobiographie, richtiger die Autobiographie eines Intellekts unter Aussparung der Person in Fleisch und Blut – kurzum etwas ganz Einmaliges. Ich wünsche Ihnen von Herzen

Glück dazu und zu sich selbst. Wir hoffen, Ihr kommt mit der guten Jahreszeit tatsächlich bald einmal hier vorüber. Es wäre wirklich eine Freude.

Alles herzliche von Haus zu Haus,

Ihr
Robert Neumann

An Erika Mann Bad Wiessee
9. 3. 1964

Erikissima:

nun habe ich die (im wörtlichen Sinne des Wortes: schöne) *Kindernovelle* gelesen.

Ich kannte sie nicht. Phantastisch, daß sie mit Zwanzig geschrieben wurde. Und wie artistisch gescheit, daß sie nicht die Reflexionen des Zwanzigjährigen enthält.

Mir kommt vor, das ist, vor der Entfaltung, der ganze Klaus. Wenn ich richtig sehe, mehr der ganze Schriftsteller als die Privat-Person. Hingegen hat er Dich und Golo, irre ich nicht, endgültig abgebildet – Porträts unabhängig von Raum und Zeit. Ich kannte Euch nicht als Kinder und noch nicht 1926 ... und es stimmt für mich noch heute.

Ich habe lange zurückgedacht. Außer zu Dir (von Beginn an) hatte ich zu niemand von Euch eine ungehemmte Beziehung. Ich könnte ins Detail gehen; aber das ist eher etwas für eine Unterhaltung. Klaus hemmte mich, weil er so liebenswürdig-fliehend war. Seine Natur? Lag es an mir? Wie war er zu Freunden?

Kesten hat ihn sehr gut beschrieben, auch die Art des jungen Künstlers; es war eine sehr gute Idee, diese Seiten zu übernehmen. Und dann gebührt dem Verlag Anerkennung. Klaus' Bücher werden mit Geschmack herausgebracht. Das muß Dir doch eine große Befriedigung sein.

So war ich in den letzten Tagen viel mit Euch zusammen; auch voll sachlicher Reue: erkennend, was ich (durch meine Schuld?) versäumt habe.

Du hast mir mit der Zusendung des Buchs mehr als nur *eine* Freude gemacht.

Dein (seit anno 26? 27? 28?)
Marcuse

Rudolf Augstein an L. M.

Hamburg
12. März 1964

Sehr geehrter Herr Professor Marcuse!

Ob Sie mir nachsehen, daß ich Ihnen auf Ihre liebenswürdigen Zeilen so spät antworte? Ich habe Heine nicht als Parallele in Betracht gezogen. Man kann es so wenig, wie man Wieland und Goethe heranziehen kann, was Zimmer getan hat. Ich habe mich nur gegen die Lesart gewandt, daß entgleisende Literatur-Fehden oder, schlimmer noch, überhaupt Literatur-Fehden, notwendig »Blamagen« für die Literatur sein müßten. Ihnen muß ich nicht sagen, wie spießig solch eine Auffassung wäre.

Nun zu Ossietzky: Ich hoffe, ich habe den regierenden Ebert und den Journalisten Ossietzky nicht wortwörtlich auf eine Ebene gestellt. Sie ergänzen einander auf verschiedenen Ebenen. Dem zwanghaften Opportunismus auf der schiefen Ebene korrespondiert die zwanghafte Opposition.

Ossietzky hat eben keine Lösung gefunden, niemand konnte sie finden. Er rettete sich aus der Resignation in den Eifer, und wie sollte er nicht? Denn so ganz genau kann man die böse Zukunft denn doch wieder nicht voraussagen, daß man jede Wendung zum Besseren für schlechtweg ausgeschlossen hält.

Unsere Situation heute ist anders. Wir haben keinen Grund zur Verzweiflung (oder sollte ich sagen, jetzt nicht mehr?) Aber das Bessere, dem der politische Journalist den Weg ebnen sollte, ist auch heute außer Reichweite. Den Unterschied zwischen dem politischen und dem Kunst-Kritiker sehe ich nicht. Auch eine dem Schein nach durchaus negative Kunstkritik promoviert das Bessere, indem sie es als, vielleicht nach außen hin nicht sichtbaren, Maßstab setzt.

Ossietzky hatte kein Konzept, das man hätte verwirklichen

können. Ich, um ehrlich zu sein, habe im Moment auch keins. Ein utopistisches Ideal nenne ich kein Konzept. Konzept ist, sich in die handelnden Kräfte einschalten, mit der Aussicht, sie zu beeinflussen, sie zu ändern. Diese Möglichkeit sehe ich momentan nicht. Wohl aber glaube ich, daß man die Geburt künftiger Konzepte erleichtern kann, indem man Vorurteile ausräumt oder, wenn Sie so wollen, indem man negativ kritisiert. Dem wahren politischen Kritiker wird man ebenso wie dem rechten Kunstkritiker absprechen, daß er nicht nur kritisieren will, um zu zerstören, sondern daß er zerstört, um Platz zu schaffen für neues.

Noch einmal etwas konkreter: Es gab in den ersten zehn Jahren der Ära Adenauer keine zu verwirklichende Möglichkeit, Adenauers Politik zu ändern. In dem Moment, wo man sich dieser Tatsache bewußt wurde, hatte man kein Konzept mehr, konnte, als schreibender Politiker, wie Sie sagen, nur noch taktisch reagieren: Also entweder die Opposition stützen, die sich immer weiter von einem Konzept wegentwickelte, oder strukturell bessere Voraussetzungen für künftige Konzepte schaffen helfen. Ob es mir gelungen ist, mich verständlich zu machen?

Mit freundlichen Grüßen
Rudolf Augstein

PS: Zum Geburtstag hat man Ihrer so reich gedacht, daß es Ihnen sicher schon beinahe unangenehm war. Ich habe Ihrer also im Verborgenen gedacht.

An Erika Mann Bad Wiessee
17. 6. 1964

Erikissima:
gestern Nachmittag kam Liesl und gab mir Deine Adresse. Heute schreibe ich Dir als Erstes. Heute mittag kommt Lotte Walter auf ein paar Stunden her – und wir hoffen, daß sie uns einen ganz frischen Bericht geben kann. Über Erwarten gut, was ich über

die Aussichten höre. Aber daß Du solche Schmerzen hast ... ich scheue mich, nur ein Wort zu sagen, da ich doch nicht helfen kann. Ich kann Dir nur dies armselige Wort sagen: Dein Wohlergehen gehört für uns zu einem einigermaßen befriedigenden Leben. –

Sascha ist seit fast 3 Wochen wieder zu Haus. Soviel wie mir die Ärzte sagen, hat Nissen ein Wunder getan. Sie ist noch recht wacklig ... aber es geht aufwärts. Sie sagt immer: wieso soll nicht Erika auch einen Nissen gefunden haben! Daran klammern wir uns, wenn wir an Dich denken. –

Fritzi ist, wie Du sicher weißt, seit wenigen Wochen hier. Sie erlebt jeden Tag dasselbe: ein früherer Gardeoffizier sagt ihr, wie er sich freue, sie zu sehen. »Ich dachte, Sie sind schon lange tot«. Sie hat, neben nicht so guten Tagen, ausgezeichnete Tage, wie sie sie seit Jahren nicht hatte. Pilmes ist auch der richtige Arzt für sie. Sie liebt ihn. –

Ich bin immer wieder froh, daß ich Wiessee gewählt habe. Die Nähe von München – wenigstens in der Phantasie. Denn da ich nur mit wenigen Leuten verkehre, die mich hier besuchen, und da ich weder aufs Theater noch auf den Film (den wir etwas später auch hier haben) aus bin ... freue ich mich, gute Luft, sagenhafte Ruhe und die himmlischste Aussicht zu haben. Ich war immer mehr aus auf die Aussicht in dieser Stunde als auf die Aussicht auf die Klassenlose und Kassenlose Gesellschaft. Heute ist heute, übers morgen regiert der Teufel. Deshalb wäre ich so glücklich, wenn Du mindestens in der Minute, in der Du diesen Brief bekommst, Dich Deines Lebens freuen könntest, weil Du die Abwesenheit der Schmerzen selig spürst. –

By the way: heute nacht träumte ich, wir sahen Huxley und Bruno Frank von der Bahn aus in einem Lokal. Wir stiegen aus, gingen hinein und fanden sie nicht. Sie waren in der ersten Etage. Es war ein Puff. Ich habe seit Jahren nicht von Frank geträumt. –

Ich wünsche Dir und mir, Kissima, daß ich (ein alter Egoist) ohne drückende Aufregung an Dich denken kann.

Immer Dein Marcuse

Liebste Erika!
Nur wir beide können mitreden. Ach, wenn doch Nissen auch Dich verarzten könnte. Ich bilde mir ein, dann wäre schon fast alles gewonnen. Er will mich Anfang September noch einmal sehen. Wenn Du dann kannst, lade ich Dich ins feinste Restaurant von Zürich ein.
Mit einem herzlichen Kuß Deine Sascha

Frederick Hacker an L. M. Wien
30. VI. 1964

Mein sehr sehr lieber Marcuse,
die mich nahezu überwältigende Freude, von Ihnen endlich wieder zu hören, entschuldigt hoffentlich die intime Anrede. Wie Sie offenbar nicht wissen, bin ich schon seit einigen Wochen wieder in Wien, wohin mir Ihr Brief nachgeschickt wurde, den ich hiermit sofort und mit ehrlicher großer Freude beantworte. Was in der allzu langen Zwischenzeit eigentlich geschehen ist, weiß ich nicht. Gerne nehme ich an, daß alles meine Schuld ist, aber auch auf Anfragen von zweiter, dritter und vierter Hand erhielt ich eigentlich kein großes Encouragement und dachte daher, daß Sie einstweilen von mir nichts wissen wollen. Umso mehr freut es mich, daß dem nicht so ist. Da wir uns ja noch dazu nunmehr in geographischer Nähe befinden, darf ich sogar auf ein baldiges Zusammentreffen hoffen.
Ihr Antrag, mir Ihr Freud-Buch zu widmen, ehrt mich und ich nehme natürlich mit herzlichem Dank und großer Begeisterung an. Falls Literatur-Ergänzungen noch möglich sind, bitte ich, die Hinweise auf

a) F. J. Hacker: *The Living Image of Freud* in: Bulletin of the Menninger Clinic, Vol. 20/3, Mai 1956.

und b) F. J. Hacker: *Freud, Kierkegaard und Marx* in: Freud and the Twentieth Century, Meridian Books Inc. New York, 1957.

hinzuzufügen.

Mehr als alles andere freut es mich aber, daß unsere Verbindung wieder aufgenommen ist. Ich hoffe, Sie und vor allem auch Sascha, über deren Gesundheitszustand ich manchmal beunruhigende und dann wieder beruhigende Nachrichten erhielt, in bester Gesundheit und verbleibe wie immer devotissime

Ihr
Ihnen herzlich ergebener
Friedrich Hacker

An [Robert] Neumanns 23. 7. 1964

Liebe drei Neumanns:
herzlichen Dank für die lieben Zeilen. Von Juli bis Juli bestand unser Leben aus Saschas Krankheit. Zuerst eine Teil-Operation hier in München, dann eine radikale durch Nissen in Basel: eine sehr schwere (entzündliche Verwachsungen nach einer früheren recht harmlosen Operation) – aber nichts Bösartiges wurde gefunden. Ich war im Frühjahr immer zwischen Wiessee und Basel. Jetzt geht es aufwärts. – Da Nissen Sascha noch einmal im September sehen möchte, ist es möglich, daß wir dann im Wagen fahren und ins Tessin kommen. Und dann natürlich zu Ro-He-Mi. Und ich hoffe, daß wir viel zusammenlachen werden. An Tagen, an denen mein Humor intakt ist, amüsiere ich mich ganz großartig mit den deutschen Literaturisten. Gestern noch die ›Weltwoche‹, heute schon der Auftritt O. M. Graf, der hinterfotzigste Literaturbetriebser – und nächsten Donnerstag Chruschtschows Schwieger-Empfang in den »Vier Jahreszeiten« – angesichts der einladenden Rechtser und einiger Linkser, die wahrscheinlich gegen den Gast sein werden, weil ihnen die Gastgeber nicht gefallen. – Aber kann das Ulkige das andere verdrängen? Schlimmer als Goldwater ist Scranton, der nach dem Sieg sofort zum Sieger übergelaufen ist. Wenn das alles hoch kommt, verlasse ich Deutschland, den Schützling Amerikas. Auf ein gutes Wiedersehen hofft Ihr Marcuse

An Erika Mann 11. 8. 1964

Erikissima:
solange von Dir nichts gehört – außer:
a: Hirslanden ist ein Paradies gegen die Pflegestätte Deiner Heimat (ein Glück, daß das nicht in USA passiert ist).
b: daß Du bereits die gesamte deutsche Film-Industrie unterjocht hast (ich wünschte, es wäre wahr).
Da wir nun schon mal a propos unterjochen und »Gott-strafe-das-Pillen-feindliche-England« politisch sind ... ich habe neulich ein Essen um Adschubaj mitgemacht. Der zog sich sofort den Rock aus, erzählte Witze und Sprichworte (à la Schwiegerväterchen), aber ohne dessen Faust ... Ich wollte schon gerade antikommunistisch werden, da lese ich Päpstchens Anti-Kommunisten Rede mit dem tausendjährigen Atheisten-Quatsch – und nun bin ich bereit, mit Chruschtschow mich in Moosrain zu treffen, zehn Minuten von unseres Erhards Sommer-Häusle entfernt und Moskau Vatikanstadt anzubieten (natürlich mit Ausnahme der Vatikan Bibliothek). Erikissima: könnten wir nicht ein Kabinett bilden. Meine einzige Bitte: daß Du von mir nicht verlangst, daß ich mehr als fünfsechstel meiner Heimat opfere.
Hoffe, hoffe, hoffe, daß wir Mitte September in Zürich sind. Dann möchte ich in den *Zauberberg* mittenhinein platzen – und ganz richtig stören. Du weißt garnicht, wie genau ich an Dich denke. Da ich eben den Menno ter Braak wieder erwähnen mußte, fiel mir ein: Halt! Guter Freund von Erika. Und machte klar, was immer ich zu sagen habe – das war ein guter Mann. Ich finde, in solchen Details zeigt sich, ob einer ein lieber Mensch ist oder nicht. Deshalb setze ich Dir so ausführlich auseinander, daß ich eben ein lieber Mensch bin. Ich finde immer, wenn man seine guten Taten nicht gesperrt druckt, werden sie überlesen.
Lese gerade de Sade. Kannte Dein Vater ihn? Klaus? Hast Du ihn gelesen? Ich hatte immer nur gewußt, daß er ein Sadist ist ... nicht viel mehr, also wenig. Ständest Du nicht im Gewühl der

Filmschaffenden, dann sagte ich: lies die 1200 Seiten *Aline und Valcour.* [...]

Von ganzem Herzen
Deine Sascha und Marcuse

An Dieter E. Zimmer 10. 12. 1964

Lieber Herr Zimmer:
[...] Bisweilen würde ich gern ein Buch anzeigen und melde mich nicht, um Ihren Raum nicht noch mehr einzuengen. Aber es wird ein (technisches) Problem – nicht nur für Sie, auch für mich; ich möchte verhindern, daß sich meine Manuskripte bei Ihnen häufen. Doch verstehe ich die Situation: die ständigen Mitarbeiter nehmen in immer stärkerem Maß die verfügbaren Seiten in Anspruch.
Aber ich will bei dieser Gelegenheit doch sagen (auch weil Bilanz-Zeit ist): wie zufrieden ich mit der angenehmen und reibungslosen Zusammenarbeit bin.

Herzlichst Ihr
Marcuse

P.S. Vergessen Sie den *Oppenheimer* nicht. In den deutschen Zwanzigern (in Amerika: in den Dreißigern) war jeder anständige Mensch für die Sowjet-Union. Deshalb sind aber Oppenheimer, Thomas und Heinrich Mann noch lange nicht »politisch« gewesen. Ich habe einst gedroht, die Frankfurter Redaktion in Brand zu stecken, weil man meine leidenschaftliche Begeisterung für Tretjakows *Brülle China* (von dem ich nichts wußte) nicht Komma für Komma drucken wollte.
Heute brauchen die Literaten die von Gewissensbissen gequälten Piloten und Atomphysiker. Die Unruhe über ihre eigene politische Untätigkeit beruhigen die Dichter und Denker, indem sie Kitschgeschichten hinmalen (ich habe Sympathie für Kipphardt). Ein guter Teil der ebenso aggressiven wie vagen Kul-

tur-Kritik (nicht Kritik einzelner Fälle!!) stammt aus der Einbildung, daß man was tut, indem man mit der Schreibfeder recht unverbindlich fuchtelt. Die Anklage auf »Selbstentfremdung« erklärt nicht, tut keinem weh, ist ganz risikolos ... und gibt heute jedem Staatsanwalt in Sachen Unkultur die Weihe des Höheren. –

An Marcel Reich-Ranicki 31. 12. 1964

Lieber Herr Reich-Ranicki:
nachdem ich ein ganzes Jahr gegrollt habe, [...] weil mich so viele Falsifikationen aufbrachten, lese ich am letzten Tag den ersten Absatz Ihres Kesten-Artikels – und schöpfe etwas Mut. Ich selbst habe Kesten abgelehnt, über die *Briefe* zu schreiben. Sie haben die Gelegenheit benutzt, um ein Unrecht gut zu machen. Mich freut, ganz unabhängig von Kesten, der ein fröhliches Temperament hat, um den man sich keine Sorgen zu machen braucht, daß eben einer wirklich aus der Reihe tanzt. Das schreibe ich Ihnen, weil ich jetzt denken kann: vielleicht gibt es doch etwas mehr Unabhängigkeit, als ich denke.
Das würde ich alles detaillierter sagen, wenn wir sprächen.
Da ich ein Privater bin, werden Sie verstehen, daß ich Ihnen für 1965 ein möglichst angenehmes Privatleben wünsche.

Ihr
Marcuse

Marcel Reich-Ranicki an L. M. Hamburg-Niendorf
26. Januar 1965

Lieber, verehrter Herr Marcuse,
mit Ihrem Brief vom 31. Dezember haben Sie mir eine große Freude bereitet. Ich kenne Kesten nicht, was ich übrigens bedauere. Seine Artikel und Äußerungen haben mich oft geärgert, weshalb ich es für richtig und nötig hielt, gegen manche seiner

Methoden und Thesen zu polemisieren – was ich 1960 in der ›Welt‹ und 1961 in der ›Zeit‹ getan habe. Und außerdem noch in meiner *Deutschen Literatur in West und Ost.* Aber was immer man Kesten vorwerfen muß – dieses Kesseltreiben, das gegen ihn nahezu organisiert wurde und in das er freilich nicht ohne eigene Schuld geraten ist, war, jedenfalls für mich, nicht mehr erträglich.

Sie schreiben, nach meinem Artikel seien Sie zum Ergebnis gekommen, es gäbe vielleicht doch etwas Unabhängigkeit in diesem Lande, in dieser Presse. Ach, lieber Herr Marcuse, ich glaube, es ist gar nicht so schwer, in diesem Lande ein unabhängiger Schriftsteller oder Journalist zu sein. Und man braucht hierzu nicht einmal viel Mut. Das Schlimme ist nur, glaube ich, daß die meisten Schreiber sich nicht einmal zu diesem bißchen Mut und Risiko entschließen wollen. Sie sind frei, aber machen von ihrer Freiheit kaum Gebrauch. Das ist das ganze Unglück. Aber Sie wissen es ja besser als ich.

Ihre Artikel lese ich immer und sehr aufmerksam: oft mit Zustimmung, manchmal mit Verwunderung, aber immer mit Vergnügen und Gewinn. Seien Sie auch sehr herzlich bedankt für den Artikel, den Sie vor einem Jahr über mein Buch geschrieben haben. Er hat mich außerordentlich gefreut.

Mit besten Wünschen und Grüßen

Ihr Marcel Reich-Ranicki

Henry Miller an L. M. 8/3/65

Dear Dr. Marcuse –

I just finished reading the British edition of *Obscene* – a lot easier for me than the German one. (Though I think the translation is weak and faulty in spots – and quotations from my work inaccurate occasionally.) However – a remarkable *oeuvre.* Dynamite. Particularly where my work is concerned. Will it ever be published here in the USA? I recommended it to the Grove Press when it came out in German, and now once again. We need books like yours more than ever. Are you well again?

Cordially,
Henry Miller

Erika Mann an L. M.

Kilchberg am Zürichsee
z. Zt. Leukerbad VS
13. August 1965

Cüse, Liebster, –
schnellschnellschnell das Folgende:
Im Brief an Dich vom 17. April 1954 dankt der Z. Dir für »das Schopenhauer-Citat«. Er fügt an: »Der Alte geht ein bißchen weit. Daß ›außerhalb jener Jahre‹ kein Weib den Mann reizen kann, ja seinen ›Abscheu erregt‹, ist kühn behauptet.«
Wie, um Gott, lautet das betreffende Zitat? Und genau wo steht es?
Embracements, wie Alma selig zu telegraphieren pflegte.

Die Deine und Eure:
E.

An Dieter E. Zimmer

14. 8. 1965

Lieber Herr Zimmer:
1. wegen Deschner: sollte ich nicht auch die Abbreviation des dicken Buchs haben, die inzwischen herausgekommen ist? Und ist nicht inzwischen auch eine neue Deschner-Attacke herausgekommen? –
2. Schon vor Wochen las ich *Ein Hundertdollar Mißverständnis*, das im Herbst kommt und mir soviel Vergnügen gemacht hat, wie kaum ein anderes Buch in letzter Zeit. Ich ließ mir auch den englischen Text von Ledig kommen ... und finde die Übersetzung, die hier eine große Rolle spielt, herrlich. Das wäre was für mich. –

Im übrigen schreibe ich Ihnen nun (nach Ihrem Urlaub) von Zeit zu Zeit, was mich aus irgendeinem Grunde lockt. –
Heute nur noch der Rat eines alten weisen Juden: nehmen Sie in die Ferien keine Arbeit mit ... auch keine Pflicht-Lektüre! Lesen Sie nur, was Sie auch lesen würden, wenn Sie keine Literatur-Gaurisankars zu erklimmen hätten!
Bleiben Sie gesund und erholen Sie sich! Ihr

Marcuse

An Erika Mann 15. 8. 1965

Erikissima, liebster aller Störenfriede:
als gelernter Defaitist, als ungelehrtester aller Gelehrten hast Du mich zunächst in tiefste Verzweiflung gestürzt – mitten in der Arbeit.
Nun habe ich glücklicherweise in meiner winzigen Bibliothek zwei Schopenhauer-Ausgaben, darunter die große mit meinen Strichen.
Also *Welt als Wille und Vorstellung. Band II. Ergänzungen zum Vierten Buch Kapitel 44: Metaphysik der Geschlechtsliebe.* Das ganze Citat:
»Die oberste, unsere Wahl und Neigung leitende Rücksicht ist das Alter. Im Ganzen lassen wir es gelten von den Jahren der eintretenden bis zu denen der aufhörenden Menstruation, geben jedoch der Periode vom achtzehnten bis achtundzwanzigsten Jahre entschieden den Vorzug. Außerhalb jener Jahre hingegen kann kein Weib uns reizen: ein altes, d. h. nicht mehr menstruiertes Weib erregt unsern Abscheu. Jugend ohne Schönheit hat immer noch Reiz; Schönheit ohne Jugend keinen«. –
Ich habe mich totgelacht! Abgesehen davon, daß »der Alte« ein kauziger Pedant war, war er doch der Einzige. Der große Hegel und der kleine Schleppenträger Adorno sind dagegen doch nur feige Theologen. –
Wenn Du keine Zeit hast, und es ist auch nur eine leise Besserung

da – bitte doch Deine liebe Mutter, mir eine Postkarte mit zwei Sätzen zu schreiben.
Alles Liebe von Sascha und Deinem, herzlich an Dich denkenden
Marcuse

An Marcel Reich-Ranicki 16. 10. 1965

Lieber Marcel R-R:
herzlichen Dank dafür, daß Sie a: an mich so freundlich gedacht haben, b: daß Sie mir ein so nützliches Buch gesandt haben (Gratulation zum ausgezeichneten Titel; Ihr Nachwort habe ich noch nicht gelesen).
Schade, daß es nicht etwas früher kam. Dann hätten Sie drei Briefchen erhalten: einen, nach Ihrem Artikel über unser aller Uwe; noch einen, nach Ihrem Artikel über unser aller Peter; den dritten, nach der Verkündung von Heym, »drüben«: er lebe, als Freier unter Freien, während wir dem »Markt« unterjocht sind. Drei waren Ihnen zugedacht, leider nur gedacht. Sie sehen aber, Sie haben an mir einen stürmischen Leser.
Wann führt Ihr Weg Sie und Ihre liebe Frau wieder einmal unseres Wegs? (Würde Jens diese Konstruktion zulassen?)
Herzlichst für Sie beide
Ihre Sascha und Ludwig Marcuse

Hermann Kesten an L. M. München
17. XI. 1965

Lieber Freund Marcuse,
entweder ich bin blind für Ludwig Marcuse voreingenommen, oder Ihre autobiographische Skizze, *Eine erste Liebe wird untersucht* ist wirklich so ausgezeichnet, wie sie mir erscheint. Mit Beschämung denke ich daran, wie blaß mein eigener entsprechender Aufsatz für R. Neumanns Anthologie mir im Vergleich mit dem Ihren vorkommt.

Ihre Tiefseeforschung in die Geheimnisse der Ernsten (sic) Liebe ist so exakt und guten Willens geschrieben, so überzeugend – sie klingt so wahrhaft, daß Ihr Beitrag ohne Zweifel einer der besten Beiträge von Robert Neumanns Sammlung sein wird. Meine Glückwünsche und die herzlichsten Grüße an die liebe Sascha und Sie von Toni und Ihrem ergebenen

Hermann Kesten

Beiliegend Ihr Manuskript

Hermann Kesten an L. M. New York
13. Februar 1966

Lieber Marcuse,
vielen Dank für Ihren guten Brief vom 2.2.66. [...]
Ihre Roth Theorie ist sehr interessant, aber freilich nicht die meine. Mir scheint, der Roman ist fertig, und infolge des Stoffes, einer der interessantesten Romane von Roth. Ich schrieb über ihn für den ›Spiegel‹.
Mein Roman muß wohl dieser Tage in Ihre Hände kommen. Ich bin sehr neugierig, was Sie mir darüber schreiben werden. Und eventuell auch andern?
Ich bin betrübt, daß Sie – beide? – von Krankheiten geplagt werden. Geht es Ihnen besser? Und gut?
Ich habe soeben die Briefe von Joseph Roth gelesen, und kommentiert, ediert, da ja Kiepenheuer & Witsch das Buch anfangs nächstes Jahr herausbringen will. Ich habe mich, nach langem Schwanken entschlossen, alles zu drucken, was da ist, ohne die geringste Zensur von mir aus zu üben.
Freilich gibt es Briefe von Roth, die man aus Furcht vor libel nicht, oder wenigstens nicht ohne Striche bringen kann. Diese Stellen, oder Briefe lasse ich weg. Roth ist in seinen Briefen, die er offensichtlich nicht zur Publikation verfaßt hat, zuweilen ungeniert, zuweilen beschimpft er Freund und Feind, am meisten sich selber, wie er es auch im Gespräch getan hat.

Ich habe schon in den wenigen Briefen, die ich im Band III der Werke Roths (Ausgabe von 1956) gedruckt habe, auch jene Stellen gebracht, in denen er sich schnöde über mich äußert. Solche Stellen wiederholen sich nun wieder in den Briefen, die noch nicht gedruckt waren, und die ich gleichfalls bringen will. Ebenso will ich auch ungeniert und unzensuriert alles noch so Ausfällige bringen, was er gegen andere Autoren schreibt, wobei zu sagen ist, daß er KEINEN seiner Freunde verschont. Soll ich Ihnen die paar Stellen zeigen, die von Ihnen handeln? Sind Sie in diesem Punkt empfindlich? Natürlich könnte ich auch die eine oder andere solcher Stellen streichen oder mit einem knappen Kommentar von Ihnen bringen, je nachdem wie es Ihnen richtig scheint. Ich brachte in den Werken Roths 1956 einen Brief, der ausfallend gegen Benno Reifenberg war, und den wir an Reifenberg schickten, worauf Reifenberg schrieb, er habe nichts gegen den Abdruck, was wir auch in den Fußnoten anmerkten.

Schreiben Sie mir bitte, lieber Freund, vor allem, wie es Ihnen beiden geht. Ich hoffe, ich sehe Sie beide im Sommer bei bester Laune und bei bestem Ergehen. Sind Sie bei einer umfänglicheren Arbeit?

Mit herzlichsten Grüßen von Toni und Ihrem Hermann Kesten
für Sie beide.

Hermann Kesten an L. M. New York
10. März 1966

Lieber Marcuse,
welche Überraschung, Grüße von Ihnen aus Tel-Aviv zu erhalten. Hat man Sie eingeladen? Wie gerne würde ich Ihre Eindrücke kennen. Ich glaube, es war Ihr erster Besuch in Israel? Die Stellen aus den Rothbriefen werde ich Ihnen gelegentlich durch den Verlag senden lassen.

Wenn Sie dazu kommen, meinen Roman zu lesen, so schreiben Sie mir auf jeden Fall Ihren Eindruck. Ich bin sehr neugierig, was Sie dazu sagen.

Wie lange waren Sie in Israel? Ich war nur einmal vier Wochen dort, 1950, Toni einige Male häufiger, da sie ja ihre Familie dort hat. Es ist ein schönes Land, wie alle Mittelmeerländer, voller Geschichte, die wie in den Wüstenländern ein wenig wie vorbeigeweht ist, ein ungeheurer Mischkessel von Menschen aus aller Welt, die unter dem Vorwand, daß sie Juden seien, sich dort zusammengefunden haben, um dort zu entdecken, daß eine neue Nation in keiner Hinsicht besser sein muß als diese alten Menschenkonglomerate, die man Nationen heißt. [...]
Ich schrieb zwar an Kiepenheuer & Witsch, mir Ihre Rezension von Roth zu senden, aber kein Verlag tut, was man ihn bittet. Natürlich bin ich neugierig, was Sie schrieben. Ich schrieb im ›Spiegel‹, was ich geschrieben hätte, wenn Roth noch lebte. Soviel Respekt habe ich noch vor toten Freunden.
Aber Sie haben ja schon zu Roths Lebzeiten ungeniert über ihn geschrieben. Ich erinnere mich noch, z. B. an Ihre *Hiob*-Kritik. Gestern hatte ich ein klein wenig Temperatur, schon las ich – zum Vergnügen *Bel-Ami* von Maupassant, und ein Dutzend Novellen, und – war enttäuscht. Ich hatte ihn nicht so vulgär in Erinnerung. Er ist gar nicht viel besser als etwa Hemingway. Vielleicht war aber die kleine Grippe schuld an meinem Mißvergnügen.
Schreiben Sie bald, insbesondere auch womit Sie sich literarisch vergnügen.
Lasen Sie die Spanien Artikel von Professor Golo Mann in der ZEIT ? Selten äußert ein deutscher Schriftsteller sein Mißvergnügen an der deutschen Exilliteratur so offen. Der arme Golo Mann ist mit einem eleganten Sprung von Genz auf Franco gekommen. [...]
Schon stand heute in der ›New York Times‹ ein Bericht, daß man 500 Studenten aus einem Kloster getrieben, angesehene Verleger, Maler, Dichter festgenommen habe, nahe Barcelona. Und Golo Mann sieht die fortschreitende Liberalisierung Francos. [...]

Hermann Kesten

An Marcel Reich-Ranicki 17. 6. 1966 (Tag der Deutschen Uneinheit).

Lieber Herr Reich-Ranicki:
à propos Roth – aus »privatem« (Anführungsstriche der Ironie) Grund; nur deshalb, weil kein Schriftsteller, dem ich begegnet bin, mich so fascinierte.
Sie verachten die Anekdoten (darüber mal ein Gespräch) und wollen Fakten. Hier eins. Roth begann nicht 1933 zu saufen, sondern einige Jahre früher: aus Gram über das Absinken seiner Frau. Vielleicht hätte er sich gehalten, wenn Hitler nicht gekommen wäre. Aber das ist kein Faktum.
Sie bedauern, daß zuviel Anekdoten erzählt und keine Werk-Analysen vorgenommen werden. Ich habe Doktor-Arbeiten über ihn angeregt; und dann kam immer wieder einmal eine über Kafka heraus. Immerhin bin ich froh, daß sich die kleine Untersuchung, die ich im Referat über den *Prophet* probiert habe, entscheidend mit Ihrer deckt. Sie fordern eine Roth-Biographie. Wenn ich nicht sehr irre, wird keine erscheinen; oder nur eine, die es vorgibt. Wahrscheinlich ist niemand da, der den Roth der ersten fünfundzwanzig Jahre kannte; sie waren entscheidend für sein Werk. Der Roth nach 1920 (gar nach 33) ist zwar in seinem Katholizismus und Austriazismus nicht schwer zu deuten ... aber diese Deutung wird sich ebensowenig durchsetzen wie (sagen wir) die rechte Interpretation von Heines Religion und Politik. Roth (und zum Beispiel Döblin) waren in ihren Metaphysiken und Politiken singulär; und sind nicht zu begreifen, wenn man allgemeine Vorstellungen, die mit den Lauten Christentum oder österreichischer Patriotismus einhergehen, unterschiebt. –
Eine gute Gelegenheit, Ihnen und Ihrer lieben Frau viele Grüße zu senden.

Ihr Marcuse

Max Brod an L. M. Tel-Aviv
22. 6. 66

Lieber verehrter Ludwig Marcuse,
Wir haben uns wirklich über Ihr Schweigen gewundert. Nun ist es ja erklärt –, aber in der Erklärung steckt auch wieder ein Rätsel. Was hat die hochweise Post veranlaßt, die Bücher zurückzusenden? Könnten Sie die zwei Bücher an meine Ferial-Adresse, am besten Bad Ragaz (Schweiz) Parkhotel Flora, absenden lassen? Dort bin ich vom 9. Juli bis 9. August. Sollten aber die Bücher hier einlangen, so werde ich dafür sorgen, daß sie beim Postamt abgeholt werden.
Herzliche Grüße Ihnen und Ihrer Frau senden Ester Hoffe und der Unterzeichnete, dem jetzt vor lauter Hitze die Arbeit zerrinnt. Aber bald bin ich in den Alpen.
Gutes Arbeitsklima innen und außen wünschend Ihr Brod

Sehr verehrter Herr Prof. Marcuse und Frau,
Ich lege einige der hier gemachten Photos bei und hoffe, daß sie Ihnen Freude machen und die Erinnerung an angenehme gemeinsame Tel-Aviver Stunden wachrufen.

Mit freundlichen Grüßen
Ihre Ilse E. Hoffe

Hermann Kesten an L. M. New York
27. Juni 1966

Lieber Freund Marcuse,
zuerst und vor allem meinen allerherzlichsten Dank für Ihre große und lange und freundschaftliche und wie ich annehme aufrichtige Rezension meines Romans *Die Zeit der Narren!*
Die ›Zeit‹ hat Ihren Artikel auch groß und schön, sogar mit einem Foto gebracht, und ich hoffe auf Ihren Artikel hin sind auch Bücher verkauft worden, zumindest haben mich mehrere deutsche Kollegen, zum PEN nach New York gekommen, darauf angesprochen.

Lieber Freund, wenn man in die »besten Jahre« kommt, schätzt man die Freunde doppelt, hängt an ihnen mehr als je, und weiß die Freundschaftsdienste zehnfach zu schätzen. Also nochmals allen Dank!

Ich hatte einen schlechten Winter, da meine Nichte das Unglück hatte, ein retarded child zu bekommen, wahrscheinlich weil sie während der Schwangerschaft German measles hatte, und das hat die ganze Familie niedergedrückt. Wie Sie mir so überzeugend in München bewiesen haben, vor diesem Restaurant Platzl, oder wie es heißt, das wir verschlossen fanden, ist man in der Jugend minder empfindlich als im Alter, insbesondere über das Unglück der andern. Wir sind nun wieder dabei, unsere Zelte abzubrechen, was stets einen melancholischen Anhauch hat. Omnia mea mecum porto, will sagen, wir haben nichts, und müssen alle halben Jahre das was wir nicht besitzen zusammenpacken, in Koffer, Schachteln, Einkaufsdüten, und in den Kellern meiner Schwester und eines Jugendfreundes der Toni verlagern. Bei solcher »Auflösung«, die ja den Staub der Jahre und Jahrzehnte aufwirbelt, macht man unwillkürlich Bilanz, und die Vergangenheit eines Autors wirkt vergilbt, Zeitungsartikel, die gelber als Herbstblätter wurden, verschollene Rezensionen, unerfreuliche Abrechnungen, Liebesbriefe vergessener Freundinnen, oder schlimmer noch, unmäßig gealterter Freundinnen, Fotos toter Freunde, bezahlte Rechnungen, verklungene Steuerbescheide, unwirklich gewordene Bankabrechnungen, und Bücher, Bücher, Bücher, die man noch vor zehn Jahren lesen wollte, noch vor fünf, vor zwei Jahren, und die man gar nicht mehr lesen, kaum mehr behalten will, und Zeitschriften, der ganze Plunder der Literatur, der ganze Abfall eines längeren Lebens, und wenn man wenigstens selber jung und munter geblieben wäre.

Sie machen mir in Ihrem Artikel ein Kompliment, das mich betroffen gemacht hat. Sie schreiben: Kesten, der Mann, der für Heiterkeit begabt ist. »Er hat dazu um so mehr Recht, als er gar keinen Grund hat.«

Mein Gott, ich saß immer am Abgrund, und lachte, wenn es mich schauderte. Ich lachte, statt in den Abgrund zu springen. Außerdem dachte ich immer, die einzige Grundregel des guten Benehmens vor Freunden sei, gute Laune zu zeigen. Vielleicht hatte ich wirklich keinen Grund, heiter zu sein. Ich meine, umso mehr sind wir zu rühmen, wenn wir uns heiter aufführen. Man macht es uns zuweilen schwer.
Höchste Zeit, daß ich endlich beginne, wieder Tragödien zu schreiben, wie ich es zuweilen in meiner Jugend tat.
Heute schickte mir Benno Reifenberg fünfzig Briefe von Joseph Roth, die eine ehemalige Sekretärin irgendwo in einem deutschen Wald aufbewahrt und nun wiedergefunden hat. Diese Briefe sind ein Segen für die Brief-Edition von Roth, da er da noch jung und charmant war.
Wie geht es Sascha und Ihnen? Was tun Sie im Sommer? Bleiben Sie am Tegernsee? Arbeiten Sie viel? Oder sinnen Sie nach?
Wir fahren mittags am 6. Juli mit dem Schiff LA FRANCE nach Le Havre, und sind am 11. Juli abends im Hotel D'Angleterre, 44 Rue Jacob, Paris 6^{e}, bleiben aber nur bis etwa 16. oder 18. Juli, dann wollen wir mit Freunden im Auto durch Frankreich fahren, und den August in Le Lavandou (Var) – nahe Sanary, in der Provence – verbringen. Dann über Rom nach Jugoslawien, wo wir Sperrdinars verzehren wollen, im Oktober wollen wir nach München, im November auf einem polnischen Schiff mit Sperr Zlotys nach New York zurückfahren.
Wenn es mir glückt, will ich einen neuen – HEITERN – Roman schreiben, und zwei Tragödien, eine moderne und eine historische.
Wenn Sie mir schreiben wollen: bis 6. Juli (das heißt, wenn Sie stante pede antworten!) in New York, vom 11.–16. oder 18. Juli: Hermann Kesten, poste restante, Poste Centrale, Paris, France. Danach am besten über Verlag Kurt Desch, Romanstr. 7, München 19.
Wir haben heute 98 Grad, sehr feucht, da bleibe einer munter! Auf dem PEN Kongreß diskutierte man einen Kanadier Marshall

McLuhan, der das elektronische Zeitalter spenglerisch durchforscht. Jaspers machte sich in Deutschland ein wenig unbeliebt. Toni und ich umarmen Sascha und Sie aufs Herzlichste stets

Ihr
Hermann Kesten

Marcel Reich-Ranicki an L. M. Hamburg-Niendorf
2. Juli 1966

Lieber Herr Marcuse,
ich habe mich aufrichtig gefreut, wieder von Ihnen zu hören. Allerdings hat mich der etwas gereizte Ton Ihres Briefes ein wenig verwundert.
Sie schreiben: »Sie verachten die Anekdoten und wollen Fakten.« – Keine Spur. Ich liebe Anekdoten. Ich will auch keineswegs Fakten statt Anekdoten, sondern Fakten *und* Anekdoten. Zu dem auffälligen Mangel an seriöser Literatur über ROTH sagen Sie entrüstet, Sie hätte schon vor Jahren Doktorarbeiten über ihn angeregt, doch seien immer wieder Arbeiten über den Kollegen KAFKA gekommen. – Na und? Da Ihr Ruf nach Dissertationen über Roth nicht viel zu bewirken vermochte (was doch nicht Ihre Schuld ist), darf vielleicht auch der Unterzeichnete auf diese Lücke der deutschen Germanistik hinweisen. Sie schreiben, eine Roth-Biographie werde nie erscheinen. Stimmt nicht. Zur Zeit arbeitet, wie ich neulich von ihm erfahren habe (nach meinem Artikel), Peter W. Jansen an einer Roth-Biographie. Es sei, schreiben Sie weiter, wahrscheinlich niemand da, der den Roth der ersten 25 Jahre kannte. Stimmt nicht. In den USA lebt der ausgezeichnete polnische Schriftsteller JOSEPH WITTLIN, der während des Ersten Weltkrieges mit Roth zusammen in Wien Germanistik studiert hat und später (ebenfalls während des Krieges) mit ihm zusammen im Militär war. Sie waren sehr befreundet. Wittlin, den ich Mitte Mai in New York gesehen habe, weiß natürlich sehr viel über Roth, hat jedoch über ihn lediglich

eine kurze Erinnerung veröffentlicht. Im übrigen: selbst wenn man über einen Autor und insbesondere seine Jugend relativ wenig weiß, bedeutet dies noch nicht, daß damit eine Biographie unmöglich gemacht wird. Sie haben doch auch ein Buch – und ein großartiges obendrein – über *Ignaz von Loyola* geschrieben.
Wie geht es Ihnen gesundheitlich? Ihre Artikel lese ich immer mit Vergnügen und mit Gewinn. Manchmal ärgere ich mich, manchmal freue ich mich, langweilen tue ich mich bei Ihnen nie.
Mit vielen sehr herzlichen Grüßen – natürlich auch von meiner Frau, die unverständlicherweise sehr viel Sympathie für Sie hat und für Ihre Frau – mit besten Wünschen und mit der dringenden Bitte, doch bald wieder von sich hören zu lassen.

Ihr ergebener Diener
Marcel Reich-Ranicki

An Marcel Reich-Ranicki 4. 7. 1966

Lieber Herr Reich-Ranicki:
ich schreibe nur wegen der 6 Worte noch einmal: »der etwas gereizte Ton Ihres Briefes«. Sicher haben Sie recht. Entschuldigen Sie. Ich bin in diesen Dingen ein ungeschickter Peter. Seit dreißig Jahren, seit vierzig predigen mir meine Freunde: schreibe keine Briefe! Also simpel: ich bin in keiner Weise gereizt – gegen Sie. Lange Ausführungen würden auf eine Selbst-Analyse im Allgemeinen, auf eine Darstellung meiner Beziehung zu Roth im besonderen hinauslaufen. Wozu? Im Gespräch wäre das was anders. –
Sachliche Gegen-Argumente möchte ich nicht vorbringen, um nicht das letzte Wort zu haben.
Wirklich ohne Koketterie: womit habe ich das verdient, daß Ihre liebe Frau für mich ist?
Alles Liebe von uns beiden für Sie beide Ihr sehr leicht (aber nicht gegen Sie) gereizter

Marcuse

Max Brod an L. M.

Bad Ragaz
30. Juli 1966

Lieber Dr. Marcuse,
Ihre 3 Bücher kamen knapp vor unserer Abreise in die Schweiz an. Die Autobiographie habe ich mitgenommen und selber viele erquicklich geisterfüllte Stunden mit Ihnen verbracht. Und mit Ihrer lieben Frau, deren Porträt zu den lebendigsten des Buches zählt (das auf so vielen Seiten springlebendig ist). Auch Ihren Vater, Ihre Schwester, Troeltsch, gemeinsame Freunde wie Manfred George habe ich klar vor Augen stehen, wie Sie sie unverwechselbar gezeichnet haben. Kurz, es war ein hohes Vergnügen, mit Ihnen, Ihren Gestalten, mit der ganzen höchst dramatischen Epoche (in litteris) beisammen zu sein. Daß ich in vielem nicht mit Ihrer Meinung übereinstimme, wußten wir schon. Doch daß ich in so vielem ja mit Ihnen übereinstimme, war mir eine Überraschung und Freude. Da ist vor allem Platon; dann die Abneigung gegen die Tyrannis in Ost-Europa; Novalis, die kämpferischen Romantiker (im Gegensatz zu den quietistischen) u.s.f., was wir gemein haben. Da ist allerdings ein Hauptpunkt, der unsere Differenz anzeigt: Nietzsche. Ich schätze ihn hoch als Lyriker – sein Gedicht *Es geht ein Wandrer durch die Nacht* in der grandiosen Vertonung Schönbergs gehört zum Unverlierbaren meines Daseins – seine Entdeckung Carmens, der großen deutschen Prosa z. B. Goethe, Heine – das alles und vieles mit bejahe ich. Nicht aber den Satz, daß jeder Krieg gerechtfertigt sei, schon weil er ein Krieg sei (sic fere), nicht die »blonde Bestie« und das dem Cesare Borgia gespendete Lob und »Du gehst zum Weibe etc.« und die »Herrenmoral«. Es ist schon kein Zufall, daß Mussolini und die Nazis für ihn schwärmten. Vieles wurde von ihnen mißverstanden – aber vieles auch richtig weiterentwickelt d. h. folgerecht. Im Ganzen halte ich ihn für ein Unglück. So etwa den Satz vom »Mitleid«, das »überwunden werden muß«. Dieser an sich zarte Mensch zwang sich eben zur Brutalität und nicht die Zartheit, sondern das Brutale hat man ihm abgeguckt. Mein Freund Anton Kuh pflegte zu sagen: »So

wie sich der kleine Moritz die Weltgeschichte vorstellt –, so ist sie«. Analog könnte man sagen: »So wie sich der Nazi die Parolen Nietzsches vorstellt, – so sind sie«.
Aber ich spüre, daß ich vom Hundertsten ins Tausendste komme. Daher enthalte ich mich, meinen Protest gegen Ihre Marx-Überschätzung in ähnlicher Weise zu entwickeln. – Dagegen freut mich unsere Übereinstimmung in der These, daß in eroticis der Dichter unbegrenzte Freiheit haben soll. Diese unsere Übereinstimmung schlägt sogar in meinem neuen Buch *Der Prager Kreis* (seine Korrektur hat nur einige Ferientage teils verschönt, teils lahmgelegt) die Welle der namentlichen Zitierung Marcuses, quasi als Eideshelfer. – Doch auch das ist ein weites Feld. Eine mündliche Auseinandersetzung zwischen uns wäre erwünscht.
Zum ganzen Monat August (vom 9. an) ist meine Adresse: Flims-Waldhaus, Hotel Schweizerhof. Ihnen und Ihrer Frau alles Gute wünschend, herzlich grüßend Ihr Max Brod

Sehr geehrter Herr Dr. Marcuse und Frau,
Von mir sehr herzliche Feriengrüße. Sind die Tel-Aviver Photos seinerzeit in Ihre Hände gelangt? Ihre Ester Hoffe

An Dieter E. Zimmer 2. 8. 1966

Lieber Herr Zimmer:
aus Mangel an freundlicher Natur habe ich mich der Lektüre ergeben. Hier eine kleine Herbst-Wunschliste.
1) *Briefwechsel Freud - Andreas Salome* (S. Fischer).
2) Koestler: *Der göttliche Funke* (hoffentlich citiere ich richtig, aus dem Gedächtnis).
3) Kurt Hiller: *Ratioaktiv.* Limes Verlag.
4) *Roth-Briefe* (Kiepenheuer & Witsch).
Ich weiß nicht, welche Bücher in Vor- oder Rezensionsexemplaren vorliegen. Jedenfalls bitte ich Sie um eine Zeile, welche Neuerscheinungen Sie mir zusenden wollen. –

Seit der *Blechtrommel* hat mir kein Roman so gut gefallen wie Zwerenz' *Casanova.* Leider habe ich ein Referat von 1 und einhalb Seiten bereits an ›Twen‹ geschickt, was Sie wohl hindert, noch einmal von mir eine längere Besprechung zu bringen. Sollte aber, was möglich ist, bei Ihnen eine Diskussion über dies Buch stattfinden, so beteilige ich mich gerne daran. Hoffentlich hatten Sie einen besseren Sommer als ich. Vielleicht komme ich im Herbst nach Hamburg. Unsere einzige Begegnung war doch nicht länger als siebenunddreißig Sekunden ... oder sowas.

Mit herzlichem Gruß Ihr Marcuse

Hermann Kesten an L. M. New York
23. Januar 1967

Lieber Freund Marcuse und liebste Sascha,
wir sind unruhig, weil wir von Ihnen so lange nichts mehr gehört haben. Wir würden uns sehr freuen, von Ihnen beiden zu hören. Wie geht es Sascha? Seid Ihr wieder beisammen in Eurer Wohnung. Wie geht es Ihnen und kommen Sie zur Arbeit?
Und was gibt es Neues auf Erden? Im Auftrag des Sender Freies Berlin, der einen der 150 Psalmen kommentiert haben will, las ich sie flüchtig alle, und bin wie in einem Meer des Jammers untergetaucht, was haben unsere jüdischen Vorväter alles mitgemacht, es ist ja nur Tränen, Schreie, Verfolgung, Feinde, Haß, Rache, und freilich eine großartige Sprachbegabung. Es muß, sage ich mir, glücklichere Völker geben, als wir es sind.
Aber welche sind es? Unsere Amerikaner? Unsere Deutschen? Wer weiß ein glückliches Volk, ein glückliches Land? Arkadien vielleicht? Ich sitze über meinem neuen Roman *Der Mann von sechzig Jahren,* und merke, das Schreiben wird mit den Jahren immer schwerer. Und es ist so schwer, munter zu bleiben.
Versuchen wir es trotzdem! Bitte schreiben Sie uns einige Zeilen.
Toni und ich umarmen Sie beide in alter und steter Freundschaft.

Stets Ihr
Hermann Kesten

Max Brod an L. M. Tel-Aviv
19. 2. 1967

Lieber Dr. Marcuse,
Ich habe jetzt Ihre beiden Bücher, den *bejahrten Phil-Studenten* und *Obszön* mit großer Anteilnahme und an vielen Stellen geradezu mit Begeisterung gelesen. Das letztere Buch bejahe ich durchaus, vielleicht mit Ausnahme des Kapitels über Miller, der mich öfters langweilt (vieles von ihm hat allerdings geradezu die Plastizität Flauberts, von dem er viel gelernt hat). Die radikale Skepsis des *Studenten* hat manchen Widerspruch in mir erweckt, aber was Sie beispielsweise über Schopenhauer, über Kierkegaard, Jaspers, *gegen* Heidegger auf Seite 230 oben sagen – und vieles andere noch unterschreibe ich herzlichst. Bleibt der Konflikt um Nietzsche, dem Sie mit Ihrer geistigen Deutung einen Sinn geben (dem Nietzsche – meine ich), den ich aus seinem Werk nicht herauslesen kann. Ist es nicht eine *Schwäche* eines Philosophen, wenn er so radikal »mißverstanden« werden kann wie N. von Mussolini, Hitler und zahllosen Literaten, z. B. von mir)? Soll ein Philosoph nicht klar sein? Schopenhauer und Voltaire wurden wütend angegriffen, aber so ganz ins Gegenteilige mißverstanden wie (nach Ihrer Deutung) Nietzsche wurden sie keineswegs. Man griff schon an, was sie meinten. Nicht, was sie *nicht* meinten. Doch ich will Sie mit meiner alten Allergie gegen die »blonde Bestie« und die »Peitsche«, die man zum »Weibe« mitbringen soll, nicht langweilen – fürchte ich doch ohnehin, daß mein etwa vor 1 Jahr abgesandter Brief, in dem ich für Ihre Biographie dankte, wegen meiner Nietzsche-Polemik unbeantwortet geblieben ist. – Haben Sie überdies bemerkt, daß ich Sie auf Seite 91 meines *Prager Kreises* als Eideshelfer anführe? – Schreiben Sie mir bald ein paar Zeilen. Grüße an Sie und Ihre Frau senden I. E. Hoffe und

Ihr Brod

An von Hofes Bad Wiessee
21. 2. 1967

Sascha starb gestern Nachmittag: ohne Schmerzen, ohne daß sie wußte, was ihr bevorstand. Ich danke Euch von tiefstem Herzen für die Freundschaft, die Ihr ihr erwiesen habt. Ich habe das Beste verloren, was in meinem Leben war.
Bitte ruft nicht an. Ich kann nicht sprechen. Ich schreibe, sobald ich kann

Immer Euer
Marcuse

An Max Brod 22. 2. 1967

Lieber Dr. Brod:
meine Frau ist nach 9 Monate Kranksein gestern gestorben. – Aber ich will Ihnen doch sagen: daß Ihr heutiger Brief ein hinreißendes Zeichen Ihrer Güte ist. Nachdem ich den lieben Brief vom letzten Sommer und zwei Bücher-Sendungen nicht beantwortet habe, wäre jeder andere sehr irritiert gewesen. Sie sind eine liebenswerte, vorbildliche Ausnahme.
Herzlichen Gruß, auch für unsere damalige Gastgeberin (ich bin schlecht im Aufbewahren von Namen)

Ihr Ludwig Marcuse
der das letzte verloren hat, was in seinem Leben war.

An von Hofes 25. 2. 1967

Meine Lieben:
das ist der erste Brief, den ich schreibe. Und ich kann niemand benachrichtigen. Ihr könnt es Freunden sagen – wie Ihr es für richtig findet. Hier habe ich keine Annoncen aufgegeben. Ich bin am liebsten allein. –
Montag Nachmittag ist sie gestorben. Donnerstag war die Beer-

digung. Nur Dr. Pilmes war mit mir. Ich habe ihn gebeten, dafür zu sorgen, daß niemand dabei ist. Selbst Frau Schindler, die aus Freiburg sofort herüberkam, habe ich gebeten, mich allein zu lassen. Das Sanatorium und Pilmes haben alles so arrangiert, daß ich überhaupt nichts machen mußte. Zehn vor 4 holte mich Pilmes ab, um einhalbfünf war ich schon wieder in meinem Zimmer, trotz katholischen Pfarrer und drei Chorknaben.

Es begann vor 4 Jahren. Damals entdeckte man ein verdächtiges Röntgenbild, eine ungeheure Geschwulst (Darm), aber keine bösen Zeichen. Dann ging sie zu Nissen nach Basel (Dr. Wolff schrieb: entweder Amerika oder Nissen); und N. sagte nach seiner ersten Operation: es wären Chancen da; er könnte aber nichts versprechen. Nach der letzten (etwa im Mai) war sein Optimismus bereits sehr gedämpft. Nach einer Untersuchung in München, im letzten November: hoffnungslos.

Pilmes schwor mir: auf keinen Fall Schmerzen, auf keinen Fall wird sie etwas ahnen. Daran arbeiteten wir: mit Macht. Ich log und log und log. Zweimal wäre es beinahe durch Hollywood (natürlich nicht durch Sie) herausgekommen. Von mir wußte es (außer den Ärzten) nur Sie (Szczesny sagte ich es im November, als es hoffnungslos war).

Pilmes sagte: sowas hat er noch nicht erlebt. Herz glänzend, Kreislauf glänzend, Lunge glänzend ... sie hatte noch für dreißig Jahre Leben in sich. Tanzte mit mir noch eine Woche zuvor im Zimmer, als Walzermusik durchs Radio kam. Hat immer wieder von Euch gesprochen, den Jungen ... jeder Brief und jede Ansichtskarte: Anstoß für lange Unterhaltungen. Sie hat das Leben geliebt. Habe ich Euch gesagt: Ihr Lieblingswort Together. Sie war, lieber Hofe, genauso wie zur Zeit, als Sie sie kennengelernt haben. Kein Todeskampf. Frau Dr. Schlag saß dabei. S. hat ganz schwach zum Schluß im Schlaf gelächelt.

Bitte, bitte bedauert mich nicht. Der Weg ist nicht mehr lang. Sollte ich kräftig genug sein, komme ich auf eine Woche zu Euch.

Alles Liebe Euer

Marcuse

Max Brod an L. M. Tel-Aviv
1. III. 1967

Lieber guter Professor Marcuse,
Als ich Ihren Brief in der Hand hielt, mußte ich ihn mehrmals hintereinander lesen. Etwas in mir wehrte sich, ihn zu verstehen. Ich bin tief erschüttert. Ihre Frau war uns beiden, sowohl Frau Ilse Ester Hoffe wie mir, unendlich sympathisch. Sie machte auch den Eindruck vollkommener Gesundheit. – Wenn Sie etwas gefaßter sein werden, wollen Sie uns, bitte, wieder schreiben. Bis dahin sind unsere mitfühlenden Gedanken immer wieder bei Ihnen. Wir wünschen aus ganzer Seele, daß Sie diesen schweren Verlust so gut als irgend möglich überstehen mögen.

Mit Freundschaftsgrüßen
die Ihren
Ihre Ester Hoffe und Max Brod

An Harold von Hofe 13. 3. 1967

Lieber:
[...]
Habe hier einen Flugzeug-Zettel, wo ich nur einmal umzusteigen brauchte:
Ab München: 8 Uhr
" London: 12 Uhr 45
An Los Angeles: 16 Uhr 15 (ich nehme an, das ist Münchener Zeit.)
Frage: würde (schweren Herzens) Erster nehmen: wenn ich dadurch schneller durch die Sperren käme ... und viel mehr Platz hätte (etwa: einzelstehender Stuhl, der in jede Lage gebracht werden kann; auch waagerecht). Essen, Bar, Luxus interessiert mich nicht. Was meinen Sie? –
[...]
Lieber: hoffentlich sehe ich Euch noch. Ich habe keine Kraft mehr. Vielleicht sollte ich das nicht schreiben. Vielleicht bin ich

immer nur zu sehr verwöhnt worden ... und das rächt sich jetzt. Es fehlt mir am Willen weiterzumachen. Plötzlich geht mir auf, daß meine Jahre in Deutschland ein einziges Scheitern waren. Aber was ist schon Scheitern? Ich kann mich vom Tod nicht frei machen. Von Sascha schreibe ich nichts. Vielleicht rede ich: sollten wir noch einmal zusammenkommen.
Alles Liebe für Euch

Euer Marcuse

Hier sehe ich niemand – nur bisweilen Szczesny. Sitze den ganzen Tag in meinem Zimmer. Gehe ab und zu zu den Ärzten und Schwestern und rede über Sascha.
Frau Pilmes hat mich für jeden Mittag und jeden Abend eingeladen. Ich habe sie sehr lieb – aber bin am liebsten in meinem Zimmer, allein.

An von Hofes 17. 3. 1967

Meine Lieben:
Dank für Eure lieben Briefe. Im Moment bin ich noch zu aufgeregt, um zu fahren. Szczesny will mich über das Ostern-Wochenende mitnehmen, irgendwohin. Donnerstág 30. März muß ich hier sein, amtlich, wegen Nachlaßgeschichten in Tegernsee. – Mein Plan: wenn ich imstande bin, in der ersten April-Woche zu Euch zu kommen. Am liebsten, wenn es das gibt: München–Zürich–(non stop)Los Angeles. Einmal muß ich sowieso von München her umsteigen.
Weiß nun nicht: sind erster Klasse auf allen Air-Lines gleich. Habe mal gehört: es gibt Einzelsitze, die man sogar in die Waagerechte bringen kann. – Könnte auch zweiter Klasse nehmen, wenn die Air-Line darauf eingeht, mir einen Platz zu reservieren: Fenster erste Reihe Tourist, auf der Seite, wo nur zwei Sitze sind.

Da ist nämlich viel Platz davor. Vielleicht ist das zu erreichen, wenn das Sanatorium Jägerwinkel darum bittet. Aber ich weiß nicht, ob sowas prinzipiell gemacht wird. Wenn es von Ihnen eingeleitet oder wenigstens festgestellt würde, wäre es mir das Liebste. Sagen wir: ab zweiten April. –
Ich kann Euch nichts über mich schreiben. Ich komme nicht hoch. Gestern hat mich Pilmes kommen lassen. Gespräch: mündlich! Er gibt sein Bestes. Und ich vertraue ihm, weil er das alles meisterhaft gemacht hatte: mit Klugheit und auch mit Glück. Er sagte: es hätte recht schlimm kommen können. Das ist das Einzige, was mich ein bißchen ermuntert. Vielleicht werdet Ihr mich nicht verstehen: man kann mit dem Tod nur koexistieren, wenn man keine Zeit für ihn hat. –
Sagt niemand, daß ich komme. Ich gehe hier nicht ans Telefon, beantworte keine Briefe und habe noch niemand gesehen: Mit Ausnahme von Szczesny, den Pilmesses und den Kranken-Schwestern, zu denen ich zweimal täglich gehe, zur alten gewohnten Stunde. –
Dank für jede Zeile. Besuch, den Ihr diesen oder jenen Abend haben werdet, stört mich überhaupt nicht. Ich kann doch in meinem Zimmer bleiben.

M.

Hermann Kesten an L. M. New York
14. IV. 67

Lieber Freund Marcuse,
ich würde gerne von Ihnen hören. Schreiben Sie mir bitte eine Zeile. Sind Sie noch in Wiessee, und wie lange wollen Sie dort bleiben?
Wir möchten Sie gerne wiedersehen.
Am 24. Mai wollen wir mit der Batory, einem polnischen Schiff, nach Europa fahren, vielleicht 2–3 Wochen in Polen bleiben, und dann nach Rom fliegen. Im Herbst will ich für einige Zeit nach München kommen.

Ich hatte keinen guten Winter und habe infolgedessen auch nicht allzuviel gearbeitet.
In Vorgänge 2/67 las ich Ihren Aufsatz *Böse Nachrufe*, und bin ganz mit Ihnen einverstanden.
Wir haben diesen Winter ein sehr einsames Leben geführt, was man ja in New York, wenn man nur will, sehr leicht tun kann. Nur mit Landshoff, der ja periodisch in New York auftaucht, waren wir einige Male zusammen.
Die deutschen Zeitungen und Zeitschriften habe ich diesmal auch recht wenig gelesen, plötzlich ödet mich diese Lektüre an, es hat so etwas Muffiges, Altbackenes, und déjà vu mäßiges, kaum kenne ich noch den Fortschritt und die Reaktion auseinander, seit sie in innigster Koalition sind, der Springer druckt den Augstein, der Wehner versteht sich mit dem Kiesinger so gut, der Kiesinger besucht die Akademiesitzung in Köln, vielleicht wird er auch noch mit der Zeit Präsident der Darmstädter Akademie. Eben las ich einen Artikel, in the New York Review, einen Vietnam Bericht der Mary McCarthy und einen Artikel in der New York Times wie das Establishment die Anti-Poverty Campagne übernommen hat, business as usual, hier wie dort, und LSD und Haschisch als Opposition zum Establishment. Da frage ich mich, zuweilen, wenn ich in New York bin, wozu ich nach Europa fahre, und in Europa, was ich eigentlich in New York sehn will.
Schließlich lese ich die Bibel, um den Fortschritt zu erkennen, früher dachte ich, wenigstens sind die Menschen amüsant, sind sie es?
Dieser Tage las die Marie Luise Kaschnitz hier im Goethehaus, wir kennen sie von Rom, sie hat eine hübsche Tochter, unverheiratet, Mitte dreißig oder so, und sie las, und ich leitete sie ein, und rühmte sie mündlich, was sonst soll man mit lebenden Dichter-Freunden tun?
Es wäre gut, wenn ich noch eine Nachricht von Ihnen erhielte, bevor ich New York verlasse, vielmehr meine »Zelte abbreche« hier, was wir ja immer wieder tun müssen, da wir ja alles einpak-

ken müssen, und unser Hotelapartement aufgeben, »bis zum nächsten Mal«!
Toni und ich umarmen Sie herzlich stets Ihr alter

Hermann Kesten

Hermann Kesten an L. M.

New York
3. Mai 1967

Lieber Freund Marcuse,
Dank für Ihre Postkarte vom 24. April. Ohne Nachricht von Ihnen war ich schon unruhig. Und bin unruhig, mit Ihrer Nachricht.
Ich verstehe, warum Sie nicht nach Kalifornien zurückwollen. Sollten Sie nicht auch von Bad Wiessee weggehn?
Gehn Sie doch für eine Weile, wo Sie noch nicht waren, zum Beispiel nach Rom? Oder Zürich? Oder London?
Natürlich lenkt einen die Arbeit ab, wenn man arbeiten kann. Nicht einmal auf sich selber kann man sich verlassen. Wenn man seine spielende Vernunft am dringlichsten bräuchte, verläßt sie einen.
Ich hatte einen tristen, ja öden Winter. Nun wollen wir am 23. Mai von Montreal nach Europa, für vierzehn Tage nach Polen, und dann Mitte oder Ende Juni nach Rom.
An sich habe ich keinen Grund, hierhin oder dorthin zu gehn. Nach Polen führt mich mein Schiff, und mein Konto untransferabler Zlotys, nach Rom eine Gewohnheit. Ich hätte ein Buch schreiben wollen, und habe es nicht getan.
Wenn es Ihnen möglich ist, schreiben Sie mir zwei Worte. Noch hierher, falls es mich vor dem 23. Mai erreicht. Jedenfalls halten Sie mich mit Ihrer Adresse auf dem Laufenden, damit wir nicht eventuell aneinander vorbeifahren. Wir würden Sie gerne sehn. Vielleicht in Rom?
Wir sind wahrscheinlich am 17. Juni in Rom, mit einem Flugzeug der polnischen Linie Lot, und steigen im Albergo Nazio-

nale piazza di Montecitorio ab (falls wir nicht doch für eine Woche erst nach Prag gehen, wo ich zuletzt mit Walter Landauer war, 1931) und dann nach Rom, wo wir einige Wochen bleiben wollen. Was wir dann tun oder vorhaben, wissen wir noch nicht. In USA spürt man von Tag zu Tag, wie der Krieg von Vietnam, der an sich schon unmenschlich ist, die Atmosphäre von Amerika trübt und beschmutzt, kommandierende Generäle erscheinen als Helden vor dem Congress, Senatoren fürchten, daß man sie des Verrats bezichtigt, ich hoffe, in Europa besser atmen zu können, und zu arbeiten.
Schreiben Sie mir eine Zeile, bitte (oder mehr!)
Toni und ich umarmen Sie von Herzen

stets Ihr alter
Hermann Kesten

Hermann Kesten an L. M.

Saint-Malo
3. Juli 1967

Lieber Freund Marcuse,
Wir sind, aus Unentschlossenheit, und weil es nahe bei Paris ist, in Saint-Malo gelandet, für den Monat Juli, wo Chateaubriand geboren und begraben ist. Hier versteht man durchaus, daß sein großes Leiden die Langeweile war, die Angst vor dem Nichts. Ich ging auch hierher, weil ich noch nie in der Bretagne war. Nun weiß ich, daß ich ein Leben lang recht hatte, nicht herzugehn. Freilich ist es hier kühl und windig, Bäume und Blumen haben einen Seltenheitswert. Das Meer ist, wie die Prospekte sagen, durchaus smaragdfarben. Im übrigen sind die Bretonninen hoffentlich gute Frauen, denn hübsch sind sie nicht. [...]
Wir wissen noch nicht, wohin wir im August gehen. Hier ist es uns auf die Dauer zu kalt und öd. Die Zeitungen und der Kampf um Israel halten uns in Atem. Ich arbeite schwer und langsam. Ich sollte paar Aufsätze schreiben und kann mich kaum dazu entschließen. Dazu kommt, daß mich neuerdings die deutsche Zeitungsgeschichte (samt der deutschen Zeit-Literatur) so sehr

langweilt, als wäre ich ein Enkel von Chateaubriand oder ein Zeitgenosse von Moravia und seiner *La Noia.* Arbeiten Sie wieder? Sehen Sie Freunde? Bitte, schreiben Sie mir.
Toni und ich grüßen Sie herzlichst stets Ihr Hermann Kesten

An Erika Mann 16. IX. 1967

Erikissima:
[...]
Ach, könnte ich in einer Tarnkappe mit Dir ins Ulbricht-Land. Glaube nur noch an das, was ich persönlich erfahre. War vor zehn Jahren dort – unter dem Schutz von Barlogs Auto und Chauffeur. Erzähle Dir gelegentlich meinen Besuch bei Zweig. (Sein Sohn war vor einigen Wochen bei mir).
Von mir sage ich Dir nichts, weil Du soviel Erfahrungen hast, daß Du Dir die Situation konstruieren kannst. Auch vermeidet man, wenn man nicht darüber spricht, Dramatisierungen. Könnte ich doch das eine Buch, das ich zum Schluß noch schreiben möchte, schreiben. Aber mir fehlt's an Konzentration. So vegetiere ich dahin. Pilmes dringt auf Abwechslung; eine gute Therapie, nicht für mich. Liesl hatte mich für ein paar Tage nach Salzburg eingeladen. Ich war dort. *Sie* macht mir mehr Sorgen als er; sie fühlt sich nicht wohl. *(Aber das unter uns).* Er ist sehr schnell durch ein Gespräch zu beleben.
Grüße Deine liebe süße Mutter.
Ich hab' Dich lieb. Dein Marcuse

Robert Neumann an L. M. Locarno-Monti
27. 10. 67

Mein lieber Ludwig Marcuse,
ich habe ja selbst allerlei erlebt – ich verstehe die Tragik Ihrer Situation zutiefst (sie wird nur übertroffen von der Tragik von Frauen, die nach einem gemeinsamen Leben allein gelassen

werden und nicht, wie Sie, den Umgang mit eigenständigen Gedanken und einem neuen Buchplan zur Verfügung haben als ein Bollwerk gegen die Einsamkeit).

Wenn ich Ihnen einen Rat geben darf: verkriechen Sie sich nicht. Bleiben Sie nicht allein. Suchen Sie Kontakt mit Freunden. Auch Gespräche mit Freunden. Es ist sicher falsch, daß Sie in Wiessee sitzen bleiben, statt nach München zu gehen – oder auch hier herunter. Außer uns, die wir ja einigermaßen einsiedlerisch leben, haben Sie sicherlich noch einige Menschen, mit denen es sich ernsthaft sprechen läßt.

Ihr Buchplan ist faszinierend. Ich habe ein im Grunde ähnlich gelagertes Buch – eine Auseinandersetzung mit mir selbst in Form eines Tagebuches (Sie haben daraus eine Probe in der ›Zeit‹ gesehen) sozusagen fertiggestellt – wirklich fertig wird so etwas natürlich nie. Und ich habe in dieser mehrjährigen Arbeit doch die Erfahrung gemacht, daß ein Buch dieser Art eine Selbstanalyse ist, mit allen Befreiungseffekten, die wir aus der Psychoanalyse kennen – es ist der einzige Weg, sich selbst auf die Schliche zu kommen – und das ist ein großes Abenteuer im Geist.

Alles Herzliche, auch von Helga, auch von Ihrem jungen Freund, meinem Sohn,

immer Ihr
Robert Neumann

Rolf Hochhuth an L. M. Riehen bei Basel
12. 3. 68

Sehr verehrter Herr Professor Marcuse,

tatsächlich war ich nie auch nur in der Nähe Münchens, seit wir im Herbst telefoniert haben: sonst wäre ich bestimmt gekommen. Heute abend fahre ich nach Wien, wo Ernst Schröder am 16. den Churchill gibt – aber in München faßt man meine Sachen nicht mal mit Gummihandschuhen an, natürlich nicht.

Sie wollten mir den Daumen für Toronto drücken, aber als ich im Fernsehen, in diesem sehr matten Gespräch ankündigte, – es war

keine Lifesendung –, da waren Soldaten in Toronto längst über die Bühne gegangen, und ich hatte Glück. Ein 39jähriger spielte den Churchill so überwältigend, daß Kenneth Tynan mit Shumlin diese Toronter Inszenierung des Briten Clifford Williams (der schon den *Stellvertreter* in London inszeniert hatte) vier Tage später für den Broadway angekauft haben, am Freitag wurde der Vertrag unterzeichnet. Nur in englischer Sprache konnte nach dem Berliner Dünkirchen der *Soldaten* das Stück sich rehabilitieren. Die Londoner Times und Sunday Times waren gut, die New Yorker und News-Week unzitierbar schmeichelhaft – mit Deutschen, Ausnahmen wie Sie und fünf andere nicht so leichtfertig unter Deutsche gerechnet, habe ich kein Glück.
Sie haben vermutlich in der Weihnachtsnummer der ›Zeit‹ von Janssen den Bericht über die Diskussion mit den Berliner Studenten gelesen, Janssen zitierte am Ende, ich hätte gesagt, die Unsachlichkeit, der Fortschrittsfimmel der Jungen komme nur daher, daß sie den falschen Marcuse lese, den Herbert. Das habe ich gesagt, aber nicht, wie Janssen darstellt, traurig unter sechs Augen anschließend beim Bier – sondern öffentlich. Er hatte auch, er rief noch bei mir an, während er an dem Bericht schrieb, viel mehr von Ihnen bringen wollen, fragte genau, wo in *Pessimismus* dargelegt wird, wie die so hilfsbereite und sogar zukunftbildende »menschliche Anhänglichkeit« durchaus vereinbar ist mit der Einsicht, daß der Sinn des Lebens nur ein sinnvolles Wort ist, sich aber in Wahrheit nichts Sinnvolles aussagen läßt.
Ich für meine Person bleibe bei Ihrem letzten Kapitel – es hat wie eine Befreiung von meiner sehr lange währenden Pubertätsgrübelei auf mich gewirkt, hat vielleicht überhaupt erst ermöglicht, daß ich schrieb, erzählte, Szenen entwarf – statt zu philosophieren, wozu ich gar nicht den Kopf habe. Denn ich muß mit Burckhardt sagen, daß ich nie eines Gedankens fähig war, der sich nicht an Anschauung anknüpfen ließ. Und da sogar Bismarck es nötig hatte, sich zu zwingen, »ganz bewußt auf einer bestimmten Stufe meiner Entwicklung stehenzubleiben« – wie

käme ich noch dazu, »über« Ihr Geschenk: menschliche Anhänglichkeit hinausdenken zu wollen. Ich kaufte Ihr Buch 1953 in München, ungefähr um die Zeit – ich war 22 –, als mir die Erstausgabe (Luzern 1936) von Löwiths Burckhardt-Buch: *Der Mensch inmitten der Geschichte* in die Hände fiel und auch Lessings *Geschichte als Sinngebung*. (Als ich 1961 Cheflektor bei Rütten & Loening in Hamburg wurde, war mein erster Titelvorschlag dieser Lessing. Wir brachten ihn – nachdem wir ein halbes Jahr nach dessen Angehörigen gefahndet hatten, die niemals seit 33 auch nur versucht hatten, ein Werk des Vaters wieder aufzulegen –, ganz billig als Paperback für 9,80, aber kein Mensch kaufte das Buch. Von 50 Professoren, denen wir je ein Exemplar sandten, mit der Bitte um eine Besprechung oder einen Brief – antwortete e i n e r. Es war nicht nötig, daß Hitler Bücher verbrennen ließ – die Deutschen werden ohne Feuer fertig mit ihren Autoren.

Ich hoffe ja doch, daß wir uns einmal sehen in München. Ledig Rowohlt wird heute in London, Hotel Connaught, sechzig Jahre. Ich danke Ihnen, daß Sie mir schrieben so schwach auch die Fernsehunterhaltung war, weil ich zu müde bin, ich muß erst wieder ein neues Stück bearbeiten, wenn ich mich erholen soll. Ihnen sehr dankbar

Ihr Rolf Hochhuth

An Hermann Kesten 21. 3. 1968

Liebe Kestens:

Dank für den Brief. Wie es mir geht, wissen Sie ja: ich bin träge und maulfaul. A propos: »Mißbrauch von Vokabeln«. Mir scheint, daß die Vokabeln die Gedanken verdrängen: heute zum Beispiel: die Vokabeln »Repressive Toleranz«, »Glaubwürdigkeit«, »Establishment« ... Aber mich geht es nichts mehr an. Im Gegensatz zu Ihnen, der ein Springinsfeld ist, fällt mir das letzte Buch, das ich noch zu machen versuche in etwas leichter:

da ich völlig uninteressiert daran bin, wem es außer mir gefällt; und wenn es mir nicht ein bißchen gefällt, zerreiße ich es. Das können Sie mir glauben. – Hier: Schnee in Hülle und Fülle. Ich käme gern auf zwei Wochen nach Rom – aber bin meiner selbst nicht sicher. Wann ist es bestimmt nicht heiß? Ich brauchte ein unter allen Umständen kühles großes Zimmer mit Bad und Toilette in einem komfortablen Hotel. Ich wäre zu gern in Rom, wenn auch Sie dort sind. Vielleicht nach Ostern?
Die deutschen Intellektuellen leben von »Vietnam«. Was werden sie tun, wenn endlich dort Frieden sein wird? Dann gibt es immer noch Griechenland und die deutsche SPD.
Herzliche Grüße Ihnen beiden Ihr
Marcuse

An Klaus Hoppe 26. 3. 1968

Lieber Herr Doktor Hoppe:
Ich gratuliere herzlichst. Ich weiß von dem Beginn vieler deutscher Ärzte, die ich kenne, wie schwer dieser State Board ist. Gut, daß Sie es hinter sich haben.
Über meine Situation – nur die Erklärung, weshalb ich nichts über sie schreibe. Ich hasse Pathos und ohne dem ginge es bei der Beschreibung meines Schicksals nicht ab. Ich schreibe jetzt an meinem letzten Buch, das ich vielleicht noch zustande bringe – vielleicht! Es hat den unbescheidenen Titel *Nachruf auf mich*, das Manuskript wird von mir zerrissen, wenn es nicht mehr durchläßt als es üblich ist. –
Bei dieser Gelegenheit eine Frage: gibt es ein Lexikon der Psychologie (deutsch oder englisch): in dem (anläßlich von Stichworten wie Jähzorn, Ungeduld, Eifersucht etc.) 1) die besten Definitionen der Denker und 2) literarische Hinweise gegeben werden (also: bei Eifersucht Shakespeares *Othello*, natürlich auch weniger Selbstverständliches)?
Grüßen Sie Ihre liebe Frau recht herzlich. Auch Hacker und den

Papa und Stasi. Ja, in einem früheren Leben war ich auch mal in Los Angeles.
Alles Liebe, in der Hoffnung, daß Sie einmal auf einer Europa-Reise nach München kommen.

Ihr
Marcuse

Hermann Kesten an L. M. Rom
30. März 1968

Lieber Freund Marcuse,
vielen Dank für Ihren Brief vom 21. III. 1968. Die »repressive Toleranz« verdanken wir ja dem falschen Marcuse, der momentan weltberühmt ist. Ich habe mir ein Taschenbuch bestellt, um ihn zu lesen. Was ich über ihn gelesen habe, mißfällt mir freilich. Wann es in Rom »bestimmt« nicht heiß ist, weiß ich nicht. Bestimmt heiß ist es im Juni, Juli und August, insbesondere Juli und August. Jetzt haben wir 5–21 Grad Celsius, nachts 5 Grad, mittags 21 Grad. So könnte es eine Weile bleiben. Gegenwärtig ist es sehr schön, blauer Himmel, noch nicht zu viele Fremde. Was mich betrifft, so wollen wir in Rom bleiben, bis es heiß ist, also ich nehme an, bis Ende Mai. [...]
Unser Hotel liegt mitten im Zentrum des alten Rom, es hat also den Vorteil, daß man zu Fuß viel spazieren gehn kann. Wir freuen uns sehr auf SIE IN ROM!
Lassen Sie bald hören, was Sie beschließen.
Mit herzlichsten Grüßen von Toni und Ihrem

Hermann Kesten

An Kestens 23. 5. 1968

Liebe Kestens:
es hat alles denselben Grund: daß ich nicht schreibe, nicht nach Rom gekommen bin, nicht Ihr Buch gelesen habe (für das ich

herzlichst danke), daß ich Ihnen das »Nazi« Buch nicht geschickt habe, auch nicht meinen eben neu herausgekommenen alten *Börne* (wozu der Verleger erfunden hat, daß ich ihn überarbeitet habe – keine Spur): es hat alles denselben Grund: ich bin seit mehr als einem Jahr von solcher Trägheit befallen, daß ich kaum korrespondiere und kaum telefoniere und kaum Menschen sehe. –

Erwin Braun, der Rasierapparat und andere Elektrica Industrielle, der seit Jahren sehr nett zu mir ist, hat mich für Juli und August nach Sarten, südlich von Luzern eingeladen, wo er ein neues Unternehmen startet. Die von Hofes wollen, daß ich nach Kalifornien in ihr Haus komme. Aber ich bringe es zu keinem Entschluß: am ehsten kommt noch Braun in Frage, weil er mir seinen Wagen schicken will – ich kann meine Sachen für ein paar Tage da hineinwerfen ... das erfordert am wenigsten Aufwand. – Ja, ich schreibe täglich an meinem letzten Buch, aber zu mehr als zwei Stunden täglich bringe ich es nicht, obwohl ich Zeit in Hülle und Fülle habe. – Zoff kannte ich nicht. An seine Stücke erinnere ich mich nicht. Nur an seine Bearbeitung der *Freier* (Eichendorff). Gut kenne ich Marianne Zoff, welche die erste Frau Brechts war und jetzt die Frau von Theo Lingen ist. –

Die ›Deutschlandstiftung‹ ... das ist doch nur small fry. Mich interessiert viel mehr, wie die Professoren die Studenten aufhetzen – und sich drücken, wenn's brenzlig wird. Nieder mit den Professoren! Heute bin ich noch um einen Grad trauriger, weil de Gaulle wieder einmal gesiegt hat. Er ist unter allen zeitgenössischen Schädlingen der größte.

Alles Liebe für Sie beide

Ihr
Marcuse

Ich las viel über Ihre Aktivitäten im Schriftsteller Bezirk. Sie leben wirklich noch in Weimarer Zeit. Beneidenswert, daß Sie das können.

Robert Neumann an L. M. 10. 9. 68

Mein lieber Ludwig Marcuse,
Ihr Brief hat mich sehr bewegt – Sie sind mir auf dem Umweg über mein neues Buch gründlicher auf meine Schliche gekommen als sonst wer. Ich habe das Gefühl, daß Sie, so wie ich es getan habe, einen »zweiten Blick« auf Ihr eigenes Leben versuchen sollten. Ihr »erster« ist ja nun doch schon gute paar Jahre her und es ist erstaunlich, wieviel man beim zweiten, genaueren Hinsehen neu entdeckt – wieviel man anders sieht – und wie sehr einem diese Selbstanalyse hilft. Das kann man erst in unserem Alter – sagen Sie also nicht etwa, daß Ihnen dazu Kraft und Mut fehlen.
Thomas Mann, das stimmt leider so, jener Johstbrief liegt in voller Länge in Manns unnachahmlicher Handschrift vor, nicht einmal [...] Erika, die mir heftig übel will, bestreitet die Echtheit. Gewiß war Johst damals kein »Nazi« aber Mann schrieb aus der Atmosphäre des erzreaktionären Weimar hassenden München, in dem damals der frühe Nazismus geboren wurde.
Auch das »ich liebe Sie« steht in seiner schönen Handschrift völlig ungefälscht im echten Text.
Fassen Sie doch um Gotteswillen nicht etwa ernsthaft den Gedanken, etwas über mein Buch zu schreiben (was immer ein tüchtiger Verleger Ihnen in diesem Sinn nahegelegt haben mag). Was Sie darüber schreiben können, steht in Ihrem Brief, für den ich Ihnen noch einmal von Herzen danke. Auch Helga und Michael grüßen vielmals. Und wir drei bedauern es nur, daß Sie in diesem Sommer nun doch nicht in die Gegend gekommen sind.
Alles Herzliche wie immer Ihr Robert Neumann

Robert Neumann an L. M. Locarno-Monti
24. 9. 68

Mein lieber Ludwig Marcuse,
man darf nie die Flinte ins Korn werfen – aber wem sage ich das, und wie banal klingt es, und doch weiß ich, daß Sie verstehen,

wie ich es meine. Ich bin auf Ihren *Nekrolog* über die Maßen gespannt, und ist er noch nicht zum Drucker gegangen, so sehen Sie sich ihn doch jedenfalls darauf noch einmal an, ob es bei vollster Ehrlichkeit nicht vielleicht doch auch in den tiefsten Depressionen geheime Impulse zum Weiterleben von Tag zu Tag, von Stunde zu Stunde gibt. Davon ist in meinem Buch vielleicht zu wenig angedeutet oder es ist allzu sehr durch Extrovertes überlagert – aber ich kenne aus Perioden, da es mir ganz besonders mies ging, die Wichtigkeit des Sichfreuens auf die kleinen Dinge. Bauen Sie das doch in diesen Nekrolog ein – auch diese Elemente gehören in eine ehrliche Bilanz.
Was Sie über einen Antagonismus Leonhardts schreiben, ist ganz bestimmt ein Hirngespinst. Ich erinnere mich, erst kürzlich mit ihm über Sie gesprochen zu haben – er ist ganz sicher Ihr Freund. Genießen Sie diese schönen Herbsttage (ich hoffe, es gibt die auch bei Ihnen) und seien Sie vielmals, auch von Helga und Michael, gegrüßt.

Immer Ihr
Robert Neumann

P.S. Das mit dem Briefwechsel ist ein reizender Einfall von Ihnen – aber das wäre ja nur in der ›Zeit‹ möglich, und dort hat inzwischen Leonhardt ja sehr ausführlich geschrieben. Danke für den guten Willen, lieber Freund. *Bitte* machen Sie sich keine weiteren Gedanken darüber – das Buch ist ja jetzt tatsächlich schon in Schwung geraten.

An Kestens 15. 12. 1968

Liebe Kestens:
Dank für Ihren Brief. Von hier kann ich Ihnen nichts melden, da ich niemand sehe. Opapa Grass und Opapa Reich-Ranicki und viele Opapas Anfang Vierzig sind in Bierverschiß: die Szene beherrscht Handke und Peter Bamm und Ähnliches. Die Studenten

fressen einander auf. Es ist eine Frage der Zeit, wieweit von rechts und links, bedrängt, ein starker Mann auftritt. Dorsts *Toller* habe ich nicht gelesen. Er ist wahrscheinlich genau so eine »Kunstfigur« wie Brecht bei Grass.
Gerade schreibt mir List, wer schon die Fahnen haben soll? Da habe ich, weil ich kaum Namen nennen kann, Ihren mit hinauf gesetzt. Sie erhalten zur Zeit das gebundene Exemplar. List will es zu einem bestimmten Termin herausbringen. Er wird es wohl nicht schaffen. Mir ist es egal.
Die Heinrich Mann-Leute haben sich für Mittwoch angesagt. Hoffentlich irritiert mich das nicht zu sehr. Sie können sich wohl nicht vorstellen, wie man nach zwei Jahren fast völliger Einsamkeit ist. Wenn man sich Geselligkeit abgewöhnt hat, kommt einem die eigene Stimme vor, als käme sie tief aus dem Keller.
Ihnen beiden alles Liebe

Ihr
Marcuse

Sie waren fast der Einzige, der Augstein lobte. Ich habe das Buch nicht gelesen.

Hermann Kesten an L. M. New York
18. XII. 1968

Lieber Freund Marcuse,
vielen Dank für Ihren Brief vom 15. 12. 1968. Ich sehe mit Vergnügen, daß unsere hochmütigen »jungen« deutschen Autoren entdeckt haben, sie seien nicht unsterblich, wenn auch schon »Unsterbliche«.
Auf Ihr Buch freue ich mich, und will, wenn ich irgend kann, es irgendwo besprechen.
Wie waren die Heinrich Mann Leute?
Den Augstein lobte ich sozusagen in der Tradition des Lobes für meinen alten Freund Werner Hegemann, von dem Augstein viel gelernt und viel genommen hat. In Augstein rühmte ich also den

Hegemann. Indes hätte nur noch gefehlt, daß Augstein ein Exilierter gewesen wäre, dann hätten Sie erst einen Überfall auf ihn erlebt. Er sagt den Deutschen genug bittere Wahrheiten, um ihnen zu mißfallen.
Hier wütet die Hongkong Grippe, jeder fünfte liegt im Bett, und den Gipfel erwarten die Kenner erst für Januar. Was tun? Zu Gott beten. Aber gibt es wie den Jupiter Pluvius auch den Jupiter Grippius? Ich widmete ihm sogleich eine Ode.
Ich arbeite, und sehe New Yorker. New York gefällt mir immer wieder, wenn ich komme, und es gefällt mir, wenn ich abreise, das heißt ich reise gerne ab.
Bleiben Sie gesund. Toni und ich senden Ihnen our love and all seasons greetings.
Herzlichst einer Ihrer ältesten Freunde Hermann Kesten

Robert Neumann an L. M. Locarno-Monti
6. 3. 69

Lieber Ludwig Marcuse,
Bucerius schreibt mir eben: »Ich kümmere mich gern um Ihren Freund Belzner, weiß aber im Moment noch keinen Weg. Doch ich denke darüber nach. Wie kann man einmal Texte von ihm bekommen?«
Leider hat er Belzners Brief mit Anschrift dort behalten, so daß ich nicht seine Adresse weiß. Bitte veranlassen Sie ihn, an Bucerius direkt »Texte« nach seiner Wahl zu schicken. Ich erinnere mich ja doch auch aus früheren Jahren mindestens eines ausgezeichneten Romans von Belzner – und interessieren dürften Bucerius auch Kritiken neben sonstigem journalistischen Material. Ich freue mich sehr, daß sich das hoffnungsvoll anläßt – Bucerius ist ein sehr zuverlässiger Mann, der nichts in die Luft verspricht. Bitte, bestellen Sie Belzner meinen herzlichen Gruß.

Ihr
Robert Neumann

An Rudolf Walter Leonhardt 1969 [?]

Lieber Doktor Leonhardt:
Herzlichen Dank!
Ihre Kategorie »Ein Buch, nach dessen Lektüre man mehr weiß als am Anfang« ist vielleicht nicht nur für den Leser und für den Kritiker ein brauchbarer Maßstab – auch für den Autor: weiß er am Ende seines Buchs mehr? Schreiben kann auch erzwungene Konzentration sein, – und nicht nur aufs Schreiben: einer zu flüchtigen Erfahrung, einer zu luftigen Phantasie, eines obenhin Gedachten.
Damals, als ich Theaterkritiker war, teilte ich in der Pause neugierigen Bekannten meine Meinung mit. Am nächsten Tag beschwerten sie sich, daß ich etwas ganz Anderes hatte drucken lassen. Erst das Schreiben brachte an den Tag, was ich wirklich erfahren hatte. Sollte nicht jeder, statt zu beten und nachzubeten, andächtiges Schreiben lernen – von sechs ab.
Herzlichst Marcuse

Übrigens: das ist natürlich kein Leser-Brief ... wie kein Privates an einen Redakteur. Sagen Sie das bitte auch Herrn Zimmer – mit einem freundlichen Gruß. Schriftsteller sollten nur Leser-Briefe schreiben, wenn sie von »Fakten« zu sprechen haben, die keine sind. –

Friedrich Luft an L. M. Berlin
7. 3. 1969

Lieber Professor Marcuse,
Dank für Ihren Freundlichen vom 5. huius. Ich habe mir Ihre Meinung über den Shylock hinter die Ohren geschrieben, wenn ich gleich auch an meiner – in diesem Falle wirklich prinzipiellen Abneigung, das Stück schönen und wirren, heute zutiefst fatal gewordenen Theaterplunders überhaupt noch sehen zu wollen, – wenn ich also an der Neigung zur Abneigung festhalten muß. So

sehen Sie mich (vielleicht sehr töricht) stehen, ich kann nicht anders. Aber darüber können wir, sind Sie erst hier, ausschweifend schwätzen und streiten. Es ist ja ein so weites Feld, weil es so viele Kümmernisse und Verrenkungen des Jahrhunderts umfaßt ...

Zu den Tatsächlichkeiten:

1.) Unser Gespräch vor den Kameras wird, alles in Allem, nicht mehr als 2 Stunden, entweder an einem Vormittag, was mir lieb wäre, – oder auch an einem Nachmittag in Anspruch nehmen. Dann hätten wir's im Kasten. Bei unserer beiderseitigen Eloquenz und Neugierde bin ich sicher, daß es damit sein Bewenden hat. Ich habe nie einen längeren Termin in Anspruch genommen. Wir können uns das eben Aufgenommene gleich hinterher am Büldschürm ansehen. Wenn's ganz mies ausgefallen sein sollte, könnte man es wiederholen. Aber ich rate von solchen Versuchen ab. Die Jungfräulichkeit ist meist dahin – und wie die richtige garnicht reparierbar.

2.) Es gibt täglich mindestens 10 Flüge von München nach hier. Überfüllt sind sie nie. Nur die Air France hat First Class, fliegt aber auch dafür zur Strafe nach Tegel. Von dort wieder ist der Fahrtweg an den Kudamm leidig weit. Ich schlage wirklich vor in die Richtung Tempelhof mit der BEA oder Pan Am zu fliegen. Es dauert der Flug ja nur knapp eine Stunde. Hier würde ich Sie am Airport empfangen wollen und in Ihr Quartier geleiten. Kempinski ist ohne Zweifel primast; es wird da aber z. Zt. im Haus gebaut. Als ich gestern auf der Terrasse meinen Kaffee trinken wollte, fiel mir vor Lärm dauernd das Gebiß raus. Sind Sie so schrecklich lärmempfindlich wie ich, will ich gern ein anderes Quartier besorgen, – auf alle Fälle selber beim Portier darauf sehen, daß Sie nicht direkt über den Maurern quartiert werden.

3.) Den Termin unseres Rencontres teilt Ihnen der SFB mit.

4.) Big Lit.-Boss Reich-Ranicki soll uns nicht kratzen. Wenigstens nicht in diesem Zusammenhang.

Herzlich ergeben

Ihr
Friedrich Luft

An Richard Exner

Bad Wiessee
10. 3. 1969

Lieber Exner:
sehr erfreut über Ihren Brief. Sie wissen: ich schreibe nur für ein paar Leute. Wollen es mehr, um so besser. Aber ich lebe nur vom Echo einiger. Sie haben mehr von mir gelesen als sonst wer; und Sie kennen mich. Ihr Brief war eine von den wenigen Befriedigungen, die mir heutzutage noch zuteil werden. Schreiben Sie nach Herzenslust – ganz wie Sie Lust haben. Nur eins: einer der besten Kenner des Literaturbetriebs, Robert Neumann, sagt: lieber ein langer Verriß als ein kurzes Lob. Füllen Sie, wenn Sie nicht die Zeit haben, am besten Ihren to the point Bericht mit Zitaten auf ... auch damit das Honorar wachse. Ich habe viele, lange gute Kritiken bekommen. Aber nicht to the point. Die deutschen Schreiber sind nicht imstande, mitzuteilen, was in einem Buch steht. Beginn mit Seite 57 unten – gut: das nenne ich to the point. Zum ersten Mal, daß eins meiner Bücher etwas mehr in Bewegung setzt: ich merke es daran, daß die Sender des Fernsehens interessiert sind, auch an vielen Angeboten. Aber ich kann damit nichts mehr anfangen. Niemand glaubt mir, daß das mein letztes Buch ist. Die Leute können sich nicht vorstellen, daß man abtritt, ohne vom Tod gezwungen zu werden.
Freue mich sehr über Ihre Worte zum Thema Eva Hermann. Sie kann viel erzählen von uns. Grüßen Sie sie herzlichst. Anbei: die Inschrift. Freue mich für Sie, daß Waterman bleibt. Falls ich im April zu Hofes fahre, komme ich auch dort und bringe Waterman, falls er es möchte, ein Buch mit.
Anbei die kleine Widmung. Alles Liebe für Sie Vier

immer Ihr
Marcuse

Friedrich Luft an L. M.

Berlin
2. 5. 1969

Lieber und verehrter Professor Marcuse,
es bleibt nicht aus, daß, wenn man ins vielberufene Licht der TV-Öffentlichkeit tritt, die Armen im Geist und die Spinner sich an einen hängen.
Bei beigefügtem Brief des Herrn B. B. scheint es sich um ein Musterexemplar aus dieser Spezies zu handeln: erst alles furchtbar wichtig annonzieren und dazu trommeln – und dann kommt garnichts, handelt es sich um ein Windei. Vielleicht interessiert Sie der Mann doch. Ich lege deshalb sein konfuses Briefel bei.
Ich hörte zu unserem PROFIL, außer in der eigenen Zeitung, wie sich's gehört, eigentlich nur Gutes. Gleich nach – oder schon während der Sendung, rief mich eine Frau E. M., die eine Art Ost-Spezialistin ist und einst kräftige Kaltkriegerin war, mit furiosen Worten aus Köln an, um mir zu sagen, daß ich Sie überhaupt nicht verstanden habe, daß ich Ihnen intellektuell garnicht gewachsen sei und Ihrem Image bösen Schaden zugefügt habe. Ob ich mich schäme? Ich bat, erst mal nachdenken zu dürfen, und versprach es, für den Fall, ich fände, sie habe recht, durchaus.
Was es nicht für Leute gibt, und wie wichtig sie sich finden müssen, Menschen mitten in der Nacht und über 600 km Entfernung zurechtweisen zu wollen! Man staunt auch da.
Kerr hat einmal sehr witzig, treffend und etwas gruselig darüber geschrieben, was man aufrührt, wenn man einen auch nur kleinen Stein in öffentliche Gewässer wirft; wie einen da zuweilen das Grausen ankommen könne, weil man offenbar Menschen, die nur darauf warten, sich zu expektorieren, dazu auffordere und locke.
Wie geht es Ihnen?, fragte ich jetzt erst.
Hat Ihnen die kleine Exkursion vielleicht sogar gut getan? Denken Sie wenigstens ohne Zorn oder Bedauern an sie zurück? Ich wünsche es sehr
und Ihnen alles Gute sehr herzlich

Ihr
Friedrich Luft

An Erika Mann 8. 5. 1969

Erikissima:
vorige Woche kam ich aus Kalifornien zurück und hörte, daß Du krank bist. Diese Zeilen wollen Dir vor allem gute Gesundheit wünschen. –
Ihnen folgt auf dem Fuße (ein bißchen gewagtes Bild) ein Blumenstrauß und mein letztes Buch, Dir und Frau Katja gewidmet … Ich bin recht abgespannt – teils von der BEA, teils von den Fußmärschen über meinen Los Angeles Campus, auf dem ich mich immer wieder verirrte. Eins kann man von Amerika ganz sicher sagen: es wächst. Ob aber in den Himmel …?
Aus der großen Welt kann ich Dir nur berichten, daß es Adorno noch immer gibt – und daß Walter Jens von dem garnicht utopischen Ernst Bloch abgekommen sein soll.
Auf bald! Herzlichst Dein

(leider *immer gleiche*)
Marcuse

An Wolfgang Weyrauch Bad Wiessee
9. 9. 1969

Liebe Weyrauchs:
vor wenigen Tagen kam das Luchterhand-Buch. Ich habe es noch nicht gelesen. Ich lag drei Wochen im ›Jägerwinkel‹ an einer Lungenentzündung, kam erst vor kurzem zurück. Da fand ich denn elend viel zu tun vor. Etwa derart: Aufforderung zur Erbschaftssteuer-Erklärung. Das geht sehr leicht, wenn man geerbt hat. Aber wenn nicht – unendliche Scherereien. Damit verbringe ich meine verdüsterten Tage. –
Nun: dank für die Einladung. Aber: mein Gedächtnis ist schlecht. Aufzeichnungen habe ich nicht gemacht. Äußere Hilfsmittel zur Erinnerung an den Gang der Weltgeschichte habe ich nicht. Privat überragt ein Ereignis alle anderen: Saschas Tod. Aber darüber habe ich jetzt in meinem Buch geschrieben; das

möchte ich nicht mehr berühren. Und ich habe keine Gedächtnisstützen: mein *Kulturfahrplan* geht nur bis 1960, ebenso der *Kleine Plötz*.
Nur über 1969 könnte ich (wegen all dieser handicaps) schreiben: da war ich wieder in Kalifornien, von einem Großindustriellen eingeladen in der Schweiz, da habe ich noch einige Ausschnitte aus Zeitungen ... Aber ich nehme an, daß viele Gedächtnisschwachen 1969 wollen. –
Nach der Honorierung frage ich nicht. Das lohnt sich sowieso nicht. Ich weiß nicht. Vielleicht haben Sie eine Idee. Sonst lasse ich es. Alles Liebe dem W W und der Despe

Euer uralter
Ludwig Marcuse

An Rolf Hochhuth 20. 9. 1969

Lieber Herr Hochhuth:
ich wollte an Sie schreiben, nachdem ich Ihren Artikel in ›Theater heute‹ mit Begeisterung gelesen hatte. Dann wurde ich krank ... und so blieb auch das. Gestern las ich Ihren Aufsatz in ›Konkret‹ gegen Herbert Marcuse. Abermals mit Begeisterung, die nicht nur Ihren Absätzen über mein *Pessimismus*-Buch entstammt. Sie können Ihre Kritik dieses [...], der jetzt die Studenten im Stich läßt, drucken lassen. Gut, daß Sie Ihre Popularität so gut nutzen.
In meinem letzten Buch, das im März erschien (hat der Verlag es Ihnen zugesandt: *Nachruf*?) schrieb ich dasselbe, was Sie jetzt aktuell und so unmißverständlich akzentuieren: wie unhuman diese Zukünftler sind. Es ist die Frankfurter Schule, welche die Studenten verhext hat (Wir beide wissen, daß die Studenten in ihren sachlichen Forderungen recht haben). Aber der ideologische Quatsch ist gefährlich von den Neo-Marxisten injiziert worden. Ich hörte neulich Lukacs am Bildschirm. Er war einer meiner Lehrer. Ich kann mit seiner Dogmatik nichts anfangen.

Aber welche Solidität, wie seriös – verglichen mit den Adornos, Herbert Marcuse, Bloch (von dem man wenigstens sagen kann, daß er ein großer Schriftsteller ist).

Wenn ich Sie treffen würde (sind Sie nie in München?), spräche ich mit Ihnen über Amerika; ich lebte dort 25 Jahre. Was Sie schreiben ist richtig – aber Sie schreiben einiges nicht. Die Demokratie ist dort so selbstverständlich, daß sie immer wieder nachwächst – von unten; und dann gibt es einen Punkt, wo sie von oben abgefangen wird. Ich habe das in meinem *Zwanzigsten Jahrhundert* beschrieben. Und was Nietzsche anbetrifft, so hätte ich gern, daß Sie die wenigen Nietzsche-Seiten in meinem Buch *Aus den Papieren eines bejahrten Philosophiestudenten* nachlesen. Ich lasse auch dies vom Verlag Ihnen zusenden.

Daß wir uns nicht mißverstehen! Jeder von uns hat mehr zu lesen als er kann. Blättern Sie nur die Seiten an, die Ihnen wichtig sind.

Alles Gute wünscht Ihnen Ihr

Ludwig Marcuse

Ich schicke den Brief express, aus psychologischen Gründen: Ich weiß nicht, ob die Schweizer Adresse, die ich habe, stimmt – deshalb über Rowohlt, der vielleicht schneller ist, wenn express draufsteht.

Petra Kipphoff an L. M. Hamburg

22. 11. 69

Lieber Herr Marcuse,

keine Rechnung, keine Verlegerpost, aber, schlimmer noch, ein »Leserbrief« kommt hier auf Sie zu, niederträchtigerweise auch noch von jemandem, der selber weiß, wie lästig solche Post ist, außerdem, unangenehmerweise, auch noch von jemandem der einem Geschlecht angehört, das Sie nie ernstnehmen konnten (schade); ich bin zwar (wie ich finde: leider) keine Intellektuelle und auch das Thema Emanzipation interessiert mich nur in Maßen, aber es läßt sich nicht leugnen, daß ich berufstätig bin:

im Verlaufe dieser Tätigkeit (in der Redaktion der ›Zeit‹) entwendete ich, mit Erlaubnis des Besitzers, Ihr Buch für ein paar Tage von R. W. Leonhardts Schreibtisch. Und daher auch dieser Brief. Aber, was heißt hier Brief: ich wollte Ihnen nur sagen, wie gern ich Ihr Buch gelesen habe, wie sehr ich mich über manches, das Thema Frau betreffend, geärgert habe (oder besser: es mir leid tut, wie Sie sich selbst die Welt vernagelt haben) und wie sehr mich dieses Buch, das mich qua Generation kaum etwas angeht, bewegt hat – ein ekelhaftes Wort, aber die neue Sprache hat da nichts Passendes für wahrscheinlich alte Gefühle.

Mit herzlichen Grüßen
Petra Kipphoff

P.S. Ich fände es schön, wenn Sie wieder einmal etwas für die ›Zeit‹ schreiben würden.

An Petra Kipphoff Bad Wiessee
25. 11. 1969

Liebes Fräulein Kipphoff:
ich antworte Ihnen so schnell und so eingehend, weil ich mich schon so oft vergeblich erkundigte, wer Sie sind; aber Schriftsteller interessieren sich leider mehr für's Gedruckte, obwohl dahinter nicht immer nur Autoren sind.
Ihr Brief hat mich hocherfreut – und geschmerzt. Vielleicht ist es Eitelkeit, die ich schon überwunden zu haben glaubte, daß man gesehen werden möchte, wie man ist – und daß es mir hier und da nicht gelang, mich offenbar zu machen.
Aus meinem Buch sollte hervorgehen, wie sehr mir mein Vor-Urteil (mehr ein Vor-Instinkt), das Vergnügen an Freundschaft zu Frauen (Parallel zur Freundschaft mit Männern) verwehrte. Ach, ich sah und sehe doch viele, viele Mädchen und alte Damen, die geistig lebendiger, geistig charmanter, produktiver, scharfsinniger sind als Tonnen von Männern. Aber: ich unterhielt mich zum Beispiel mit Sascha nie über das, was ich schrieb – und nicht,

weil ich ihr solch ein Gespräch nicht zutraute. Wenn sie nicht in meiner Gesellschaft war, holte sie das gründlich und kritisch nach (wie ich wußte).

Es war ein lebenslanger Egoismus, daß ich die Frauen, die mir nahestanden, spezialisierte. Ich wollte von ihnen, was mir fehlte: sie lehrten mich ein wenig mehr sehen, als ich sah, ein wenig mehr hören, als ich (zum Beispiel im Wald) hörte, ein wenig mehr liebevolle Hinwendung zu Menschen und Tieren, ein wenig mehr Unmittelbarkeit statt der monotonen Reflexion ... auch ein bißchen mehr Freiheit von Gerechtigkeit und Mitleid, die mein Leben belasteten. Ich hielt nie auch nur eine Sekunde lang Frauen für mindere Wesen: nur war ich so eigennützig, von ihnen zu wollen, was mir fehlte. –

Ebenso trifft es wohl meine noch nicht voll überwundene Eitelkeit, daß ich selbst Ihnen nicht klar machen konnte: wenn ich nur zugelassen würde, ich vornehmlich mit Teenagers und Twens verkehrte. Ich bin auch deshalb so einsam geworden, weil ich alte Leute nicht leiden kann; sie sind meist ebenso grantig, ebenso vom Tode gezeichnet, wie ich es bin. Ich habe einen großen Beweis für mein Verhältnis zu den Jungen: meine Studenten liebten mich (ich hatte nie Probleme mit »autoritär«). Ich fand ab und zu: ein nur durchschnittlich Begabter fand heraus, daß ich nicht durchdacht hatte, was ich lehrte; und im übrigen sagte ich ihnen, daß es kein Wunder wäre, wenn ich mehr wüßte als sie: – schließlich war ich Jahrzehnte älter, hatte mehr gelesen, mehr Erfahrungen gemacht. Ich rannte ihnen nicht nach – und dachte über das nach, was sie sagten.

Und heute? Ich weiß, daß diese Jugend, die vor allem von den Illustrierten und auch von der ›Zeit‹ abgebildet wird, nur ein winziges sensationelles Partikelchen ist. Ich kenne eine Reihe von Menschen zwischen fünfzehn und fünfundzwanzig, die mich verstehen, an mir hängen. Wenn ich mit ihnen zusammenleben könnte, wäre ich nicht so arm, wie [ich] es bin. Ich sehe auch aus Briefen, die mein Buch mir eingebracht hat: es sind junge Menschen, die ich getroffen habe. Sehr, sehr, sehr viele

Schriftsteller erhalten eine Post wie Filmstars. Ich habe einige wenige Male – zwar nicht ein Publikum gehabt, aber doch ein paar Einzelne gewonnen. Mehr wollte ich nie.

Meine Wurzeln liegen im Neunzehnten Jahrhundert. Aber vergessen Sie nicht: erst Hegel und Marx haben es aufgebracht, daß die Jahrhunderte kaputt gehen wie Individuen. Das Neunzehnte Jahrhundert aber ist nicht antiquiert, nur anders als das Zwanzigste. Mich interessiert nicht der Sport, nicht die Mondlandung; der liebe Prof. Haber hat in Los Angeles leidenschaftlich versucht, mich für's Atom zu begeistern. Mich [...] ergreift Brechts Bête noire, Hebbel, mehr als Peter Weiss, sogar mehr als der »große« Dramatiker Brecht; und ich lache über *Play Strindberg*, so mächtig ist Strindberg in mir. Ich leiste mir den Luxus, als antiquiert, senil, reaktionär – verschwiegen zu werden, und war nie auch nur eine Sekunde verbittert.

In dieser Verfassung habe ich auch mein endgültig letztes Buch geschrieben – mir zur Freude (soweit es mir ein bißchen gelang); und wenn jemand wie Sie mir schreibt, daß Sie es gern gelesen haben, so ist das eine große zusätzliche Lust. Danke!

Wenn Sie einmal in München sind, würden Sie mich anrufen? Entweder Sie besuchten mich oder ich käme in die Stadt. Denn daß ich Sie bei der Buch-Messe oder beim PEN oder bei der Akademie treffe, da ist nicht die geringste Chance. Und wenn Sie sich mit mir über Maler unterhalten wollen oder Beckett oder Heisenberg ... bitte. Ich werde sowieso meine Aufmerksamkeit vor allem auf die Frage lenken: wer sind Sie und noch auf ein bißchen mehr.

Leonhardt hat gerade ein Manuskript von mir da. Ich habe so lange nicht für die ›Zeit‹ geschrieben (vor Ihrer Zeit war ich ein sehr häufiger Mitarbeiter), weil Leonhardt mich verwöhnte. Er lockte in der ersten Hälfte der Sechziger viele Manuskripte aus mir heraus; und dann fand er wohl, nicht mit Unrecht, daß ich in das gewandelte Klima nicht mehr recht paßte.

Ludwig Marcuse

An Harold von Hofe

Bad Wiessee
10. Januar 1970

Lieber:

Dieser Brief ist nur für Sie, wenn Sie wollen auch für Lorchen.
1. Ich bin nicht krank, werde aber in diesem Jahr sterben; vielleicht auf natürliche, vielleicht auf fast natürliche Weise.
2. Mein Augenlicht wird immer schlechter; lesen und schreiben strengt mich an.
[...]
3. [...]
4. Ich kann vor Sehnsucht nach Sascha nicht schlafen.
5. Sie müssen mir glauben, daß ich nicht mehr leben kann.
Bitte, bitte: nehmen Sie den Brief gelassen.
[...]

[...] Euer M.

An Robert Neumann

Bad Wiessee
26. 1. 1970

Lieber Robert Neumann,

ich antworte gleich so gern, weil ich Ihnen zeigen möchte, wie sehr ich mich freue, daß Sie mir schreiben.

Vielleicht, wenn Sie um die Ecke wohnten, käme ich einen Abend rauf – ich schüttete alles aus. Sie wären ein so guter Zuhörer [...] Aber zu oft käme ich auch nicht, wenn Sie in der Nähe wohnten. Sie haben so viel Jugend um sich – und da soll man sich nicht zeigen – nicht einmal in ein paar glänzenden Stunden des Glücks. Klagen ist miserabel. Schreiben [...] dazu fehlt es mir an Lebenslust. Auch der traurigste Schreiber hat wenigstens so viel Genußfähigkeit, daß ihn Worte und Ideen verlocken. Vielleicht schriebe ich noch, wenn ich mir zutraute, über Liebe und Tod unpathetisch zu schreiben. Das aber, fürchte ich, übertrifft mein Können.

Ihnen, Helga und Michael eine herzliche Umarmung

Ihr
Ludwig Marcuse

Wolfgang Weyrauch an L. M.

Darmstadt
28. IV. 1970

Lieber Professor Marcuse,
Walter Höllerer möchte gern Ihre und meine Sendung *Ein Jahrzehnt wird besichtigt,* die Ende Dezember 1969 über den Südwestfunk Baden-Baden ging, noch in diesem Herbst als Doppelband des Literarischen Colloquiums Berlin (LCB-Editionen) herausbringen. Ich hoffe sehr, daß auch Sie, genau so wie ich, damit einverstanden sind, und bitte Sie herzlich und dringend um Ihre rasche schriftliche Zustimmung. Selbstverständlich werden alle Ihre Rechte an Ihrem Beitrag nicht berührt; für die Druckseite werden DM 15.– bezahlt; Korrekturen könnten in den Fahnen vorgenommen werden (Streichungen, die um der Minuten willen damals nötig waren, könnten rückgängig gemacht werden).
Höllerer schrieb mir in seinem Brief, ich möchte ihm doch keinen Korb geben: das tue ich also nicht, da ich davon überzeugt bin, daß diese Veröffentlichung gut sein wird, und möchte Sie wiederum bitten, mir keinen Korb zu geben.
Herzlichst Ihr Wolfgang Weyrauch

An Richard Exner

Bad Wiessee
25. September 1970

Lieber Exner:
Dieser Brief ist für Sie streng vertraulich. Ich habe Ihren Brief vom 22. VIII. eben erst gefunden. So ist alles bei mir. So habe ich Ihnen wohl auch den *Heine* zweimal geschickt.
Mir geht es sehr schlecht. Körperlich nicht leistungsfähig. Nicht weichende Trauer nach Sascha. [...]
Jetzt muß ich zusehen, wie ich Ihre Arbeit finde.
Grüßen Sie Waterman.
Sie waren in meinem Leben einer der Treuesten der Treuen.
Grüßen Sie Ihre drei lieben Mädchen. Immer
Ihr Marcuse

An Hermann Kesten Bad Wiessee
27. November 1970

Lieber Kesten,
kam gestern nach einer Amerika-Reise und von einer Deutschlandreise nach Hause. Rief sofort heute morgen bei Ihnen an. Da waren Sie schon weg.
Auch fühle ich mich körperlich schlecht. [...] Hoffentlich haben Sie meinen dritten Roth-Brief (wegen Stefan Zweig) abgedruckt, der zwar gegen mich ist, aber sehr interessant.
Ich bedaure von Herzen, daß ich Sie beide verpaßt habe.
Herzlichst für Sie Beide

Ihr
Ludwig Marcuse

Hermann Kesten an L. M. Roma
30. November 1970

Lieber Marcuse,
ich rief Sie an, erreichte Sie aber leider nicht, was mir sehr leid tat. Ich hätte Sie gerne wenigstens gesprochen. [...]
Ihren dritten Roth-Brief habe ich wie alles gedruckt, was interessant sein könnte, ohne allzugroße Rücksicht auf Roth oder Roths Freunde oder auch mich zu nehmen.
Wir sind alle mehr oder minder eitel. Aber auch die Eitelkeit sollte Grenzen haben. Was mich selber betrifft, so druckte ich alles, was Roth über oder gegen mich schrieb, auch wo ich es in der Tat besser wußte.
Das Buch kommt am 5. Dezember. Ich weiß nicht, ob es gelesen wird, und welche Wirkung es haben wird.
Mich hat es unsinnig viel Zeit und Mühe gekostet, und »Geld«, wenn ich meine Zeit in Rechnung stelle.
Ich sehe, daß auch Döblins Briefe herausgekommen sind, ich habe noch kein Exemplar erhalten, obgleich auch Briefe von mir dabei sind. Soeben lese ich, daß Fritz von Unruh wegging, mit 85 Jahren.

Wie lange waren Sie in Amerika? Ich nehme an, in Los Angeles, bei Ihren Freunden?
Kommen Sie zum Schreiben? Sie sollten es nicht aufgeben. In solchen Fällen muß man sich nicht selber beim Wort nehmen.
Ich habe begonnen, ein altes Buch wiederzulesen, *the Autobiography* of Benjamin Franklin.
Es ist durchaus kurios, was einem – was mir – nach 200 Jahren noch interessant erscheint.
Aber wenn man so alt wird wie wir, erlebt man ja an sich selber den durchaus gründlichen Wandel aller intellektuellen Kostüme.
Schreiben Sie uns doch zuweilen.
Mit sehr herzlichen Grüßen von Toni und

Ihrem Hermann Kesten

An Hermann Kesten Bad Wiessee 7. 12. 1970

Lieber Kesten,
herzlichen Dank für den Brief. [...]
Ich war 2 Wochen bei meinem Freunde von Hofe in Amerika, Calif. Ließ endgültig den Plan fallen, wieder nach Amerika zu gehen.
Den Döblin-Mann habe ich auch nicht gesehen, obwohl von meiner großen Sammlung 16 Briefe abgedruckt waren.
Im übrigen: mir geht's nicht gut.

Herzlichst für Sie Beide
Ihr Marcuse

Hermann Kesten an L. M. Roma 16. XII. 1970

Lieber Marcuse,
vielen Dank für Ihren Brief vom 7. XII. 1970. Mich betrübt es, daß es Ihnen nicht gut geht. Was für ein Jammer, daß wir so weit von einander sind. [...] Ich verstehe, daß Sie nicht nach USA zu-

rückgehn wollen, obgleich ich von New York immer noch sehr angetan bin, und nur Toni schuld daran ist, daß wir schon den zweiten Winter in Rom, statt in New York verbringen. Freilich mißfiel uns recht viel beim letzten Aufenthalt in New York. Den schleichenden Bürgerkrieg hat man zwar nicht nur in USA, und wenn ich den Brandt sehe, wird mir angst und bange, bei diesem Deutschland, wo unversehens die Fememörder wieder auftauchen können. Man hört ja schon wieder: Brandt an die Wand.

Inzwischen erhielten Sie wohl auch schon die beiden Briefbände von Roth und Döblin. Ich habe den Döblin sozusagen in einem Zug gelesen, er ist in der Tat kein klassischer Briefschreiber. Nun weiß ich nicht, wie die Auswahl von Muschg und Graber ist, und es fehlen ja wohl sehr insbesondere die 120 oder 150 Briefe an Robert Minder. Heinz Graber schreibt, die Söhne hätten 500 Briefe an Döblin, und es ist sicher schade, daß man keinen dieser 500 Briefe gedruckt hat.

Ich kann den Roth Briefe Band schlechter beurteilen, da ich ja allzulange darüber saß. Ich habe, wie Sie sehn, fast alles gebracht, was da war, und wirklich nur belanglose oder libel Briefe weggelassen.

Bei den Döblin Briefen habe ich den Verdacht, die Herausgeber seien »schonungsvoll« verfahren, was bei so eminenten Schimpfern wie Döblin und Roth meiner Meinung nach verkehrt wäre. Was beide, Döblin wie Roth gemeinsam haben, ist die Flut der Jammerbriefe. Mir scheinen die Roth Briefe amüsanter, bedeutender als die Döblin Briefe. Ich kann nicht mal sagen, daß ich Partei bin, denn ich war so gut ein Freund von Döblin wie von Roth, wie ja auch Sie es waren.

Beide waren zum Glück im Umgang viel heiterer, und, amüsanter. Oder täuscht mich meine Erinnerung?

Vielleicht ist mein Eindruck auch subjektiv bestimmt, da ich selber nie ein Jammerer war, und meine Freunde selten zum Jammern anregte. Vielleicht waren wirklich Döblin und Roth in meiner Gesellschaft lustiger als in der Gesellschaft anderer. Roth

sagte mir einmal 1933: Kesten, Ihnen wird auch noch das Lachen vergehen. Ich habe in Erinnerung, daß wir alle viel gelacht haben.
Ich las im ›Spiegel‹ eine alberne und böse Besprechung der Döblin Briefe. In den Döblin Briefen verdrießt mich, daß der Arme so viele Briefe an Rosin geschrieben hat, das war ein Millionär, in Berlin wie in New York, wenn man zu ihm kam, zum Essen, bedienten zwei Diener mit weißen Handschuhen, und ich erinnere mich noch gut, wie der 1940 nur einen Bruchteil der drei Döblin tickets geben wollte, und Peter Döblin beitrug, und ich, der ich immerhin weniger Geld als der vorige Mitinhaber der Darmstädter Bank, Rosin hatte. Wozu druckt man so viele Briefe an Rosin?
Herzlichst Toni und Ihr Hermann Kesten

An Hermann Kesten Bad Wiessee
23. 12. 1970

Lieber Kesten,
herzlichen Dank für Ihren Brief. Ihnen Beiden für die Zukunft alles Gute.
Da ich verreist war, habe ich sowohl die Döblin- als auch die Roth-Briefe nur durchgeblättert. Sie haben in allem Recht. Nur: was dem Döblin sein Rosin war, war dem Roth sein Stefan Zweig (etwas übertrieben). Ich wäre neugierig, zu wissen, was in dem Stefan Zweig-Brief über mich von Ihnen durch Punkte ausgelassen wurde. Ich habe bis jetzt nur einen Einwand gegen Sie (aber ich habe nur Ihre schöne Einleitung bisher gelesen): Ich hätte nie die Stelle gebracht, in der Roth schrieb, daß es gut ist, daß Ossietzky im Lager ist. Das verstehen Sie und ich und ein paar Leute außer uns. Auf die anderen wirkt es verheerend.
Sehr recht haben Sie, daß man mit Roth und vor allem mit Döblin ungeheuer gelacht hat. – Namentlich mit Döblin, dessen Lachen ich noch höre.
Über den ›Spiegel‹ habe ich mich besonders geärgert. Ich war mit

Döblin sehr befreundet, habe ein Dutzend Artikel über ihn geschrieben – und der Spiegel zitiert mich ausgerechnet mit einem ablehnenden Zitat. Ich hoffe Sie Beide nächstes Jahr in Rom zu sehen.

Herzlichst Ihr
Ludwig Marcuse

Robert Neumann an L. M. Locarno-Monti
4. I. 71

Lieber Freund Marcuse,
Helga zeigte mir Ihren Brief. – Es drängt mich, Ihnen als Altersgenosse die Hand zu drücken. Sie irren sich, wenn Sie glauben, daß Sie »vergessen« sind. Ihre hier bei mir stehenden Bücher sind nicht nur von meiner Frau und mir gelesen worden, sondern werden immer wieder von jüngeren Menschen ausgeborgt, und ich bin sicher, daß das auch anderswo so ist. Das erfolgreichste Buch dieses Jahres, die Autobiographie der Hildegard Knef enthält freundschaftliche und herzliche Hinweise auf Sie. Wenn Sie das Buch nicht gelesen haben, holen Sie das doch nach – es wird Sie erfreuen.
Ich kenne Depressionen wie die Ihre sehr genau; das einzige Mittel gegen sie ist Arbeit und wieder Arbeit. Versuchen Sie doch wieder, es geht ganz bestimmt.
Alle guten und herzlichen Wünsche wie immer, Ihr

Robert Neumann

Hermann Kesten an L. M. Rom
7. Januar 1971

Lieber Marcuse,
Dank für Ihren Brief vom 25. XII. 70 und Ihre guten Wünsche, die Toni und ich zu jeder Jahreszeit aufs herzlichste erwidern. Was Roth an Stefan Zweig über Sie geschrieben, und ich ausge-

lassen habe, weiß ich nicht mehr, sicher dachte ich, es sei LIBEL. Die gewöhnlichen Angriffe, gegen Freunde wie Feinde, brachte ich alle, z.B. wenn er Ihnen und mir nachsagt, wir seien »neidisch« und ähnliche Injurien.

Ich glaube, Frau Alexandra von Miquel, Kiepenheuer & Witsch Verlag, 5 Köln 51 Marienburg, Rondorferstraße 5 kann Ihnen ein Fotostat des ungekürzten Briefes senden.

Die Verurteilung des gefangenen Ossietzky hat auch mich verletzt. Vielleicht verstehen nur Sie und ich, was Roth meinte. In Ihrem *Zwanzigsten Jahrhundert* zitieren Sie ja jenen berühmten Artikel von Ossietzky »Der Oppositionelle, der über die Grenzen gegangen ist, spricht bald hohl ins Land herein ... etc«. Sie schreiben selber in Ihrer Autobiographie: »Die größere Gefahr ist heute noch, daß die Sätze falsch sind ...« Roth, der die ganze ›Weltbühne‹ haßte, insbesondere auch den Tucholsky, mußte gegen Ossietzkys Märtyrertum sein. Auch ich, der ich viel für Ossietzky fühlte, bin ein Gegner von Märtyrern und Märtyrerprinzipien. Trotzdem klingt der Satz von Roth grausam, und hätte genauer formuliert sein müssen.

Nachdem ich mich aber entschlossen hatte, nach jahrelangem Zögern und Überlegen, fast alle Briefe von Roth zu bringen, (mit Ausnahme von LIBEL und inhaltslosen Briefen) hatte ich nicht das Recht, den Zensor meines toten Freundes zu spielen. Wo aufhören, wenn man damit erst anfängt? Hat Roth z.B. in der ganzen Freundschaft mit Stefan Zweig nicht viel simuliert, und gespielt? Doch scheint mir der Briefband, wenn nicht der beste, so ein echter Roth.

Mit Vergnügen lese ich, daß Sie die Absicht haben, uns in Rom aufzusuchen? Haben Sie schon einen näheren Plan, einen Termin? Wir dürfen uns nicht verfehlen.

Ich las dieser Tage wieder in Ihrem *Zwanzigsten Jahrhundert.* Was für ein gescheites, gebildetes, polemisches Buch. Es gefällt mir heute wie damals, als es erschien, und ich es rezensierte. Schreiben Sie uns. Toni und ich freuen uns immer, wenn wir von Ihnen hören, lieber Freund. Herzlichst Ihr Hermann Kesten

P.S. Ich lese eben Ihre Dokumentation über Jung. Wie vergeblich ist alles, was man in Deutschland ausspricht. Trotzdem war es notwendig, daß Sie dieses Kapitel schrieben, und vortrefflich.

An von Hofes Bad Wiessee
11. I. 1971

Liebe von Hofes,
[...]
Da Sie einen Briefband über mich herausgeben wollen, lassen Sie uns überlegen. Die meisten Briefe, die vorhanden sind, habe ich im letzten Jahr an Sie geschrieben [...]
Ich fürchte, was außerdem zusammenzukratzen ist, wird sehr wenig sein. Aber das lassen Sie uns noch überlegen. [...]
Bald mehr!

Herzlichst Euer
Marcuse

An Hermann Kesten Bad Wiessee
11. Jan. 1971

Liebe Kestens,
war verreist, bin gefallen, habe einen Bluterguß und kann deshalb nur kurz antworten.
Sie haben sicher alles gut gemacht (ich habe jetzt einen Teil gelesen) was die Freunde Roths betrifft. Ich selbst hätte ihn mehr geschont. Aber das ist natürlich nur meine Ansicht. Sie haben Ihr bestes getan. Es läßt sich über eine solche Frage nicht streiten.
Bald mehr

Ihr und Tonis
Ludwig Marcuse

Hermann Kesten an L. M.

Roma
24. I. 1971

Lieber Marcuse,
haben Sie sich vom Fall und Bluterguß erholt? Wir sind in Sorge um Sie. Sie versprachen im letzten kurzen Brief vom 11. Januar »bald mehr«. Wie geht es Ihnen nun?
Ich soll für den Norddeutschen Rundfunk Erinnerungen an René Schickele schreiben, und merke, daß ich eigentlich nicht viel »Anekdotisches« von ihm habe. Dagegen las ich einige seiner Aufsätze aus seinem Essayband *Wir wollen nicht sterben*, von 1916, mit Angriffen gegen Lenin, wie gescheit und überlegen! Haben Sie Schickele schon in Sanary getroffen? Ich sehe eben nach, und lese die zwei Seiten in Ihrem *Zwanzigsten Jahrhundert*, welch treffendes und zugleich delikates Porträt, in der Tat mit Zartsinn geschrieben, ich habe es gleich der Toni vorgelesen, man sieht ihn. Ausgezeichnet. Und con amore! Bei dieser Gelegenheit las ich gleich nochmals Ihren *Nachruf auf Ludwig Marcuse*, den Kommentar zum *20. Jahrhundert*, oder ist Ihre Autobiographie I der Kommentar zur Autobiographie II? Ich las gestern abends in einem Zug bis Seite 132. wie gut, daß Sie es geschrieben haben. Freilich ist es ein Buch für alte Männer, und gewiß junge Mädchen, recht melancholisch, aber ein Teil der Melancholie ist ja hübsch bewältigt, durch die Niederschrift. Wie viel habe ich in meinem Leben geschrieben, um mich vor der Verzweiflung zu retten, aus schierer Flucht vor dem Tod, dem ausgelöschten Nichtsein!
Nun habe ich Ihr Buch ausgelesen. Es ist eines Ihrer besten Bücher, ein sehr kurioses Buch, diese Mischung von Verzweiflung und Polemik, von Sophistication und Naivität, von Philosophie und unphilosophischer Auflehnung.
Allein dieses Bedauern eines Literaten, er habe zu viel geschrieben, zu wenig gelebt, verrät die Meinung, es gebe verschiedene Wege zum Tod, als hätte ein Mensch die Möglichkeit, ein anderer zu sein als er ist, als hätte man die Chance gehabt, ein anderes Leben zu führen, als man geführt hat, kurz, die End-

zeit-Illusion, die so nahe den Illusionen am Beginn des Lebens sind. Sehr verdienstlich, Ihr Protest gegen die repressive Intoleranz! Warum lassen Sie die Namen jener weg, die Sie so beredt angreifen? Aus Verachtung? Ich wollte nachsehen, ob Sie auch über Roth ein Porträt im *Zwanzigsten Jahrhundert* haben, aber da fehlt ein Namensregister, tendenziöserweise, aber soll man denn jedesmal Ihr Buch von A–Z lesen, wenn man etwas Bestimmtes sucht? Nun, vielleicht sollte man ...
Lassen Sie bald von sich hören. Haben Sie eigentlich Landshoff gesehen? Er war einige Zeit in Ihrer Nähe, Bad Kreuth? Oder ist das nicht so nah?
Mit recht herzlichen Grüßen, auch von Toni stets Ihr alter

Hermann Kesten

P.S. Daß Sie nun Ihr »letztes Wort« gesagt haben, ist eine Ausflucht. Man sagt nie alles. Man hat nie alles gesagt. Ich hoffe, bald Ihr nächstes Buch zu lesen! (Ich habe gut reden. Mein nächstes Buch ist lange schon fällig ...)
Ich bekomme nun die Anklage-Briefe wegen der Roth-Briefe. Heute kam eine Beschwerde der Witwe von Bernard von Brentano.

An Hermann Kesten Bad Wiessee
1. 2. 1971

Lieber Kesten,
entschuldigen Sie die kurze Antwort:

1. Schickele habe ich sehr oft in Sanary gesehen. Ihn auch vor seinem Tode in Vance besucht. Ich lernte ihn kennen durch Meier-Gräfe, mit dem ich sehr befreundet war.
2. Keine Autobiographie ist der Kommentar zur anderen.
3. Erstaunlich ist, daß das einzige Buch von mir, das auf Frauen gewirkt hat, der *Nachruf* war. Enorm.
4. Ich bin nicht wie Goethe »Gab mir ein Gott zu sagen was ich

leide«. Lesen Sie Ibsens letztes Werk *Wenn wir Toten erwachen.* Das ist nur ein Fall.

5. Sie haben völlig recht: Man konnte nicht anders sein als man geworden ist. Aber man kann feststellen, was man seiner Sehnsucht nach gerne geworden wäre.
6. Ich habe über Roth viel geschrieben, auch im *Zwanzigsten Jahrhundert,* aber ich glaube, das meiste an der Stelle, an der ich seinen Abschied von mir beschrieb, als ich nach Amerika fuhr.
7. Bad Kreuth ist in meiner nächsten Nähe. Ich habe Landshoff sehr, sehr gerne. Ich bin traurig, daß ich ihn nicht gesehen habe.
8. Ich schreibe noch ein Buch, aber niemand wird es lesen. Sicherheitshalber verbrenne ich Kapitel nach Kapitel. Es behandelt mein Jahr 1970.
9. Ich wüßte was gutes für die Brentano-Witwe. Schreiben Sie ihr, Sie wären bereit, die ganzen Briefe an Brentano wegzulassen und würden das im Vorwort begründen. Sie werden sehen, wie sie sich sträubt.
10. Über meine Reise nach Rom demnächst. Ich könnte es nur, wenn Sie (gegen Bezahlung) mir für 2–3 Wochen einen Ihnen bekannten jungen Menschen zur Verfügung stellen könnten. Selbstverständlich nach vereinbarter guter Bezahlung.

Alles Gute für Sie, Toni und Ihre Arbeit

Ihr
Ludwig Marcuse

An von Hofes

Bad Wiessee
14. IV. 1971

Meine Lieben,
gestern, Dienstag, von der Reise zurück.
Herzlichste Grüße an die Schnaubers.
Ihren langen Brief über das Department habe ich erhalten, er hat mich ungeheuer unterhalten.

Mit Ihrer Frage nach meinem Buch kann ich nur ja und nein antworten.
Nächste Woche halte ich in der Kath. Akademie München und der Evang. Akademie in Tutzing am Starnberger-See den Einleitungsvortrag zu einem zweitägigen Kongreß. Ich habe mich breitschlagen lassen. Ausgerechnet mit dem Thema *Die Unruhe unter den Christen und die Suche nach Glück.* Ich habe ihnen gesagt, ob sie wüßten, wer ich bin. Sie sagten: Sie kennen alle meine Bücher und wollen gerade mich. Es war eine ungeheuerliche Sache. Während wir noch verhandelten, setzten sie meinen Namen aufs Programm und verschickten es.

Herzlichst Euer
Marcuse

An Kestens München
24. 6. 1971

Liebe Kestens,
ich möchte nur deshalb keinen Besuch und nicht antelefoniert werden, weil man seine Miesigkeiten nicht verbreiten soll.
Ich danke Ihnen für Ihre Freundschaft.

Ludwig Marcuse
(im Auftrag: M. Kroll)

An Harold von Hofe München
24. VI. 1971

Lieber von Hofe,
Sie haben alle Briefe von Szczesny mißverstanden. Ich war lebensgefährlich krank und bin mit einem ungeheuren Krach aus dem Jägerwinkel hinausgetragen worden und werde deshalb wohl in Zukunft nicht mehr in Wiessee bleiben. Wie lange ich in München noch bleiben muß, weiß ich nicht. [...]

Herzlichst für Euch alle
(Im Auftrag für Professor Marcuse)

Anmerkungen

Personen, Publikationen, Zeitschriften, Ereignisse und sonstige Hinweise werden nur dann wiederholt erläutert, wenn der Zusammenhang in der Briefstelle ein vollkommen anderer ist als bei dem ersten Hinweis.

Hendrik van Loon an L. M. 8. Februar 1932

1. »Anzahl Bücher«: Unter den Werken Hendrik Willem van Loons (1882–1944) ist *The Story of Mankind* (New York 1921) das bekannteste.
2. *»Heine«:* Ludwig Marcuse, *Heinrich Heine. Ein Leben zwischen Gestern und Morgen* (Berlin 1932).

An Klaus Mann 16. Oktober 1933

1. Klaus Mann (1906–1949), ältester Sohn Th. Manns, schrieb u.a. *Mephisto* (1936) und *Der Wendepunkt* (1952).
2. »Herr Landshoff«: Fritz Helmut Landshoff (geb. 1901), Verleger. Gründete 1933 den deutschen Exilverlag im Rahmen des Querido-Verlages, Amsterdam.
3. »Stefan George« (1868–1933): Der Dichter verließ 1933 Deutschland, starb in der Schweiz und ist in Locarno begraben. In der zweiten Nummer der von ihm herausgegebenen ›Sammlung‹ schrieb Klaus Mann: »Hitler – und Stefan George: das sind zwei Welten, die niemals zueinander finden können.«
4. »Gerhart Hauptmann« (1862–1946): Marcuse hatte 1922 (Leipzig) den Sammelband *Gerhart Hauptmann und sein Werk* herausgegeben. Ab 1933 grollte Marcuse ihm jahrelang, schrieb später aber im New Yorker ›Aufbau‹, 1. November 1957, distanziert und gelassen über den Dichter, der Deutschland nicht verlassen und gegen die Nationalsozialisten nicht protestiert hatte.
5. »Erika«: Erika Mann (1905–1969), Tochter von Thomas Mann, Schauspielerin, Journalistin, Schriftstellerin. Gab die Briefe ihres Vaters heraus. Marcuse wurde in den fünfziger und sechziger Jahren einer ihrer vertrautesten Freunde.

Joseph Roth an L. M. 26. August 1934

1. Joseph Roth (1894–1939) schrieb u.a. *Hiob* (1930), *Radetzkymarsch* (1932).

2. »Tagebuch«: Ludwig Marcuse, *Erasmus von Wien* (Rezension von Stefan Zweigs *Triumph und Tragik des Erasmus von Rotterdam*), ›Das Neue Tagebuch‹, Paris, 18. August 1934.
3. »Strauß' Operette«: Richard Strauss, *Die schweigsame Frau*, Libretto von Stefan Zweig.
4. »Er soll mit Juden eng verwandt sein«: Strauss' Schwiegertochter war Jüdin.

An Klaus Mann 14. Oktober 1934

1. »Ihr Buch«: *Flucht in den Norden* (Amsterdam 1934).
2. »Artikel«: *Notizen in Moskau* aufgrund des Ersten Schriftstellerkongresses der Sowjetunion in der zweiten Nummer der ›Sammlung‹, literarische Zeitschrift, die Klaus Mann unter dem Patronat von André Gide, Aldous Huxley und Heinrich Mann von 1933 bis 1935 herausgab.
3. »Brod«: Max Brod (1884–1968). Unterschied zwischen gottverhängtem edlem Unglück und von Menschen verursachtem unedlem Unglück in *Heidentum, Christentum und Judentum* (München 1921).
4. »Georg Büchner« (1813–1837). Marcuse schätzte ihn zuweilen höher als alle anderen deutschen Dichter des neunzehnten Jahrhunderts.
5. »Nietzsche«: Friedrich Nietzsche (1844–1900). Als Student schrieb Marcuse eine Dissertation über *Die Individualität als Wert und die Philosophie Friedrich Nietzsches* (Berlin 1917). Er war ein kritischer »kleiner Bruder in Nietzsche« bis Ende seines Lebens.
6. »Marx«: Karl Marx (1818–1883). Der Nichtmarxist Marcuse schätzte den Marx, der fundamentale Vorstellungen der bürgerlichen Kultur rücksichtslos in Frage stellte. Die »Klassenlose Gesellschaft« war Marcuse eine »Chiffre für eine künftige menschliche Existenz« mit unendlich großem »Glücks-Gehalt«.
7. »Hermann Kesten« (geb. 1900). Marcuse und der Schriftsteller Kesten wurden im Laufe der Jahre immer intimere Freunde. Man vergleiche den Briefwechsel, der in diesem Band enthalten ist. Kesten hatte Marcuse schon vor 1933 von Sanary erzählt, wo Marcuse von 1933 bis 1939 lebte.
8. »Tagebuch«: ›Das Neue Tage-Buch‹, hrsg. von Leopold Schwarz-

schild, erschien vom 1. Juli 1933 bis 31. August 1950 in Paris und Amsterdam.

9. »Mein Buch«: *Soldat der Kirche. Das Leben des Ignatius von Loyola* (Amsterdam 1935).

Heinrich Mann an L. M. 16. September 1935

1. Heinrich Mann (1871–1950), Bruder Thomas Manns, schrieb u.a. *Professor Unrat* (1905) und *Der Untertan* (1914).
2. »Henri Quatre«: Heinrich Mann, *Die Jugend des König Henri Quatre* (Amsterdam 1935).
3. »Pariser Tageblatt«: Das ›Pariser Tageblatt‹ kam von Dezember 1933 bis Juni 1936 heraus und wurde dann die ›Pariser Tageszeitung‹.
4. »Weltbühne«: ›Die Neue Weltbühne‹ erschien von 1933 bis 1939: Wien 1933, Prag 1934–1936, Zürich 1937, Paris 1937–1939.
5. »Prager Tagblatt«: Marcuse schrieb wiederholt für das ›Pariser Tageblatt‹ und für ›Die Neue Weltbühne‹, aber nicht für das ›Prager Tagblatt‹.

Heinrich Mann an L. M. 30. September 1935

1. »Aufsatz«: Marcuses *Roman der Bartholomäusnacht,* Rezension des *Henri Quatre*-Romans im ›Pariser Tageblatt‹ vom 29. September 1935.
2. »Wir beide«: Nelly Kröger, seine spätere Frau, war damals noch am Leben.

Heinrich Mann an L. M. 6. Oktober 1935

1. »Ihr Buch«: *Soldat der Kirche. Das Leben des Ignatius von Loyola.* (Amsterdam 1935). S. auch den Brief Bruno Franks vom 31. Oktober 1935.
2. »Ihrem Artikel«: S. Heinrich Manns Brief vom 30. September 1935.
3. »'s ist leider Krieg«: In dem Gedicht von Matthias Claudius (1740–1815), *Kriegslied,* heißt es: »... 's ist leider Krieg – und ich begehre / Nicht schuld daran zu sein!«
4. »Wolfgang Hallgarten«: George Wolfgang F. Hallgarten (geb. 1901). Politosoziologe. Exil in Paris und den USA.

Bruno Frank an L. M. 31. Oktober 1935

1. Bruno Frank (1887–1945), Romancier, Dramatiker, Filmautor.
2. »Loyola«: S. den Brief Heinrich Manns vom 6. Oktober 1935.
3. »Sacco di Roma«: die Plünderung Roms durch kaiserliche Truppen im Jahr 1527.
4. »Beginn einer neuen größeren Arbeit«: Arbeit an dem Roman *Der Reisepaß* (Amsterdam 1937).
5. »Feuchtwanger«: Lion Feuchtwanger (1884–1958). Erneuerte und aktualisierte den historischen Roman. Im Exil in Frankreich und auch in Kalifornien war Marcuse mit Lion und Marta Feuchtwanger freundschaftlich verbunden.
6. »Liesl«: Liesl Frank (geb. 1903). Tochter von Fritzi Massary, damals Frau von Bruno Frank. Porträt von Liesl in Franks Roman *Die Tochter* (Mexico, D. F. 1943). Heute mit Hans Lustig verheiratet.

Stefan Zweig an L. M. 8. April 1936

1. Stefan Zweig (1881–1942). S. den Brief Joseph Roths an L. M. vom 26. 8. 1934.
2. »Jesuitenbuch«: René Fülöp-Miller, *Macht und Geheimnis der Jesuiten* (Leipzig 1929).
3. »Castellio«: Stefan Zweig, *Castellio gegen Calvin oder Ein Gewissen gegen die Gewalt* (Wien 1936).
4. »Roth ... schlimme Nachrichten«: S. den Roth-Zweig-Briefwechsel vom März und April 1936 in Hermann Kestens *Joseph Roth. Briefe 1911–1939* (Köln 1970).

An Thomas Mann 12. April 1937

1. Thomas Mann (1875–1955).
2. »Ihr Buch«: *Leiden und Größe der Meister* (Berlin 1935), erste Buchveröffentlichung von *Leiden und Größe Richard Wagners.*
3. »Malwida von Meysenbug« (1816–1903). Schriftstellerin. Ihre Begeisterung führte sie wiederholt nach Bayreuth.
4. »Simultan-Biographie Wagner-Schopenhauer«: Marcuse schrieb in den dreißiger Jahren *Das denkwürdige Leben des Richard Wagner,* aber der Querido-Verlag weigerte sich, das Buch herauszubringen. Der sonst wohlwollende Stefan Zweig sagte ihm: »Ich kenne viel

Gehässiges gegen den Meister. So etwas habe ich noch nie gelesen.« Das Werk wurde erst 1963 in München veröffentlicht.

5. »Die beiden Musikanten«: Thomas Manns jüngster Sohn Michael und die jüngste Tochter Elisabeth, die damals noch Pianistin werden wollte. Michael Mann ist heute Germanist an der University of California, Berkeley; Elisabeth Mann Borgese arbeitet im Center for Democratic Studies in Santa Barbara, California.
6. »Das Buch von Klaus Mann«: *Mephisto* (Amsterdam 1936).

An Hermann Kesten 15. Juni 1939

1. Hermann Kesten (geb. 1900), Schriftsteller u. Hrsg. Erhielt 1974 den Büchnerpreis.
2. »Ernst Toller« (1893–1939). Dramatiker, Lyriker, Essayist. Am 10. Juni 1939 schrieb Klaus Mann an Hermann Kesten: »Die beiden Todesfälle (Joseph Roth und Ernst Toller) haben ihn (Ludwig Marcuse) furchtbar erschüttert und mitgenommen«.
3. »Christiane«: Christiane Grautoff Toller, Schauspielerin, die Ernst Toller im Londoner Exil geheiratet hatte. »... es war keine Frau da, um ihn zu trösten, Christiane wollte nicht mehr zu ihm zurück«, schrieb Klaus Mann am 25. Mai 1939 an Kesten. Am selben Tag nahm sie an der *Wilhelm Tell*-Premiere in der englischen Inszenierung von Leopold Jessner im El Capitan Theatre in Hollywood teil.
4. »Koppell«: Heinrich Günther Koppell, deutscher Verleger, Gründer der Deutschen Buchgemeinschaft, der in den dreißiger Jahren über Palästina nach Amerika auswanderte und in New York die Alliance Book Corporation gründete.

An Hermann Kesten 22. Januar 1940

1. »Quota-Nummer«: Hermann Kesten ging 1940 in die USA und kehrte 1949 nach Europa zurück.
2. »Schriftsteller, Regisseure und Schauspieler«: Marcuse verkehrte in erster Linie mit Bruno Frank, Berthold Viertel, Thomas Mann, Fritz Kortner, Wolfgang Reinhardt, Ernst Deutsch und später vor allem mit Alfred Döblin und Lion Feuchtwanger.

An Hendrik van Loon 31. Januar 1940

»Platon-Biographie«: Eine englische Ausgabe erschien 1947, die deutsche erst 1950. S. den Brief Thomas Manns vom 9. Oktober 1947.

An Hermann Kesten 7. Januar 1941

»Kritik der unreinen Vernunft«: Marcuse bezieht sich vermutlich auf das bisher unveröffentlichte Manuskript *Das Märchen von der Sicherheit.*

Thomas Mann an L. M. 27. März 1942

1. »Ihre Erregung, Ihre Erbitterung«: Marcuse wurde wie viele Emigranten als »feindlicher Ausländer« eingestuft. Weil Thomas Mann als tschechischer Staatsbürger galt, wurde er nicht so eingeordnet.
2. »Muck«: Carl Muck (1859–1940). Deutscher, international bekannter Dirigent.
3. »Toscanini«: Arturo Toscanini (1867–1957). Italienischer Dirigent, lebte lange Zeit in den USA.
4. »Tolan«: John H. Tolan (1877–1947). Demokratischer Abgeordneter im amerikanischen Repräsentantenhaus.

An Alfred Döblin vermutlich 1943

1. Alfred Döblin (1878–1957), Erzähler, Dramatiker, Essayist. Schrieb u.a. *Berlin Alexanderplatz*, 1929.
2. »Sie ... fertiggebracht haben«: Es liegen neunzehn Jahre zwischen *Wallenstein* (Berlin 1920) und *Bürger und Soldaten* (Amsterdam 1939).

Thomas Mann an Sascha M. 1. Juni 1943

»Ding«: »Eine besondere, schwer erhältliche Sorte von Zigarrenanschneider« nach der Erklärung Erika Manns, im zweiten Band der Thomas Mann-Briefe (Frankfurt/M. 1963). Am 12. Juni 1962 schrieb Marcuse an von Hofe: »Im zweiten Thomas Mann Brief-Band wird ein (versteckt) sehr unanständiger Brief an Sascha gedruckt werden.«

Bruno Frank an L. M. 8. Februar 1944

1. »Eva«: Die Zeichnerin und Karikaturistin Eva Herrmann war mit vielen exilierten Schriftstellern befreundet. Marcuse schrieb über sie, ohne den Namen zu nennen, auf Seite 199 und 215 seiner Autobiographie *Mein zwanzigstes Jahrhundert* (München 1960).
2. »Hofe's ... Worten«: Harold von Hofes Artikel über Marcuse im ›Aufbau‹, 4. Februar 1944.
3. »Kohlhaas«: Heinrich von Kleists Novelle *Michael Kohlhaas* (1810).
4. »Tremble«: Name eines Hundes.
5. »Onkel Feuchtwanger«: Lion Feuchtwanger. Von vielen Fenstern des großen geräumigen Hauses in Pacific Palisades hat man einen grandiosen Blick auf den Stillen Ozean.
6. »mein neues Buch«: Bruno Franks *Chamfort erzählt seinen Tod* sollte Fragment bleiben. Er starb 1945.
7. »Fritzi«: Fritzi Massary (1882–1969). Sängerin und Schauspielerin, die vor allem in den zwanziger Jahren als Diva des Operettentheaters große Erfolge feierte. Mutter Liesl Franks.
8. »Katja«: Katja Mann.

An Alma Mahler Werfel (Durchschlag) 28. Dezember 1944

1. Alma Mahler Werfel (1879–1964), verh. mit G. Mahler, W. Gropius und F. Werfel. Ihre Autobiographie *Mein Leben* erschien 1960.
2. »Artikel im ›Aufbau‹«: *Philosophen auf Wanderschaft*, ›Aufbau‹, 22. Dezember 1944. Marcuse befaßt sich vor allem mit Philosophen im Exil, aber dann fallen die Sätze: »Wir kennen alle die dicken, grellen Philosophien derer, die ganz laut sein dürfen. Denn die Philosophie ist in die Hände der populären Roman-Schriftsteller gefallen ... Sie sollten den unsauberen Bereich zwischen Roman und Theologie gründlich säubern.« Die Sätze waren in erster Linie auf Franz Werfel gemünzt.
3. »Kierkegaard«: Sören Kierkegaard (1813–1855). Dänischer Philosoph und Mystiker, Vorläufer des Existentialismus. In einer seiner letzten Schriften behauptete er, daß das Christentum und die Kirchen des 19. Jahrhunderts nur eine »arglistige und verlogene Abschaffung des Christentums« seien.
4. »Deshalb ... zurückkommen.«: Im ›Aufbau‹, 9. März 1945, erschien Marcuses *In theologischen Schleiern. Zu Werfels Streitschrift ›Be-*

tween Heaven and Earth‹. Am 23. März 1945 schrieb Friedrich Torberg im ›Aufbau‹ *Eine Erklärung des Grafen Örindur. Zu Marcuses Streitartikel gegen Franz Werfel.*

Heinrich Mann an L. M. 28. März 1946

1. »Sie hat mir ... gefehlt«: Nelly Kröger Mann hatte am 17. Dezember 1944 Selbstmord begangen.
2. »Ihr Aufsatz«: Zum 75. Geburtstag Heinrich Manns schrieb Marcuse im ›Aufbau‹, 22. März 1946, den Aufsatz *Ein wahrer Europäer.*
3. »Neffe Golo«: Golo Mann (geb. 1909). Sohn Thomas Manns. Historiker, Schriftsteller, Redakteur.
4. »Stephan Hermlin« (geb. 1915): Schriftsteller. Im Exil von 1936 bis 1945. Seit 1947 in Ostberlin.

Alfred Döblin an L. M. 15. Oktober 1946

1. »Das goldene Tor«: Zweimonatschrift, die vom September 1946 bis zum April 1951 erschien.
2. »Emil Belzner« (geb. 1901). Schriftsteller, Journalist, Redakteur, Kulturkritiker. Der »barocke Poet« gehörte zum engeren Kreis Marcuses. Im ›Aufbau‹, 14. September 1956, nannte Marcuse den unterschätzten Belzner einen »bewunderungswürdigen Barden« in seinem Artikel *Eine große Phantasie über einen großen Phantasten.* S. den Brief Robert Neumanns vom 6. März 1969.
3. »Etienne«: Sohn Döblins.
4. *»Wang-Lun«:* Die Neuausgabe des *Wang-Lun* (Baden-Baden 1946).
5. »Ein Religionsgespräch«: *Der unsterbliche Mensch* (Baden-Baden 1946).
6. *»Der Oberst und der Dichter«* (Freiburg 1946).
7. *»November 1918«* (Freiburg 1948–1950).
8. »Brief an Heinrich Mann«: S. Alfred Döblin an Heinrich Mann, 14. Oktober 1946, in *Alfred Döblin, Briefe,* hrsg. von Walter Muschg und Heinz Graber (Olten und Freiburg 1970), S. 355–356.

An Hermann Kesten 13. November 1946

1. »Romantik-Aufsatz«: In der Anthologie *The Blue Flower* (New York 1946), *Die blaue Blume* (Köln 1955).

2. »Anti-These«: Bei Veit Valentin, *The German People* (New York 1946), S. 717.
3. »Heideggers 20 Jahre altes Buch«: *Sein und Zeit* von Martin Heidegger (geb. 1889), erschien 1927.

Alfred Döblin an L. M. 6. Februar 1947

1. »Zeitschrift«: ›Das goldene Tor‹.
2. »Aufbau«: Verlag und auch Zeitschrift in Ostberlin.
3. »Neudruck ... Erzählung«: S. den Brief Döblins vom 15. Oktober 1946.
4. »Sascha ... anderes Gebiet«: Sascha Marcuse war von 1940 bis 1947 als Masseuse bei Filmstars tätig, wurde dann Augen-Heilpraktikerin nach der sogenannten Bates-Methode.
5. »Adorno«: Theodor W(iesengrund) Adorno (1903–1969). Musikkritiker, Soziologe, Philosoph. 1933–1950 im Exil in England und Amerika. Marcuse lehnte Adorno entschieden ab; s. die Briefe an Erika Mann vom 21. März 1963 und 15. August 1965.

Alfred Döblin an L. M. 24. März 1947

1. »Du ein Buch abschließt«: Ludwig Marcuse, *Philosophie des Glücks* (Zürich 1949).
2. »Walther Viktor«: Walther Victor (geb. 1895). Schriftsteller und Kritiker in der DDR. Er schrieb später *Ludwig Marcuse. Zum Portrait eines geistigen Menschen in dieser Zeit* in seinem *Köpfe und Herzen. Begegnungen mit Zeit und Zeitgenossen* (Weimar 1949), S. 159–161.
3. »Kantorowic«: Alfred Kantorowicz (geb. 1899). Schriftsteller, Journalist und Literarhistoriker. 1933–1946 im Exil in Frankreich, Spanien und Amerika. Germanist an der Humboldt Universität 1950–1957, Flucht in die BRD 1957.
4. *»Die versunkene Glocke«* (1896) hatte weder Marcuse noch Döblin etwas zu sagen. Schlegels philosophischen Liebesroman *Lucinde* (1799) schätzte Marcuse hingegen sehr. S. Ludwig Marcuse, *obszön. Geschichte einer Entrüstung* (München 1962) S. 65–82.
5. »Hans Reichenbach« (1891–1953). Von 1933 an im Exil, ab 1938 Professor für Philosophie an der University of California, Los Angeles. Eng mit Döblin befreundet.

6. »Becher«: Johannes R. Becher (1891–1958), Schriftsteller. 1933–1945 in Moskau. 1945–1958 Präsident des ›Kulturbundes zur demokratischen Erneuerung Deutschlands‹. 1954 Minister für Kultur in der DDR.

Alfred Döblin an L. M. 25. September 1947

1. »Nürnberger Zwillinge«: Hermann Kestens *Die Zwillinge von Nürnberg* (Amsterdam 1947), erschien schon 1946 in englischer Übersetzung.
2. »Günther Stern«: Günther Anders (geb. 1902). Schriftsteller. 1933–1959 im Exil in Frankreich und den USA. *Moluske* bezieht sich auf den unveröffentlichten Roman *Die Molussische Katakombe.*
3. »Ehrenstein«: Albert Ehrenstein (1886–1950). Schriftsteller. 1932–1941 im Exil in der Schweiz und dann in den USA.
4. »Schwarzschild«: Leopold Schwarzschild (1890–1950). Journalist, Redakteur, Schriftsteller. 1933–1950 im Exil in Frankreich und den USA. *Der rote Preuße = The Red Prussian. The Life and Legend of Karl Marx* (New York 1947).
5. »Die literarische Situation«: S. den Brief Marcuses vom Jahre 1947 an Döblin.
6. »Neuauflage des Südamerikaromans«: *Südamerika-Trilogie* (Baden-Baden 1947–1948).

Thomas Mann an L. M. 9. Oktober 1947

»Neues Werk«: *Plato and Dionysius. A Double Biography* (New York 1947).

Klaus Mann an L. M. 26. Dezember 1947

1. »der erste Raubritter mit der Feder«: Pietro Aretino (1492–1556). Italienischer Schriftsteller. Thema des Kapitels *Schöner Blick auf Venedig* in Marcuses *Soldat der Kirche. Das Leben des Ignatius von Loyola* (Amsterdam 1935). Der »schenkende Schmarotzer« ist Pietro Aretino. Die Anthologie ist nicht erschienen.
2. »Mr. Knopf«: Alfred A. Knopf (geb. 1892) des Knopf Verlags.
3. »Joel Ames«: Der Übersetzer der Doppelbiographie. Pseudonym f. Wilson Follett.

An Thomas Mann 29. Dezember 1947

(Konzept) »Auf die Zusendung des mit einer Widmung versehenen Sonderdruckes *Nietzsches Philosophie im Lichte unserer Erfahrung«* (in: *Neue Studien.* Frankfurt/M. 1948). Der Brief wurde laut Marcuse abgeschickt. Der Brief ließ sich in Zürich-Kilchberg nicht finden, schrieb uns Golo Mann.

An Alfred Döblin (Konzept) 1947

1. *»Die literarische Situation«* (Baden-Baden 1947).
2. »Absatz 21«: Absatz auf Seite 21.
3. »eine Zeitschrift«: ›Das goldene Tor‹ (1946–1951).
4. »Gläser«: Ernst Glaeser (1902–1963). Zeitkritischer Schriftsteller. Ging 1933 ins Exil, kehrte 1938 aber wieder nach Deutschland zurück.
5. »Brentano«: Bernard von Brentano (1901–1964). Zeitkritischer Schriftsteller. Lebte von 1933 bis 1949 in der Schweiz. Marcuse lehnte sein Buch der Erinnerung *Du Land der Liebe* (Tübingen 1952) entschieden ab. S. Marcuses Brief vom 29. März 1953 an Erika Mann.
6. »St. Simon«: Claude Henri Saint-Simon (1760–1825). Französischer Philosoph und religiöser Sozialist: *De la réorganisation de la société européenne* (Paris 1814), *Noveau christianisme* (Paris 1825).

Thomas Mann an L. M. 2. Januar 1948

1. »Gespräch«: *Thomas Manns Doktor Faustus,* Ernst Hadorn, Eduard Korrodi und Willi Schuh, ›Neue Zürcher Zeitung‹, 29. XI. 1947 und 6. XII. 1947. Willi Schuh war Musikredakteur der NZZ.
2. »Dr. Hofe«: Harold von Hofe, University of Southern California.
3. »Legende«: Hartmann von Aues Werke entstanden zwischen 1180 und etwa 1205. *Gregorius* ist ein legendär-religiöser Versroman vom guten Sünder, der ahnungslos seine Mutter heiratet. Gregorius *vom Steine,* da er sich auf einen Felsen fesseln ließ. S. Thomas Manns ironischen Roman *Der Erwählte* (Frankfurt/M. 1951).

An Klaus Mann 1948

1. »Ihr Buch«: Klaus Mann, *André Gide and the Crisis of Modern Thought* (London 1948).

2. »das Motto«: »Chaque homme porte la forme entière de l'humaine condition« – Montaigne.
3. »Rußland-Fall«: Gide lehnte den Kommunismus ab, nachdem er die Sowjetunion besucht hatte: *Retour de l'U.R.S.S.* (Paris 1936).

Klaus Mann an L. M. 16. Juli 1948

1. K. M. hatte am 12. Juli einen Selbstmordversuch begangen, und L. M. hatte ihm geschrieben.
2. »Kierkegaard«: Klaus Mann wußte, daß Kierkegaard Marcuse viel bedeutete.

An von Hofes und Townsends 8. Juni 1949

Ludwig Marcuse hatte Deutschland im Jahr 1933 verlassen. Sechs Jahre später floh er von Frankreich nach Amerika. 1945 wurde er Professor (Germanistik und Philosophie) an der University of Southern California. Im Sommer 1949 besuchte er Deutschland zum ersten Mal seit 1933. Während seines Aufenthaltes in Europa schrieb er tagebuchartige Briefe an seine Kollegen und Freunde, Harold von Hofe und Stanley R. Townsend – wie auch an deren Frauen – an der University of Southern California. Der Adressat ist der Herausgeber dieser Briefe. Es folgen Auszüge aus den Briefen dieser Zeit.

1. »Henri Bernstein«: Henry Bernstein (1876–1953). Vorübergehend beliebter Verfasser von Theaterstücken, die vor allem Liebesprobleme zum Inhalt haben.
2. »Raupach«: Ernst Raupach (1784–1852). Der Verfasser von 117 Dramen gehörte 1825–1840 zu den meistgespielten Dramatikern Deutschlands.
3. »Sartre«: Jean-Paul Sartre (geb. 1905). Französischer Schriftsteller und Philosoph. Einer der Hauptvertreter des Existentialismus. *Les mains sales (Die schmutzigen Hände)* wurde 1948 geschrieben.
4. »Fashion Show«: Jacques Fath (1912–1954) und Christian Dior (1905–1957). Führende französische Modeschöpfer der vierziger und fünfziger Jahre.

An von Hofes und Townsends 10. Juni 1949

1. »Marshall«: General George Catlett Marshall (1880–1959), Generalstabschef (1939–1945), gab 1947 den Anstoß zum Europäischen

Wiederaufbauprogramm (ERP = European Recovery Plan), allgemein Marshall-Plan genannt.

2. »Llewellyn«: Die Studentin Jean Llewellyn hatte an der University of Southern California germanische Sprachwissenschaft studiert und studierte nun in Zürich weiter.
3. »Polgar«: Alfred Polgar (1875–1955). Wiener Theaterkritiker und Schriftsteller. Geistreicher Meister der kleinen Formen. War 1940 bis 1947 in Amerika und kehrte dann nach Europa zurück.
4. »Altenberg«: Peter Altenberg (1859–1919). Wiener Schriftsteller, der als geistvoller Virtuose kleiner Formen galt.
5. »Oprecht«: Emil Oprecht (1895–1952). Schweizer Buchhändler und Verleger, enger Freund von Thomas Mann.
6. »Dramaturg«: Kurt Hirschfeld (1902–1966). Sein Verleger war Emil Oprecht.
7. »Theater«: Bei Angabe der Stücke – und der Verfasser – hat sich Marcuse (boshafterweise?) verschrieben. Das 1949 geschriebene historische Drama von Carl Zuckmayer (geb. 1896) heißt *Barbara Blomberg*. S. Marcuses Brief vom 12. Juni 1949. *»Die Bergwerke von Falun«: Das Bergwerk von Falun* in ›Die Insel‹ (Berlin 1900). S. den Brief Marcuses vom 17. Juni 1949 aus München.

An von Hofes und Townsends 12. Juni 1949

1. »Norchen«: Lenore von Hofe.
2. »Dr. Kurt Hirschfeld«: War zu der Zeit noch Dramaturg am Zürcher Schauspielhaus.
3. »Konstanze Menz« (geb. 1905). Schauspielerin. Gattin des Schauspielers und Regisseurs Peter Lühr (geb. 1906).
4. »Sils-Maria«: Lieblingsort Nietzsches im Engadin im schweizerischen Kanton Graubünden.
5. »Felix Stössinger« (1889–1954). In Prag geborener Schriftsteller. Starb in Zürich.
6. »Arno Nadel« (1878–1943). Schriftsteller. Kam in Auschwitz um.
7. »Tasso-Stelle«: Im vierten Auftritt des dritten Aufzugs sagt Leonore: »Ihm fehlt's an tausend Kleinigkeiten, die / Zu schaffen eine Frau sich gern bemüht ...« Und Antonio antwortet: »Und diese Sorge macht ihn lieb und lieber ...«

8. »Goethe und die Demokratie«: Thomas Manns Vortrag anläßlich des Goethe-Jahres 1949.
9. »Eckermann«: Johann Peter Eckermann (1792–1854). Verehrer und Vertrauter Goethes. Aufzeichnung der Gespräche erschien als *Gespräche mit Goethe in den letzten Jahren seines Lebens* in drei Bänden (1836–1848).
10. »Don Juan d'Austria«: Don Juan de Austria (1547–1578). Der uneheliche Sohn Kaiser Karls V. und Barbara Blombergs. Eine der Hauptrollen Peter Lührs.
11. »Schinderhannes«: Beiname des Räuberhauptmannes Johann Bückler (1783–1803). S. das 1927 geschriebene Stück von Zuckmayer.
12. »Rapperswil«: Städtchen am Zürichsee im Kanton St. Gallen.
13. »Wesendonck-Villen«: Anspielung auf die Freundin Richard Wagners, Mathilde Wesendonck (1828–1902). Die Wesendonck-Villa ist am Zürichsee.

An von Hofes und Townsends 17. Juni 1949

1. »Hofmannsthal«: Hugo v. H. (1874–1929). Österr. Schriftsteller.
2. »Hilpert«: Heinz Hilpert (1890–1967). Regisseur und Theaterleiter. Zusammenarbeit mit Max Reinhardt. Gründete 1948 sein ›Deutsches Theater‹ in Konstanz und legte das Amt als Chefintendant in Frankfurt nieder.
3. »Martin Gumpert« (1897–1955). Vetter Ludwig Marcuses. Berliner Arzt und Schriftsteller. Floh 1936 nach Amerika.
4. »Dr. Hirschfeld«: Kurt Hirschfeld.
5. »Manfred George« (1893–1965). Schriftsteller, Journalist, Redakteur. Gründete 1934 die Wochenzeitung ›Aufbau‹, die heute noch besteht. Manfred George gehörte zum engsten Freundeskreis Marcuses.
6. »Eichendorff«: Joseph von Eichendorff (1788–1857). Romantischer Dichter. Das Lustspiel *Die Freier* schrieb er 1833.
7. *»Leonce und Lena«:* Das hinterlassene Lustspiel Georg Büchners (1813–1837), den Marcuse immer wieder rückhaltlos lobte.
8. »Feuchtwanger«: Lion Feuchtwanger (1884–1958). War, wie Marcuse, in den dreißiger Jahren in Sanary. Lebte von 1941 bis 1958 in Pacific Palisades. War ein enger Freund Marcuses. Weder Feuchtwanger noch Marcuse haben Teller gewaschen.

9. »Ossip Kalenter« (geb. 1900). Schriftsteller und Übersetzer, der seit 1939 in der Schweiz lebt.
10. »Schönlank«: Bruno Schönlank (1891–1965). Schriftsteller. Emigrierte 1933 aus Berlin in die Schweiz.
11. »Waterman«: John T. Waterman (geb. 1918). Sprachwissenschaftler und Germanist an der University of Southern California 1948–1968. Seit 1968 University of California, Santa Barbara.
12. »Oakhurst«: Marcuses Wohnung war im Oakhurst Drive, Beverly Hills.

Erika Mann an L. M. 19. Juni 1949

1. »Trauer«: Klaus Mann beging am 21. Mai 1949 Selbstmord. Ein Nachruf Marcuses erschien am 27. Mai im New Yorker ›Aufbau‹: *Trauer um Klaus Mann.*
2. »Mephisto«: Klaus Manns Roman *Mephisto. Roman einer Karriere* (Amsterdam 1936). Die Worte über den »Schlüsselroman« sind nicht von Marcuse, sondern von der Redaktion.
3. »Gründgens«: Gustaf Gründgens (1899–1963). Schauspieler und Regisseur. Erika Mann war 1926–1929 mit ihm verheiratet.
4. »Neue Zeitung«: Die ›Neue Zeitung‹ wurde mit dem Untertitel ›Die amerikanische Zeitung für die deutsche Zivilbevölkerung‹ im Herbst 1945 gegründet und erschien bis 1955.
5. »André Germain« (1881–1971). Französischer Schriftsteller und Kritiker. *Hitler ou Moscou?* (Paris 1935), *Goethe et Bettina* (Paris 1939).
6. »adäquater Nachruf«: Erika Mann bezieht sich auf den Nachruf Otto Baslers in der ›National-Zeitung‹, Basel. Er erschien dann als erster Artikel in dem Band *Klaus Mann zum Gedächtnis* (Amsterdam 1950).

An von Hofes und Townsends 22. Juni 1949

1. »Rowohlt«: Marcuse war mit dem Verleger Ernst Rowohlt (1887–1960) befreundet.
2. »Kortners«: Fritz Kortner (1892–1970). Schauspieler und Regisseur. Kam 1938 aus Wien über England nach Amerika. Ab 1947 wieder in Deutschland.
3. »Herald«: Heinz Herald (1889–1964). Regisseur bei Max Reinhardt in Berlin, Filmregisseur in Hollywood.

4. »Fehling«: Jürgen Fehling (1885–1968). Berliner Regisseur.
5. »Erich Kästner« (1899–1974). Schriftsteller, Satiriker, Verfasser sozialkritischer Kinderbücher. Feuilletonchef der ›Neuen Zeitung‹ (1945–1948). »Lotte«: Luiselotte Enderle, Lebensgefährtin Kästners.
6. »Kanterowitz«: Alfred Kantorowicz.
7. »Verhoeven«: Paul Verhoeven (geb. 1901). Regisseur, Filmproduzent, Schauspieler, Autor.
8. »Franz Schneider«: Marcuses erster Verleger hatte seinen Verlag 1913 gegründet.
9. »Luxus-Ausgabe«: Ludwig Marcuse, *Die Welt der Tragödie* (Berlin 1923).
10. »Werden ... schicken«: Ludwig Marcuse, *Die Weltliteratur der Gegenwart* (Berlin 1924).
11. »Ihrer alma mater«: Stanley R. Townsend hatte an der Universität München studiert.
12. »Lenbach«: Franz Lenbach (1836–1904). Münchner Porträtmaler. Malte u. a. Paul Heyse.
13. »Paul Heyse« (1830–1914). Schriftsteller; erhielt 1910 den Nobelpreis für Literatur.

An von Hofes und Townsends 24. Juni 1949

1. »150,– DM«: Das Honorar für einen Vortrag Marcuses an der Universität.
2. »Brief von Erika Mann«: S. den Brief Erika Manns vom 19. Juni.
3. »Bruno Frank« (1887–1945). Der Schriftsteller Bruno Frank war mit der Familie Mann und auch mit Marcuse eng befreundet. In Los Angeles (Beverly Hills und Pacific Palisades) waren sie alle oft zusammen. In derselben Nummer des ›Aufbau‹ vom 29. Juni 1945 schrieben Marcuse *Ein Abschied* [von Bruno Frank] und Thomas Mann *In Memoriam Bruno Frank*.
4. »Alfred Neumann« (1895–1952). Thomas Mann war mit dem Schriftsteller Neumann, der von 1941 bis 1949 in Los Angeles lebte, eng befreundet – Marcuse nicht.
5. »Ullstein«: der Berliner Ullstein-Verlag wurde 1877 gegründet.
6. »Bernhard«: Georg Bernhard (1875–1944). Früherer Chefredakteur der ›Vossischen Zeitung‹. Starb in New York.

7. »Egon Jacobson«: Egon Jameson (1905–1969). Bis 1933 Journalist bei Ullstein. Starb in London.

Erika Mann an L. M. 27. Juni 1949

»Mephistovorwurf«: S. den Brief Erika Manns vom 19. Juni 1949.

An von Hofes und Townsends 4. Juli 1949

1. »Homburg«: Ludwig und Sascha Marcuse wohnten in Homburg, Saalburgstraße, als er in Frankfurt Theaterkritiker war. Über »Mutter Becker« *et al* s. Marcuses Autobiographie.
2. »Pollock«: Friedrich Pollock (1894–1970). Soziologe, Mitbegründer des Instituts für Sozialforschung in Frankfurt. 1933–1950 Genf, Paris, USA. Ab 1950 wieder Frankfurt.
3. »Horkheimer«: Max Horkheimer (1895–1973). Soziologe, Philosoph. Lange Direktor des Instituts für Sozialforschung. 1933–1949 Paris, USA. Ab 1949 wieder Professor in Frankfurt. Mitbegründer der sog. ›kritischen Theorie‹.
4. »Dombrowski«: Erich Dombrowski (geb. 1882). Journalist, Redakteur. 1945–1957 Chefredakteur der ›Allgemeinen Zeitung‹, Mainz.

An von Hofes und Townsends 7. Juli 1949

1. »Büchelchen«: Thomas Mann, *Die Entstehung des Doktor Faustus. Roman eines Romans* (Frankfurt 1949).
2. »Anton Hain«: gründete den gleichnamigen Verlag 1946.
3. »Meisenheim am Glan«: Städtchen mit etwa 2800 Einwohnern im Kreis Kreuznach, Rheinland-Pfalz.
4. »List«: Paul List Verlag, München. Gegründet 1894 in Berlin.
5. »Nicolai Hartmann« (1882–1950). Philosoph. Neukantianer, Phänomenologe, Begründer einer ›realistischen Ontologie‹.
6. »Bingerbrück«: Gemeinde im Kreis Kreuznach gegenüber Bingen.
7. »Goddelau«: Gemeinde im Kreis Groß-Gerau, Hessen, mit etwa 5500 Einwohnern.
8. »Kayserling«: Hermann Graf Keyserling (1880–1946). Philosoph und Kulturpsychologe. Gründete 1920 eine ›Schule der Weisheit‹ in Darmstadt.

9. »Wetter vom Strahl«: Friedrich Wetter, Graf vom Strahl, Figur in Kleists *Käthchen von Heilbronn.*
10. *»Käthchen von Heilbronn«:* Heinrich von Kleist schrieb das Ritterschauspiel *Käthchen von Heilbronn oder Die Feuerprobe* im Jahr 1808.

An von Hofes und Townsends 9. Juli 1949

1. »Truman-Majorität«: 1948 gewann Harry S. Truman die amerikanische Präsidentschaftswahl mit knapper Mehrheit.
2. »die Deutschen ... das Glück«: Marcuse hatte über das Thema seines neuesten Buches *Die Philosophie des Glücks* gesprochen.
3. »Wimpfen«: Städtchen in Baden-Württemberg am Neckar mit etwa 5200 Einwohner.
4. »Lauffen«: Der Geburtsort Hölderlins am Neckar hat etwa 9000 Einwohner.
5. »Dolf Sternberger« (geb. 1907). Publizist, Redakteur, Politologe. Damals Mitherausgeber der Zeitschrift ›Die Wandlung‹.
6. »Johst«: Hanns Johst (geb. 1890). Schriftsteller. Trat für den Nationalsozialismus ein.
7. »Sieburg«: Friedrich Sieburg (1893–1964). Schriftsteller, Kritiker, Redakteur. Mitherausgeber der Zeitschrift ›Die Gegenwart‹.

An von Hofes und Townsends 10. Juli 1949

1. »Shirley Temple«: Mrs. Charles A. Black (geb. 1928). Filmstar von ihrem dritten bis etwa zu ihrem zwanzigsten Lebensjahr.
2. »Lippegau und Vogel«: Studenten, die es nicht schafften.
3. »Professor Böckmann«: Paul Böckmann (geb. 1899). Germanist, damals an der Universität Heidelberg.
4. »Eva«: Eva Herrmann pflegte bei Vollmond Spaziergänge mit Freunden und Bekannten zu machen.
5. »Ehe im Schatten«: Film von Kurt Maetzig nach einer Erzählung von Hans Schweikart (DDR 1947).

An von Hofes und Townsends 16. Juli 1949

1. »Kuno Fischer« (1824–1907), »Wilhelm Windelband« (1848–1915), »Emil Lask« (1875–1915). Philosophen, Professoren in Heidelberg.

2. »Santa Barbara«: Stadt nördlich von Los Angeles am Pazifik.
3. »Eckart von Naso« (geb. 1888). Schriftsteller und Dramaturg.
4. »Fred Hildebrand«: (Alfred) Fred Hildenbrandt (1892–1963). Journalist, Schriftsteller. Daß er in der Hitler-Zeit »nicht koscher« war, ist umstritten. S. ›Deutsches Bühnen-Jahrbuch‹ 1968.
5. »Weichert«: Richard Gustav-Wilhelm Weichert (1880–1961). Seit 1947 Intendant der Städt. Bühnen in Frankfurt.

An von Hofes und Townsends 17. Juli 1949

1. »Kleist«: Heinrich von Kleist (1777–1811), den Marcuse sehr schätzte, beging Selbstmord am 21. November 1811.
2. »Buch … fertig ausgedruckt«: Ludwig Marcuse, *Der Philosoph und der Diktator. Plato und Dionys* (Berlin 1950).
3. »Arnold Zw.«: Zweig.
4. »A-Haus«: Amerikahaus.
5. »Hermann Linden« (1896–1963). Journalist. Herausgeber des Bandes *Joseph Roth. Leben und Werk. Ein Gedächtnisbuch* (Köln und Hagen 1949).
6. »Fresno«: Stadt in Kalifornien.

An von Hofes und Townsends 20. Juli 1949

1. »Ludwig«: Marcuse konnte es nicht leiden, wenn man ihn mit Vornamen anredete.
2. »Schwester Edit«: S. *Aus den Papieren meiner Schwester. Vor der Deportation* in der Autobiographie *Mein zwanzigstes Jahrhundert* (München 1960), S. 328–347.
3. »Lally Reinhardt«: Frau des Regisseurs Wolfgang Reinhardt.
4. »Heinz Ullstein«. Damaliger Leiter des 1877 gegründeten Verlagshauses.
5. »Lucie Mannheim« (geb. 1899). Schauspielerin. Ab 1934 im Exil in England. Seit 1949 wieder in Deutschland (BRD).
6. »U.«: Heinz Ullstein.
7. »Thomas M.«: Thomas Mann.
8. »Kanto«: Alfred Kantorowicz.
9. »Kulturbund«: ›Kulturbund zur demokratischen Erneuerung Deutschlands‹ in Ost-Berlin.

10. »Möwe«: Cabaret in Ost-Berlin.
11. »Alfred Beyerle«: Alfred Beierle. S. Deutsches Bühnen-Jahrbuch 1950.
12. »Troeltsch«: Ernst Troeltsch (1865–1923). Kulturphilosoph, Theologe und Soziologe. Marcuse hatte unter seiner Ägide in Berlin promoviert.
13. »Eichkamp«: Wohnsiedlung in Berlin-Charlottenburg am Rande des Grunewalds.
14. »Blanvalet«: Verlag in Berlin. S. den Brief vom 17. Juli 1949.
15. »Günther Birkenfeld« (1901–1966). Schriftsteller. War 1945 Mitbegründer des ›Kampfbundes gegen Unmenschlichkeit‹.
16. »Nicklisch«: Maria Nicklisch (geb. 1904). Schauspielerin.
17. »Weyrauch«: Wolfgang Weyrauch (geb. 1907). Schriftsteller. 1946–1952 Redakteur in Berlin. S. die Briefe vom 9. September 1969 und vom 28. April 1969.
18. »Langhoff«: Wolfgang Langhoff (1901–1966). Regisseur. 1935–1945 im Exil in der Schweiz. 1954–1963 Regisseur des Deutschen Theaters und der Kammerspiele in Ost-Berlin.
19. »Erik Reger« (1893–1954). Journalist und Theaterkritiker. 1945–1954 Herausgeber des Berliner ›Tagesspiegels‹.
20. »Gottfried Benn« (1886–1956). Diese Briefseiten wurden die Unterlage für die Beschreibung des Besuchs in Marcuses Autobiographie auf S. 363–365. Vgl. Benns Worte darüber in seinem *Doppelleben. Zwei Selbstdarstellungen* (Wiesbaden 1950), S. 98–99.
21. »Generals-Rang«: Benn war Oberstabsarzt in der Wehrersatz-Inspektion Hannover.
22. »Sein letztes Buch«: *Statische Gedichte* (Zürich 1948).
23. »Arnold Zw.«: Arnold Zweig war bis 1948 in Haifa, dann in Ostberlin.
24. »Gerhart Pohl« (1902–1966). Schriftsteller. Freund Gerhart Hauptmanns.
25. »Civier«: Georg Zivier (geb. 1897). Journalist und Schriftsteller. Feuilleton-Chef beim ›Telegraph‹ und Kulturredakteur der ›Neuen Zeitung‹ bis 1955.

An Erika Mann 23. Juli 1949

»Telegramm«: S. die Zeilen vom 27. Juni 1949. S. den Brief Erika

Manns vom 19. Juni, das Telegramm vom 27. Juni und dann den Brief vom 10. September. (Es bleibt unklar, worauf sich Marçuse bezieht.) Am 14. September schreibt E. M.: »Ich weiß nicht, wovon Sie sprechen.« Da sie Manfred George »beruhigt« hat, hatte sie vielleicht dem ›Aufbau‹ geschrieben.

An von Hofes und Townsends 28. Juli 1949

1. *»Union der festen Hand«:* Erik Regers Erstlingswerk, der Industrieroman *Die Union der festen Hand,* erschien 1931 und wurde 1946 wieder aufgelegt.
2. »Louis Ferdinand«: Marcuse und Louis Ferdinand, Prinz von Preußen (geb. 1907), hatten sich in den zwanziger Jahren kennengelernt.
3. »Luft«: Friedrich Luft (geb. 1924). Schriftsteller, Theater- und Filmkritiker, Redakteur. S. die späteren Briefe Lufts an Marcuse.
4. »Bredel«: Willi Bredel (1901–1964). Schriftsteller und Redakteur. Exil in Prag und Moskau. Nach dem Krieg in der DDR.
5. »Behl«: Carl Friedrich W. Behl (1889–1968). Biograph und lebenslanger Freund Gerhart Hauptmanns.

An von Hofes und Townsends 31. Juli 1949

1. »Textor ... Townsend«: Goethes Mutter war eine geborene Textor. Professor Townsend las über Goethe an der University of Southern California.
2. »Hindenburg«: Paul von Hindenburg (1847–1934), 1925–1933 deutscher Reichspräsident.
3. »Benvenuto«: Sohn Gerhart Hauptmanns.
4. »Orloff«: Ida Orloff (1889–1945). Schauspielerin. S. Marcuses *Geschichte einer Dichterliebe. Ida Orloff und Gerhart Hauptmann – Eine amerikanische Ausgrabung,* ›Aufbau‹, 4. November 1957.
5. »Frank Arnau« (geb. 1894). Schriftsteller und Journalist. Ging 1933 ins Exil: Frankreich, Spanien und 1939 nach Brasilien.

An von Hofes und Townsends 7. August 1949

1. »Tee-Haus ... oder D-Haus«: Teehaus. S. das 7. Kapitel, *Obersalzberg,* in Albert Speers *Erinnerungen* (Berlin 1969).

2. »Martin Bormann« (1900–1945). Engster Mitarbeiter Hitlers.
3. »Veblen«: Thorstein Bunde Veblen (1857–1929). Vgl. Veblens *The Theory of the Leisure Class* (New York 1899).
4. »Ludwig II. Schloß«: Ludwig II. (1845–1886), König von Bayern (1864–1886). Erbaute die Schlösser Herrenchiemsee, Neuschwanstein und Linderhof.
5. »Wilhelm«: Wilhelm II. (1859–1941). Deutscher Kaiser (1888–1918).
6. »Dr. Beissler«: Rechtsanwalt Dr. Karl Beisler, später Steuerberater Ludwig Marcuses.
7. »Neumann«: Alfred Neumann.

Erika Mann an L. M. 10. September 1949

»Affaire Werfel«: S. den Brief Marcuses vom 28. Dezember 1944 an Alma Mahler Werfel.

Alfred Döblin an L. M. 22. Oktober 1949

1. »kolossale Reise«: S. die Briefe Marcuses Juni, Juli und August 1949.
2. »Kästen«: Hermann Kesten.
3. »Alfred Neumann« (1895–1952). Schriftsteller. Verbrachte Exilsjahre, wie Döblin, in Los Angeles. 1949 Rückkehr nach Florenz.
4. »Dieteres«: Dieterles. Der Regisseur und Schauspieler Wilhelm Dieterle (1893–1973) war in den dreißiger und vierziger Jahren in Hollywood tätig. Frau Charlotte Dieterle half dort mit, Exilierte durch den ›European Film-Fund‹ zu unterstützen.
5. »Was arbeitest Du, außer Deinen Vorlesungen?«: Seit Dezember 1945 war Marcuse Professor für deutsche Literatur an der University of Southern California. Er hatte begonnen, an der 2. Auflage seiner Biographie Heinrich Heines zu arbeiten.
6. *»November 1918. Karl und Rosa«: Karl und Rosa* (Freiburg 1950).

Alfred Döblin an L. M. 22. Dezember 1949

1. »Ihr Buch«: Ludwig Marcuse, *Philosophie des Glücks* (Zürich 1949).
2. »Dyonis«: Dionys.

3. »Aufsatz über amerikanische Philosophie«: S. *Vom Wesen der Utopie. Die Sehnsucht nach einer besseren Gesellschaft,* ›Monat‹, Nr. 26, 1950. Letzteres kommt kaum in Frage. S. aber *Amerikanischer und deutscher Pragmatismus,* ›Zeitschrift für philosophische Forschung‹, 1955, S. 257ff und *Eine Theorie der Praxis,* ›Monat‹, 1956, Nr. 88, S. 33ff. S. Marcuses *Amerikanisches Philosophieren: Pragmatisten, Polytheisten, Tragiker* (Hamburg 1959).
4. »Über Ausdruckskunst«: Gottfried Benn, *Ausdruckswelt.* Essays und Aphorismen (Wiesbaden 1949).
5. »Emigranten wütend beschimpfte«: Gottfried Benns *Antwort an die literarischen Emigranten* wurde als offener Brief am 24. Mai 1933 von Benn im Rundfunk verlesen. Gottfried Benn, *Der neue Staat und die Intellektuellen* (Stuttgart/Berlin 1933). S. den Brief Marcuses an von Hofes und Townsends vom 20. Juli 1949.
6. »Brecht«: Bert Brecht (1898–1956). Seit 1948 in Ostberlin.
7. »Lukacs' Realismus«: Georg Lukács, *Der russische Realismus in der Weltliteratur* (Berlin 1949).
8. »Wir zahlen pro Druckzeile DM 15,–«: Soviel zahlt eine Zeitung auch heute selten; Döblin meint: pro Druck*seite.*
9. »unangenehme Erlebnisse ... Arnold Zweig«: S. den Anm. 5 erwähnten Brief.

Thomas Mann an L. M. 24. September 1950

1. »Ihr gehaltvolles Geschenk«: Marcuses Buch *Philosophie des Glücks. Von Hiob bis Freud* (Zürich 1949).
2. »Tolstoi-Kapitel«: Das elfte Kapitel der *Philosophie des Glücks* heißt *Leo Tolstoi, der Nachfolger des Glücklichen Heiland.*

An Thomas Mann 31. Mai 1951

»Ihr Buch«: *Der Erwählte* (Frankfurt 1951).

Alfred Döblin an L. M. 16. August 1951

1. »Hollywood zum 65.«: Als Döblin am 10. August 1943 65 wurde, feierten die Marcuses und Döblins den Geburtstag in einem Restaurant am Hollywood Boulevard. Am 14. August fand eine Geburts-

tagsfeier im El Pablo Rey layhouse in Santa Monica statt. Zugegen war die Emigranten-Prominenz; Heinrich Mann hielt die Festrede. S. Harold von Hofe, *German Literature in Exile: Alfred Döblin*, ›German Quarterly‹, Januar 1944.

2. »Arno Holz Schrift«: *Arno Holz. Die Revolution der Lyrik. Eine Einführung in sein Werk und eine Auswahl* (Wiesbaden 1951).

Alfred Döblin an L. M. 12. September 1951

1. *»Religionsgespräch«:* S. den Brief Döblins vom 15. Oktober 1946.
2. »1946 oder 47«: Es war 1946.
3. »Dein *Heinrich Heine*«: Das Kapitel über das Heine-Denkmal wurde umgeschrieben, die Abhandlungen *Heinrich Heine aus dem Kriegsdienst entlassen* und *Reaktionäre und revolutionäre Romantik* kamen hinzu.
4. »Friedrich Hirth ... Heine Briefe«: *Heinrich Heine Briefe.* Erste Gesamtausgabe nach den Handschriften herausgegeben, eingeleitet und erläutert von Friedrich Hirth (Mainz 1950–1951).
5. »Kritik ... von Dir verfaßt«: Ludwig Marcuse, *Heinrich Heine – Briefe. Randbemerkungen zu einer Neu-Ausgabe,* ›Aufbau‹, 31. August 1951. »Dankbarkeit, die jeder ... Hirth schuldet.«
6. »Bücher ... von mir«: S. die Briefe Döblins vom 16. Oktober 1946, 24. März 1947 und 24. September 1947. *Land ohne Tod* ist der erste Band der *Südamerika-Trilogie* (Baden-Baden 1947–1948).

Thomas Mann an L. M. 14. Oktober 1951

1. »unsere Hilde«: Hilde Kahn, damalige Sekretärin Thomas Manns.
2. »*Heine*-Buch«: Die zweite Auflage (Hamburg 1951) von Marcuses *Heinrich Heine. Ein Leben zwischen gestern und morgen* (Berlin 1932).
3. »Revolutionsprophetie«: S. S. 11–14 in der zweiten Auflage der Heine-Biographie von Marcuse.
4. *»Nietzsche in America«:* Titel eines Artikels von Ludwig Marcuse ›South Atlantic Quarterly‹, 1951, S. 50.

Max Brod an L. M. 2. Januar 1952

1. Max Brod (1884–1969). Schriftsteller u. Hrsg. der Werke von Franz Kafka.

2. »Bettina«: Elisabeth von Arnim, Bettina Brentano (1785–1859). Bedeutende Frauengestalt der jüngeren Romantik, die sich auch frauenrechtlichen Fragen zuwandte.
3. »Grillparzer«: Franz Grillparzer (1791–1872). Spätklassischer Dichter. Politisch zwiespältig: freiheitlich und konservativ zugleich.
4. »Victor Hugo« (1802–1885). Führender Dichter der französischen Hochromantik. Demokrat und Gegner Napoleons III.
5. »Giuseppe Verdi« (1813–1901). Seine früheren Opern wurden (eher als *Rigoletto*) zu Symbolen des italienischen Freiheitsideals.
6. *»Heine«:* Max Brod, *Heinrich Heine* (Amsterdam 1934).
7. »Brandes«: Georg Brandes (1842–1927). Dänischer Literaturhistoriker und Zeitkritiker. *Die Literatur des 19. Jahrhunderts, in ihren Hauptströmungen dargestellt,* 6 Bände; der Verfasser übersetzte es selbst aus dem dänischen Original, das 1872–1890 erschienen war.
8. »Byron«: George Gordon Noel Byron (1788–1824). Freiheitlich gesinnter englischer Romantiker, der in Messolongion starb, als er den Griechen in ihrem Befreiungskampf gegen die Türken helfen wollte.
9. »Kurt Weill« (1900–1950). Komponist. Zusammenarbeit 1928 mit Bertolt Brecht an der *Dreigroschenoper.*
10. »Kafka«: Max Brod, *Franz Kafka als wegweisende Gestalt* (St. Gallen 1951).

An Hermann Kesten 1952

1. »Bornstein«: Joseph Bornstein (1899–1952). Schriftsteller, Journalist, Redakteur. Im Exil in Frankreich, Marokko und 1941–1952 in den USA.
2. »Adresse«: Bei Emil Belzner in Heidelberg.

An Erika Mann 29. März 1953

1. »Werfels *Zwischen Himmel und Erde*«: Marcuse meint den Essayband *Zwischen Oben und Unten* (Stockholm 1946) von Franz Werfel (1890–1945). Englisch: *Between Heaven and Earth* (New York 1946).
2. »Bernhard von Brentano«: Bernard v. B. (1901–1964). *Du Land der Liebe. Bericht von Abschied und Heimkehr eines Deutschen* (Tübin-

gen 1952). Der Autor schreibt im zweiten von achtzehn Kapiteln über Thomas Mann, in den Kapiteln elf bis dreizehn über den »Prozeß«. Im September 1945 rezensierte Manuel Gasser in der Zürcher ›Weltwoche‹ Brentanos Roman *Franziska Scheler* (Zürich 1945) und charakterisiert den Autor als Nazi und Antisemiten. Brentano leitete einen Prozeß gegen die ›Weltwoche‹ ein und gewann ihn 1947.

3. »Lustig«: Hans (Jan) Lustig (geb. 1902). Schriftsteller, Redakteur, Theaterkritiker, Filmautor. Ging 1933 ins Exil. Ist seit 1959 in der BRD. Er, seine erste Frau Lotte, und seine zweite Frau, Liesl, die Tochter Fritzi Massarys, gehörten zu den engeren Freunden Marcuses.
4. »Erlenbach«: Gemeinde am rechten Ufer des Zürichsees.
5. »Haecker-Klinik«: Hacker Clinic, Beverly Hills, California, unter der Leitung von Professor Friedrich Hacker, enger Freund von Marcuse. Friedrich Hacker schrieb später den Bestseller *Aggression. Die Brutalisierung der modernen Welt* (Wien 1971).

An Alfred Döblin 18. August 1953

1. »Nobelpreis«: S. den Brief Döblins vom 3. September 1953.
2. »Palästina«: S. das Kapitel *Meine Expeditionen nach Berlin und Jerusalem* in Marcuses Autobiographie.
3. »wohnten ... bei Freunden«: bei von Hofes.
4. »Oberstdorf«: Städtchen in den Allgäuer Hochalpen. Marcuse hatte Döblin 1952 dort besucht.
5. »Deinen 65.«: S. den Brief Döblins vom 3. September 1953.

Alfred Döblin an L. M. 3. September 1953

1. »Geburtstagsfeier«: S. den Brief Döblins vom 16. August 1951 und den Brief Sascha Marcuses vom 18. August 1953. »Pign Wistl«: Pig'n Wistl', ein Restaurant am Hollywood Boulevard.
2. »Roman *Hamlet*«: *Hamlet oder Die lange Nacht nimmt ein Ende* (Berlin 1956).
3. »Rundfunk«: Döblin sprach regelmäßig im Rahmen der ›Kritik der Zeit‹ im Südwestfunk Baden-Baden.
4. »Nobelpreis«: S. den Brief Marcuses vom 18. August 1953. S. Marcuses *Gebt Alfred Döblin den Nobelpreis! Zum 75. Geburtstag*, ›Aufbau‹, 4. November 1953.

5. »Hermann Hesse« (1877–1962) wurde 1946 der Nobel-Preis verliehen.
6. »Journal 1952/53«: Das Journal ist unveröffentlicht.

Thomas Mann an L. M. 18. Dezember 1953

1. »Walter Muschg« (1898–1965). Schweizer Literarhistoriker.
2. »das Buch von Muschg«: *Tragische Literaturgeschichte* (Bern 1948). Thomas Mann bezieht sich auf die Seiten 254–256. S. den Brief Thomas Manns an Friedrich H. Weber vom 18. Juli 1954 im dritten Band der Briefausgabe Erika Manns.
3. »Fritz Strich« (1882–1963). Schweizer Literarhistoriker. Schrieb wiederholt an Thomas Mann.
4. »Ihr Werk über Pessimismus«: Marcuses *Pessimismus. Ein Stadium der Reife* (Hamburg 1953).

An Erika Mann 31. Dezember 1953

1. *»Königliche Hoheit«:* Thomas Manns Roman vom Jahre 1909 wurde 1953 von Filmaufbau GmbH Göttingen verfilmt.
2. »Das Referat eines amerikanischen Professors«: Professor John R. Frey, damals University of Illinois, später University of Southern California, las am Kongreß der Modern Language Association ein Referat über *The Question of Form in Recent German Literature.* Marcuse beanstandete einige Schlußfolgerungen John Freys, dessen Arbeit im ›Arizona Quarterly‹ 10, 1954, erschien.
3. »Adenauer«: Konrad Adenauer war von 1949 bis zu seinem Rücktritt 1963 Bundeskanzler der BRD.
4. »Morcote«: Gemeinde im Tessin am Luganer See.
5. »Papa Zauberer«: In der Familie und im engeren Kreis hieß Thomas Mann »Zauberer«. »Z« bedeutet in den weiteren Briefen »Zauberer«.

Oskar Maria Graf an L. M. 3. Februar 1954

1. Oskar Maria Graf (1894–1967). Urwüchsiger bayrischer Schriftsteller. Lebte von 1938 bis zu seinem Tode in den USA.
2. »Roman«: *Die Flucht ins Mittelmäßige* (Frankfurt 1959).
3. »Königludwigkrug«: Nach Ludwig II. (1845–1886), König von Bayern (1864–1886).

An Erika Mann 11. Februar 1954

1. »Gratulant«: Marcuse wurde am 8. Februar 1954 sechzig Jahre alt.
2. »Aber einer weiß es immer«: Jan Lustig hatte Freunde zu einer Geburtstagsfeier für Marcuse am 7. Februar eingeladen.
3. »Arosa«: Kurort im Kanton Graubünden in der Schweiz.

Thomas Mann an L. M. 17. April 1954

1. »Schopenhauer-Citat«: S. den Brief Erika Manns vom 13. und den Marcuses vom 15. August 1965.
2. *»Betrogenen«:* Thomas Manns Erzählung *Die Betrogene* (Frankfurt 1953).
3. »Ken Keaton«: Eine der Hauptfiguren in der Erzählung *Die Betrogene.*
4. »Versuch über ihn«: Thomas Manns Essay *Schopenhauer* (Stockholm 1938, aufgenommen in: *Adel des Geistes*).
5. »Jakob Böhme« (1575–1624). Protestantischer Mystiker.

An Thomas Mann 1. Mai 1954

1. »Schopenhauer-Brief«: Der Brief Thomas Manns vom 17. April 1954.
2. *»Das Gespräch ohne Schopenhauer«:* ›Monat‹, Nr. 83, 1955. S. auch *Aus den Papieren eines bejahrten Philosophiestudenten* (München 1964), S. 182 ff.
3. »Ihre *Schopenhauer-Anthologie*«: (Zürich 1948). Die Einleitung ist eine gekürzte Fassung des früheren Schopenhauer-Essays (Stockholm 1938).

An Thomas Mann Mai 1954

»Glückwunsch«: Thomas Mann, *Glückwunsch für Ludwig Marcuse,* ›Aufbau‹, 5. Februar 1954. Thomas Mann schrieb von Marcuse als dem »reichen, weit und tief umgetanen und beredten Geist«.

Max Brod an L. M. 11. Juni 1954

1. »Ihren ... Artikel«: Der Artikel *Max Brod – der liebenswerteste Stille im Land. Zu seinem siebzigsten Geburtstag* erschien in der ›Neuen

Zeitung‹, 27. Mai 1954, und ungekürzt unter dem Titel *Max Brod zum siebzigsten Geburtstag* (27. Mai), im ›Aufbau‹, 28. Mai 1954.

2. »Pessimismusbuch«: Ludwig Marcuse, *Pessimismus. Ein Stadium der Reife* (Hamburg 1953).
3. »den Feind«: Martin Heidegger, der 1928 der Nachfolger Edmund Husserls in Freiburg wurde.
4. »Ihr Buch«: die zweite Auflage des Heine-Buches.
5. »Kafka ... Irrtum«: Marcuse schrieb (s. oben), er habe ein zorniges Fragezeichen hinter den Satz Brods gemacht: »So (wie Spinoza) hat auch Kafka alles auf Gott bezogen.«
6. »Polemik«: Der fünfte Teil des Anhanges in der dritten Auflage von Max Brods *Franz Kafka. Eine Biographie* (München 1954) heißt *Ermordung einer Puppe namens Franz Kafka.* Es ist eine Polemik gegen Günther Anders' Buch *Kafka – pro und contra* (München 1951).
7. »Shoshana«: die Ziehschwester Jesu, eine sanfte, aufopfernde Frauengestalt in Brods Jesus-Roman *Der Meister* (Gütersloh 1952). Der Autor stellt sie dar als Spiegel des Volkes, um die Deutung Jesu durch seine Landsleute zu schildern.

An Oskar Maria Graf 19. Juli 1954

1. »Rhein Neckar«: Ludwig Marcuse, *Oskar Maria Graf zum sechzigsten Geburtstag,* ›Rhein-Neckar-Zeitung‹, 24. 25. Juli 1954.
2. »Heuss«: Theodor Heuss (1884–1963). Schriftsteller und Politiker. Mitbegründer der FDP, erster Bundespräsident der BRD (1949–1959).
3. »Rowohlt Feuilleton Dienst«: Ludwig Marcuse, *Bäcker, Bayer und Poet dazu. Zum 60. Geburtstag von Oscar* (sic) *Maria Graf am 22. Juli,* ›Hamburger Anzeiger‹, 21. Juli 1954.
4. »Kersten«: Kurt Kersten (1891–1962). Schriftsteller, Journalist, Redakteur. Von 1946 bis zu seinem Tode in den USA.
5. »Mary«: Mary war die zweite Frau Grafs, eine geborene Sachs und Kusine der Nobelpreisträgerin Nelly Sachs.

An Thomas Mann 21. Dezember 1954

1. »Krull«: *Die Bekenntnisse des Hochstaplers Felix Krull,* die Thomas Mann 1909 begonnen hatte, schloß er 1954 ab, obwohl er darüber schrieb: »Fragment immer noch«.

2. »Ende Oscar Wildes«: Der englische Dichter Oscar Wilde (1856–1900) verbüßte wegen Homosexualität zwei Jahre Strafe im Zuchthaus, lebte dann bis zu seinem Tode im Exil in Paris.

An Hermann Kesten 28. Dezember 1954

1. »Lichtenberg«: Georg Christoph Lichtenberg (1742–1799). Professor der Physik in Göttingen, aber als Verfasser geistreicher Aphorismen in die Literaturgeschichte eingegangen.
2. »Freud«: Marcuse hatte damals schon begonnen, an seinem Buch über Sigmund Freud zu arbeiten.

Erika Mann an L. M. 15. Februar 1956

1. »Filmen ... *Zauberberg*«: Der Plan, den *Zauberberg* zu verfilmen, scheiterte.
2. »Zauberers Tod«: Thomas Mann starb am 12. August 1955.
3. »Einleitung«: Thomas Manns *Betrachtungen eines Unpolitischen* (1918) erschien 1956 im S. Fischer Verlag mit einer siebzehnseitigen Einleitung von Erika Mann.
4. *»Das letzte Jahr«: Das letzte Jahr. Bericht über meinen Vater* (Frankfurt 1956).
5. »Briefband«: Der erste Band der dreibändigen Ausgabe erschien 1961 im S. Fischer Verlag.
6. »Essayband«: *Nachlese. Prosa 1951–1955* (Berlin 1956).

An Erika Mann (Konzept) 1956

1. »Pacific Palisades-Jahre«: Thomas Mann lebte von 1941 bis 1952 mit seiner Familie in Pacific Palisades, Kalifornien.
2. »Thomas-Mann-Filme«: Filmaufbau GmbH Göttingen verfilmte *Felix Krull* (1957) und *Buddenbrooks* (1959).
3. »Wolfgang Reinhardt«: Der Filmproduzent und Regisseur, Sohn Max Reinhardts, verkehrte während des Exils in Los Angeles – und auch später – mit Marcuse.

An Alfred Döblin 18. Januar 1957

1. »Dein Buch«: Der *Hamlet*-Roman.
2. »Kierkegaard«: Vgl. Marcuses Abhandlung *Zwei Diagnosen der Angst*, ›Der Monat‹, November 1955.

3. »über Dein Buch zu schreiben«: Marcuse schrieb vier Kommentare: *Döblins Hamlet. Und ein Rat an die Adresse des Nobelpreis-Komitees*, ›Aufbau‹, 22. Februar 1957; *Alfred Döblins ›Hamlet‹*, ›Frankfurter Allgemeine Zeitung‹, 5. April 1957 (auch ›Rhein-Neckar Zeitung‹, 17. Oktober 1957); *Alfred Döblins letzter Roman. Zum Tode des Dichters*, ›Stuttgarter Zeitung‹, 1. Juli 1957.
4. »ist (*Hamlet*) früher herausgekommen?«: Im ersten Heft der Zeitschrift Döblins ›Das goldene Tor‹, September 1946, erschienen sechs Seiten *Die lange Nacht. Aus dem Manuskript eines neuen Romans.* Es dauerte dann zehn Jahre, bis er einen Verleger fand.
5. »Kuerschner«: *Kürschners Deutscher Literatur-Kalender.* Seit 1883 bio-bibliographische Berichterstattung über die jeweilige deutsche Gegenwartsliteratur.
6. »welche neuen Bücher [von Döblin] nach 1945 ...«: S. Klaus Müller-Salget, *Alfred Döblin. Werk und Entwicklung* (Bonn 1972), S. 405 f.

Alfred Döblin an L. M. 25. Januar 1957

1. »Heidegger«: Martin Heidegger (geb. 1889) wurde 1933 Rektor der Universität Freiburg, legte das Amt 1934 nieder und wirkte bis 1945 als Ordinarius.
2. »mein, –«: Satz unvollständig.
3. »*Schicksalsreise*«: Die autobiographische Schrift *Schicksalsreise. Bericht und Bekenntnis* kam ursprünglich 1949 im Josef Knecht Verlag in Frankfurt heraus.
4. »Reinhold Schneider« (1903–1958). Schriftsteller, Geschichtsphilosoph. Friedenspreis des deutschen Buchhandels 1956. Schneider schrieb, mit Eugen Kogon, *Der unsterbliche Mensch Döblins*, ›Frankfurter Hefte‹, Dezember 1946. Für den Band *Alfred Döblin zum 70. Geburtstag*, hrsg. von Paul E. H. Lüth (Wiesbaden 1948) schrieb Schneider ein Sonett *An Alfred Döblin.*

An Alfred Döblin 9. Februar 1957

»Döblins *Hamlet*«: S. den Brief Marcuses vom 18. Januar 1957.

Alfred Döblin an L. M. 28. Februar 1957

1. »brillianter Artikel«: S. den Brief Marcuses vom 18. Januar 1957. Der Artikel war auf Seite 10 und 12 am 22. Februar 1957 im ›Aufbau‹ abgedruckt.

An Alfred Döblin 5. März 1957

1. »Aufbau«: S. den Brief Döblins vom 28. Februar 1957.
2. »in ... erweiterter Form«: S. den obenerwähnten Brief.
3. »meine Interpretation«: eine Interpretation der *Schicksalsreise* ist nicht erschienen. S. aber Marcuses *Alfred Döblin,* ›German Quarterly‹, Januar 1958, und *Mein zwanzigstes Jahrhundert,* S. 277.

Erne Döblin an L. M. 14. März 1957

1. »Dein Eintreten«: S. den Brief Marcuses vom 18. Januar 1957.
2. »W. Muschg.«: Walter Muschg (1898–1965). Schweizer Literarhistoriker. Schrieb wiederholt Bücher über Döblin und gab später Döblins *Ausgewählte Werke in Einzelbänden* im Walter-Verlag heraus.
3. »F.A.Z.«: Frankfurter Allgemeine Zeitung. S. den obenerwähnten Brief Marcuses.
4. »Italienische Übersetzung«: ist nicht erschienen.
5. »Lizenzverträge«: Die tschechische Übersetzung des *Hamlet* erschien 1958 in Bratislava, die polnische 1966 in Warschau.
6. »Knecht«: Josef Knecht, Verleger in Frankfurt.
7. »Wiesneck«: Sanatorium Wiesneck, Buchenbach b/Freiburg.

Erne Döblin an L. M. 14. April 1957

1. »Peter«: Der Sohn Döblins.
2. »Ostverlag«: Rütten und Loening, Berlin. Albert Langen – Georg Müller, München, ist der Verlag in der BRD.

Alfred Döblin an L. M. Ostern 1957

1. »Prof. Muschg«: Walter Muschg, *Alfred Döblins letzter Roman,* ›Texte und Zeichen‹, hrsg. v. Alfred Andersch, 3. Jg. H. 3 (Berlin

1957). Auch umgearbeitet in der späteren Ausgabe des Romans (Olten und Freiburg 1966). Walter Muschg, *Hamlet oder Die lange Nacht nimmt ein Ende*, ›Spektrum des Geistes. Literaturkalender‹, 7. Jg. (Ebenhausen bei München 1958). Vgl. auch Walter Muschg, *Deutschland ist Hamlet* in der ›Zeit‹ am 24. April 1964 und am 1. Mai 1964.

2. »Prof. Robert Minder« (geb. 1902), Germanist in Frankreich. Robert Minder, *Alfred Döblin: Hamlet oder Die lange Nacht nimmt ein Ende*, ›Allemagne d'aujourd'hui‹, (Paris, März–April 1957).
3. »18 Professoren«: Warnungen und Proteste, nachdem 1956 eine ›Deutsche Atomkommission‹ gebildet wurde.
4. »Schw. Helene«: Schwester Helene schrieb die Briefe, die Döblin im Sanatorium Wiesneck diktierte.

An Alfred Döblin 9. Mai 1957

»Pigg wistel«: S. den Brief Döblins vom 3. September 1953.

Erne Döblin an L. M. 23. Juli 1957

1. »Aufbau«: *Alfred Döblin. Ein Porträt. Zum Tode des Dichters am 26. Juni*, ›Aufbau‹, 5. Juli 1957.
2. »meine Gräber«: Alfred Döblin und der Sohn Wolfgang auf dem Friedhof von Housseras. S. den Brief Erne Döblins vom 18. August 1957.
3. »Fres Geburtstag«: Der zehnte August 1878.
4. »Sonntagstraktätchen«: Marcuse schrieb im Nachruf: »... wenn er auch am Ende seines Lebens in manchen christlichen Traktätchen sich so benahm wie Millionen Traktätchenschreiber vor ihm (ohne Döblin zu sein) – so ist doch die Geschichte seiner *Bekehrung* ähnlicher den Erfahrungen des umgetriebenen, unsteten, vieldeutigen Strindberg ...«
5. *»Unser Dasein«* (Berlin 1933).
6. *»Wissen u. Verändern«*: *Wissen und Verändern! Offene Briefe an einen jungen Menschen* (Berlin 1931) enthält viel Sozialpolitisches.
7. *»Reise nach Polen«*: *Reise in Polen* (Berlin 1926).
8. »Thomas von Acquin ... täglich ... gelesen«: Thomas von Aquin

(um 1225–1274). Der bedeutendste Theologe der katholischen Kirche, der eine strenge Scheidung zwischen Philosophie und Theologie durchführte.

9. *»Der Kampf mit dem Engel«*: S. *Vom Adel alles Geschaffenen.* (Aus dem Manuskript *Der Kampf mit dem Engel. Ein Gang durch die Bibel)* ›Jahrbuch der Akademie der Wissenschaften und der Literatur‹ (Mainz und Wiesbaden 1950). Ein weiterer Auszug, *Kain und Abel,* erschien in ›Hochland‹, 46, 1953/1954.

10. *»Die Pilgerin Ätheria«*: Die Erzählung wurde zum Teil in ›Michael‹, Katholische Wochenzeitung (Düsseldorf 1955) abgedruckt. S. den Brief Erne Döblins vom 18. August 1957.

An Gerhard Szczesny 12. August 1957

1. Dr. Gerhard Szczesny (geb. 1918). Schriftsteller, Philosoph, Verleger, Redakteur. Enger Freund Marcuses, zusammen mit v. Hofe testamentarischer Nachlaßverwalter.
2. »Manuskript«: Gerhard Szczesny, *Die Zukunft des Unglaubens. Zeitgemäße Betrachtungen eines Nichtchristen* (München 1958).
3. »Heiß Heiß«: Kosename für Stefan, den Sohn Gerhard Szczesnys.
4. »Claudia«: Tochter Gerhard Szczesnys.
5. »Urania«: Gesellschaft mit populärwissenschaftlichem Bildungsziel.
6. »Scheler«: Max Scheler (1874–1928). Begründer einer neuen philosophischen Anthropologie, nachdem es ihm 1921 in dem Band *Vom Ewigen im Menschen* um eine religiöse Erneuerung ging.
7. »Hartmann«: Der Philosoph Nicolai Hartmann (1834–1919) suchte die Wertethik Max Schelers ontologisch zu unterbauen.
8. »Peale«: Norman Vincent Peale (geb. 1898). Amerikanischer Geistlicher. Philosophierender Optimist.
9. »Haeckel«: Ernst Haeckel (1834–1919). Zoologe und Naturphilosoph. Begründete seinen Monismus als »Band zwischen Religion und Wissenschaft«.
10. »Reichenbach«: Hans Reichenbach (1891–1953). Philosoph, ein Vertreter des Neopositivismus, besonders der »Wahrscheinlichkeitslogik«.
11. »List«: Der Verleger Paul W. List (geb. 1899), München. *Die Zukunft des Unglaubens* erschien im List-Verlag.

12. »Weyrauch«: Wolfgang Weyrauch (geb. 1907). Lyriker und Herausgeber.
13. »Grassi«: Ernesto Grassi (geb. 1902). Herausgeber von Rowohlts Deutscher Enzyklopaedie (rde).

Erne Döblin an L. M. 18. August 1957

1. »*Die Pilgerin Aetheria*« usw.: S. den Brief Erne Döblins vom 23. Juli 1957.
2. »Michael«: S. den Brief Erne Döblins vom 23. Juli 1957.
3. »Gesamtausgabe«: Eine umfassende Auswahlausgabe liegt im Walter-Verlag vor.
4. »die Klasse der Literatur ...«: Satz unvollständig.
5. »Langen-Müller«: Albert Langen-Georg Müller Verlag, München.
6. »Rütten«: Verlag Rütten und Loening, Ostberlin.
7. »Berge«: *Berge, Meere und Giganten* (Berlin 1924).
8. »Anton Betzner« (geb. 1895) hatte 1948 und 1949 Rundfunkvorträge über Döblin gehalten. Nach dessen Tode stellte er als Rundfunkvortrag dar: *Von der Tragik eines deutschen Dichters. Aus meinen Erinnerungen an Alfred Döblin.* Das Manuskript ist unveröffentlicht. Betzner war Chefredakteur der von Döblin herausgegebenen Zeitschrift ›Das goldene Tor‹.

Ernest Jones an L. M. 14. September 1957

1. Ernest Jones ist der Biograph Freuds. Sein dreibändiges Werk *The Life and Works of Sigmund Freud* (New York 1953–1955) ist auch ins Deutsche übersetzt worden.
2. »Your book on Freud«: Ludwig Marcuse, *Sigmund Freud. Sein Bild vom Menschen* (Hamburg 1956).
3. »Prof. Putnam«: James M. Putnam war Professor der Neurologie, Harvard University. »Psa Congress«: Psychoanalytischer Kongreß.
4. »Abraham and Ferenczi«: Karl Abraham (1877–1925) und Sandor Ferenczi (1873–1933) gehörten zu den ersten Anhängern Freuds. S. Jones' Biographie und auch Marcuses.
5. »Fliess correspondence. (S. 25)«: Marcuse bezieht sich auf S. 16 seines Freud-Buches darauf: »Gegen seinen ausdrücklichen Willen wurde

nach seinem Tod der Briefwechsel mit Doktor Fliess, der in andere Hände gekommen war, gedruckt. Freud hatte sich einer Veröffentlichung umso mehr widersetzt, als hier eine Selbst-Analyse publik gemacht würde«.

6. »Brentano«: Franz Brentano (1838–1917). Philosoph. Verband die Philosophie eng mit der Psychologie.

Marcuse an Gerhard Szczesny 5. Oktober 1957

1. »Hawaii-Manuskript«: Vgl. Marcuses *Mein zwanzigstes Jahrhundert. Auf dem Weg zu einer Autobiographie* (München 1960), S. 313–327.
2. »Ida Orloff«: Vgl. Ludwig Marcuse, *Geschichte einer Dichterliebe. Ida Orloff und Gerhart Hauptmann – Eine amerikanische Ausgrabung,* ›Aufbau‹, 1. November 1957.
3. »Huxley«: Aldous Huxley (1894–1963). Schriftsteller, Kritiker, vom Buddhismus beeinflußter Mystiker.
4. »Käutner«: Helmut Käutner (geb. 1908). Kabarettist, Drehbuchverfasser, Filmregisseur.
5. »Jürgens«: Curd Jürgens (geb. 1915). Film- und Bühnenschauspieler.
6. »Schwab-Felisch«: Hans Schwab-Felisch (geb. 1918). Journalist, Redakteur, Schriftsteller.
7. »Kornfeld«: Paul Kornfeld (1889–1942). Der Dichter aus dem Prag Werfels und Kafkas starb im KZ Lodz. Der nachgelassene Roman ist *Blanche oder das Arbeiten im Garten.*

An Ernest Jones 10. Oktober 1957

1. »Briefwechsel Freuds nicht ... zugänglich gemacht wird«: Die Besitzer, also die Empfänger der Briefe müssen sie zur Verfügung stellen, und die Verfasser der Briefe oder deren Erben müssen die Rechte zur Veröffentlichung einräumen.
2. »Fall Jung«: S. Marcuses *Freud*-Buch und die Autobiographie. Der Freud-Jung-Briefwechsel erschien erst 1974.

Ernest Jones an L. M. 15. Oktober 1957

1. »Balint«: Der Psychoanalytiker und Psychiater Michael Balint (geb. 1896).
2. »Miss Freud«: Anna Freud (geb. 1895), die Tochter Sigmund Freuds.

Erika Mann an L. M. 4. Februar 1959

»Feuchti«: Lion Feuchtwanger starb am 21. Dezember 1958.

An von Hofes 20. Februar 1959

1. »Ihr Brief«: Aus Berkeley. Der Herausgeber war 1959 Gastprofessor an der University of California, Berkeley.
2. »Haus«: Meterhoher Schlamm drang in das Haus ein. S. den Brief vom 3. März 1959 an Gerhard Szczesny und den vom 20. März 1959 an Hermann Kesten.
3. »Sammlung Massary«: Fritzi Massary telefonierte tagelang mit deutschen Emigranten, um Marcuse zu helfen.
4. »Exner«: Richard Exner (geb. 1929). Dichter und Germanist, University of California, Santa Barbara. Promovierte bei Marcuse an der University of Southern California.
5. »Professor Rieff«: Philip Rieff (geb. 1922), Soziologe. Damals im Beirat der Beacon Press, Boston.
6. »Heine«: Heinrich Heine, *Religion and Philosophy in Germany* (Boston 1959); übersetzt von John Snodgrass und mit einer Einleitung von Ludwig Marcuse.
7. »Vorabdrucke«: Ludwig Marcuse, *Amerikanisches Philosophieren. Pragmatisten, Polytheisten, Tragiker* (Hamburg 1959).
8. »Lorchen«: Lenore von Hofe.
9. »Jungens«: Hal und Eric von Hofe.

An Gerhard Szczesny 3. März 1959

»Benedict Canyon«: Marcuses Adresse war 1871 Benedict Canyon, Beverly Hills, California.

An Hermann Kesten 20. März 1959

1. »Caféhaus-Buch«: *Dichter im Café* (Wien 1959).
2. »Rowohlt«: *Amerikanisches Philosophieren. Pragmatisten, Polytheisten, Tragiker* (Hamburg 1959).

Erika Mann an L. M. 7. April 1959

1. »Scheußlichkeit«: S. den Brief Marcuses vom 20. Februar an von Hofes, vom 3. März an Gerhard Szczesny und vom 20. März 1959 an Hermann Kesten.

2. »Europens übertünchter Höflichkeit«: Aus dem Gedicht von Johann Gottfried Seume (1763–1810) *Der Wilde*: »Ein Kanadier, der noch Europens/ übertünchte Höflichkeit nicht kannte,/ Und ein Herz, wie Gott es ihm gegeben ...«.

Hermann Kesten an L. M. 14. Mai 1959

»Kampf mit ... Elementen«: S. den Brief Marcuses vom 20. März 1959.

An Hermann Kesten 21. Mai 1959

»Finanzen ... zerrüttet ...Unsicherheiten«: S. den Brief Marcuses vom 20. März 1959.

Hermann Kesten an L. M. 9. Juni 1959

1. »Im Herbst ... neue Bücher«: *Der Geist der Unruhe. Literarische Streifzüge* (Köln 1960). *Meine Freunde, die Poeten* (München 1960) ist eine erweiterte Auflage des Bandes vom Jahre 1953.

An Hermann Kesten 28. August 1959

1. »Desch«: Kurt Desch Verlag, München.
2. »Knix und Gedichtchen«: Ludwig Marcuse, *Husarenstreiche und schwerere Kämpfe. Hermann Kesten zum 60. Geburtstag*, ›Die Zeit‹, 22. 1. 60.
3. »Doktor Leonhardt«: Rudolf Walter Leonhardt (geb. 1921). Von 1957 bis 1973 Kulturredakteur der ›Zeit‹, seit 1973 deren stellvertretender Chefredakteur.
4. »Bewölkte Vergangenheit«: Die Autobiographie, die 1960 im Paul List Verlag herauskam, hieß dann *Mein zwanzigstes Jahrhundert. Auf dem Weg zu einer Autobiographie.*
5. »Thiess ... Hamsun«: Frank Thiess (geb. 1890). Schriftsteller, einer der Hauptsprecher für die »innere Emigration« in der Zeit des Nationalsozialismus. Knut Hamsun (1859–1952). Norwegischer Schriftsteller, dem Hitler ein »Kämpfer für die Menschheit« war. In einer Rundfunksendung am 11. September 1959 griff Marcuse Thiess an, der »einen Artikel zur Verteidigung ... nicht des Dichters, sondern des Propagandisten Knut Hamsun geschrieben« hatte.

Hermann Kesten an L. M. 21. Oktober 1959

1. »Ihre Biographie«: Marcuses Autobiographie.
2. »Zeit ... Chruschtschow«: Marcuse hatte über *Chruschtschows Auftritt in Hollywood* im September 1959 berichtet, als dieser ein Filmstudio, aber nicht Disneyland besuchen durfte. S. ›Die Zeit‹, 2. Oktober 1959.

An Hermann Kesten 26. Oktober 1959

1. »Mundt«: Hans Josef Mundt (geb. 1914). Verlagslektor bei Desch und Schriftsteller.
2. »Artikel zu Ihrem Geburtstag«: S. den Brief Marcuses vom 28. August 1959.
3. »Thiess-Kritik«: S. den obenerwähnten Brief.
4. »kotscheg«: Das jüdische Wort »Koze« bedeutet »aufgeblasener Reicher«.

Hermann Kesten an L. M. 12. Dezember 1959

»Meine Freunde, die Poeten« erschien ursprünglich 1953, ist aber wiederholt in erweiterter Form herausgekommen.

Hermann Kesten an L. M. 27. Januar 1960

1. »Wolfgang Weyrauch« (geb. 1907). Schriftsteller, der nach Kesten »voll der Unruhe der Epoche« ist und »immer vornean in verschiedenen literarischen Bewegungen steht«.
2. »Buch der Freunde«: Die neue Auflage des Bandes *Meine Freunde, die Poeten.*
3. »Hamburger ›Zeit‹«: S. den Brief Marcuses vom 28. August 1959 über den Geburtstagsartikel für Hermann Kesten.

An von Hofes 4. April 1960

1. »Lady Chatterley«: S. das Kapitel *D. H. Lawrence oder purissimus penis,* S. 265 ff in Marcuses *obszön.*
2. »Tagebuch meiner Schwester«: Marcuse brachte es doch. S. *Aus den Papieren meiner Schwester. Vor der Deportation,* S. 328–347, in seiner Autobiographie.
3. »Nachwort«: *Weshalb erzählt einer sein Leben?* und *Rückblick auf meinen Rückblick* heißen die zwei Teile des Nachwortes.

An von Hofes 30. April 1960

1. »Horkheimer«: Mit dem Philosophen und Soziologen Max Horkheimer (1895–1973) war er während der Exilsjahre in Los Angeles eng befreundet. Vgl. S. 69.
2. »Tübingen«: Marcuse nahm an der Frühjahrstagung der ›Deutschen Akademie für Sprache und Dichtung‹ an der Universität Tübingen teil. S. ›Frankfurter Allgemeine Zeitung‹, 29. April 1960.
3. »Kasack«: Der Schriftsteller Hermann Kasack (1896–1966) war 1953–1963 Präsident der Akademie.
4. »Kreuder«: Ernst Kreuder (1903–1973), Schriftsteller (*Die Gesellschaft vom Dachboden*, 1946).
5. »Spranger«: Der Vortrag des Kulturphilosophen Eduard Spranger (1882–1963) über *Erlebniskapazität* löste eine Diskussion aus, an der sich Marcuse lebhaft beteiligte.
6. »Bergengruen«: Der Schriftsteller Werner Bergengruen (1892–1964) hielt eine Lobrede auf die Dostojewski-Übersetzerin Frau E. K. Rahsin, die den jährlichen Übersetzerpreis der Akademie erhielt.
7. »Martini«: Fritz Martini (geb. 1909). Germanist, Literarhistoriker.
8. »Gadamer«: Der Heidelberger Philosoph Hans-Georg Gadamer (geb. 1900) sprach über *Dichten und Deuten.*
9. »Edschmid«: Der Schriftsteller Kasimir Edschmid (1890–1966) war »Ehrenpräsident« der Akademie.
10. »Leute von der Universität«: Marcuse war im Sommersemester 1960 Gastprofessor an der Universität Frankfurt.
11. »Eliot«: Thomas Stearns Eliot (1888–1965). Englischer Dichter und Kritiker. Am 30. April 1960 war die Premiere von Eliots *Ein verdienter Staatsmann* in Frankfurt im ›Kleinen Haus‹.
12. »Dreigespräch«: Marcuses Beschäftigung mit dem »Obszönen« führte zu dem Schreiben des Buches. S. seinen Brief vom 23. März 1961 an Hermann Kesten.
14. »Rochfort«: Christine Rochefort (geb. 1917), Schriftstellerin. *Le repos du guerrier* (Paris 1958) wurde von R. Vadim mit Brigitte Bardot verfilmt.
15. »Henry Miller« (geb. 1891). Amerikanischer Schriftsteller, in dessen Romanen das Sexuelle gepriesen wird. S. den Brief Millers an L. M. vom 13. August 1965.

An von Hofe und Waterman 11. Mai 1960

1. »*Heine*«: Ludwig Marcuse, *Heinrich Heine in Selbstzeugnissen und Bilddokumenten* (Hamburg 1960). Vgl. das Kapitel *Armer Subjektivling*, S. 120–144, mit dem des gleichen Titels in der Ausgabe von 1951.
2. »Reihe«: Rowohlts Monographien: ›Große Persönlichkeiten in Selbstzeugnissen und Bilddokumenten‹, hrsg. von Kurt Kusenberg.
3. »Feuchtwangerin«: Marta Feuchtwanger, Witwe Lion Feuchtwangers.
4. »Seminar«: Heinrich Mann.

Sascha Marcuse an Robert Neumann 6. Juli 1960

1. Robert Neumann (1897–1975), Erzähler, Parodist, Pamphletist.
2. »Dokumenten-Sammlung«: Robert Neumann, *Ausflüchte unseres Gewissens. Dokumente zu Hitlers ›Endlösung der Judenfrage‹* (Hannover 1960).
3. »M's Buch«: Ludwig Marcuses Autobiographie *Mein zwanzigstes Jahrhundert* (München 1960).

Sascha Marcuse an Robert Neumann 22. Juli 1960

1. »M«: Marcuse.
2. »Seite 350«: In Marcuses Autobiographie. Der Hinweis bezieht sich auf Robert Neumanns *Ausflüchte unseres Gewissens.*

An Robert Neumann 29. Juli 1960

1. »Sanary«: Siehe das Kapitel *Sanary sur Mer, Hauptstadt der deutschen Literatur* in Marcuses Autobiographie *Mein zwanzigstes Jahrhundert.* Er und viele andere deutsche Emigranten lebten von 1933 bis 1939 in Sanary.

An Hermann Kesten 21. August 1960

1. »Schickele Ausgabe«: *Werke in drei Bänden*, hrsg. von Hermann Kesten (Köln 1959). René S. (1883–1940), elsässischer Journalist und expressionistischer Schriftsteller.
2. »September-Wochen ... neues Buch«: Marcuses Autobiographie.

3. »Kurt Hiller« (1885–1972). Schriftsteller, einer der ersten Wortführer des Frühexpressionismus; Begründer des ›Aktiusmus‹.
4. »Hansres Jacobi« (geb. 1926), Redakteur und Schriftsteller.

Hermann Kesten an L. M. 9. September 1960

1. »Witsch«: Joseph Caspar (1906–1967), gründete 1945 den Verlag Kiepenheuer und Witsch.
2. »Dr. Werner Weber« (geb. 1919), Schriftsteller, Redakteur; seit 1973 Professor in Zürich.

An Harold von Hofe 17. Oktober 1960

»Sehr geehrter Herr Professor«: »Herr Professor« und der ironische Ton, da wir ihm infolge eines Unfalls mehrere Wochen lang nicht geschrieben hatten! S. aber schon den Brief des nächsten Tages.

An Harold von Hofe 18. Oktober 1960

1. »L.A.«: Los Angeles.
2. »W«: Waterman.
3. »Schedule«: Vorlesungen und Seminare für das Sommersemester 1961 an der University of Southern California.
4. »Graduates«: Magister- und Doktorkandidaten.
5. »MWF«: Monday, Wednesday, Friday.

An Harold von Hofe 6. Dezember 1960

1. »Santa Monica«: grenzt an Los Angeles und liegt unmittelbar am Meer.
2. »Michael Mann«: Die Dissertation heißt *Heinrich Heines Musikkritiken* (Cambridge 1961).
3. »Erika«: Erika Mann.
4. »Israel Abschnitt«: S. das Kapitel *Meine Expedition nach Berlin und Jerusalem,* S. 359ff in der Autobiographie.
5. »Mann ... aus Polen«: Marcel Reich-Ranicki (geb. 1920) ging 1958 aus Polen in die Bundesrepublik. Die Prosa-Anthologie heißt *Auch dort erzählt Deutschland* (München 1960).

6. »Chatterley«: *Lady Chatterley's Lover.* Der Roman von D. H. Lawrence durfte erst 1960 ungekürzt in Großbritannien erscheinen.

An Erika Mann 12. Dezember 1960

1. »Maurras«: Charles Maurras (1868–1952). Antisemitischer und antidemokratischer französischer Schriftsteller und Politiker. Mitgründer der royalistischen Action Française.
2. »Th.M. Biographie«: S. den Brief Erika Manns vom 23. Mai 1962.

An Harold von Hofe 21. Dezember 1960

1. »Kritiken«: Kritiken der Autobiographie. Es seien folgende Beispiele genannt: Richard Exner, ›Süddeutsche Zeitung‹, 1./2. Oktober 1960; Marcel Reich-Ranicki, ›Die Zeit‹, 18. November 1960; Hermann Kesten, ›Die Kultur‹, November 1960, und ›Neue Zürcher Zeitung‹, 20. Dezember 1960. Später: Herbert Lederer, ›German Quarterly‹, 34, 1961, und Peter Demetz, ›Merkur‹, 15, 1961.
2. »Alma Mahler Werfel«: *Mein Leben* (Frankfurt/M. 1960).
3. »Marx-Heine«: Ludwig Marcuse, *Heine and Marx: A History and a Legend,* ›Germanic Review‹, 30, 1955.
4. »Heine-Jubiläumsartikel«: Ludwig Marcuse, *Hundert Jahre nach Heines Tod,* ›Aufbau‹, 24. Februar 1956.

Hermann Kesten an L. M. 19. März 1961

1. »Buch mit vier Romanen«: *Bücher der Liebe; Romane,* eingeleitet von Erich Kästner (Wien 1960).
2. »Kennedy ... Eisenhower«: John F. Kennedy (1917–1963) wurde 1961 der Nachfolger Dwight D. Eisenhowers (1890–1969) als Präsident der USA.
3. »Globke«: Hans Globke (geb. 1898). Politisch umstrittener Staatssekretär unter Konrad Adenauer.
4. »Ihr Buch«: Marcuses Autobiographie.
5. »Roman«: *Die Abenteuer eines Moralisten* (München 1961).
6. »Hegner«: Jakob Hegner. Verleger, Redakteur.
7. »Amerika ... Autobiographie«: Eine englische Übersetzung ist bislang nicht erschienen.

An Hermann Kesten 23. März 1961

1. »Bericht über Sie«: Ludwig Marcuse, *Bücher der Liebe und Lieblosigkeit* (über Hermann Kesten: *Bücher der Liebe: Josef sucht die Freiheit,* 1928; *Glückliche Menschen,* 1931; *Die Kinder von Gernika,* 1939, und *Die fremden Götter,* 1949). ›Die Zeit‹, 24. März 1961.
2. »Casanova«: Kestens Biographie ›Casanova‹ (München 1952). S. auch *Die Lust am Leben. Boccaccio, Aretino, Casanova* (München 1968).
3. »Traktat«: *obszön. Geschichte einer Entrüstung* (München 1962) ist mit über 400 Seiten mehr als ein Traktat.

An Gerhard Szczesny 6. November 1961

»Das Buch«: Marcuses *obszön. Geschichte einer Entrüstung* (München 1962).

An Gerhard Szczesny 10. Februar 1962

1. »Sendung«: Marcuse bereitete in Beverly Hills eine Reihe von Sendungen für den Bayerischen Rundfunk unter der Leitung Szczesnys vor (*Texte aus drei Jahrtausenden* in drei Bänden in Vorbereitung im Diogenes Verlag).
2. »Professor«: Frank Baxter (geb. 1896), Anglist. S. Marcuses *obszön,* S. 355–357.
3. »Victoria Wolff«: Der deutsche Titel ihres Romans lautet *Stadt ohne Unschuld. Historischer Roman der Stadt Los Angeles* (München 1959), der englische Titel *Fabulous City* (London 1957).
4. »Beats«: Marcuse hatte gerade Lawrence Liptons *Die Heiligen Barbaren* (Düsseldorf 1960) – er hatte Lipton auch in Venice, Vorort von Los Angeles, aufgesucht – und Thomas Parkinsons Anthologie *A Casebook on the Beat* (New York 1961) gelesen.

An Marcel Reich-Ranicki März 1962

1. Marcel Reich-Ranicki (geb. 1920), Lektor, Redakteur, Kritiker und Schriftsteller. Seit 1973 Feuilletonchef der Frankfurter Allgemeinen Zeitung.
2. »Hamburger Aufführung«: *Im Zeichen der Fische* von Hans Baumann (geb. 1914) im ›Jungen Theater‹ in Barmbek. S. Rudolf Walter Leonhardts *Der Dichter und Dramatiker Hans Baumann* und

Ludwig Marcuses *Ist es richtig, diesen Artikel zu drucken* in Nr. 9 der ›Zeit‹, 1962. S. auch Marcel Reich-Ranickis Artikel in Nr. 10 der ›Zeit‹; dieser ist in seinem Buch *Literarisches Leben in Deutschland* (München 1962) enthalten.

3. »Spranger«: Eduard Spranger (1882–1963). Kulturphilosoph, von dem sich Marcuse (wie von Hauptmann) wegen der Nähe zum Nationalsozialismus distanziert hatte.
4. »Brecht«: Bertolt Brecht (1898–1956). Von Brecht, dessen Stücke in der BRD durchschlagende Erfolge hatten, schrieb Marcuse, daß er »die öde Literatur gesellschaftskritischer Parabeln in die Welt« gesetzt habe. *Nachruf auf Ludwig Marcuse* (München 1969), S. 15.
5. »Maier«: Marcuse meint den Literaturhistoriker und Kritiker Hans Mayer (geb. 1907), der über Brecht geschrieben hatte. Hans Mayer verließ 1963 die DDR und nahm einen Ruf an der Technischen Hochschule in Hannover an.

Erika Mann an L. M. 2. März 1962

»Aufsatz von Klaus«: In der deutschen Fassung Erika Manns lautet der Titel des Essays von Klaus Mann *Die Heimsuchung des europäischen Geistes.* Er erschien auch als letztes Kapitel des Bandes *Klaus Mann zum Gedächtnis* (Amsterdam 1950). In einem redaktionellen Vorwort ist in der Tat von »geistigem Vermächtnis« die Rede.

An Erika Mann 19. Mai 1962

1. »Preetorius«: Emil Preetorius (geb. 1883). Bühnenbildner, Graphiker, Schriftsteller. Arbeitete 1933–1941 für die Bayreuther Festspiele. Thomas Mann, mit dem er befreundet war, dachte an ihn bei der Gestaltung des Kridwiss im *Dr. Faustus.* S. aber den Brief Thomas Manns an Preetorius vom 24. April 1948 in der Ausgabe Erika Manns.
2. »Lotte Walter«: Tochter des Dirigenten Bruno Walter.
3. »›Friedrich‹-Skizze«: Das Romanfragment: *Die traurige Geschichte von Friedrich dem Großen* wurde posthum veröffentlicht. Vgl. auch *Der Kronprinz. Szenen aus der Jugend Friedrichs des Großen* und den Brief Thomas Manns an die ›Germanic Review‹ vom 29. März 1950.
4. »Kreuth«: Gemeinde in den Tegernseer Alpen, Oberbayern.
5. »Mordprozeß«: Heftig umstrittener Prozeß in München.

Erika Mann an L. M. 23. Mai 1962

1. »Deine T. M.-Briefe«: Erika Mann brachte in ihrer Ausgabe die Briefe Thomas Manns an Ludwig Marcuse vom 27. März 1942, 9. Oktober 1947 und 17. April 1954 sowie den Brief an Sascha Marcuse vom 1. Juni 1943.
2. »T. M.-Biographie«: Diese kam nicht zustande. Erika Mann gab aber den Band *Autobiographisches* zusammen mit dem Werk von 1956 *Das letzte Jahr. Bericht über meinen Vater* (Frankfurt 1968) heraus.
3. »Emil«: Emil Preetorius. S. den Brief Erika Manns vom 19. Mai 1962.
4. »Bruno«: Bruno Frank. S. den obenerwähnten Brief.

Erika Mann an L. M. 8. Juni 1962

1. »Prachtsendung«: Briefe Thomas Manns an Ludwig und Sascha Marcuse.
2. »Kurzbiographie«: S. Thomas Mann, *Briefe 1937–1947* (Frankfurt 1963), und *Briefe 1948–1955* (Frankfurt 1965), beide Bde. hrsg. v. Erika Mann.
3. »Bei Sascha«: Erika Mann gab nur das Geburtsjahr 1913 an.

An Dieter E. Zimmer 12. Juni 1962

1. Dieter E. Zimmer (geb. 1934), Journalist, Redakteur; seit Oktober 1973 Feuilletonchef der ›Zeit‹.
2. »Gottfried Reinhardt«: Sohn Max Reinhardts.

An Frederick Hacker 7. Juli 1962

1. »Gorbach«: Alfons Gorbach (geb. 1898). Österreichischer Politiker. Zu der Zeit Bundeskanzler.
2. »Stasi«: Anastasia Lohr, Freundin Dr. Hackers.
3. »besten Mann der Hacker Klinik«: Marcuse meinte seinen Freund Dr. Klaus D. Hoppe (geb. 1922). Psychiater und Psychoanalytiker; Arbeiten über Psychodynamik bei Verfolgten des Nazi-Regimes.
4. »Fonds Directors«: Direktoren der Hacker-Stiftung.

An Rudolf Walter Leonhardt August 1962

1. R. W. Leonhardt (geb. 1921), Redakteur und Schriftsteller. Von 1957

bis 1973 Leiter des Kultur-Ressorts der ›Zeit‹; seitdem stellvertretender Chefredakteur.
2. »Monroe-Fall«: Die als Sexidol geltende amerikanische Filmschauspielerin Marilyn Monroe beging am 5. August 1962 Selbstmord.

An Rudolf Walter Leonhardt 23. August 1962

1. *»obszön«:* Auszüge erschienen unter dem Titel *Hundertfünzig Jahre deutscher Entrüstung* in Nr. 34, Nr. 35 und Nr. 36 der ›Zeit‹ im Jahre 1962.
2. »Bild ... Schönheitskonkurrenz«: S. die Worte Marcuses über »die äußere Erscheinung des Unikums« und »sein Gefühl der Minderwertigkeit« im *Nachruf auf Ludwig Marcuse* (München 1969), S. 113–116.

An Rudolf Walter Leonhardt 27. August 1962

»Ehrenburg«: Ilja Grigorjewitsch Ehrenburg (1891–1967). Russischer Schriftsteller, dessen Memoiren *Menschen, Jahre, Leben* soeben in deutscher Übersetzung herausgekommen waren.

An Robert Neumann 1. Oktober 1962

1. »Druckfahnen«: Robert Neumann, *Festival* (München 1962).
2. »Dr. Mundt«: Hans Joseph Mundt (geb. 1914). Bei der Verlagsleitung des Verlags Kurt Desch.
3. »Experte für unanständige Literatur«: Ludwig Marcuse, *obszön. Geschichte einer Entrüstung* (München 1962).
4. »Pseudo-Lesberei«: Die Romanfiguren Marguerite Fleury und Gina in Neumanns *Festival.*
5. »die beiden Helden«: der zweite Held ist Gaston, der Mann Marguerite Fleurys.
6. »den neuen Habe«: Der Roman *Die Tarnowska* (München 1962) von dem Publizisten, Redakteur und Schriftsteller Hans Habe (geb. 1911).
7. »Harden«: Maximilian Harden (1861–1927). Schauspieler, Redakteur und Kritiker.
8. »Kerr«: Alfred Kerr (1867–1948). Schriftsteller und einflußreicher Kritiker.

Robert Neumann an L. M. 9. Oktober 1962

1. »Tribunal for un-American Activities« hat es nicht gegeben. Neumann schwebte irgendein antikommunistischer Untersuchungsausschuß vor.
2. »Bar Kochba«: Beiname des Freiheitshelden Simon ben Kos(e)ba, Führer des jüdischen Aufstandes gegen die Römer (132–135 n. Chr.).

An Robert Neumann 11. Oktober 1962

1. »Kostja«: weitere Figur in Robert Neumanns Roman *Festival.* Der aus dem Osten stammende Kostja schwankt, wird aber kein »Wahl-Amerikaner«.
2. »Bloch«: Ernst Bloch (geb. 1885). 1933–1948 im Exil. Philosoph, Professor in Leipzig. Verließ die DDR 1961, erhielt 1962 einen Ruf an die Universität Tübingen.
3. »Anna Seghers« (geb. 1900). 1933–1947 im Exil. Prominente Schriftstellerin und führende Persönlichkeit unter den Funktionären der DDR.

Robert Neumann an L. M. 13. Oktober 1962

»Antwort«: Antwort Marcuses vom 11. Oktober auf den Brief Neumanns vom 9. Oktober 1962.

An Rudolf Walter Leonhardt 25. Oktober 1962

1. »Mädi«: Medi = Elisabeth Mann-Borgese, die jüngste Tochter Thomas Manns.
2. »Grunewald«: Ortsteil von Berlin.
3. »Edschmidt«: Kasimir Edschmid, *Lebendiger Expressionismus: Auseinandersetzungen, Gestalten, Erinnerungen* (Wien 1961), S. 291.
4. »Enzensberger«: Hans Magnus Enzensberger (geb. 1929). Schriftsteller, Herausgeber, Kulturkritiker.

An Robert Neumann 26. Oktober 1962

1. »Nachgeburt«: Nachgeburt zu den *Festival*-Briefen, die am 26. Oktober 1962 in der ›Zeit‹ veröffentlicht wurden: *Statt einer Bespre-*

chung. Hildebrandslied 1962 oder: Wäscht eine Hand wirklich die andere? Nach der redaktionellen Vorbemerkung die Briefe Marcuses vom 1. und 11. Oktober und Neumanns vom 9. und 13. Oktober 1962.

2. »Komma«: S. den Brief Marcuses vom 11. Oktober 1962. Auf Seite 19 der ›Zeit‹ vom 26. Oktober 1962 steht: »Ich glaube, daß in Kostja ein Rest Ihres Kinderglaubens erscheint ... Heinrich Mann befreite sich von seinem Thomas Mann nicht.«
3. »Semmering«: Weihnachten 1962 verbrachten Ludwig und Sascha Marcuse mit Familie von Hofe auf dem Semmering bei Wien.

An Erika Mann 21. März 1963

1. »Zuerst nur dies«: Unterlagen für die Thomas Mann-Briefbände.
2. »Wagner«: Marcuses *Das denkwürdige Leben des Richard Wagner* (München 1963).

An Rudolf Augstein 3. Februar 1964

1. Rudolf Augstein (geb. 1923), seit 1946 Herausgeber des ›Spiegel‹.
2. »Baumgart Affaire«: Von dem Schriftsteller und Kritiker Reinhard Baumgart (geb. 1929) erschien am 22. 1. 1964 im ›Spiegel‹ Nr. 4 eine Rezension, *Beckmesser oder de Gaulle,* über Marcel Reich-Ranickis *Deutsche Literatur in West und Ost* (München 1964).
3. »Leser-Briefe«: Die Rezension von Baumgart löste Proteste aus, die der ›Spiegel‹ in Nr. 6 und Nr. 7 als Leserbriefe veröffentlichte.
4. »Richter Joerke«: Heinz Jörka (geb. 1923). Staatsanwalt, Richter in Bayern/München. Bekannt geworden durch den Fall Friedmann und Brühne. Vgl. ›Spiegel‹ Nr. 21, 26, 51 im Jahr 1960, Nr. 10, 1961, Nr. 15, 1970.
5. »Rezension meines *obszön*«: Reinhard Baumgart hatte Marcuses *obszön* im ›Merkur‹ 17 (1963) rezensiert.
6. »Wagner«: Am 17. 7. 1963 erschien im ›Spiegel‹ Nr. 29 eine anonyme 24zeilige Rezension seines Werkes *Das denkwürdige Leben des Richard Wagner* (München 1963).
7. »Heine als Parallele«: Marcuse bezieht sich auf die Worte Augsteins in der ›Zeit‹ vom 31. 1. 1964 in dem Artikel *Götter, Helden und Baumgart.*

8. »Ossietzky«: Carl von Ossietzky (1889–1938). Journalist, Redakteur, Pazifist. Erhielt 1936 den Friedens-Nobelpreis, durfte ihn nicht annehmen und starb nach mehrjähriger KZ-Haft in Berlin. Anläßlich des Erscheinens der Biographie von Kurt R. Grossmann, *Ossietzky, ein deutscher Patriot* (München 1963), veröffentlichte Augstein am 29. 1. 1964 einen Essay *Die Republik unterm Beil* im ›Spiegel‹ Nr. 5.
9. »Ossietzky, Tiresias«: Tiresias ist nach der griechischen Mythologie der »Prophet«.
10. »Ebert«: Friedrich Ebert (1871–1925). Sozialdemokratischer Reichspräsident (1919–1925).

Robert Neumann an L. M. 20. Februar 1964

»Philosophie-Studenten«: Ludwig Marcuse, *Aus den Papieren eines bejahrten Philosophie-Studenten* (München 1964).

An Erika Mann 9. März 1964

»Kindernovelle«: Das Werk Klaus Manns (Hamburg 1926) wurde mit einem Nachwort von Hermann Kesten von Martin Gregor-Dellin neu herausgegeben (München 1964).

Rudolf Augstein an L. M. 12. März 1964

1. »Zimmer«: Zimmer hatte am 31. 1. 1964 in die Baumgart-Affäre eingegriffen mit dem Aufsatz *Noch was* in der ›Zeit‹.
2. »Ich habe mich ... gegen ... gewandt«: S. Anmerkung 6, Marcuse an Augstein, 3. Februar 1964.
3. »Geburtstag«: Marcuse war am 8. Februar 1964 siebzig Jahre alt geworden.

An Erika Mann 17. Juni 1964

1. »Liesl«: Liesl Frank.
2. »Nissen«: Rudolf Nissen (geb. 1896). Chirurg, 1952–1967 in Basel.
3. »Fritzi«: Fritzi Massary.
4. »Pilmes«: Dr. Reiner Pilmes, Chefarzt des Sanatoriums Jägerwinkel, Bad Wiessee.
5. »Huxley«: Aldous Huxley (1894–1963). Englischer Schriftsteller, den Marcuse in Los Angeles kennengelernt hatte.

Frederick Hacker an L. M. 30. Juni 1964

»Freud-Buch zu widmen«: In der Neuauflage widmete Marcuse Dr. Hacker sein Freud-Buch. S. auch die Auflage des Diogenes Verlags, 1972: »Für Frederick J. Hacker. Zur Erinnerung an unsere Jahre in Hollywood und das Thema Nummer Eins: Sigmund Freud. Freundschaftlichst. L. M.« Unter *Literaturhinweise* schrieb Marcuse (s. S. 215 der Diogenes-Ausgabe): »An dieser Stelle möchte ich meinen Dank aussprechen für Anregungen, die ich nicht von einem Buch, sondern von Unterhaltungen empfangen habe. In vielen aufschlußreichen Gesprächen machte mich Prof. Dr. Frederick J. Hacker, Direktor der Hacker-Klinik und Hacker-Stiftung (Beverly Hills, California), vertraut mit dem Psychiater Freud; Belehrungen, die mir sehr wertvoll waren, auch wenn mein Buch den medizinischen Aspekt der Psychoanalyse nicht diskutiert. Dr. Hacker war der erste Leser und Kritiker dieses Buches; ich wünsche mir viele seinesgleichen. L. M.«

An drei Neumanns 23. Juli 1964

1. »Saschas Krankheit«: Es wurde Bösartiges gefunden. Marcuse verschwieg es fast allen Menschen.
2. »Ro-He-Mi«: Robert-Helga-(Sohn) Michael Neumann.
3. »O. M. Graf«: Oskar Maria Graf. S. den Brief an L. M. vom 3. Februar 1954.
4. »Chruschtschows Schwieger-Empfang«: Empfang für den Schwiegersohn Nikita Chruschtschows, Alexej Iwanowitsch Adschubej. (Siehe den Brief vom 11. August 1964 an Erika Mann.)
5. »Goldwater«: Barry Goldwater (geb. 1909). Amerikanischer Politiker. 1964 Präsidentschaftskandidat.
6. »Scranton«: William Warren Scranton (geb. 1917). Republikanischer Politiker. Gouverneur von Pennsylvania 1962–1967.

An Erika Mann 11. August 1964

1. »Hirslanden«: Klinik Hirslanden in Zürich.
2. »Adschubaj«: Alexej Iwanowitsch Adschubej (geb. 1924), sowjetischer Journalist und Redakteur, Schwiegersohn Nikita Chruschtschows, des damaligen Vorsitzenden des Ministerrates. Marcuse nahm an einem Essen in Münchens Hotel Vier Jahreszeiten teil.

3. »Moosrain«: Örtchen in der Nähe des Tegernsees in den Bayrischen Alpen.
4. »Erhard«: Ludwig Erhard (geb. 1891). Damaliger Bundeskanzler.
5. »Menno ter Braak« (1902–1940). Niederländischer Schriftsteller und Kritiker, der sich beim Einmarsch der Deutschen 1940 erschoß. S. Thomas Mann *In memoriam Menno ter Braak* in *Altes und Neues* (Frankfurt 1953). Marcuse und Menno ter Braak hatten 1934–35 eine lebhafte Diskussion über die Aufgaben der Emigrations-Literatur im ›Neuen Tagebuch‹ (Paris 1933–1940), dem literarischen und politischen Forum der Emigranten, geführt.
6. »de Sade«: Marquis de Sade (1740–1814). »Sadismus« nach dem (geisteskrank gewordenen) französischen Schriftsteller. Der Roman *Aline et Vacour* erschien im Jahre 1795.

An Dieter E. Zimmer 10. Dezember 1964

1. »Zusammenarbeit«: 1964 erschienen zehn Beiträge Marcuses in der ›Zeit‹.
2. »Oppenheimer«: Jacob Robert Oppenheimer (1904–1967). Amerikanischer Atomphysiker, »Vater der Atombombe«, dem 1954 »illoyales Verhalten« vorgeworfen, der aber 1963 rehabilitiert wurde.
3. »Frankfurter Redaktion«: Frankfurter ›Generalanzeiger‹. S. *Winkelried Marcuses Frankfurter Idylle*, S. 82f., in seiner Autobiographie.
4. »Tretjakow«: Sergej Michailowitsch Tretjakow (1892–1939). Russischer Schriftsteller. Sein 1926 veröffentliches Werk *Brülle China!* ist ein sogenanntes Agitations-Drama.
5. »Kipphardt«: Heinar Kipphardt (geb. 1922). Schriftsteller. Marcuse bezieht sich auf sein Dokumentarstück *In Sachen Oppenheimer. Ein szenischer Bericht* (Frankfurt 1964).

An Marcel Reich-Ranicki 31. Dezember 1964

»Kesten-Artikel«: Artikel über Hermann Kestens *Deutsche Literatur im Exil. Briefe europäischer Autoren 1933–1949* (München 1964), ›Die Zeit‹, 1. Januar 1965.

Henry Miller an L. M. 3. August 1965

1. »British edition«: *Obscene. The History of an Indignation*, übersetzt von Karen Gershon (London 1965).

2. »my work«: Marcuse widmet einen ganzen Abschnitt, 54 Seiten, Henry Miller (geb. 1891) und seinem Werk, vor allem dem *Wendekreis des Krebses.*

Erika Mann an L. M. 13. August 1965

1. »Schopenhauer-Citat«: S. den Brief Marcuses vom 15. August 1965. Er zitiert die Worte Schopenhauers, die Erika Mann dann in ihrem Briefband *(Briefe 1948–1955)* auf S. 585–586 wiedergibt.
2. »Alma selig«: Alma Mahler-Werfel.

An Dieter E. Zimmer 14. August 1965

1. »Deschner«: Karlheinz Deschner (geb. 1924), *Mit Gott und den Faschisten. Der Vatikan im Bunde mit Mussolini, Franco, Hitler und Pavelié* (Stuttgart 1965). S. Marcuses *Die Kunst des homerischen Streits (Das Kapitel Polemik, abgehandelt am Beispiel Karlheinz Deschners),* ›Die Zeit‹ Nr. 45, 1965.
2. »Ein Hundertdollar Mißverständnis«: In Nr. 42, 1965 der ›Zeit‹ schrieb Marcuse über das *Duell zwischen zwei Sprachen (Ein so witziger wie lehrreicher Roman aus den USA): Robert Gover, ›Ein Hundertdollar Mißverständnis‹.* Der englische Titel lautet *One Hundred Dollar Misunderstanding* (New York 1961). Die »herrliche Übersetzung« besorgte Hans Wollschläger.
3. »Gaurisankars«: Gauri Shankar galt im Mittelalter als höchster Berg der Erde und liegt etliche Kilometer westlich des Everest.

An Erika Mann 15. August 1965

1. »die große ... Schopenhauer-Ausgabe«: Arthur Schopenhauer, *Sämtliche Werke.* Herausgegeben von Arthur Hübscher. 7 Bände (Wiesbaden 1948–1950).
2. »der Alte«: Schopenhauer. Nach den Worten Thomas Manns.
3. »Hegel«: Schopenhauer hatte Marcuse mehr zu sagen als Georg Friedrich Wilhelm Hegel (1770–1831).

An Marcel Reich-Ranicki 16. Oktober 1965

1. »Nützliches Buch«: *Erfundene Wahrheit,* hrsg. von Marcel Reich-Ranicki (München 1965).

2. »Artikel über ... Uwe«: über Uwe Johnsons *Zwei Ansichten* (Frankfurt a. M. 1965), ›Die Zeit‹, 24. September 1965.
3. »Artikel über ... Peter«: über Peter Weiss, ›Die Zeit‹, 1. Oktober 1965. Auch in Reich-Ranickis *Wer schreibt, provoziert* (München 1966) enthalten.
4. »Heym«: Stefan Heym (geb. 1913). Romanschriftsteller. Exil Tschechoslowakei und USA. Mitbegründer der ›Neuen Zeitung‹ in München. Lebt seit 1952 in der DDR.
5. »Jens«: Walter Jens (geb. 1923). Schriftsteller, Kritiker, Professor für klassische Philologie und allgemeine Rhetorik in Tübingen.

Hermann Kesten an L. M. 17. November 1965

»Neumanns Anthologie«: *34 x erste Liebe. Schriftsteller aus zwei Generationen unseres Jahrhunderts beschreiben erste erotische Erlebnisse. Dokumentarische Geschichten* (Frankfurt 1966).

Hermann Kesten an L. M. 13. Februar 1966

1. »Roth Theorie«: S. Ludwig Marcuse, *Kein Trotzki-Roman. Zu Joseph Roths ›Der stumme Prophet‹*, ›Süddeutsche Zeitung‹, 26./27. Februar 1966.
2. »Roman«: Roths *Der stumme Prophet.* S. Hermann Kesten, *Bericht über Friedrich* (über Joseph Roth: *Der stumme Prophet*, Köln 1966), ›Der Spiegel‹, 21. Februar 1966.
3. »Mein Roman«: *Die Zeit der Narren* (München 1966).
4. »Briefe von Joseph Roth«: *Joseph Roth Briefe 1911–1959*, hrsg. und eingeleitet von Hermann Kesten (Köln 1970).
5. »Briefen ... Band III«: Joseph Roth, *Werke in drei Bänden*, Einleitung von Hermann Kesten (Köln 1956), Band III, S. 801–836.
6. »Reifenberg«: Benno Reifenberg (1892–1970). Journalist, Kunstkritiker, Redakteur, Schriftsteller.

Hermann Kesten an L. M. 10. März 1966

1. »Eindrücke ... Israel«: S. *Mein zwanzigstes Jahrhundert*, S. 369–376.
2. »Stellen ... Rothbriefen«. S. den Brief Kestens vom 13. Februar 1966.
3. »Rezension von Roth«: S. den Brief Kestens über Marcuses »Roth Theorie« vom 13. Februar 1966.

4. »Spiegel«: S. den obenerwähnten Brief.
5. »Sie ... zu Roths Lebzeiten«: Marcuse schrieb wiederholt über den von ihm verehrten Joseph Roth in verschiedenen Publikationen: ›Das neue Tagebuch‹, ›Die Zukunft‹, ›Aufbau‹ und in dem von Hermann Linden herausgegebenen *Gedächtnisbuch*.
6. »Maupassant«: Guy de Maupassant (1850–1893). Schriftsteller, vor allem Novellist; der Roman *Bel ami* erschien 1885.
7. »Hemingway«: Ernest Hemingway (1899–1961). Amerikanischer Schriftsteller. Gilt mit F. Scott Fitzgerald als Exponent der »verlorenen Generation«.
8. »Spanien Artikel«: Golo Mann, *Auch unter Franco wächst die Freiheit*, ›Die Zeit‹, 28. Januar 1966; *Korrekturen am Spanien-Klischee*, ›Die Zeit‹, 11. Februar 1966.
9. »Genz«: Friedrich Gentz (1764–1832). Publizist, Verfechter der Metternichschen Politik. Golo Mann, *Friedrich von Gentz* (Zürich 1947), *Secretary of Europe, the Life of Friedrich Gentz* (New Haven, Conn. 1946).

An Marcel Reich-Ranicki 17. Juni 1966

1. »Roth«: Der Brief betrifft Reich-Ranickis Artikel über Joseph Roth, ›Die Zeit‹, 17. Juni 1966. Der Artikel ist auch in seinem Buch *Die Ungeliebten. Sieben Emigranten* (Pfullingen 1968) enthalten.
2. »Roth-Biographie«: Obwohl seit 1966 viel über Roth gearbeitet wurde, ist noch keine Biographie erschienen in dem Sinne, wie sie Marcuse wohl vorschwebte. Siehe aber die umfangreiche Biographie von David Bronsen, *Joseph Roth* (Köln 1974).
3. »Heines Religion und Politik«: Ludwig Marcuse, *Heinrich Heine. Ein Leben zwischen gestern und morgen* (Hamburg 1951), S. 11–14.

Max Brod an L. M. 22. Juni 1966

»Ester Hoffe«: Ilse Ester Hoffe. Mitarbeiterin, Erbin und Nachlaßverwalterin Max Brods.

Hermann Kesten an L. M. 27. Juni 1966

1. »Die Zeit der Narren«: S. den Brief Kestens vom 19. März 1965.

2. »Ihren Artikel«: Ludwig Marcuse, *Die Bundesrepublik eines Humoristen* (über Hermann Kesten: *Die Zeit der Narren*, München 1966), ›Die Zeit‹, 10. Juni 1966.
3. »Briefe von Joseph Roth«: *Joseph Roth. Briefe 1911–1939*, hrsg. von Hermann Kesten (Köln 1970).
4. »Marshall McLuhan«: Herbert Marshall McLuhan (geb. 1911). Seine bekanntesten Werke sind *Understanding Media* (New York 1964) und *The Medium is the Massage* (New York 1967).
5. »Jaspers«: Karl Jaspers (1883–1969). Psychiater und Existenz-Philosoph. Lehrverbot in der NS-Zeit. Ab 1948 in Basel. Kesten bezieht sich vermutlich auf die Wirkung von Jaspers' Schriften *Hoffnung und Sorge. Schriften zur deutschen Politik 1945–1965* (München 1965) und *Wohin treibt die Bundesrepublik?* (München 1966). S. auch Karl Jaspers, *Antwort zur Kritik meiner Schrift ›Wohin treibt die Bundesrepublik?‹* (München 1967).

Marcel Reich-Ranicki an L. M. 2. Juli 1966

1. »Peter W. Jansen«: Diese Roth-Biographie ist nicht erschienen.
2. »Joseph Wittlin«: Jósef Wittlin (geb. 1896). Polnischer Dichter. Roth übersetzte aus Wittlins Werken und schrieb ein Vorwort zur ersten deutschen Ausgabe von *Das Salz der Erde* (1937).

Max Brod an L. M. 30. Juli 1966

1. »Schönberg«: Arnold Schönberg (1874–1951). Komponist, Begründer der Zwölftonlehre.
2. »Entdeckung Carmens«: Nietzsche hörte Carmen zum ersten Male am 27. November 1881 in Genua, war begeistert, hörte es immer wieder und schrieb 1888 im *Fall Wagner* Lobreden auf Bizet und *Carmen*. In einem Brief vom 27. Dezember 1881 an Carl Fuchs heißt es aber: »Das, was ich über Bizet sage, dürfen Sie nicht ernst nehmen ... ironische Antithese gegen Wagner ...«
3. »Anton Kuh« (1891–1941). Journalist und Redakteur.
4. *»Der Prager Kreis«* (Stuttgart 1966).
5. »Eideshelfer«: Siehe den Brief Max Brods vom 19. Februar 1967.

An Dieter E. Zimmer 2. August 1966

1. »Briefwechsel«: *Sigmund Freud und Lou Andreas Salomé: Brief-*

wechsel, hrsg. von Ernest Pfeiffer (Frankfurt 1966). Die Rezension Marcuses erschien in Nummer 49, 1966 der ›Zeit‹.

2. »Koestler«: Arthur Koestler, *Der göttliche Funke. Der schöpferische Akt in Kunst und Wissenschaft* (Bern 1966).
3. »Kurt Hiller«: *Ratioaktiv. Reden 1914–1964* (Wiesbaden 1966). Die Rezension Marcuses erschien unter dem Titel *Der einmalige Schimpfkanonier* in Nummer 31, 1967 der ›Zeit‹. S. Marcuses Brief an Hermann Kesten vom 21. August 1960.
4. »Roth-Briefe«: Die von Hermann Kesten herausgegebenen *Joseph Roth Briefe 1911–1939* erschienen erst 1970.
5. »Blechtrommel«: Günter Grass, *Die Blechtrommel* (Berlin 1959).
6. »Zwerenz«: Gerhard Zwerenz (geb. 1925), *Casanova oder der Kleine Herr in Krieg und Frieden* (München 1966).

Hermann Kesten an Marcuse 23. Januar 1967

»Neuer Roman«: *Der Mann von sechzig Jahren* (München 1972).

Max Brod an L. M. 19. Februar 1967

1. *»bejahrten Phil-Studenten«*: *Aus den Papieren eines bejahrten Philosophie-Studenten* (München 1964).
2. »Miller«: Henry Miller.
3. »Ihre Biographie«: Es handelt sich vermutlich um die Autobiographie.
4. *»Der Prager Kreis«* (Stuttgart 1966): Brod schreibt auf Seite 91 über Erotik und »vollkommene Freiheit für den Dichter«. Wenn er hier Marcuse erwähnt, bezieht er sich offenbar auf *obszön*.

An von Hofes 25. Februar 1967

1. »Frau Schindler«: Frau Schindler gehörte das Haus, Ruperti 14, Bad Wiessee, wo Marcuse bis kurz vor Ende seines Lebens wohnte.
2. »Dr. Wolff«: Dr. Erich Wolff (geb. 1895) war jahrelang der Arzt Marcuses und vieler anderer Schriftsteller im Exil. Seine Frau ist die Schriftstellerin Victoria Wolff.
3. »Zweimal ... beinahe durch Hollywood ... herausgekommen«: Von »herauskommen« kann man in diesem Sinne nicht sprechen. In der

Gesellschaft sprach man aber davon, daß Sascha Marcuse doch Krebs haben müsse.

4. »Frau Dr. Schlag«: Ärztin im Sanatorium Jägerwinkel.

Hermann Kesten an L. M. 14. April 1967

1. »*Böse Nachrufe*«: S. Ludwig Marcuse, *Böse Nachrufe*, ›Vorgänge. Kulturpolitische Korrespondenz‹, 2., hrsg. von Gerhard Szczesny (München 1967).
2. »Springer«: Axel Springer (geb. 1912). Mächtiger Verleger, vor allem von Zeitungen und Zeitschriften.
3. »Augstein«: S. die Briefe vom 3. Februar und 12. März 1964.
4. »Wehner«: Herbert Wehner (geb. 1906). Journalist, Politiker, Bundesminister a. D., Fraktions- u. stellvertretender Parteivorsitzender der SPD. Exilsjahre in der Sowjetunion.
5. »Kiesinger«: Kurt Georg Kiesinger (geb. 1904). Politiker (CDU), Bundeskanzler der BRD (1966–1969).
6. »New York Review«: Wochenzeitung, die Buch-Rezensionen bringt.
7. »Mary McCarthy«: Mary Therese McCarthy (geb. 1912). Amerikanische Schriftstellerin. *Vietnam* (New York 1967).
8. »Marie Luise Kaschnitz« (1901–1974). Dichterin; lebte lange in Rom.

Hermann Kesten an L. M. 3. Mai 1967

1. »Ohne Nachricht von Ihnen«: Marcuse schrieb wenige Briefe nach dem Tod Saschas am 20. Februar 1967.
2. »Walter Landauer«: Walter Landauer (1902–1945) war bis zur Zeit des Nationalsozialismus Mitarbeiter des Kiepenheuer-Verlages, dann bei Allert de Lange, Amsterdam. Kam im KZ Bergen-Belsen um.

Hermann Kesten an L. M. 3. Juli 1967

1. »Chateaubriand«: François René Vicomte de Chateaubriand (1768–1848). Romantischer Schriftsteller aus der Bretagne. Napoleon-Gegner.
2. »Moravia«: Alberto Moravia (geb. 1907). Italienischer Schriftsteller. *La Noia* (Milano 1960) ist sein bekanntester und meistdiskutierter Roman.

An Erika Mann 16. September 1967

1. »Barlog«: Boleslaw Barlog (geb. 1906). Generalintendant der staatlichen Bühnen Berlins.
2. »Zweig«: Arnold Zweig.
3. »Buch«: Er hat es geschrieben: *Nachruf auf Ludwig Marcuse* (München 1969).
4. »Liesl«: Liesl Frank Lustig.
5. »Er ist ... zu beleben«: Jan Lustig.

Robert Neumann an L. M. 27. Oktober 1967

1. »Tragik Ihrer Situation«: der Tod Sascha Marcuses.
2. »Buchplan«: S. den Brief Marcuses vom 14. September 1968 an Neumann über »einen kleinen Autonekrolog«.
3. »ähnlich gelagertes Buch«: *Vielleicht das Heitere. Tagebuch aus einem andern Jahr* (München 1968).

Rolf Hochhuth an L. M. 12. März 1968

1. Rolf Hochhuth (geb. 1931); Buchhändler, Verlagslektor, Schriftsteller. Wurde bekannt durch sein Stück *Der Stellvertreter* (1963).
2. »Ernst Schröder«: Schauspieler und Regisseur (geb. 1915).
3. »Churchill«: Winston Churchill, eine der Rollen in dem 1967 veröffentlichten Stück *Soldaten. Nekrolog auf Genf.*
4. »Toronto«: *Soldiers, an Obituary for Geneva* (New York 1968) wurde von Robert David MacDonald übersetzt.
5. »Berliner Dünkirchen«: Uraufführung am 9. Oktober 1967 an der Berliner Freien Volksbühne, Regie Hans Schweikart.
6. »Herbert«: Herbert Marcuse (geb. 1898). Philosoph, Politologe. In den sechziger Jahren geistiger Führer der Neuen Linken.
7. »den *falschen* Marcuse, den Herbert«: Ursprünglich in der Weihnachtsnummer 1967 der ›Zeit‹. S. auch Hochhuths *Hört nicht auf [Herbert] Marcuse!*, ›konkret‹, Heft 20, 1969, und *Der alte Mythos vom ›neuen‹ Menschen*, in: *Club Voltaire, Jahrbuch für kritische Aufklärung IV*, hrsg. von Gerhard Szczesny (Hamburg 1970). In letzterem schrieb Hochhuth u. a.: »Deutschland hat heute einen einzigen Philosophen von Rang, der sich ungescheut einen Pessimisten nennt: *Ludwig* Marcuse.« S. auch den Brief Hermann Kestens vom 30. März 1968.

8. »Anhänglichkeit«: Ludwig Marcuse, *Pessimismus. Ein Stadium der Reife* (Hamburg 1953). S. 71 f und S. 187 f.
9. »Burckhardt«: Jacob Burckhardt (1818–1897). Schweizer Kultur- und Kunsthistoriker.
10. »Löwith«: Karl Löwith (geb. 1897), *Jacob Burckhardt, der Mensch inmitten der Geschichte* (Luzern 1936).
11. »Lessing«: Theodor Lessing (1872–1933), *Geschichte als Sinngebung des Sinnlosen* (München 1919). Rütten und Loening brachte 1962 eine neue Ausgabe in Hamburg heraus.
12. »Ledig Rowohlt« (geb. 1908), Sohn von Ernst Rowohlt. Marcuse war mit beiden befreundet.

An Hermann Kesten 21. März 1968

»Im Gegensatz zu Ihnen ... das letzte Buch«: *Nachruf auf Ludwig Marcuse.*

An Klaus Hoppe 26. März 1968

1. Zum Adressaten siehe Brief an F. Hacker vom 7. Juli 1962, Anm. 3.
2. »State Board«: Ärzte aus dem Ausland müssen eine staatliche Prüfung bestehen, bevor sie in Amerika praktizieren dürfen. Dr. Hoppe bestand die Prüfung im Jahre 1967.

Hermann Kesten an L. M. 30. März 1968

1. »Marcuse«: Betreffs Herbert Marcuse, s. den Brief Rolf Hochhuths vom 12. März 1968, in dem er auch vom »falschen« Marcuse spricht. Am 31. Juli 1971, zwei Tage vor dem Tod Ludwig Marcuses, erschien in der ›Frankfurter Rundschau‹ ein Artikel von Eckard Henscheid mit dem Titel *Herbert oder Ludwig?* – anläßlich einer Verwechslung Anfang Juli in der Zeitschrift ›konkret‹. Leonhard Reinisch schrieb in seinem Nachruf, mit einem Blick auf Herbert Marcuse: »... für uns bleibt die Erinnerung an einen Mann, den ich Marcuse den Einzigen nennen möchte.« ›gehört-gelesen‹, 19. Jahrgang, Oktober 1971.

An Kestens 23. Mai 1968

1. »Nazi Buch«: Martin Gregor-Dellin verdanken wir den Hinweis, daß es sich um das Buch *War ich ein Nazi?* (München 1968) handelt, zu dem L. M. eine Einleitung geschrieben hatte.

2. »Börne«: *Börne – Aus der Frühzeit der deutschen Demokratie* (Rothenburg 1967) ist tatsächlich eine überarbeitete Ausgabe von *Ludwig Börne. Revolutionär und Patriot* (Leipzig 1929).
3. »Erwin Braun« (geb. 1921). Industrieller, jetzt in der Schweiz.
4. »Zoff«: Otto Zoff (1890–1963). Lektor, Journalist, Schriftsteller. Bearbeitete neben Eichendorff auch Dickens, Goldoni und Gozzi.
5. »Theo Lingen« (geb. 1903). Theater- und Filmschauspieler, Schriftsteller.
6. »Deutschlandstiftung«: Stiftung, die jährlich Schriftstellerpreise verleiht. Der Sitz ist in München.
7. »de Gaulle«: Charles d. G. (1890–1970), frz. Staatspräsident; errang nach den Mai-Unruhen im Juni 1968 einen großen Wahlsieg.

Robert Neumann an L. M. 10. September 1968

1. »mein neues Buch«: *Vielleicht das Heitere. Tagebuch aus einem andern Jahr.* S. den Brief vom 27. Oktober 1967.
2. »so wie ich es getan habe«: Im Vorwort seines neuen Buches schreibt Neumann: »Ein Tagebuch ist keine Autobiographie ... nicht eine Fortsetzung der Autobiographie *Ein leichtes Leben* (München 1963).« Er spricht von der »Maßlosigkeit vieler Äußerungen ... in der Beurteilung vieler Menschen« und »einer ähnlichen Maßlosigkeit in der Darstellung ... des Autors selbst«.
3. »Thomas Mann ... Johstbrief«: Auf S. 392 des »neuen Buches« schreibt Neumann: »Ich habe hier das Faksimile« und zitiert die ersten zwölf Zeilen des Briefes vom 16. September 1920.

An Kestens 15. Dezember 1968

1. »Grass und ... Reich-Ranicki«: Günter Grass ist 1927, Marcel Reich-Ranicki 1920 geboren.
2. »Handke«: Peter Handke (geb. 1942) ist durch die *Publikumsbeschimpfung* (1965–1966) bekanntgeworden.
3. »Peter Bamm« (geb. 1897). Schriftsteller und Arzt, erfolgreicher Verfasser von kulturgeschichtlich orientierten Reiseberichten.
4. »Dorst«: Tankred Dorst (geb. 1925). In dem Bühnenstück und Fernsehspiel *Toller* (1968) schildert Dorst das Scheitern Ernst Tollers in der »Scheinräterepublik« 1919 in München.

5. »Brecht bei Grass«: In dem Stück *Die Plebejer proben den Aufstand* (1966) schildert Grass die Rolle Brechts im Aufstand von 1953 in der DDR.
6. »Heinrich Mann-Leute«: Es handelte sich um einen Heinrich Mann-Fernsehfilm.
7. »Augstein«: Rudolf Augstein, *Meinungen zu Deutschland* (Frankfurt 1967).

Hermann Kesten an L. M. 18. Dezember 1968

1. »Werner Hegemann«: Hans-Werner Hegemann (geb. 1911). Kunst- und Kulturhistoriker. S. Hermann Kestens *Werner Hegemann*, in *Meine Freunde, die Poeten* (Wien–München 1953), S. 109–114.
2. »Augstein«: S. den Brief Marcuses vom 15. Dezember 1968.

Robert Neumann an L. M. 6. März 1969

1. »Bucerius«: Dr. Gerd Bucerius (geb. 1906). Verleger von ›Die Zeit‹ und ›Stern‹ in Hamburg.
2. »Belzner«: Emil Belzner (geb. 1901). Der ausgezeichnete Roman aus früheren Jahren dürfte Belzners Hauptwerk *Kolumbus vor der Landung* (Frankfurt 1934) oder auch der Antikriegsroman *Marschieren – nicht träumen* (Hamburg 1931) sein.

Friedrich Luft an L. M. 7. März 1969

1. »Shylock«: Es geht um die Frage, wie man die Rolle des jüdischen Geldverleihers in Shakespeares *Kaufmann von Venedig* zu spielen hat – wenn überhaupt.
2. »Unser Gespräch vor den Kameras«: Die Gesprächssendung wurde am 27. April im 1. Deutschen Fernsehen ausgestrahlt.

An Richard Exner 10. März 1969

»Ihren ... Bericht«: Richard Exner, ›*Nachruf auf Ludwig Marcuse*‹*: Zu einem Autonekrolog*, ›Neue Zürcher Zeitung‹, 24. April 1969.

Friedrich Luft an L. M. 2. Mai 1969

»B. B. und E. M.«: Friedrich Luft bat darum, nur die Initialen anzugeben.

An Erika Mann 8. Mai 1969

1. »Kalifornien«: Seit dem Tode Saschas 1967 war er einmal im Jahr für zwei Wochen bei von Hofes in Beverly Hills.
2. »Los Angeles Campus«: University of Southern California.
3. »Walter Jens« (geb. 1923). Philologe, Schriftsteller, Übersetzer, Kritiker. S. sein *Nein. Die Welt der Angeklagten* (Hamburg 1950), eine negative Utopie.
4. »Ernst Bloch«: Marcuse bezieht sich auf Blochs *Geist der Utopie* (München 1918 und, erweitert, Berlin 1923) und das Hauptwerk *Prinzip Hoffnung* (Berlin 1954–1959).

An Wolfgang Weyrauch 9. September 1969

1. »Luchterhand-Buch«: Wolfgang Weyrauch, *Geschichten zum Weiterschreiben* (Berlin 1969).
2. »Jägerwinkel«: Sanatorium Jägerwinkel, Bad Wiessee.
3. *»Kulturfahrplan«:* Daten zur Kulturgeschichte, zusammengestellt von Werner Stein, 1. Auflage Berlin 1946.
4. *»Kleine Plötz«*: Seit 1863 *Hauptdaten der Weltgeschichte* von Karl Plötz (1819–1881). Als Marcuse den Brief schrieb, lag schon die dreißigste neu bearbeitete Auflage vor.
5. »Kalifornien«: Der jährliche Besuch bei Familie von Hofe.
6. »Schweiz«: Besuch bei Erwin Braun.
7. »W W«: Wolfgang Weyrauch.
8. »Despe«: Wolfgang Weyrauch schrieb uns am 14. März 1974: »Despe, so wurde in der Tat meine Frau von Marcuse genannt, nachdem Marcuse und ich einen treffenden Scherznamen für sie finden wollten, und wenn ich Ihnen jetzt sage, was Despe bedeutet bzw. wenn Sie wüßten, wie meine Frau beschaffen ist, nämlich genau gegensätzlich zum Inhalt von Despe, dann würden auch Sie dies alles komisch und freundlich zugleich finden; Despe ist eine Abkürzung von *d*oof, *e*intönig und *sp*ießig, und das e hat Marcuse hinzugefügt, um aus dem männlichen Desp eine weibliche Despe zu machen (übrigens schreibt meine Frau diesen Brief für mich ab).«

An Rolf Hochhuth 20. September 1969

1. »Aufsatz im ›Konkret‹«: S. den Brief Hochhuths vom 12. März 1968.

2. »Frankfurter Schule«: z. B. Max Horkheimer und Theodor W. Adorno.
3. »Lukacz«: Georg Lukács (1885–1971). Marxistischer Literaturkritiker und -historiker.
4. »Demokratie ... abgefangen ...«: S. *Mein zwanzigstes Jahrhundert*, S. 300f.
5. »Rowohlt«: Rowohlt Verlag, Hamburg.

Petra Kipphoff an L. M. 22. November 1969

1. Dr. Petra Kipphoff (geb. 1937). Journalistin, Redakteurin in der Kulturredaktion der ›Zeit‹.
2. »Ihr Buch«: Ludwig Marcuse, *Nachruf auf Ludwig Marcuse* (München 1969).

An Petra Kipphoff 25. November 1969

1. »Prof. Haber«: Heinz Haber (geb. 1913). Physiker und Astronom. Produzent und Autor populärwissenschaftlicher Fernsehreihen und Bücher.
2. Im *Nachruf auf Ludwig Marcuse* schrieb er auf S. 210, er liebte »am innigsten die Meister, die ihm die Finsternis nicht zu verheimlichen suchten: unter Deutschen Kleist und Büchner und Nietzsche«.
3. »Hebbel«: Friedrich Hebbel (1813–1863). Marcuse sprach gerne über die Werke des »aufsässigen Hegel-Schülers Hebbel« in seinen Vorlesungen und Seminaren an der University of Southern California.
4. »Peter Weiss« (geb. 1916). Marcuse konnte seinen Werken, z. B. dem erfolgreichen *Marat-Sade*, keinen Geschmack abgewinnen.
5. »*Play Strindberg*«: Friedrich Dürrenmatts (geb. 1921) Bearbeitung von Strindbergs *Totentanz* (1969). August Johan Strindberg (1849–1912), schwedischer Dichter und Dramatiker.
6. »Beckett«: Samuel Beckett (geb. 1906). Irischer Schriftsteller. Vertreter des absurden Theaters, zu dem Marcuse wenige Beziehungen hatte.
7. »Heisenberg«: Werner Heisenberg (geb. 1901). Physiker, Nobelpreis 1952. Marcuses Interesse an Physik war gering.

Wolfgang Weyrauch an L. M. 28. April 1970

1. »Walter Höllerer« (geb. 1922). Literarhistoriker, Schriftsteller und Professor für Germanistik in Berlin. Herausgeber der LCB-Editionen.
2. »Doppelband«: Wolfgang Weyrauch, Hrsg., *11 Autoren über 1 Jahrzehnt* (Berlin 1970).

An Richard Exner 25. September 1970

1. »*Heine*«: Ludwig Marcuse, *Heine: Melancholiker, Streiter in Marx, Epikureer,* 1. Aufl. d. überarbeiteten Neuausgabe (Rothenburg 1970).

An Hermann Kesten 27. November 1970

1. »Amerika-Reise«: Marcuse war zwei Wochen bei von Hofes und ahnte, daß es seine letzte Amerika-Reise war. Er hinterließ Verfügungen, »falls ich sterbe ...« S. auch den Brief Marcuses vom 10. Januar 1970.
2. »Roth-Brief«: den Brief Joseph Roths vom 26. August 1934 an Marcuse brachte Kesten in seiner Ausgabe. Er ist auch in diesem Band enthalten, weil er in der Tat »sehr interessant ist«.

Hermann Kesten an L. M. 30. November 1970

1. »Döblins Briefe«: Alfred Döblin, *Briefe,* in Verbindung mit den Söhnen des Dichters herausgegeben von Walter Muschg, weitergeführt von Heinz Graber (Freiburg i. Br. 1970).
2. »Fritz von Unruh« (1885–1970). Schriftsteller, Generalssohn und Offizier im 1. Weltkrieg. Wurde in den Zwanzigern Pazifist. Exilsjahre in Frankreich und den USA.
3. »Benjamin Franklin«: Die Autobiographie des amerikanischen Staatsmannes und Schriftstellers Benjamin Franklin (1706–1790) erschien 1791. *Benjamin Franklins Jugendjahre von ihm selbst für seinen Sohn beschrieben und übersetzt von Gottfried August Bürger* erschien schon 1792.

An Hermann Kesten 7. Dezember 1970

»Döblin-Mann ... 16 Briefe«: Der Brief-Band (s. den Brief Hermann Kestens vom 30. November 1970) enthält 7 Briefe. »Der Döblin-Mann« ist Heinz Graber.

Hermann Kesten an L. M. 16. Dezember 1970

1. »den Brandt«: Willy Brandt (geb. 1913), Journalist, Politiker, Parteivorsitzender der SPD, Bundeskanzler 1969–1974.
2. »Robert Minder«: S. den Brief Alfred Döblins, Ostern 1957.
3. »Spiegel«: *Totalement solo* heißt die Rezension der Döblin-Briefe im ›Spiegel‹ am 30. November 1970.
4. »Rosin«: Arthur Rosin (geb. 1879). Bankier. Seit 1936 in New York.

An Hermann Kesten 23. Dezember 1970

1. »Punkte ausgelassen«: Eine Untersuchung des Briefes ergibt, daß keine Kürzungen bei der Veröffentlichung vorgenommen wurden.
2. »Ossietzky«: In Roths Brief vom 26. August 1934 an Stefan Zweig heißt es: »... ich bedaure *nicht*, daß z. B. Ossietzky im Konzentrationslager ist. Wieviel Schaden würde er anrichten, wenn er draußen wäre! Ich hasse diese ›Charaktere‹. Und, wenn ich für einen von ihnen ein Sentiment habe, wie für Marcuse, so traue ich ihnen *niemals.*«
3. »›Spiegel‹ ... mit einem ablehnenden Zitat«: Der anonyme Rezensent am 30. November 1970 im ›Spiegel‹ über Döblin: »Der Sozialist und Anarchist von einst schrieb nun christliche ›Sonntagstraktätchen‹ (Ludwig Marcuse)«. Das Wort Marcuses ist aus dem Zusammenhang herausgelöst. S. den Brief an Erne Döblin vom 23. Juli 1957.

Robert Neumann an L. M. 4. Januar 1971

»Autobiographie der Hildegard Knef«: *Der geschenkte Gaul* (Wien 1970). S. 283–285.

Hermann Kesten an L. M. 7. Januar 1971

1. »Brief vom 25. XII. 70«: Der Brief vom 23. XII. 1970.
2. »Frau Alexandra von Miquel«: S. den Brief Marcuses vom 23. Dezember 1970.
3. »Artikel von Ossietzky«: S. S. 150 in Marcuses Autobiographie.
4. »Weltbühne ... Tucholsky«: Der Polemiker, Satiriker und zeitkritische Schriftsteller Kurt Tucholsky (1890–1935) war einer der Hauptmitarbeiter der ›Weltbühne‹.
5. »Dokumentation über Jung«: S. S. 167–175 in Marcuses Autobiographie und auch den ausführlichen Artikel *Der Fall C. G. Jung* im ›Aufbau‹ am 30. Dezember 1955.

An von Hofes 11. Januar 1971

»Briefband«: Die Briefe *an* ihn hatte er uns schon früher überlassen. Von Marcuse haben wir Hunderte von Briefen, die er uns in den Jahren von 1949 bis 1971 geschrieben hat. S. die Einleitung, was weitere Briefe anbetrifft.

Hermann Kesten an L. M. 24. Januar 1971

1. »Schickele ... Essayband«: S. die Schickele-Ausgabe von Hermann Kesten, Bd. 3, S. 472f.
2. »Schickele ... in Ihrem *zwanzigsten Jahrhundert*«: S. S. 189–191.
3. »Kommentar?« S. den Brief Marcuses vom 1. Februar 1971.
4. »Roth ... Porträt«: S. S. 250–251 in Marcuses Autobiographie. Die Neuausgabe im Diogenes Verlag (1975) *hat* ein Register.
5. »Anklage-Briefe ... Brentano«: Der Band enthält 22 Briefe Roths an Bernard von Brentano und eine Reihe von Hinweisen in anderen Briefen.

An Hermann Kesten 1. Februar 1971

1. »Vance«: Vence in den Alpes-Maritimes Südfrankreichs.
2. »Meier-Gräfe«: Julius Meier-Gräfe (1867–1935). Schriftsteller und Kunsthistoriker.
3. »Gab mir ein Gott ...«: Aus der letzten Szene Goethes *Torquato Tasso.* Die Worte lauten: »Gab mir ein Gott, zu sagen, wie ich leide.« Vgl. »Ich kann gar nicht aus dem Kopf zitieren« in Marcuses Autobiographie, S. 367.
4. »Ibsen«: Im letzten Werk des norwegischen Dramatikers Henrik Ibsen (1828–1906) *Wenn wir Toten erwachen* (1900) spricht der Bildhauer Professor Rubek im zweiten Akt von seinem »Ruhm« und all den »anderen Herrlichkeiten«: »... vor der Menschen Weihrauch und Kränzen wär' ich am liebsten, verzweifelnd und angewidert, in die finstersten Wälder geflohen.«
5. »Roth ... Abschied«: S. S. 250–251 in Marcuses Autobiographie.
6. »Ich schreibe noch ein Buch«: Er wollte über ›Altersunterschiede und die Liebe‹ schreiben.

An von Hofes 14. April 1971

1. »Schnaubers«: Professor Cornelius Schnauber (geb. 1939). Germa-

nist, seit 1968 an der University of Southern California, und seine Frau Judy.

2. »Department«: Department of German, University of Southern California.
3. »Frage nach meinem Buch«: Ein Buch über die Liebe und Altersunterschiede.

An Hermann Kesten 24. Juni 1971

1. »Miesigkeiten«: Es ging ihm gesundheitlich sehr schlecht.
2. »M. Kroll«: Marianne Kroll, die Sekretärin Gerhard Szczesnys, erledigte vieles für Marcuse in den letzten Jahren seines Lebens.

An Harold von Hofe 24. Juni 1971

1. »Briefe von Szczesny«: Dr. Gerhard Szczesny berichtete uns Einzelheiten über die letzte Krankheit, und wir schrieben Marcuse aufmunternde Briefe. Marcuse starb am 2. August 1971 in München.

Chronik

1894	Geboren am 8. Februar im Hansaviertel von Berlin.
1900	Vorschule.
1903	Aufnahme im Friedrich Werderschen Gymnasium.
1913	Reifezeugnis.
1913–1917	Studium der Philosophie und Literatur in Berlin, Freiburg und wieder Berlin.
1914–1915	»Abenteuerte ein bißchen quer durch die Truppen-Gattungen«.
1917	Promoviert unter Ernst Troeltsch.
1917–1925	Freier Schriftsteller, Königsberg und vor allem Berlin.
1925	Lernt Erna (Sascha) Reich kennen, siedelt mit Sascha nach Frankfurt über (sie heiraten 1928 in der Heiratskammer des Römers), wird Theaterkritiker am ›Generalanzeiger‹.
1929	Kehrt nach Berlin zurück.
1932	Reise nach Finnland.
1933	Flucht nach Frankreich unmittelbar nach dem Reichstagsbrand am 27. Februar. Beginn des Exils in Sanary.
1936–1937	Reise mit Lion und Marta Feuchtwanger nach Leningrad, Moskau und in die Ukraine als Gast der Sowjetunion.
1937	Veröffentlichung der Ausbürgerung Marcuses im ›Reichsanzeiger‹ am 27. Oktober.
1939	Zweite Auswanderung: landet am Ostersonntag in New York, fährt zwei Monate später nach Los Angeles weiter.
1944	Wird amerikanischer Staatsangehöriger.
1945	Beginnt Lehrtätigkeit als Professor für deutsche Literatur an der University of Southern California, liest ab 1947 auch über deutsche Philosophie.
1949	Besucht Deutschland zum ersten Male seit 1933, fährt dann fast jährlich in die Bundesrepublik.
1952	Reise nach Israel.
1960	Liest über Heine und über Heinrich Mann als Gastprofessor an der Universität Frankfurt.
1961	Wird von der University of Southern California emeritiert.

1962	Kehrt nach Deutschland zurück, läßt sich in Bad Wiessee nieder.
1967	Sascha stirbt am 20. Februar.
1971	Marcuse stirbt am 2. August.

Bibliographie

Werke von Ludwig Marcuse

Die Individualität als Wert und die Philosophie Friedrich Nietzsches. Dissertation Berlin 1917.

Georg Büchner. Berlin: Schneider 1922.

Strindberg. Das Leben der tragischen Seele. Berlin: Schneider 1922.

Die Welt der Tragödie. Berlin: Schneider 1923.

Revolutionär und Patriot. Das Leben Ludwig Börnes. Leipzig: List 1929.
Erweiterte und veränderte Neuausgabe unter dem Titel:
Börne. Aus der Frühzeit der deutschen Demokratie. Rothenburg o. d. T.: J. P. Peter 1968.

Heinrich Heine. Ein Leben zwischen gestern und morgen. Berlin: Rowohlt 1932.
2. erweiterte Auflage: Hamburg: Rowohlt 1951.
Erweiterte und veränderte Neuausgabe unter dem Titel:
Heine. Melancholiker, Streiter in Marx, Epikureer. Rothenburg o. d. T.: J. P. Peter 1969.

Soldat der Kirche. Das Leben des Ignatius von Loyola. Amsterdam: Querido 1935.
Neuauflage: Hamburg: Rowohlt 1956.
Neuausgabe unter dem Titel:
Ignatius von Loyola. Ein Soldat der Kirche. Zürich: Diogenes 1973.

Der Philosoph und der Diktator. Plato und Dionys. Berlin: Blanvalet 1950.
2. erweiterte Auflage unter dem Titel:
Plato und Dionys. Geschichte einer Demokratie und einer Diktatur. Berlin: Blanvalet 1968.

Philosophie des Glücks. Von Hiob bis Freud. Zürich: Oprecht 1949.
Gekürzte Neuausgabe: München: List 1962.
Vom Autor redigierte und erweiterte Neuausgabe nach dem vollständigen Text der Erstausgabe: Zürich: Diogenes 1972.

Pessimismus. Ein Stadium der Reife. Hamburg: Rowohlt 1953.
2. erweiterte Auflage unter dem Titel:
Unverlorene Illusionen. Pessimismus – ein Stadium der Reife. München: Szczesny 1965.

Sigmund Freud. Sein Bild vom Menschen. Hamburg: Rowohlt 1956.
Neuausgabe: München: Kindler 1964.
Neuausgabe: Zürich: Diogenes 1972.
Amerikanisches Philosophieren. Pragmatisten, Polytheisten, Tragiker. Hamburg: Rowohlt 1959.
Heinrich Heine in Selbstzeugnissen und Bilddokumenten. Hamburg: Rowohlt 1960.
Mein zwanzigstes Jahrhundert. Auf dem Weg zu einer Autobiographie. München: List 1960.
Paperback-Ausgabe: München: List 1963.
Taschenbuch-Ausgabe: Frankfurt a. M. und Hamburg: Fischer 1968.
Neuausgabe: Zürich: Diogenes 1975.
obszön. Geschichte einer Entrüstung. München: List 1962.
Gekürzte Taschenbuch-Ausgabe: München: List 1965.
Das denkwürdige Leben des Richard Wagner. München: Szczesny 1963.
Neuausgabe: Zürich: Diogenes 1973.
Aus den Papieren eines bejahrten Philosophie-Studenten. München: List 1964.
Argumente und Rezepte. Ein Wörterbuch für Zeitgenossen. München: Szczesny 1967.
Neuausgabe: Zürich: Diogenes 1973.
Nachruf auf Ludwig Marcuse. München: List 1969.
Neuausgabe: Zürich: Diogenes 1975.

Herausgegeben von Ludwig Marcuse:

Gerhart Hauptmann und sein Werk. Berlin: Schneider 1923.
Welt-Literatur der Gegenwart. 2 Bände. Berlin: Schneider 1924.
Heinrich Heine. Lyrik. München: Droemer 1962.
Texte aus 3 Jahrtausenden. 3 Bände: Zürich: Diogenes (in Vorbereitung).

Übersetzungen

Ignatius von Loyola. Ein Soldat der Kirche.

Soldier of the Church: The Life of Ignatius of Loyola. Übers. v. Christopher Lazare. London: Methuen 1939; New York: Simon & Schuster 1939; New York: AMS Press 1972.

Ignace de Loyola, 1491–1556. Übers. v. Pierre Degon. Paris: Payot 1936.

Inácio de Loiola, ditador das almas. Übers. v. João Gaspar Simoēs. Lissabon: Guimarães 1937.

Der Philosoph und der Diktator. Plato und Dionys.

Plato and Dionysius: A Double Biography. Übers. v. Joel Ames (pseud.) [for Wilson Follett]. New York: Knopf 1947.

Pessimismus. Ein Stadium der Reife.

Pesimismo, un estado de la madurez. Übers. v. Gabriela Moner. Buenos Aires: Leviatán 1956.

Het pessimisme. De ontmythologisierung van het atheïsme. Übers. v. J. van Heerden. Amsterdam: Arbeiderspers 1966.

Sigmund Freud. Sein Bild vom Menschen.

Sigmund Freud. La sua concezione dell'uomo. Übers. v. Mariangela Donà. Mailand: Garzanti 1956.

Sigmund Freud. Übers. v. W. H. Barnhoorn. 's-Gravenhage: Kruseman 1961.

Sigmund Freud, su visión del hombre. Übers. v. Alfried Sánchez Krellenberg. Madrid: Alianza Editorial 1969.

Freud e a psicanálise. Übers. v. Manuela Pinto dos Santos. Lissabon: Livros do Brasil 1961.

Heinrich Heine: Ein Leben zwischen gestern und morgen.

Heine: A Life Between Love and Hate. Übers. v. Louise M[arie] Sievelking and Ian F[itzherbert] D[espard] Morrow. New York: Farrar & Rinehart 1933.

Heinrich Heine: A Life Between Past and Future. Übers. v. L[ouise] Marie Sieveking [sic] and Ian F[itzherbert] D[espard] Morrow. London: Sidgwick & Jackson 1934.

Heinrich Heine: Tekufat hayyim beyn temol u-mahar. Übers. v. Meir Mohr. Tel Aviv: Am oved 1955.

obszön. Geschichte einer Entrüstung.

Obscene. The History of an Indignation. Übers. v. Karen Gershon. London: MacGibbon & Kee 1965.

Obsceen. De geschiedenis van een verontwaardiging. Übers. v. J. Polak-Siliava. Amsterdam: Moussault 1966.

Philosophie des Glücks. Von Hiob bis Freud.

Filosofie van het geluk. Übers. v. Renate Rubinstein. Amsterdam: Arbeiderspers 1964.

Amerikanisches Philosophieren. Pragmatisten, Polytheisten, Tragiker.

La Philosophie américaine. Übers. v. Danielle Bohler. Paris: Gallimard 1967.

Filosofía americana: Pragmatistas, politeístas, trágicos. Übers. v. Rufino Gimeno. Madrid: Guadarrama 1969.

Danksagung

Herausgeber und Verlag danken für die Abdruck-Erlaubnis: Rudolf Augstein; Ilse Ester Hoffe für die Briefe Max Brods; den Söhnen Alfred Döblins und dem Walter-Verlag, Olten und Freiburg i. Br., für die Briefe Döblins; Richard Exner; Liesl Frank Lustig für die Briefe Bruno Franks; Mary Graf für den Brief Oskar Maria Grafs; Frederick Hacker; Rolf Hochhuth; Klaus Hoppe; Mrs. Ernest Jones für die Briefe Ernest Jones'; Hermann Kesten; Petra Kipphoff; Rudolf Walter Leonhardt; Gerard Willem van Loon für die Briefe Hendrik Willem van Loons; Friedrich Luft; Golo Mann für die Briefe Erika, Klaus und Thomas Manns; der Deutschen Akademie der Künste für die Briefe Heinrich Manns; Henry Miller; Robert und Helga Neumann; Marcel Reich-Ranicki; dem Verlag Kiepenheuer & Witsch, Köln, für den Brief Joseph Roths; Gerhard Szczesny; Wolfgang Weyrauch; Dieter E. Zimmer; Richard Friedenthal für den Brief Stefan Zweigs; und Johanna Lewinneck für die Briefe Ludwig Marcuses.

Dank für Auskünfte und Hinweise gilt insbesondere: Martin Gregor-Dellin; Ilse Ester Hoffe; Rolf Hochhuth; Hermann Kesten; Petra Kipphoff; Rudolf Walter Leonhardt; Helga Neumann; Marcel Reich-Ranicki; Gerhard Szczesny; Wolfgang Weyrauch; Dieter E. Zimmer; und dem Schiller-Nationalmuseum, Marbach, das die Briefe Marcuses an Alfred Döblin zur Verfügung gestellt hat.

Mitarbeit am Anmerkungsteil: Klaus U. Fischer. Register und Redaktion: Claudia Schmölders und Gerd Haffmans.

Personenregister

und Verzeichnis der Brief-Empfänger und -Autoren

Kursiv gesetzte Ziffern beziehen sich auf den Anmerkungsteil.

Werkregister

Hochgestellte Ziffern geben die Auflage an

Ludwig Marcuse im Diogenes Verlag

Philosophie des Glücks
Von Hiob bis Freud. detebe 21/I

Sigmund Freud
Sein Bild vom Menschen. detebe 21/II

Argumente und Rezepte
Ein Wörterbuch für Zeitgenossen. detebe 21/III

Ignatius von Loyola
Ein Soldat der Kirche. detebe 21/IV

Das denkwürdige Leben des Richard Wagner
detebe 21/V

Mein zwanzigstes Jahrhundert
Auf dem Wege zu einer Autobiographie. detebe 21/VI

Nachruf auf Ludwig Marcuse
detebe 21/VII

In Vorbereitung:

Philosophie des Un-Glücks
Pessimismus – ein Stadium der Reife

Das Märchen von der Sicherheit

Aus den Papieren eines bejahrten Philosophiestudenten

Ausgewählte Essays
Herausgegeben von Harold von Hofe

Texte aus drei Jahrtausenden
Herausgegeben und vorgestellt von Ludwig Marcuse.
Mit einem Vorwort von Gerhard Szczesny. 3 Bände

Heinrich Heine, Lyrik
Herausgegeben und mit einem Vorwort von Ludwig Marcuse

und weitere Werke

Beiträge von Ludwig Marcuse in:

Das Gebet zum heilen Gott?
In: ›Kann man noch beten?‹ detebe 47

›Efraim‹ – ein Erstlings-Roman
In: ›Über Alfred Andersch‹. detebe 53

Über Ludwig Marcuse:

Harold von Hofe, Ludwig Marcuse in Los Angeles
In: ›Das Tintenfaß Nr. 24‹. detebe 83